“十二五”普通高等教育
本科国家级规划教材

普通高等学校
体育教育专业主干课教材

4 第四版

球类运动——排球

黄汉升 主编

中国教育出版传媒集团
高等教育出版社·北京

内容提要

本书为普通高等学校体育教育专业主干课教材，依据新课标和新时代排球教学的需要，在第三版的基础上修订而成。本书共分十一章，主要内容包括：排球运动导论、排球技术、排球战术、排球教学与训练、排球运动员体能训练、排球运动员心理技能训练、排球竞赛组织与编排工作、排球竞赛规则与裁判工作、学校排球队工作、排球游戏以及其他形式的排球运动。

本书既可作为普通高等学校体育学类本科专业课教材，也可作为体育教师、排球教练员及排球爱好者的参考用书。

图书在版编目（CIP）数据

球类运动．排球 / 黄汉升主编．-- 4版．-- 北京：高等教育出版社，2025.5．-- ISBN 978-7-04-063995-7

Ⅰ．G84

中国国家版本馆CIP数据核字第2025MF3246号

Qiulei Yundong——Paiqiu

策划编辑 汪　鹂　　责任编辑 汪　鹂　　封面设计 张申申　　版式设计 徐艳妮
责任绘图 黄云燕　　责任校对 陈　杨　　责任印制 刁　毅

出版发行 高等教育出版社
社　　址 北京市西城区德外大街4号
邮政编码 100120
印　　刷 河北鹏远艺兴科技有限公司
开　　本 787mm×1092mm　1/16
印　　张 28.5
字　　数 560千字
购书热线 010-58581118
咨询电话 400-810-0598
网　　址 http://www.hep.edu.cn
　　　　 http://www.hep.com.cn
网上订购 http://www.hepmall.com.cn
　　　　 http://www.hepmall.com
　　　　 http://www.hepmall.cn
版　　次 2005年8月第1版
　　　　 2025年5月第4版
印　　次 2025年5月第1次印刷
定　　价 56.00元

物 料 号 63995-00

前言

教材是教育教学的基本依据，是解决培养什么人、怎样培养人、为谁培养人这一教育根本问题的重要载体。党的二十大报告指出，“坚持为党育人、为国育才，全面提高人才自主培养质量”。加强高校教材建设，是提高人才培养质量、推动高等教育高质量发展的关键抓手。本次修订深入贯彻党的二十大精神，以用心打造培根铸魂、启智增慧、适应时代要求的精品教材为编写目标，按照高等教育高质量发展要求，充分发挥教材在体育专业人才培养中的基础性作用。

本教材是普通高等学校体育教育专业主干课教材，自初版以来，为我国高校排球教学和训练提供了高质量的专业指导，获得了全国高校广大师生的普遍好评。教材一、二、三版分别获评“十五”“十一五”和“十二五”普通高等教育本科国家级规划教材。本次修订在保留前版教材优秀成果的基础上，汇集了近年来排球运动发展的新成果，并在编写内容和呈现形式上有了较大的突破。

根据新课标和新时代排球教学的需要，本次修订对教材进行了更新，融入了中国女排精神和素质培养等内容，凝练了部分章节，由原来的12章调整为11章；重新拍摄了技术动作、战术跑动、裁判手势及排球游戏等图片和视频，提高了配套资源的清晰度。此外，还对二维码内容进行了优化升级，使教材更加与时俱进、生动实用。

本教材由福建师范大学黄汉升教授任主编。编写分工如下：扬州大学彭杰教授（第一章），鲁东大学靳小雨教授（第二章），东北师范大学郭宇杰副教授（第三章），河南体育学院屈东华教授（第四章），武汉体育学院李焕玉教授（第五章），河南师范大学孟国正教授（第六章），福建师范大学张传昌副教授（第七章），天津体育学院张欣教授（第八章），苏州大学宋元平教授（第九章），北京师范大学杨献南副教授（第十章），北京体育大学葛春林教授（第十一章）。

教材中主要技术动作图片及视频由鲁东大学硕士研究生李柏翰和中国男排国家队运动员袁党毅示范；战术动作图片及视频由天津体育学院排球专项学生示范；体能训练图片及视频由武汉体育学院体能专项学生示范；裁判手势图片及视频由天津体育学院排球国家级裁判刘亚老师示范，白净老师拍摄。全书最后由黄汉升教授统稿并定稿。

教材中难免存在疏漏和不妥之处，敬请各位专家、学者不吝指正。

编写组

2024年11月

目 录

第一章　排球运动导论

本章导言

排球运动是世界上开展比较普遍的体育运动项目之一，深受广大人民群众，特别是青少年的喜爱。20 世纪 80 年代，中国女排取得五连冠，迄今为止共夺得 10 次世界冠军，奠定了排球运动项目在国人心目中的地位。本章内容由排球运动简介、排球运动发展概况和排球运动的相关知识组成。主要阐述了排球运动的起源与特点，世界排球运动和中国排球运动的发展概况及女排精神，国际与国内重大排球比赛，排球运动的文化特性以及社会化、职业化与商业化，现代科学技术在排球运动中的运用，排球运动员的营养恢复与伤病预防等内容。

学习目标

知识目标：了解世界排球运动的起源、传播、繁衍和发展概况，知晓排球运动在不同发展阶段的技、战术特点。

能力目标：熟悉排球运动在中国各阶段的发展情况，掌握排球运动员营养恢复与伤病预防技能。

价值目标：熟知排球运动的文化特性，领会女排精神的时代价值及排球课程的思政意义。

第一节　排球运动简介

排球运动（volleyball）是指参与者以身体的任何部位（手、手臂为主）在空中击球，使球不落地，既可隔网进行集体攻防对抗性的比赛，也可不设球网相互进行击球游戏的一种体育运动项目。排球运动形式多种多样，主要以竞赛规则、比赛形式、参与人数、运动目的等不同而分类。一般来说，通过运动训练来提高技战术水平，以获取最佳竞赛成绩为目的，并在国际上有统一竞赛规则的运动形式称为竞技排球，如 6 人制排球、沙滩排球、残奥会坐式排球等，雪地排球也正在积极申报冬奥会正式比赛项目。而以健身娱乐为主要目的，国际上还没有统一竞赛规则的运动形式称为娱乐排球，如气排球、软式排球、妈妈排球、4 人制排球、9 人制排球、草地排球、泥地排球、墙排球等。

一、排球运动的起源与传播

（一）排球运动的起源

» 排球创始人
威廉 · G. 摩根

1895 年，排球运动起源于美国，由美国马萨诸塞州霍利沃克城基督教青年会干事威廉 · G. 摩根（W. G. Morgan）首创。

19 世纪末，美国盛行橄榄球、篮球等项目，由于这些运动比较紧张激烈，适合青年人参加，对多数中老年人来说可望而不可即。为此，摩根在经过一段时间的摸索之后，创造了一种较为和缓、活动量适当的运动方式来满足中老年人的需要。他在网球场上把球网架在 5 英尺 6 英寸（1.68 米）的高度上，然后让人们用篮球内胆隔着网来回拍打，使其在空中飞来飞去，这就是排球运动最早的雏形。由于篮球内胆太轻，不易控制，篮球和足球又太重，易挫伤手指、手腕，于是摩根找到了当时美国较大的制作体育用品的司保丁公司，要求他们设计一种用软牛皮包制的球，这种球既不伤手指，又不会一打就跑。司保丁公司按摩根的设计要求制作了与现代排球相近、外表是皮制、内装橡皮胆的球，圆周为 25～27 英寸（63.5～68.6 厘米），重量为 9～12 盎司（255～340 克），这就是最初的排球。今天排球的大小和重量就是据此演变而来的。

事后，摩根把这种游戏式的活动取名为“mitontte”，即“小网子”的意思。1896 年，在美国马萨诸塞州斯普林菲尔德基督教青年会体育指导大会上进行了首次排球表演赛。当时观看比赛的春田市的哈尔斯戴特博士发现这种打法和网球有些相似，因而建议把这一运动命名为“volleyball”，即“空中截球”之意。这个名称得到了摩根及表演者的一致同意。于是，volleyball 这一名称一直沿用至今。

1897 年 7 月，美国体育杂志上公开介绍了排球比赛的打法及简单规则。从此，排球运动在全美逐渐开展起来。最初的排球比赛场上没有人数的规定，赛前，双方可临时商定，只要双方人数对等即可。由于受到各界人士的欢迎，排球比赛这项运动很快得到美国各教会、学校和社会的广泛重视，并被列为美国的军事体育项目。

（二）排球运动的传播

排球运动在美国问世后，通过教会的传播和美国军队的军事活动，逐渐传播到世界各地。由于各地传入排球运动的时间及采用的比赛规则不同，所以开展该项运动的形式及运动水平的提高程度也不尽相同。

由于地理位置的原因，排球运动首先传入美洲。1900 年传入加拿大，1905 年传入古巴，1909 年传入波多黎各，1912 年传入乌拉圭，1914 年传入墨西哥，1917 年传入巴西。在美洲各国，人们习惯地将排球运动看作一项消遣娱乐活动，并没有看重其体育竞赛性质，直到 1964 年被列为奥运会项目后，排球运动在美洲所受的冷遇才得到改善，运动水平也随之提高。

排球运动传入亚洲的时间较早，主要是通过基督教青年会的传播。1900 年传入印度，1905 年传入中国，1908 年传入日本，1910 年传入菲律宾。排球运动在亚洲的发展先后经历了 16 人制、12 人制、9 人制的比赛形式及相应的规则，直到 20 世纪 50 年代初才正式开展 6 人制排球运动。亚洲排球技、战术的发展对世界排球运动的发展做出了贡献。

排球运动传入欧洲的时间迟于美洲和亚洲，主要是由参加第一次世界大战的美国士兵带去的，1914 年传入英国，1917 年传入法国、意大利、俄国，1918 年传入南斯拉夫，1919 年传入捷克斯洛伐克、波兰，1922 年传入德国。排球运动传入欧洲虽晚，但传入的是 6 人制打法，而且当时已经成为一项竞技性运动，所以该项运动很快在欧洲得以发展，技术水平较高，在相当长的一段时间里，欧洲许多国家的排球运动水平始终名列世界排坛前茅。

排球运动传入非洲的时间最晚，1923 年传入埃及、突尼斯、摩洛哥等国。由于起步较晚，传入后又没能广泛开展，所以至今非洲排球的技、战术水平在世界排坛中还处在落后的位置。

专栏 1：排球项目进入奥运大家庭始末

1956 年，国际排联的会员国猛增至 80 多个，在同年举行的世界排球锦标赛中，参赛队明显增多。由于各国的技、战术发展较快，各队竞争相当激烈，因而吸引了大量的观众。在此期间，国际排联会同会员国就如何更快地使排球项目正式进入奥运大赛进行了热烈的讨论。1961 年，国际奥林匹克委员会（IOC）在雅典举行全体会议，正式投票决定第 18 届奥运会的比赛项目。经国际排联、日本排协和苏联排协的积极争取，男子排球终于以 34 票赞成、9 票反对在实施项目上名列第 15 位而获得通过。1962 年 6 月，女子排球参加奥运会的提议也获得通过，这前前后后共经历了 5 年多的时间。这期间，各国排球界人士尝尽了各种酸甜苦辣，经历了无数的困难和曲折，在国际排联这一大家庭不屈不挠的共同努力下，最终将男、女排球项目参加奥运会正式比赛写入奥运会史册，这为更快地发展排球运动开创了光辉灿烂的前景。

资料来源：黄济湘．世界排坛百年风云［M］．上海：上海教育出版社，1998.

（三）排球运动的繁衍

排球运动由于运动量适中、娱乐性强、易于接受，深受各类群体的喜爱。排球运动在其发展过程中不断分化和繁衍，主要以竞技排球和娱乐排球两条主线的形式展开，共同构成排球运动的大家庭。竞技排球主要由 6 人制排球、沙滩排球、坐式排球等构成，娱乐排球主要有气排球、软式排球、妈妈排球、4 人制排球、9 人制排球、雪地排球、草地排球、泥地排球、水中排球、墙排球等。

二、排球运动的特点、功能与比赛方法

（一）排球运动的特点

排球运动按项群分类，属于技能主导类隔网对抗性的集体项目，与篮球、足球以及乒乓球、羽毛球、网球等球类运动相比，有其自身的特点。

1. 击球技术特点

（1）空中击球且触球时间短促。无论是在排球比赛还是在排球游戏中运用的各种

击球方式，都必须击空中的球。因此，参与排球运动者在时间和空间感觉上得到的锻炼和提高是其他球类项目不可比拟的。排球竞赛规则始终不允许“持球”，即不允许在击球部位停留的时间过长。这一特点既能提高运动员在短暂的触球时间内对来球的力量、速度、角度因素的准确判断能力，又能提高运动员将来球准确地击向预定目标的控制能力。

（2）球可以触及身体的任何部位。目前，几乎所有的球类运动都有其规则限定的身体合法触球部位，唯独排球竞赛规则规定运动员全身任何部位均可触球。但一名队员（拦网队员除外）连续击球两次或球连续触及身体不同部位是不允许的（连击犯规）。因此，排球运动能使参与者在击球过程中充分展现自我才能和各种高超的击球技巧。

2. 战术配合特点

排球比赛双方都可利用规则允许的 3 次击球机会，通过精心设计和巧妙配合，在瞬间完成精巧的战术组合和激烈的攻防转换，这体现了运动员高度的战术意识、队员之间合作的默契程度和准确程度，具有高度的技巧性和严密的集体性。

3. 竞赛规则的特点

在比赛过程中，各项排球技术既能得分，又能失分，具有攻防两重性。也就是说，每项技术攻中有防、防中有攻，相互转化、相互制约，加之位置的轮转，这就要求排球运动员熟练和全面地掌握技术，具有扎实的基本功（“自由人”有其独特的技术特点）。

4. 场地器材设备的特点

排球场地可设在室内或室外，只要有一个空间，地板上、沙地上、草地上均可进行排球活动。根据运动的目的，可选择多种球（如软式排球、气排球等）进行活动，比赛规则也易于简化和变通。参加人数可多可少，运动负荷能大能小，适合不同年龄、性别、体质和训练程度的人，在不同场地上进行活动。

总之，排球运动具有形式的多样性和广泛的群众性、技术的全面性和高度的技巧性、激烈的对抗性和严密的集体性、休闲娱乐性和开展的便利性等特点。

（二）排球运动的功能

1. 具有振奋民族精神的作用

排球运动对国人的精神产生过较大的影响。1981 年 3 月 20 日，中国男子排球队在争夺世界杯排球赛亚洲区预赛的关键一战中，先输 2 局，后奋起直追，连扳 3 局，最终以 3：2 战胜韩国队，取得了参加世界杯排球赛的资格。比赛结束后，激动的北京大学学子喊出了“团结起来，振兴中华”的口号。一夜之间，这一口号传遍大江南北，极大地鼓舞了刚刚改革开放、努力建设“四个现代化”的国人。在 20 世纪 80 年代，中国女排的“五连冠”产生了深远的影响，在国人的心目中，中国女排的精神就是拼搏的精神。2003 年，时隔 17 年，中国女排重新夺得世界冠军；2004 年，中国女排在雅典奥运会上团结拼搏，上演大翻盘，以 3：2 战胜俄罗斯队，又一次夺得奥运会冠军。之后，在郎平的带领下，相继夺得 2015 年、2019 年世界杯和 2016 年奥运会冠军。至此，中国女排在 38 年时间里总共夺取了 10 次世界冠军。女排的胜利为中华民族伟大复兴增添了光彩。

专栏 2：弘扬女排精神　为中华崛起而拼搏永不言败

女排精神代表的是一种祖国至上、团结协作、顽强拼搏、永不言败的精神。女排姑娘最初在简陋的竹棚里摸爬滚打、苦练球技，同时也磨炼出自强不息、敢于拼搏的顽强精神。从 1981 年到 1986 年，女排姑娘创下世界排球史上第一个“五连冠”，从此，女排精神成为一个时代的精神符号。“五连冠”后，中国女排几经坎坷，一次次在低谷中奋起。正是在这种永不言败的精神激励下，中国女排从“五连冠”成长为“十冠王”。女排精神是时代的主旋律，是中华民族精神的象征，影响了几代人积极投身到改革开放和社会主义现代化建设的伟大事业当中。女排精神不仅成为中国体育的一面旗帜，更成为整个民族锐意进取、昂首前进的精神动力。女排精神代表着一个时代的精神，喊出了为中华崛起而拼搏的时代最强音。在 21 世纪，女排精神仍具有巨大的现实意义和时代价值。

» 1976—1986年期间中国女排竹棚训练场地

2. 培养勤奋、助人、团结拼搏的优秀品质

在排球比赛中，球不能落地且击球至多 3 次必须过网的特殊规定，使参加排球比

赛的人总要随时准备弥补同伴接不了或没有接到位的球，并为发挥本方的进攻力量而不惜奔跑扑救，给下一次击球的人创造方便条件。因此，经常参加排球运动，可以培养人良好的体育道德作风和团结协作的集体主义精神以及顽强拼搏的优秀品质。

3. 培养人的信息传递意识，提高配合及应变能力

排球运动在某种意义上说是一项依靠判断的运动，尤其是在现代排球比赛中，准确的判断已成为制胜的重要因素之一。判断的基础是眼观六路、耳听八方，通过观察对方和同伴的动作、击球的声音、场上的布局等，预测将要发生的事情并迅速作出决策。排球比赛也是一项靠集体配合取胜的球类竞赛活动，个人特长的发挥往往是在同伴发挥特长的前提下取得的，因此，运动员在场上要相互协作，并不断观察同伴的意图，才能默契地彼此合作。此外，在比赛中，既不能让球落地，又不能持球，这就要求参与者必须具备较强的应变能力。因此，经常参加排球运动的人，既可以锻炼体魄、愉悦身心，又可以提高机敏、应变、协调、配合的能力。

4. 培养与锻炼良好的心理素质

经常参加排球训练或比赛，能够学到很多控制情绪和调节心理的手段与方法。如连续失误时，如何使自己尽快冷静下来而且不灰心，比分落后时如何保持沉着、不气馁，关键比分时如何做到进攻不手软等，都是对自己形成良好心理品质的培养和锻炼。

5. 增进健康、强健体魄

排球运动具有竞技与娱乐并存的特点，不同年龄、不同性别、不同技术水平的人都能参与。经常参加排球运动，不仅能改善人体中枢神经系统和内脏器官的功能状况，同时又能提高人的力量、速度、弹跳、灵敏和耐力等身体素质和运动能力。总之，经常参加排球运动，会使人在兴奋与愉快中增进健康，强健体魄。

（三）排球运动的比赛方法

排球运动有多种比赛方式，其基本方法是由两支人数相等的球队在被球网隔开的两块均等的场区内站成两排，根据规则以身体任何部位将球从网上击入对方场区。比赛开始时，由后排的右边队员在发球区内用一只手或手臂将球击过网，以后每方最多击球 3 次（拦网触球除外）使球过网，不能持球和连击。比赛应不间断地进行，直至球落地、出界或某队犯规。

排球比赛的发球队胜一球后，该队发球的队员继续发球。接发球队胜一球后，场上队员先按顺时针的方向轮转一个位置后，再由后排右边的队员发球。排球比赛有五局三胜制、三局两胜制和一局胜负制。国际 6 人制排球比赛采用五局三胜制。沙滩排球采用三局两胜制。竞技排球比赛均采用每球得分制。娱乐排球比赛可根据具体的情况制定相应的比赛方法。

第二节　排球运动发展概况

排球运动在世界各地的发展经历了不同阶段，主要受到社会经济和科学技术的影响，向着竞技性和娱乐性共存方向发展。排球运动在我国的发展经历了项目名称的改变、竞技排球从弱到强、娱乐排球从无到有、学校排球从简单到丰富的过程。

一、世界排球运动的发展

（一）世界排球运动发展的阶段及其特点

世界排球运动发展百余年来大体经历了三个阶段，即从娱乐排球向竞技排球过渡阶段，竞技排球迅速发展阶段，竞技排球的多元化和娱乐排球的繁荣共存阶段。

1. 从娱乐排球向竞技排球过渡阶段

排球运动原本是为中老年人锻炼身体而创造的一种娱乐性游戏活动。人们对球进行隔网拍打，相互嬉戏，以使球不落地为乐趣。初始时无技术可言，双方只是争取用手一次将球击过网，若不能一次将球击过，会有同伴再击。在游戏过程中人们逐渐体会到，一次击球过网不一定是最佳方式，有时从近网处甚至跳起击球过网，反而能创造更好的获胜机会。这样便出现了多次击球的打法，以寻找最佳时机或为技术更好的同伴创造得分机会，即形成了集体配合战术的雏形。后来人们又感到，一方无休止地击球也不合理，于是产生了每方击球至多 3 次必须过网的规定。这一规定的产生，使单一的拍击动作开始分化为传球和扣球两种技术。富有攻击性的扣球技术的出现，吸引了更多的年轻人参加，从而给单纯以娱乐、游戏为目的的排球运动逐渐增添了激烈对抗的色彩。后来，为对付扣球又产生了拦网技术，发球也采用了增加力量的侧面大力上手球，至此，排球运动产生了质的飞跃。

随着排球运动竞技性、对抗性的加强，比赛规则也逐渐引起了人们的重视。1921—1938 年，排球规则进行了多次修改和完善，发球、传球、扣球和拦网成为当时的四大基本技术。在运用各项技术的同时，形成了有意识、有目的、有组织的战术配合，场上队员也出现了位置分工。到了 20 世纪 30 年代末和 40 年代，排球战术进一步发展，为了对付集体拦网及扣、吊结合的打法，产生了与之相适应的拦网保护战术系统。这一阶段，排球运动的特点是从娱乐游戏排球逐渐向竞技排球过渡，国际比赛没有统一的竞赛规则、竞赛制度和竞赛组织。

2. 竞技排球迅猛发展

第二次世界大战后，一些国家相继成立了排球协会。人们希望国际上有一个统一的组织去开展国际排球竞赛与交流。1946 年，法国、捷克斯洛伐克、波兰倡议成立国际排球联合会。1947 年，国际排联在巴黎成立，有 14 个国家的排协负责人出席了会议，会议选举法国的保尔 · 黎伯为第一任主席。此次大会制定了国际排联宪章，成立了技术委员会、竞赛委员会和裁判委员会，并正式出版了通用的排球竞赛规则。国际排联的成立，标志着排球运动从此摆脱了娱乐游戏的性质而进入竞技排球的新阶段。

国际排联成立后，组织了一系列国际大赛，如第 1 届欧洲男子（1948 年）、女子（1949 年）排球锦标赛，第 1 届世界男子（1949 年）、女子（1952 年）排球锦标赛，第 1 届世界杯男子（1965 年）、女子（1973 年）排球赛，第 1 届世界青年男、女（1977 年）排球锦标赛和奥运会男、女（1964 年）排球赛。这些国际比赛之后每隔 4 年举行一次，一直延续至今。此外，国际排联下属的各洲联合会也定期举办洲锦标赛、洲运动会排球赛、洲青年排球锦标赛等。在众多大型比赛和广泛国际交往的促进下，排球运动的技、战术得到了蓬勃的发展。20 世纪 50 年代，东欧一些国家的排球技术水平也较高。苏联男、女排均以身高体壮、扣球力量大且凶狠而成为当时“力量派”的代表，并多次蝉联世界冠军。捷克斯洛伐克男排是当时“技巧派”的代表，他们以扣球线路变化和控制球的落点为特色，扣球轻重结合，是“力量派”的主要对手，但在实际抗衡中仍是“力量派”占上风。

20 世纪 60 年代至 70 年代初是排球技、战术发展较快的一个时期，世界排坛呈现出不同流派各显特色、不同风格先后称雄的局面。20 世纪 60 年代初，日本女排在大松博文教练的带领下创造了滚动救球、小臂垫球及勾手飘球技术，突破了以苏联、东欧为标准的技术模式，从此改写了苏联女排独霸世界冠军的历史。日本女排在技术上的三大发明是排球技、战术史上的一次重大革命，为促进排球运动的发展作出了极大贡献。这一时期的女子排球，是以日本为首的“防守加配合”和以苏联为首的“进攻加力量”打法的抗衡，平分了 8 届大赛的金牌，世界女排进入了日苏对垒的时代。

1965 年，国际排联对规则进行了修改：“允许手过网拦网”，规则的这一改变，使如何突破拦网、提高网上控空权成为比赛取胜的关键，当时男子“力量派”打法已不占优势，德意志民主共和国队则因以突出高大队员的“超手扣球”解决了这一问题，并取得了连续两年的世界冠军而被称为“高度派”。当时中国男排针对拦网规则的变化，创造了“盖帽拦网”和“平拉开扣球”技术，开创了“小个子打大个子”的先河，引起了世界排坛的哗然。日本男排很快在学习我国“平拉开扣球”和“近体扣球”的基础上，创造了“短平快”“时间差”“位置差”等进攻打法，1972 年在第 20

届奥运会上击败以高度著称的德意志民主共和国队，为亚洲夺得了首枚奥运会男子排球赛金牌。至此，以中国队和日本队为代表的“速度派”开始形成。这一时期男子排球四大流派的对峙，繁荣了排球的技、战术打法。这时的排球运动逐渐以其激烈的对抗性和高度的技巧性展现自己的魅力。1977 年，国际排联再次修改了规则，即拦网触手后仍可击球 3 次，这样又给组织进攻提供了更多的机会，进一步促进了攻防的激烈程度。20 世纪 70 年代后期，中国男排首创了“前飞”“背飞”等空间差系列打法，中国女排发明的“单脚背飞”技术和波兰男排创造的后排进攻战术，使排球运动进攻战术配合进入从二维空间发展到三维空间、从平面配合发展到立体配合的新阶段。这一阶段美洲的排球运动也得到了迅猛发展，古巴男、女排和美国女排迅速崛起并跻身世界强队之列。随着国际交往的不断增多，各种流派在相互取长补短中逐渐融合。欧洲各队吸取了亚洲的快攻打法，向强攻加快攻、力量加技巧的方向发展。亚洲各队在进一步发展快变战术的同时，重视提高运动员的高度以增加进攻威力。总之，20 世纪 70 年代是竞技排球战术发展最为快速的时代，各种快变战术应运而生、争奇斗艳，使竞技排球运动更加绚丽多彩。

3. 竞技排球的多元化与娱乐排球的繁荣共存

（1）竞技排球的多元化。进入 20 世纪 80 年代的竞技排球已度过了它的成长、发育时期而逐步走向成熟，当初那种只要在技、战术的某一个环节能够超群的队就有可能问鼎的时代已一去不复返了。中国女排之所以从 1981 至 1986 年连续 5 次夺冠，正因为这是一支既有高度又有灵活性，既能攻又能防，既能快又能高的全面型球队，练就了一套攻防全面、战术多变、以高制矮、以快制高的技、战术打法，在世界排球运动发展中为中国写下了辉煌的篇章。这一时期，美国男排创造性地运用了沙滩排球中的二人接发球战术，发明了摆动进攻战术。在比赛中，队员还大胆运用跳发球和后排进攻技术，使前排的快变战术与后排的强攻有机结合成纵深立体进攻战术，加上该队队员善于改革创新，防守积极，作风顽强，终于打破过去一直默默无闻的局面，接连获得 4 次世界冠军。

中国女排和美国男排的成功，标志着排球运动技、战术观念的革新，它预示着排球运动进入了全攻全守的新时期。全攻全守已不仅是个人攻防技术的称谓，而是指整体的全方位的攻和守。全攻，首先从观念上打破了传统的进攻模式，全攻意味着进攻的手段从发球和拦网开始。西欧男排继美国男排崛起后，在职业联赛的交流中进一步发展了美国男排的攻防体系，使跳发球和纵深立体进攻战术发展到运用自如，且很少失误的程度，尤其是意大利、荷兰等国，跳发球空中飞行时间仅为 0.5 秒，且拦网的成功率很高，因此进攻已不再是第三次击球的专利。

全攻意味着进攻的变化已不局限在网前的二维空间内，而是充满整个场地的三维空间。意大利、荷兰等国的男排不仅有高快结合的前排进攻，而且在前排进攻配合下，从二传出手到扣球仅用 0.8 秒的背平快和后排进攻，形成了高、快结合，前、后结合的全方位进攻的局面。

全守即体现全方位的防守，首先是技术动作的全方位。当今由于进攻水平的不断提高，那种单纯依靠手和手臂击球的动作要防迅雷不及掩耳般的扣球是相当困难的。为了促进攻守平衡，国际排联本着积极鼓励防守技术的发展，同时又不刻意限制进攻技术的原则，从 1984 年开始，先后从规则上放宽了对运动员第一次击球时连击犯规的尺度，1992 年将合法的触球部位从髋关节以上改为膝关节以上，1994 年又由膝关节以上改为身体的任何部分均可触球，于是出现了手、脚、身全方位的防守动作，扩大了人的防守面积，提高了防守质量。1999 年，规则又增加了后排自由防守队员。其次体现在当代防守观念的转变，即由预判的“出击防守”代替了固定位置的“等待防守”。“高位防守”的取位则更需要运动员具有高水平的判断、反应及控制球的能力。另外，全方位的防守还体现为针对对手的进攻特点，随时调整拦网与防守的配合，打破原有的防守阵型模式，从而兼顾防守效果和防起后的反攻布阵。

20 世纪 90 年代，意大利、荷兰男排以惊人的速度在国际上确立了领先地位，这标志着竞技排球走向社会化、职业化的时代已经到来。由于排球运动的职业化趋势，排球运动的技、战术水平又跃上了一个新的台阶。职业俱乐部的实施使意大利排球水平突飞猛进，尤其男排更为突出。在 1988 年以前的历次世界大赛中，意大利男排只有 4 次进入前 8 名。而 1988 年后每次都打入大赛前 8 名，其中 4 次荣登冠军宝座，4 次获亚军，意大利女排也获得了 2002 年世界锦标赛冠军。在女排方面，古巴女排在高举高打的同时，加快了进攻的速度，并克服了情绪波动的弱点，在 20 世纪 90 年代独领风骚，1989 至 2000 年先后夺得 8 次世界冠军。

进入 21 世纪，世界排坛的格局发生了根本的变化。在女子排球方面，古巴女排走下神坛，一枝独秀的实力不再，呈现出中国、俄罗斯、意大利、巴西、美国女排多强林立的局面。2008 年北京奥运会以“无冕之王”巴西女排的成功加冕圆满落幕。虽然本次比赛没有彻底改变世界女排的格局，但是其中的细微变化依旧耐人寻味。美洲三强集体晋级半决赛，巴西和美国更是接连实现飞跃；欧洲列强集体受挫，多年来首次无一闯入四强；亚洲依然靠中国女排苦苦支撑，日本队要想突破尚需时日。2012 年伦敦奥运会女排比赛，巴西女排成功卫冕，美国连续两届奥运会屈居亚军，日本在时隔 28 年后再度斩获铜牌，韩国队在 36 年后重返四强名列第 4，中国、多米尼加、意大利和俄罗斯 4 队获得并列第 5 名，英国和土耳其位居并列第 9，阿尔及利亚和塞尔维亚并列第 11 位。2023 年世界排名，土耳其与美国名列前二，中国位居第 6 位。在男子排球方面，从诸强纷争变为巴西队异军突起，自雷纳多执教巴西男排以来，巴西队连续 5 年（2003—2007 年）获得世界排球联赛的冠军，并夺得了两届世界锦标赛（2002 年、2006 年）、两届世界杯（2003 年、2007 年）

和 2004 年奥运会冠军，以及 2008 年奥运会亚军。美国、意大利、俄罗斯男排仍保持第一集团的实力。第二集团的男排队伍在不断地扩大。2012 年伦敦奥运男排比赛，俄罗斯实现了重大突破，在 32 年后再摘奥运金牌，巴西连续两届奥运会屈居亚军，意大利在时隔 8 年后再度跻身三甲截获铜牌，保加利亚创下 32 年来奥运最佳战绩名列第 4，阿根廷、德国、波兰和美国 4 队并列第 5，澳大利亚和塞尔维亚并列第 9，英国和突尼斯并列第 11。2023 年世界排名，波兰与美国包揽前二，中国位居第 25 位。

（2）娱乐排球的再兴起。100 多年前，排球运动起源于一种娱乐游戏活动。随着时间的推移，排球运动的娱乐性逐渐被其竞技性所取代。自 20 世纪 80 年代以来，竞技排球的技、战术都发生了质的变化。全方位的攻、防更增加了比赛的观赏性，但随着现代经济的发展，人们对物质文化消费的需求也在不断地提高，健身娱乐逐渐成为人们消除疲劳的有效方法。人们在观看比赛获得赏心悦目的享受之余，也渴望体验参与这项运动的乐趣。但由于排球运动本身的高度技巧性，往往使前来参加运动的人乘兴而来，扫兴而归。因此，人们迫切希望有一种大众都能参与的排球运动形式，于是人们开始从球的性能、比赛规则上进行了适合各自需要的修改，全球性的娱乐排球便应运而生。

当前娱乐排球形式多样，它们以趣味性、低门槛和社交属性吸引着不同人群参与，主要有沙滩排球、9 人制排球、气排球、公园排球、雪地排球、水上排球等，这些娱乐排球项目弱化了传统排球的竞技性，转而强调参与感、娱乐性和健身性，也逐渐成为全民健身和休闲娱乐的重要载体。部分形式甚至衍生出独立赛事，如 9 人制排球、气排球等，进一步推动排球运动的多元化发展。总之，娱乐排球的再兴起，标志着现代排球运动进入竞技排球与娱乐排球繁荣共存的新时代。

（二）促进排球运动发展的主要因素

排球运动从问世之日起，就以双方隔网用手相互击球、进行攻防对抗的形式区别于其他球类运动。今天，虽然竞技排球仍然采用双方隔网对抗的形式一决雌雄，但其对抗的形式和内容都发生了质的变化。排球运动之所以能从单纯的娱乐游戏发展到今天既具有技术的高技巧性、战术复杂多变的竞技性，又具有休闲、健身、游戏的娱乐性，主要有以下两个原因：

1. 观念的转变促进了排球技、战术的发展

（1）攻防观念的转变促进了排球技、战术的发展。排球运动从传、扣技术分开后，人们就把那种在网前跳起后将球扣向对方的技术看作向对方的进攻。20 世纪 50 年代，人们的进攻观念发展为通过“中、边二三”战术的形式形成两个不同的进攻点

给对方以威胁。后来由于拦网技术的出现，人们认识到进攻不只意味着由一两点往下扣，若不避开对方的拦网，则很难发挥进攻效果，于是出现了 60 年代的“线”，即扣直线、斜线、高弧线等，扣球个人战术也应运而生，如转体、转腕扣球等。70 年代，随着运动员的身高及弹跳力的增长，只限于点、线的进攻也很难通过拦网，于是人们的进攻观念开始走向充分利用网长的整个垂面。当时的集中与拉开、高球与快球、时差与位差等战术扣球形成了 70 年代的“面”，但当时的进攻观念仍不能摆脱拦网的威胁，于是人们的进攻观念从网前向场地的纵深迁移，远网扣球、后排扣球、跳发球的相继出现，说明进攻区域已从网前扩大到端线。另外，此时的排球比赛已把发球和拦网列为向对方发起进攻的形式和手段。现代竞技排球已摆脱了“中、边二三”和“插上”的进攻形式，二传可在场上的任何位置组织进攻，扣球队员可在场上任何位置扣球，形成了一种新的“中、边二三”和“插上”的进攻形式。场上主攻与副攻的分工已不明显，主攻常打快攻，副攻参与强攻与后排攻，两翼队员在前后排的跑动进攻已成为比赛的主要得分手段（由于接应二传的职责发生了根本性的变化，所以当前称其为两翼队员，意思是指该位置要承担起在阵型的另一翼向对方发起进攻的任务）。

由于人们进攻观念的不断变化，也促进了防守观念的转变。在点、线、面进攻时代，防守是从固定位置，采用低姿的以单、双臂击球的各种救球动作在“心跟进”“边跟进”防守阵型的位置分工下进行的。由于防守阵型有了“扩大”和“压缩”型的变化，于是前扑、鱼跃、滚翻垫球及挡球技术也随之而生。当进攻战术发展到全方位的立体进攻时代，人们的防守观念又发生了突变，即认识到应该将过去那种被动等待型的防守动作变成积极出击型的防守动作，把固定位置分工的防守模式变成针对型、变换型、动态型乃至全方位的防守动作和全方位的拦网整体配合。

（2）排球竞赛规则的修改，促使竞技排球运动发展得更理想、更完美。排球运动从游戏活动向竞技运动发展的过程中，规则的不断修改和增订起了很大的推动作用，尤其是人们对规则的修改和增订在认识上的变化，促进了排球运动向着更完美、更理想的方向发展。

最初对规则的修改和补充只是以适应技、战术发展和维护排球运动特性为目的，如在最初的规则中取消了球在网前落地一次的规定，以保护排球运动“空中击球”“球不落地”的特点。随着传、扣技术的分化，规则又补充了发、传、扣球的技术概念，之后规则规定在场地上设置中线是为了适应扣球和拦网技术的发展。1977 年规则规定标志杆内移和允许拦网后可再击球 3 次，促进了快速反攻战术的形成。进入 20 世纪 80 年代，人们对规则修改的原则进行了重新认识，在对待攻防平衡的认识方面，认为应积极地鼓励防守技术的发展，而不能消极地限制进攻技术的发展，因此在放宽了对第一次击球时连击的判罚和允许身体任何部位（包括脚）均可触球后，规则又减小了比赛用球的球内气压，以适当降低球速从而有利于防守。从此，全方位的防守技术动作相继出现，例如由手臂的击挡到身体各部分的击挡，直至脚击球动作的产生，从而扩大了防守的控制范围，为有预判的出击式防守取代固定位置的等待式防守创造了先决条件，同时也促进了前排拦网和后排防守更有针对性的配合，使防守阵型产生了质的变化，从而使防守质量大大提高。1999 年规则增设“自由防守人”，更利于接发球和后排防守。

排球运动的社会化和商业化推广在很大程度上要借助电视等传媒，为了成功地把排球运动推向市场，人们意识到规则的修改要利于电视转播。1992 年规则补充了每局有 1 分钟的技术暂停时间，就是为了适应赞助商播放广告的需要。另外，为了有利于电视转播又不影响比赛的精彩程度，1997—1998 年，国际排联试行了各种竞赛制度修改方案，最终以当前的每局 25 分的每球得分制代替了发球权得分制，从而加强了比赛时间的可控性。随后，国际排联又对暂停、换人、鹰眼挑战等规则进行了修改（详见竞赛规则章节）。总之，每一次排球规则的修改，都是对排球运动发展的一次促进，使之更快成为人们最喜爱的体育项目之一。可见，排球运动的发展和演变与规则有着密切的关系，排球规则的不断修改、完善和变化，促进了排球运动向前发展。

2. 现代物质文明的发展，促使排球运动向着竞技和娱乐性共存的方向发展

随着高科技时代的到来，科技工作也逐步深入到排球运动中来，体现在其他科学的新理论、新方法应用于排球运动的研究越来越多，其中许多科研成果为世界排球运动作出了很大的贡献。意大利男排主教练以先进的理论和实践确立了“排球场上没有防不起的球”这一训练指导思想，并提出了防重扣的有效方法，使意大利男排在 1990 年世界排球联赛中防起率达 64.3%，从而使该队从 1989 年至今始终保持在世界前列，并多次夺得冠军。古巴排球运动科研工作最富有成效的方面是总结了一套快速发展运动员身体素质的方法，其队员具有惊人的腰腹力量、卓越的弹跳力及风驰电掣般的挥臂速度。然而随着人们物质文化消费水平的不断提高，健身、娱乐逐渐成为一种生活需要，人们已经不仅仅满足于从观赏精彩排球比赛中愉悦身心，更渴望能亲自参与该项运动，因此单纯开展 6 人制竞技排球已不能满足人们日益增长的需要，于是，全球范围内各种形式的娱乐排球悄然兴起，如中国气排球迅猛发展，2017 年第 13 届全运会上增设了气排球作为群众比赛项目。当今的排球运动已不再是 6 人竞技排球的专属称谓，它体现了竞技排球与娱乐排球的繁荣共存。

二、排球运动在我国的发展

（一）项目名称的改变

在我国，排球运动的历史可以追溯到 20 世纪初。当时，作为文化教育的体育，伴随着西方文化传入我国，美国传教士在传教布道之时把排球运动带了进来。1905 年，排球活动首先在广州南武中学和香港皇仁书院流行，后来主要通过基督教青年会体育部、留学生、外籍人士等，以教学、游戏、训练班及表演等方式传播，排球运动逐步在我国部分城市的一些学校中开展起来。人们根据 volleyball 的读音，把空中击球称为“华利波”。1913 年，我国参加了在菲律宾举行的第 1 届远东运动会排球赛，这是世界上第一次正式的排球国际比赛，虽然参赛队只有中国和菲律宾，我国代表队又是临时从田径、足球队中抽调了一些运动员拼凑起来组成的，但比赛打得精彩、激烈，引起了人们的兴趣。这些队员回国后，将正式的排球运动带到了广州、台山、文昌等地。

男子排球从 1914 年的第 2 届、女子排球从 1924 年的第 3 届旧中国全国运动会开始被列为正式比赛项目，并将“华利波”改称为“队球”，取“成队比赛”之意。1915—1934 年，我国男排参加了 10 届远东运动会，曾获得 5 次冠军和 5 次亚军。我国女子排球比赛出现较晚，1921 年在广东省运动会上首次出现，1923—1934 年参加了 5 次远东运动会，均获亚军。在 1930 年旧中国第 4 届全运会之前，经中华全国体育协进会研究，根据其球在空中被来回击打和参加者成排站位这两个特点，将“队球”改称为“排球”。从此，“排球”这一名称和运动形式在我国传播开来，沿用至今。

排球运动传入我国后，因受远东运动会的影响，经历了 16 人制、12 人制、9 人制、6 人制打法的演变过程。1915—1919 年，我国排球比赛采用 16 人制打法，每方上场 16 名队员，分成 4 排，每排站位 4 人，比赛中位置固定不轮转。1919—1927 年，我国排球比赛采用 12 人制打法，双方各 12 名队员上场，成 3 排，每排站位 4 人，场上位置仍固定不轮转。当时已出现上手发球、正面扣球、单人拦网及倒地救球等技术动作。1927—1951 年，我国排球比赛采用 9 人制打法，双方各 9 名队员上场，成 3 排，每排站位 3 人，位置同样固定不轮转。当时又出现了勾手大力发球、勾手扣球和鱼跃救球等技术动作，尤其在第 8、9 届远东运动会上，为了突破菲律宾高大队员的拦网，我国队员创造了“快板球”技术和快球及快球掩护下的两边拉开战术。9 人制打法排球在我国延续了 24 年之久，是采用 6 人制打法前我国开展排球运动时间最长的一种比赛方式。

我国正式采用 6 人制排球是在中华人民共和国成立以后。此前，虽然排球运动已在我国开展了40余年，但因国家贫穷落后，所以很难普及，只是在几个大城市和东南沿海地区得到开展，所以技术水平不高，战术也非常简单。

（二）6人制排球在我国的开展情况

1. 推广、普及、发展

中华人民共和国成立后，由于国家的重视，排球运动很快被作为重点体育项目在全国推广。为了适应国际比赛的需要，1950年7月，在全国体育工作者暑期学习会议上，中华全国体育总会第一次向与会人员介绍了国际排联制定的6人制排球竞赛规则和方法，并于当年8月份成立了中学生排球代表队赴布拉格参加世界学生第二次代表大会排球比赛。1951年1月，我国组建了中国青年男子排球队赴柏林参加第11届大学生冬季运动会和第3届世界青年联欢节。同年5月在北京举行的第1届全国篮、排球比赛大会上，正式采用6人制排球比赛方式，并正式组建国家男、女排球队，即当时的“中央体训班男、女排球队”。1952年，国家男、女排到全国14个城市进行了6人制排球比赛示范表演，为6人制排球运动在我国的普及起到了积极的推动作用。1953年，中国青年女子排球队首次随中国代表团参加了在布加勒斯特举行的第1届国际青年友谊运动会排球赛。1954年，我国加入国际排联成为正式会员国。为了向当时排球运动处于领先地位的东欧各国学习，中国男、女排球队在赴布达佩斯参加第12届大学生运动会途经苏联时，曾到莫斯科、里加、基辅、明斯特等城市边训练、边比赛，系统地学习了苏联排球队先进的技、战术打法及训练方法。除了“走出去”，我国男、女排球队还采取“请进来”的方法学习外国的先进技术及理论，这一时期，捷克斯洛伐克军队男排和保加利亚男、女排球队先后应邀来我国访问。1956年，国家体委还邀请了苏联专家戈洛马佐夫在京、津两地举办的“全国排球教练员训练班”讲课，学员们全面系统地学习了苏联排球运动训练的理论与方法，为我国排球运动的发展起到了积极的促进作用。同年，我国建立了全国排球联赛竞赛制度，并颁发了《中华人民共和国运动员、裁判员等级制度条例（草案）》。同期，教育部颁布的《一般高等学校体育课试行教学大纲》《中等学校体育教学大纲（草案）》和《师范学校体育教学大纲（草案）》，均把6人制排球列为教材内容。由于受全国联赛的影响，各大、中城市也都开展了具有本地特色的排球竞赛活动。

我国20世纪50年代排球运动的发展可概括为一手抓普及、一手抓提高，在普及的基础上抓提高，在提高的指导下抓普及，因此运动水平提高较快。由于我国排球运动是在继承9人制排球技、战术的基础上发展起来的，尤其是我国的快球和快攻战术是其他国家所没有的，所以1956年中国男、女排球队第一次参加世界锦标赛就取得了女子第6名、男子第9名的好成绩。

20 世纪 60 年代前后，我国各省、自治区、直辖市队根据自己的特点开始形成各自不同的风格和技、战术打法，如广东队的快速配合、四川队的细腻稳健、北方队的高打强攻、解放军队的勇猛顽强、上海队的灵活多变等，充分体现了我国 6 人制排球技、战术水平的显著提高。

1964 年，周恩来总理邀请大松博文教练率领当时的世界冠军日本女排访华，并请他亲自指导我国运动员训练。贺龙副总理要求我国排球界学习大松博文教练的严格要求和日本女排刻苦顽强的训练作风。此时，我国排球训练工作的方针是“三从一大”，即从难、从严、从实战出发，坚持大运动量训练，使我国排球运动水平又有了明显的提高。当时我国不仅学习了日本女排的勾手飘球、垫球及滚动救球技术，而且创造了“盖帽拦网”和“平拉开扣球”技术。“文化大革命”期间，我国的体育事业陷于瘫痪、半瘫痪状态，排球运动也同样遭此厄运。在此期间，运动队都停止了训练，有的队甚至被解散，排球运动的整体技术水平下降，运动队出现青黄不接的局面。

2. 冲出亚洲，走向世界

1972 年，在周总理发出“要把体育运动重新搞上去”的号召下，国家体委以举办 5 项球类运动会的形式恢复了体育竞赛，并于同年召开了“三大球训练工作会议”。会上对过去的工作进行了总结，找出了差距，进一步明确了今后排球训练工作的指导思想及发展规划，建立了排球训练基地，并开始有计划地组织每年各省、自治区、直辖市队的集中训练工作。通过每年的冬训，各队有一段较长时间集中在一起相互学习、相互促进的机会，这对提高技、战术水平，迅速培养后备力量起到了一定的催化作用。1976 年，我国组建了新的国家男、女排球队。1977 年在世界杯排球赛（男子第 3 届、女子第 2 届）上，我国男排获得第 5 名，女排获得第 4 名。1978 年，我国排球队又在世界排球锦标赛上获得男子第 7 名、女子第 6 名的好成绩。1979 年我国男、女排分别在亚洲锦标赛上战胜日本队和韩国队，双双获得冠军，并取得了参加奥运会的资格，从此，中国男、女排开始冲出亚洲，走向世界。1981 年，我国女排在日本举行的第 3 届排球世界杯赛上以 7 战 7 捷的战绩，第一次获得世界冠军，为三大球翻身打响了第一炮。1982 年，在秘鲁举行的第 9 届世界女排锦标赛上，中国女排再次夺冠。1984 年，中国女排继续发扬顽强拼搏精神，在美国举行的第 23 届奥运会排球赛上再次问鼎，第一次在奥运会排球比赛馆内升起了五星红旗。荣获三连冠的中国女排在我国排球史上留下了辉煌的一页。1985 年在日本举行的第 4 届女排世界杯、1986 年在捷克斯洛伐克举行的第 10 届世界女排锦标赛上，我国女排又相继夺得冠军，从而创造了世界女排大赛“五连冠”的新纪录。

20 世纪 70 年代末到 80 年代初也是我国男排技、战术水平提高较快的时期。在继承传统快攻打法的基础上，我国男排大胆创新了“前飞”“背飞”“拉三”“拉四”

等新战术，并形成了一套自己的快变战术打法，在 1977 年的世界杯赛和 1978 年的世界锦标赛上分别获得了第 5 名和第 7 名的好成绩。1981 年，我国男排再次获得世界杯第 5 名，当时中国男排的实力不仅冲出了亚洲，而且可以向世界强国挑战。

这一时期，我国的排球运动以“全攻全守、能高能快”的战术特点，在世界排坛上展现了风采。

3. 走出低谷，重振雄风

20 世纪 80 年代，当世界男子排球运动迅猛发展的时候，我国男排由于种种原因造成了运动水平的下降。1982 年世界锦标赛的分组本来对中国男排非常有利，但因关键时刻队员的心理承受能力出现了问题，失去了进入前 4 名的机会，仅获得第 7 名。1984 年，中国男排又以 1 胜 5 负的战绩排名第 8。1985 年在世界杯亚洲预选赛上，中国男排又以 1∶3 负于韩国，从而失去了参加世界杯赛的资格。1987 年在亚洲锦标赛上，中国男排负于日本而失去了参加第 24 届奥运会的资格。1989 年在亚洲锦标赛上，中国男排负于日本队和韩国队名列第 3。随着男排成绩的下降，女排在 20 世纪 90 年代初，运动成绩也急转直下，跌入低谷。1988 年汉城奥运会，我国女排失去了冠军的宝座，1988—1991 年两次世界杯和一次世界锦标赛的成绩分别为第 2 名、第 3 名、第 2 名，1992 年奥运会和 1994 年世界锦标赛仅获得第 7 名和第 8 名。在 1994 年亚运会上，中国女排负于韩国队名列第 2，此时中国女排的运动成绩又倒退到“冲出亚洲”的起点。

我国男、女排运动成绩下滑的原因，主要在于指导思想跟不上世界排球运动形势的发展。首先体现在对“进攻”和“进攻战术”认识的滞后上。20 世纪 80 年代的欧美男排就已普遍运用了跳发球和后排进攻打法，形成了在排球场上的全方位进攻，紧接着欧美女排也开始效仿，但此时中国男、女排的进攻观念仍停留在 20 世纪 70 年代的认识上，总是在前排二三点进攻的变化上做文章，致使进攻战术既无创新也无借鉴，所以与国际排球运动先进水平逐渐拉大了距离。其次是 20 世纪 80 年代末国际排坛商业化趋势日渐明显，职业化趋势日渐成熟，而我国竞技体育体制仍保持着 20 世纪 50 年代向苏联、东欧国家学来的旧的管理模式，所以在世界体育职业化和国内市场经济浪潮的冲击下，运动队的管理问题突出地暴露在人们的面前。最后是伴随着国家“奥运战略”的出台，各省、自治区、直辖市的“全运战略”也应运而生，所有的运动项目均以拿金牌为目的。排球运动是集体项目，拿不到更多的金牌，因此很多省、自治区、直辖市都将排球队砍掉。

1995 年，国家体委召开了“重振排球雄风研讨会”，会上总结了失败的教训，找出了问题所在，并且探讨了今后的发展方向。同年，我国重新组建了国家女排，并请郎平回国执教。中国女排在郎平主教练的率领下，严格训练，增强了全队的凝聚力，树立了重新攀登世界高峰的信心，于 1995 年获得亚洲锦标赛冠军冲出亚洲，并于同年获得世界杯赛第 3 名，1996 年又获得奥运会排球赛亚军，1998 年世界锦标赛再次获得亚军，1999 年世界杯赛获得第 4 名，2000 年奥运会成绩下降至第 5 名。1997 年，中国男排在新一任教练汪嘉伟的带领下重新夺得亚洲锦标赛的桂冠，并在世界锦标赛预赛中取得了参赛资格。在 1998 年世界锦标赛上，中国男排虽然较好地发挥了自己的水平，但因体能、体力和技术上的差距，在前 12 名中仍没找到自己的位置。在 1999 年亚洲锦标赛上，中国男排成功卫冕，但在同年年底上海举行的亚洲区男排奥运会资格赛上，失去了一次绝好的依靠自己的实力冲进奥运会的机会。

4. 重夺冠军，任重道远

2001 年，陈忠和任新一届中国女排主教练。在经历了 2002 年世界锦标赛第 4 名的成绩后，从压力中走出来的陈忠和带领中国女排在 2003 年世界杯女排比赛中，以 11 战全胜的佳绩夺取了 17 年来第一个世界大赛冠军。接着在 2004 年雅典奥运会上，中国女排力克各路劲旅，勇夺阔别 20 年的奥运冠军。中国女排能够重夺世界冠军是因为她们把思想作风建设摆在十分重要的位置，坚持“从制度入手，高标准、全方位齐抓共管”的工作思路，严格管理，严格要求，认真学习和努力实践当年老女排那种敢打硬仗、敢于胜利的气概和团结协作、顽强拼搏的精神，训练工作始终坚持“走全面快速多变的道路，技术上更加精细全面，整体配合上更加默契娴熟，快速多变的特点更加突出”的指导思想。北京奥运会女子排球 3、4 名决赛在中国队与古巴队之间展开。经过 4 局激烈争夺，中国女排以 3：1 力克对手，获得铜牌。

面对与世界领先水平之间的差距，中国男排经历了一个较长的痛苦和摸索时期。2001 年，邸安和接手中国男排，他大胆地起用了一批年仅 20 岁的年轻人，在 2003 年世界杯赛上获得第 10 名。2004 年奥运会落选赛，中国男排负于澳大利亚队而无缘雅典奥运会；但在“三老带三新”的模式下力克亚洲劲敌韩国、日本和伊朗，无论是从比赛经验还是心理上，都为日后的复兴和发展留下了广泛的空间。这就意味着中国队必须有所改变，不仅要求技、战术更加完善和全面，而且在思想和意识上也应有一定的提高，即要求进一步提高基础训练水平，加强新技术新打法的研究开发，改革国家队的发展思路。为了达到这些目标，安心搞好联赛、不断提高各级教练员水平、摒弃急功近利的思维方式成为后来中国男排发展的工作重点。为此，中国排球协会在《2001—2008 年排球运动发展规划》中制定的目标是：以青少年和学校为重点的群众性排球运动得到较大的发展；初步形成能够适应社会发展、项目特点规律的训练管理体制和运行机制，并建立起职业与非职业相互衔接、相互促进、共同发展的格局。在北京奥运会 12 支参赛队伍中，中国男排的国际排名最低。但是，在教练周建安的率领下，依靠敢于胜利的“亮剑”精神，中国男排凭借坚定的信念力克委内瑞拉队，打破了逢日难胜的魔咒，卧薪尝胆 24 年之后再次打进八强，并赢得了对手的尊重。

国际排联主席魏纪中称，这是中国男排多年来在世界大赛中表现最出色的一次，来之不易的突破也为中国男排继续攀登高峰增强了信心。

5. 稳中求进，争创佳绩

2008 年北京奥运会后，中国女排开始了频繁换帅的动荡期。2013 年，由郎平挂帅执教的中国女排，在 2014 年世锦赛中，时隔 16 年再度摘银，取得了阶段性的突破，女排姑娘的场上表现，让国人又一次感受到女排拼搏精神的回归。正因为女排的团队精神，在 2014 年“CCTV 体坛风云人物”评选活动中，中国女排、郎平和袁心玥分别获“2014 年度最佳团队”“最佳教练”和“最佳新人”奖项。中国女排的年轻选手近年也表现不俗，徐建德督战的女排二队斩获亚洲杯冠军和亚运会亚军，在亚青赛成功卫冕、亚少赛赢得季军，中国女排当仁不让地又成为中国三大球为数不多的亮点。从 2013 年上任到 2021 年卸任，郎平在刻苦训练的基础上，将科学管理与人性关怀注入女排精神，并夺得了 2015 年、2019 年世界杯和 2016 年里约奥运会冠军。2023 年世界女排联赛中，中国女排获得亚军，创造了征战该项赛事的最好成绩。

» 2016年获奥运会冠军时的中国女排

2008 年北京奥运会后，中国男排的战绩持续低迷，暴露出诸多问题，各项技、战术都有待提高。2014 年，中国男排过于倚重老将，加之伤兵满营，参加的世界联赛升档未果，世锦赛无作为，亚运会又无缘奖牌 2023 年，中国男排世界联赛战绩依然不佳，只得告别此比赛到级别稍低的挑战者杯磨练。鉴于目前中国男排在世界和亚洲的地位，必须奋起直追、突破自我，才能再创辉煌。

（三）我国排球技、战术的指导思想

我国排球技、战术指导思想的确立是在长期的实践中，逐步认识排球运动的规律，特别是经过国际排球比赛的锻炼，在总结正反两方面的经验和教训的基础上逐步完善和发展的，进而探索出一条适合我国排球发展的道路。

回顾排球运动在我国的发展，不同时期提出的指导思想也各有侧重，如 1955 年国家体委召开了第一次运动员训练工作会议，提出了“积极主动、灵活快速”的技、战术指导思想，这一指导思想不仅符合我国运动员的身体特点和技术特点，也体现了我国排球运动员继承 9 人制排球中的“快板球”绝招。1958 年，国家体委在排球训练工作会议上提出了“技术全面、战术多样”的训练方针。“技术全面”是 6 人制排球最基本的特点，“战术多样”则是我国排球技术的发展方向。1972 年，国家体委进一步明确了排球运动的技、战术指导思想，提出“在技术全面的基础上，以攻为主，积极防守，发展高度，坚持快速，密切配合，实现快、狠、准、变”。这一指导思想是我国排球运动发展总结经验教训的结晶。1978 年，国家体委重新修正了我国排球运动的技、战术指导思想，即“在技术全面的基础上，发挥各队的特点，向全攻全守型发展，坚持快速，发展高度，狠抓扣、拦、发三项得分技术，力争网上优势；以全面、快速、高度、灵活、准确的打法，争取主动，夺取胜利”的新的指导思想。这一指导思想突出了“全攻全守”及防守反击的得分环节，对原先“以攻为主”的提法进行了修正，使之更有利于向高水平发展。1989 年，国家体委又重新制定了排球运动新的技、战术指导思想，即“技术全面，突出特点，准确熟练，快速善变，发展高度，不断创新”。这一指导思想体现了排球运动需要技术全面、准确的基本规律，体现了排球运动向高度、快速、多变和全攻全守方向发展的趋势，体现了排球比赛中网上争夺日趋激烈的趋势，也体现了我国排球运动快速发展的特点以及要想在国际排坛上占据领先地位就必须不断创新的思想。在 2001 年全国排球训练工作会议上，排球运动的指导思想又增加了“加强体能”的内容。可见，这一指导思想仍然符合当今排球运动发展的规律，但随着新规则的实施，其内涵需要进一步完善和发展，以适应排球运动的发展需要。

贯彻执行技、战术指导思想，培养和树立技、战术独特风格，还应正确处理好当前要求与长远目标、国内比赛与国际比赛、独特性与多样性、继承与发展、学习与创新及技术风格与苦练基本功的关系。只有处理好各种关系，一切从实际出发，才能迅速巩固和提高我国排球运动的整体水平。

专栏 3：袁伟民选拔女排队员注重全面与特色结合

在组队时，首先考虑到如何使中国女排能博采欧美众家之长，创建一支中国式的既有高度又有灵活性的能攻能守、能高能快的全面型队伍。在选材时特别注意队员在全面的基础上必须有特色。如郎平的高点强攻；张蓉芳善于打各种“乱”球，有“怪球手”之称；陈招娣积极防守，有“拼命三郎”之称；周晓兰拦网时判断准、手型好，被誉为“天安门城墙”；二传手孙晋芳是全队的核心和灵魂，她不仅在场上士气高涨，能鼓舞全队，在技术上能审时度势地为攻手穿针引线，而且有时她的左撇子“二次球”还往往使对方防不胜防。袁伟民根据每个队员的特点扬长避短，做到人尽其才，从而使全队能发挥出最佳水平，取得辉煌的成绩。

» 袁伟民教练在指导中国女排

资料来源：袁伟民. 我的执教之道［M］. 北京：人民体育出版社，1988.

（四）我国学校排球的现状

1. 排球运动在高校的开展

近年来，随着教学改革的不断深入，排球运动在高校得到了进一步普及和提高，并逐渐摆脱了受冷落的境地，成为颇受学生欢迎和喜爱的运动项目。

（1）竞技排球进课堂。近年来，随着体育教学改革的深入与全民健身活动的蓬勃开展，为让学生在学习期间学会和掌握几项锻炼身体的方法和手段，高校体育课教学普遍都改为体育专项课教学，很多学校都开设了排球专项课。有的学校开设排球专项课后，还开设了以进一步提高技术水平为目的的“选修班”，有的学校还开设了排球竞赛规则及裁判员培训班，通过考核审批了一批三级排球裁判员。

（2）建立高水平运动队。1986 年，国家体委和国家教委召开了全国学校业余训练座谈会，会上明确了发展学校体育、增强学生体质、提高学校体育运动技术水平是我国学校体育工作的基本任务，也是我国教育事业和体育事业的重要任务。高校体育运动整体水平的提高，是要为国家培养一批具有社会主义觉悟、科学文化知识和较高体育运动水平的大学生运动员，为国争光。2002 年，中山大学女子沙滩排球队参加了首届世界大学生沙滩排球锦标赛，并取得了第 3 名的好成绩。在 2003 年世界大学生运动会上，南开大学女排夺得冠军。2004 年以来，北京体育大学男排、北京航空航天大学男排、复旦大学男排、南开大学女排、武汉体育学院女排的英姿开始出现在全国排球联赛中。近年来，福建师范大学男排、天津工业大学男排、四川大学女排等一批高校与运动队联办的体教结合型运动队出现在全国排球联赛中，为全国排球联赛的举办与运动队社会化开拓了思路。

（3）校内排球竞赛活动丰富多彩。校内排球竞赛活动是校园文化的重要组成部分。目前高校排球课的设置及高水平排球队的建设，使得校园排球活动开展得很活跃，很多学校的学院及系部级排球竞赛活动已规定为每年举行一次。

（4）校际排球竞赛交流开展活跃。1989 年，经国家教委批准成立了中国大学生体协排球分会，负责全国大学生排球联赛，大部分省、自治区、直辖市也都成立了各地大学生排球协会。各地大学生排球协会负责安排每年本地区高校排球活动计划，组织本地区排球竞赛和裁判员的培训工作。中国大学生排球联赛（CUVA）根据参赛资格分为常规联赛和超级联赛。

2. 排球运动在中小学的开展

随着德、智、体、美、劳全面发展的教育方针的深入贯彻，学校体育活动蓬勃地开展起来。中国女排夺得“五连冠”，在学校中掀起了排球活动的热潮。广大中小学生都积极参与到该项运动中，许多中小学体育课都把排球作为教学内容，在课外体育活动中，也把排球作为学校业余训练的主要项目。各省、自治区、直辖市教育厅也陆续修订了体育竞赛制度，排球被列为竞赛项目之一，定期举办中学生排球赛。除了加强开展一般的排球活动，各地还有选择性地在条件较好、排球活动开展较普及的中学重点建立排球传统项目学校。这样做既丰富了学校的课余生活，又能为各地青少年体校的排球项目输送后备人才，有的还直接为省、自治区、直辖市输送后备力量。排球传统学校已成为我国排球运动项目业余训练网络中的重要环节之一，为我国中小学排球运动的普及与发展作出了积极的贡献。在学校体育教学方面，立足新课标，巩固和提高了中小学排球课程的教学质量。

借中国女排勇夺世界冠军的东风，中学生排球热再度升温。2004 年暑假期间，由中国中学生体育协会排球分会主办、北京景山学校承办的“中远地产杯”全国中学生排球锦标赛，有 113 支男、女排球队参加，其中包括香港特区的 6 支队伍。这是新中国成立以来中学生排球比赛参赛队伍、人数最多、覆盖面最广的一次盛会，标志着我国中学生排球运动进入了新的大发展时期。2023 年 11 月，由原全国青年运动会和原全国学生运动会合并成的中华人民共和国第 1 届学生（青年）运动会在广西南宁举行，分大学组和中学组排球比赛。

三、排球运动的发展趋势

（一）技、战术的发展趋势

从排球运动 100 多年的发展历程可以看出，排球竞赛规则的变化始终是其发展趋势的指挥棒。竞赛规则的变化对排球的技、战术，运动员的身心条件，训练方法和科学研究都提出了更高的要求。从整体上来讲，当今排球运动技、战术的发展体现了全、高、快、变的特点，也就是说全高快变是其永恒的主题。

1. 全

“全”是指攻防各项技术都必须全面掌握并运用自如，能全方位地攻和守，即能攻能防、能扣能拦、能高能快、能前排能后排等，每个队员技术全面，特长突出。目前，世界排坛均注重“全面型”战术系统的构建和发展，在“全面型”的基础上，突出了“立体化”进攻战术的运用。因此，“全面型”和“立体化”成为进攻战术的主体。

2. 高

“高”是指队员身材高、弹跳高，扣球时击球点高、过网点高、威力大，拦网时跳得高、滞空时间长、拦阻范围大。“前高位”防守成为防守战术发展的方向。

3. 快

“快”是指快速地进攻、快速地调整、快速地配合、快速地防守。不仅一攻快，反击也要快；不仅副攻快，主攻和接应二传队员也能参加快攻。防守中的拦网移动、起跳要快，后防移动、倒地等动作要快，以及整个队的技、战术运用随场上的变化而变化也要快。“快速化”已日益成为世界各支队伍组织与运用排球战术的主导思想。

4. 变

“变”是指排球技、战术运用的多变，体现在：① 发球多变：如力量大的跳发球和各种有变化的飘球等；② 进攻战术多变：如强攻突破和各种快攻；③ 防守战术多变：如稳健的后排防守和高大的拦网。在全面、快速的基础上，多变的技、战术行动是排球比赛中最具有活力的表现形式。同时，“自由防守队员”规则的出现，给防守战术提供了更为灵活的运用条件，使前、后排共同形成有效的防守网络，获得积极的防守效果。

总之，近年来，排球运动技、战术发展在体现全面、高度、快速、多变、灵活和实效等特点的同时，还注重“自由人”的合理使用，强调核心力量、专项体能等素质的提高对技、战术的影响。进攻技、战术的提高带动了防守技、战术的进步，而防守技、战术的加强，又反过来促进了进攻技、战术的发展，形成了排球运动技、战术发展螺旋式递进的特征。

（二）排球运动的社会化、职业化与商业化

1. 欧美领先，亚洲随后

从 20 世纪 80 年代起，人们就开始认识到要想进一步加快排球运动的发展速度，就必须顺应时代的潮流，把排球运动推向社会、推向市场。市场经济的主要特点就是一切遵循价值规律，排球运动进入市场就意味着再也不能保持原有的业余性质，而必须向着职业化方向发展。意大利排协从 20 世纪 80 年代就开始实行运动员职业化和俱乐部制度。意大利的各俱乐部都有不同的工商巨头提供资助，他们高薪招募世界各国的优秀教练员、运动员为各自的俱乐部效力，在意大利约 30 个俱乐部中，外籍球员多达 60 人。由于意大利的俱乐部聚集各国的明星选手和优秀教练员，所以其排球运动水平得到飞快提高。前国际排联主席阿科斯塔指出：职业化代表着排球界的发展方向，巨额奖金促使比赛更精彩，而紧张激烈的比赛既能吸引广大观众，又能创造出更大的经济效益，这种良性循环在意大利早已形成，而且显示出无限的生机，这就是意大利现象，现已成为欧美国家普遍采用的排球体制。在亚洲，日本是较早进行排球运动社会化、职业化与商业化运作的国家。目前，其他洲的国家也在效仿。

阿科斯塔先生从 1984 年开始担任国际排联主席，他一上任就决心把排球运动发展成为世界最受欢迎的体育运动项目之一。多年来，国际排联一直围绕这一奋斗目标，把竞技排球运动推向社会，使之进入和占领市场，在利用电视转播媒介吸引观众等方面做了大量的工作。同时，国际排联还利用运动员转会制度支持各国排球俱乐部的发展。1990 年，国际排联出资 400 万美元举办了第 1 届世界男排联赛，1993 年，国际排联出资 100 万美元举办了第 1 届世界女排大奖赛，并决定以后每年举行一次，奖金逐年递增。世界男排联赛和女排大奖赛是国际排联举办的商业化色彩很浓的比赛，其参赛队都是世界一流的球队，凡参赛队，最后根据成绩都能获得数额不等的奖金。2009 年新年伊始，国际排联就对外界宣布，今后的排球比赛场地由三种以上颜色组成，以便让电视观众更好地欣赏比赛。另外，还要应用“运动鼹鼠”系统，以帮助裁判员准确判断球是否出界（2013 年世界女排大奖赛总决赛首次采用了“鹰眼”技术）。国际排联的这些改革措施就是为了吸引更多的人关注排球这项运动。

排球运动的社会化和商业化在很大程度上要借助电视等传媒。为了成功地把排球运动推向市场，国际排联几次修改竞赛规则，从而把排球运动彻底推向市场。排球运动的商业化带来了运动员的高薪，明星运动员就是排球社会化、职业化和商业化的必然产物。

2. 国内改制，适应市场

1996 年，在全国排球工作会议上确定了以赛制改革为突破口的基本方针，继而带动排球运动的全面改革。同年，全国排球甲 A 联赛实行主客场制，这一新举措的

实施，使冷落了多年的排球赛场又重新拥有了观众，使运动员在场上又找回了拼搏奋进的感觉，从而使得各队技、战术水平都有明显提高。1997 年国家排球管理中心成立，意味着排球运动的改革又向前迈进了一步。1998 年，中国排球协会先后下发了《中国排球协会俱乐部运动员转会暂行规定》《中国排球协会关于排球俱乐部管理暂行规定》《中国排球协会关于发展排球俱乐部的意见》等文件，指出排球俱乐部的性质为公益型的社会团体，可以是赞助式、体委与企业联办或股份制形式，现阶段以体委为主的联办形式较适合我国排球的情况。各甲 A 队伍从 1998—1999 赛季起，以俱乐部名义参赛。从 1999—2000 赛季起，非注册的俱乐部不允许参赛。从 2000—2001 赛季起，非俱乐部甲 B 队伍不再允许参赛。

为了适应市场，2000 年中国排球协会召开了全国排球俱乐部研讨会，下发了《2001 年步步高无绳电话杯全国女排赛和 2001 年步步高 DVD 杯全国男排赛方案（草案）》，全面修改了比赛方法，一改以往排球联赛由组委会大包大揽的做法，明确规定各俱乐部为承办单位，承办权属于各参赛俱乐部，俱乐部承办主场各项组织工作并支付全部比赛费用。这进一步明确了各俱乐部的市场主体地位，促使俱乐部开始开展经营活动，推动了排球的职业化进程和俱乐部建设。2001 年的全国排球联赛出现了少有的火爆球市，许多主场的观众上座率达到 100%，中央电视台的部分现场直播超过了甲 A 足球和中国男子篮球职业联赛，表现出强劲的发展势头。2002 年外援的出现，说明我国职业排球联赛运动员的国际流动进入了一个新阶段。

为了吸引观众，从 2001 年开始，中国排协采取了一系列积极措施，如创作联赛会歌、会徽，推出形象代言人，进一步规范和统一联赛整体形象等，同时加大改革力度，给各参赛俱乐部更大的自主经营权，拓宽经营范围，实行俱乐部办赛。联赛市场在整体形象、办赛质量、开发意识、管理水平等方面取得了很大进步。目前，全国排球联赛已经形成比较稳定的竞赛市场和相对固定的消费群体，球市具备一定规模。经过 20 余年的摸索发展，虽然目前的全国排球联赛并没有达到完全“职业化”的标准，但联赛能够健康成长并保持良好的活力，在为国家队不断输送高水平人才的同时也扶助了地方排球事业的生存和发展，步入了良好的轨道。

四、国际和国内排球比赛

（一）世界排球大赛简介

1. 世界锦标赛

该项比赛是世界上最早、规模最大的一项排球赛事。1949 年，第 1 届世界男子排球锦标赛在布拉格举行，1952 年，世界女子排球锦标赛在莫斯科举行，之后每隔 4 年举行一次，与奥运会排球赛穿插进行。世界锦标赛不受洲际队数限制，各国各地区都可以申请参加，但从 1986 年起，国际排联限定参加世界锦标赛的队数最多不能超过 16 支。参赛队的确定方法是东道国代表队和上届锦标赛的前 7 名为直接参赛队，其余的队来自五大洲锦标赛的冠军队（如果洲冠军队已获直接参赛资格，则按名次顺序递补）。另外 3 个名额则在国际排联组织的资格赛中产生。女排仍是 16 个参赛队，其参赛资格也在预赛中产生。

历届世界男子排球比赛名次

历届世界女子排球比赛名次

2. 世界杯赛

世界杯赛原为欧、亚、美三大洲的排球赛，1984 年，国际排联将此项比赛扩大成世界性比赛，并称其为世界杯赛。1965 年，在华沙举行了第 1 届男排世界杯赛，1978 年，在蒙得维的亚举行了第 1 届女排世界杯赛，之后每隔 4 年举行一次。经国际排联批准，1977 年，日本排协用 150 万美元买断了男排和女排世界杯赛的主办资格，因此，举办的地点固定在日本。世界杯赛的参赛队最多不超过 12 支，一般由东道国代表队、上届冠军队和各洲锦标赛的前两名构成。2019 年，世界杯赛在中国女排夺得冠军后停办。

3. 奥运会排球赛、沙滩排球赛、残奥会坐式排球赛

1964 年在日本东京举行的第 18 届奥运会上，排球比赛被正式列为奥运会比赛项目。奥运会排球赛的参赛队一般男子为 12～16 支队，女子为 8～12 支队，具备参赛资格的是东道国队、上届冠军队、上届世界杯冠军队和五大洲锦标赛冠军队。1996 年在亚特兰大举办的第 26 届奥运会上，沙滩排球被列为正式比赛项目，男、女各 24 支队参加比赛，每队两名运动员，每个协会最多两个队（男、女各一个队）。1980 年在荷兰的阿纳姆举行的第 6 届残奥会上，男子坐式排球第一次成为正式比赛项目；2004 年在雅典举行的第 12 届残奥会上，首次将女子坐式排球列为正式比赛项目，中国队夺得冠军。

4. 世界男排、女排联赛

这两项比赛都是国际排联举办的商业性大赛。世界男排联赛始于 1990 年，之后每年举行一次，该项比赛采用主客场制。世界女排联赛的前身是世界女排大奖赛。世界女排大奖赛创立于 1993 年，2018 年，国际排联将其升级为世界女排联赛。以上两种比赛因为商业色彩很浓，所以凡申请参赛的队，都要通过国际排联规定的“专门硬件”资格的审查，即申请报名参赛队的主场所在地必须具备能容纳 5 000 人以上观众的体育馆，而且场地内必须具备新闻通信设施。同时，主场所在地必须具有能通过卫星向世界转播和向全国转播的电视台，并能保证每天提供有关比赛的电视节目，还必须保证能向国际排联提供每场比赛的录像。此外，主场所在地必须设有国际机

场，或是仅距国际机场两小时以内路程。除此之外，申报参赛队还必须向国际排联交纳 50 万美金的报名费。因此，这两项比赛每年的参赛资格及参赛队数量的多少，都是赛前由国际排联组织专门机构进行研究后商定的。

5. 世界沙滩排球锦标（巡回）赛

世界沙滩排球锦标（巡回）赛始于 1989 年，最初称为沙滩排球大奖赛，首届比赛分 4 站在巴西、意大利、日本和美国进行，1997 年改为世界沙滩排球锦标（巡回）赛。该项比赛一般分为 8～12 站（根据参赛人数多少而定），最多可以有 40 对选手获得参赛资格，最后有 24 名选手进入排名榜。若报名选手超过 40 对，就要先进行资格赛。选手报名时，要同时选定比赛站数，只有打满 4 或 5 站以上的选手才可参加排名。名次的排列根据赛后总得分的顺序，达到规定的积分即可参加下一年度的比赛而不用参加资格赛。沙滩排球锦标（巡回）赛是每年沙滩排球的常规赛事。

6. 世界青年排球锦标赛

第 1 届世界青年排球锦标赛始于 1977 年，在巴西的里约热内卢举行，最初每 4 年举行一次，后来改为每两年举行一次。该项比赛规定，参赛队员年龄不能超过 20 岁。参赛队一般由东道国代表队、上届冠军队和各洲青年锦标赛的前 2～3 名构成。

7. 世界少年排球锦标赛

世界少年排球锦标赛始于 1989 年，第 1 届世界少年男排锦标赛在阿联酋、女排在巴西举行，之后每两年举行一次。该项比赛规定，参赛队员年龄不得超过 18 岁。

（二）国内大型排球比赛

历届全运会排球比赛名次

1. 全国运动会排球赛

1959 年，在北京举办了第 1 届全国运动会排球赛，至今已举办过 14 届，是我国最重要的排球赛事。

2. 全国学生（青年）运动会排球赛

全国学生（青年）运动会的前身是全国城市运动会。1988 年，在山东举办了第 1 届全国城市运动会排球赛，至今已举办过 7 届，是培养排球后备力量的赛事。2023 年 11 月，由原全国青年运动会和原全国学生运动会合并成的中华人民共和国第 1 届学生（青年）运动会在广西南宁举行。

3. 中国排球超级联赛（主客场制）

中国排球超级联赛的前身是全国排球联赛。自 1996 年开始，中国排球超级联赛至今已举行了 26 届，是我国影响最大、水平最高的排球赛事。

4. 全国体校 U 系列排球锦标赛

由国家体育总局青少年体育司主办，全国体育运动学校联合会承办。全国体校 U

系列排球锦标赛进一步完善了全国青少年 U 系列赛事体系，为各级各类体育运动学校提供更多的比赛机会，也为年轻运动员搭建了交流、竞技、学习的平台，进一步推动了排球项目的普及推广。

第三节　排球运动的相关知识

排球运动蕴含着丰富的文化内涵，各类排球运动竞赛活动展现了其独特的魅力。现代科学技术在排球运动中得到了广泛的运用，如人工智能（AI）、鹰眼技术等。运动员参加排球运动竞赛活动，其营养恢复和伤病预防也很重要。

一、排球运动的文化特征

排球运动作为一种映射人类智慧之光的实践活动，它所产生的思想观念和知识、管理体系，所创造的技战术、规则、方法、手段、器械设备以及记录和传播所必需的组织、宣传机构等，已经在人类的社会生活中构成了独特的文化现象。排球运动文化是以排球为媒介，通过发、垫、传、扣、拦、跑动、滚翻、鱼跃和扑救等活动形式锻炼四肢，达到强身健体、愉悦身心、加强协作、增进友谊之目的，形成一定的观念与价值取向，并以精神为核心的社会文化现象。它具有如下特征：

（一）自身的传承性

排球运动问世之初，是以娱乐游戏的萌动阶段从潜文化形态中剥离开来，逐渐向竞技对抗方向发展。排球运动文化的传播、冲突、分化是不断进行的，随着经济的发展和社会的进步，具有历史的传承性。排球运动经过了多年的发展，也在相继的融合过程中不断地被人们所接受。排球运动经历了 100 多年的承袭，在演化与发展的进程中，已成为一种先进的文化而得到历史的认可，显现了排球运动其自身的发展规律。

（二）鲜明的时代性

排球运动的发展与社会的进步是一致的。为了适应不同社会群体和环境条件的需要，各种形式的排球运动应运而生，形成了竞技排球和大众娱乐排球互相关联、互相依托、双轨共存的排球文化格局，显现了排球运动文化的时代性。

（三）流派的融合性

排球运动先后出现了“力量排球”“技巧排球”“高度排球”等体现民族地域自身优势的排球流派。在排球运动发展过程中，初级阶段的特征是各流派之间的争奇斗艳，而高级阶段的特征是共存和互补，各流派的不同战术体系在相互借鉴中，在保留和发展其精粹的基础上，逐渐趋向融合，其鲜明的民族地域界限开始模糊，走向“全攻全守型排球”的文化形态。

（四）竞赛的公平性

排球比赛为人们提供了一个公平竞争的场所，队员在规则允许的情况下，从 1 号位到 6 号位按顺时针方向轮换，从传、垫、扣、发到拦网的技术，再从防守战术到进攻战术，队员可以在不同的位置发挥不同的作用，每一个位置对队员的技、战术有不同的要求，队员在一场比赛中能够扮演不同的角色，对每一个队员来说，参与竞争的机会是均等的。因此，排球比赛为参与者提供了均等的竞争机会，可以培养参与者公平竞争的意识和在不同的竞争环境中的灵活应变能力，这是现代人在激烈的社会竞争中必须具备的基本素质。

（五）竞赛的有序性

在排球比赛中，运动员分前后排站位，比赛从发球方后排右侧的运动员发球开始。换发球时，双方队员必须在本场区内按轮转次序站位。只有换发球时才有位置轮换，如果一方连续得分则不用轮换。每局比赛开始，场上队员必须按位置表排定的次序站位，在该局中不得调换。球发出后，队员可以在本场区内的任何位置上，不受上述限制。在新的一局，每个队上场队员的位置可重新安排。登记在记分表上的队员都可被列入新的上场阵容。这充分体现了排球运动的有序性。

二、现代科学技术在排球运动中的运用

现代科学技术的迅猛发展，使现代运动训练发生了巨大的变化，传统主观性因素

逐渐减少，高新科技含量日益增加。特别是计算机技术和信息处理技术在排球运动训练竞赛和体育教学中得到广泛运用，成为教练员和体育教师的好帮手。20 世纪 80 年代初，美国女排教练与艾里尔博士合作，采用生物力学和电脑分析系统对各种情报、资料、信息进行处理，然后将结果用于指导美国女排的训练，从而使美国女排一跃进入世界排坛先进行列，并开创了排球运动领域的电子时代。在对排球技术动作分析方面，科研人员研制了计算机技术动作分析系统，将计算机技术、计算机图像处理技术、计算机数据库软件、图形学和录像技术与运动生物力学分析方法结合起来，用现代科学方法描述运动的过程，把运动特征数量化、规格化，然后精确完整地进行分析和比较。其具体过程是，首先用高速录像系统摄入运动员的排球技术动作，然后将技术动作图像传入计算机图像处理系统，在计算机图形工作站将原始图像、三维生物力学人体立体动作分析结果和文字说明的混合画面送入录像带，在屏幕上同时显示。教练和运动员可在训练场所设置的现场查询终端，查看运动员的技术动作分析结果。如中国科学院计算机所研制的“数字化三维人体运动计算机仿真系统”(CAS 软件)，通过先进的数字视频采集与播放技术，将模拟结果与运动员训练视频对比分析，帮助运动员认识到自身技术动作与教练心中“理想”动作的差异，然后从系统中获取正确的模拟动作，从而使教练在指导运动员的过程中有的放矢。在排球训练比赛技术统计方面，现场通过电脑统计数据处理，可短时间内反映出场上每位队员的技术状态和发挥情况，将这些信息及时传达到主教练手中，有助于主教练更好地协调队员和掌控大局。

计算机多媒体技术在排球技、战术教学中也被广泛运用，CAI 课件可实现问与答、分步骤演示、灵活查询和仿真教学、模拟实验等功能，从而改变了以课堂传授为主的传统教学方式。此外，计算机网络技术也在排球教学训练和运动竞赛中被广泛运用，促进了排球运动的普及与发展。

当前，“云计算”“大数据”时代的到来，使获得信息的途径和数量得到了极大的扩展。它们借助互联网、物联网等科技手段收集各类排球运动员的训练和比赛数据以及生活数据等多方面的信息，并随着超级计算机和“云计算”的出现，对这些巨量数据进行分析，使教练员和运动员的能力得到了极大的提升。如 DATAVOLLEY 排球数据统计软件在训练和比赛中的应用；人工智能 AI 技术与排球运动训练的结合：360° 视频录制，全场无缝观察；以 AI 助攻，精准高速移动运动捕捉；姿态估计算法，量化分析技术动作；可交互的智能虚拟战术板；关键训练指标数据可视化，多屏快速同步分发等。

专栏 4：排球比赛首用“鹰眼”技术

2013 年世界女排大奖赛总决赛首次引入“鹰眼”技术，这也是排球比赛有史以来首次使用该项技术。以往，裁判无法准确无误地看清楚每个动作，有时不得不凭借经验，误判在所难免。排球比赛采用“鹰眼”技术之后，很大程度上减少了误判和错判。从表面看，裁判的权威貌似受到了挑战，但从深层次看，排球比赛更客观、更公正了。“鹰眼”技术使得排球比赛更具观赏性。“鹰眼”即时回放系统由 10 台摄像机组成，摄像机追踪飞行的排球并将信息反馈到与之相连的计算机中，后者则据此计算出模拟的轨迹。当某队申请回放时，电视和场内的大屏幕上将同时显示这一由计算机模拟出来的轨迹。从数据采集到结果演示，“鹰眼”总耗时不超过 10 秒，且误差确保在 1% 以下。鹰眼挑战每局只能 2 次，如果第一次挑战成功，则不计入挑战次数；挑战失败，记录一次。挑战内容共分为 5 类，分别是界内球 / 界外球、拦网触手（打手）、触网 / 未触网、触及标志杆、踏线违例。国际排联第一次在 2013 年的世锦赛中引入鹰眼挑战技术，2016 年的里约奥运会第一次使用鹰眼挑战技术。2022 年在世界排球联赛总决赛中，国际排联采用了先进的鹰眼挑战系统，司线裁判员就被高科技鹰眼挑战系统替代了。

三、排球运动员的营养恢复与伤病预防

（一）排球运动员的营养恢复

排球运动要求运动员有适宜的兴奋性，以较快的节奏完成技术动作，以娴熟的技艺和高涨的热情投入比赛。为此，高超的技、战术水平和良好的体力、体能是一支高水平排球队不可缺少的两个方面。良好的体力和体能状况又是运动员训练出高超技艺并使其在实战中充分发挥的重要保证。例如，为做到在接球和击球时快速反应，排球运动员需要无氧快速供能系统；为打好第 5 局的比赛，获取最后的胜利，排球运动员需要有良好的有氧耐力供能系统；为达到发球、扣球和拦网的威慑力，排球运动员需要强劲的肌肉力量和爆发力。这些都说明排球运动离不开良好的体力和体能。

营养学恢复在教学训练期与比赛期同样重要。因为比赛中运动员能力、技术和战术的临场发挥依赖于循序渐进、科学的训练安排。成功的训练会造就一名具有良好的

多种供能系统、超人的力量和反应速度的运动员。超量的训练负荷依赖于长期的营养学恢复的保证，为此，营养学恢复也如同训练一样，要成为训练计划的一个重要组成部分，并放在仅次于训练的重要位置。过去，教练员和运动员往往只重视训练，认为只要苦练就会出成绩，对运动员的膳食和特殊营养补充并没有很重视。现代运动训练要求科学地安排和调节饮食，因为及时适当地补充营养是机能恢复的重要方面，可以说营养是训练的物质保证。培养一名世界级的排球选手，就必须让他（她）承受超生理极限的训练负荷，并且得到及时、适宜的恢复。

专栏 5：排球运动员膳食营养的特点与配餐

排球运动员需要有氧和无氧两种方式的供能，因此必须摄取足够的碳水化合物。在用餐时尽量选用高糖食物以及训练和比赛时选用含糖和电解质运动饮料是获取碳水化合物的两个途径。为促进肌肉的增长，保证排球运动员的力量和爆发力，应选用脂肪含量低的优质蛋白。

比赛前点心（比赛前 1～2 小时用）：面包、酸奶、薄饼、布丁、米糕、香蕉、干果、水果、蜂蜜等都是适宜的食品。

比赛前用餐（比赛前 2～4 小时用）：可食用土豆、面包、玉米、面条、米饭、燕麦片、花生酱加果冻三明治等。

运动员膳食指南

① 食物多样，谷类为主，营养平衡
② 食量和运动量平衡，保持适宜体重和体脂
③ 多吃蔬菜、水果、薯类、豆类及其制品
④ 每天喝牛奶或酸奶
⑤ 肉类食物要适量，多吃水产品
⑥ 注重早餐和必要的加餐
⑦ 重视补液和补糖
⑧ 在医学指导下合理使用营养素补充品

» 运动员膳食指南

（二）排球运动员的伤病预防

排球运动为时空运动，技术动作大都在腾空跳起或半蹲状态下完成，因而膝部的伤病发病率最高。起跳虽然主要由下肢完成，但跳起后的扣球、拦网、跳发球等都需

要上肢配合，连接上、下肢动作的枢纽是腰腹，因此腰伤在排球运动员中比较常见。此外，踝关节、腕关节、肩关节、手指关节以及肌肉的劳损和急性损伤也都较常见。

面对运动伤病，最主要的方法是预防，其次是治疗和伤病后的合理训练安排。预防的方法包括以下内容：

（1）训练前做好充分的准备活动，训练后做好整理放松活动。

（2）手指、腕、肘、膝和踝等易伤关节可用胶布或保护带固定。

（3）佩戴必要的护具，如防守时用厚护膝，拦网时用手套和护腕、护肘，身体训练时用皮腰带等。

（4）合理安排训练内容和运动负荷。

（5）训练中做好自我保护。

（6）充足补充运动补给、营养品，用以防止运动疲劳和运动机能下降。

对于已经发生的运动伤病，应在经专业医生诊断后进行积极的治疗和适当的休息，以达到早日康复的目的。相反，如果伤病后强行训练，不仅会加重伤病，使伤病延期恢复，而且会出现其他新的损伤，甚至影响运动员的运动寿命。但伤后的合理训练却可以加快伤病的恢复，而且可以集中时间解决一些身体其他薄弱环节的问题，一些劳损性伤病也有了恢复的时间。

思考与实践

1. 如何弘扬女排精神？中国女排五连冠及十冠王的价值何在？
2. 简述排球运动的起源、传播与繁衍。
3. 简述世界排球运动的发展特点。
4. 简述中国排球运动的发展状况。
5. 国内外有哪些重大排球比赛？
6. 现代排球运动技、战术发展的趋势是什么？
7. 排球运动文化有何特性？
8. 现代科学技术在排球运动中如何运用？
9. 排球运动员的营养恢复与伤病预防应注意什么？
10. 怎样通过排球课程学习来提高自己的综合素质？

第二章　排球技术

本章导言

排球运动属于技战能主导类隔网对抗性项目。熟练掌握各项排球技术不仅是排球教学的基本要求，更是排球比赛战术运用的基础。从排球的得失分规律看，各项技术都有得分和失分的可能，因此，学习排球必须掌握全面熟练的技术。从健身功能看，排球的各项技术对身体都有锻炼的价值，学习排球技术能发展人的各项身体素质。从审美角度看，排球的大力发球、扣球等技术能给人以力量、健康向上的美感，而高难度的防守动作也能给人带来技巧美感的享受。本章主要介绍排球技术的基本理论，技术动作的力学分析，准备姿势与移动、发球、垫球、传球、扣球和拦网技术的分类、动作方法及各项技术在比赛中的运用。

学习目标

知识目标： 掌握排球各项技术的动作概念和基本理论，了解排球主要技术的力学原理，理解各项排球技术的运用方法。

能力目标： 正确讲解和示范发球、垫球、传球、扣球和拦网等基本技术，具备在比赛中运用各项排球技术的能力。

价值目标： 在排球技术学练过程中，体会各项技术有机衔接、攻防转换、相互制约以及得失分双重结果的辩证关系，培养密切配合、分工协作、团结互助的体育精神和勤学苦练、坚韧不拔、顽强拼搏的意志品格。

第一节　排球技术的基本理论

排球技术的基本理论是学习排球技术必须掌握的基础知识，主要涉及排球技术的概念、分类、学练、运用和评价。

一、排球技术概述

排球技术是指在排球规则允许的条件下，击球者采用的各种合理的击球动作和其他配合动作的总称。发球、垫球、传球、扣球、拦网等技术称为有球技术，准备姿势与移动称为无球技术。排球技术主要由手法和步法两部分组成。手法是指击球时手指、手腕、手臂用力和控制球的动作方法；步法是指快速灵活的脚步移动和助跑起跳动作。

排球运动区别于其他体育运动项目的一个重要特征是“攻防链”，各项排球技术环环相扣、依次串联、紧密衔接、不可间断，排球各项技术之间存在着微妙的辩证关系。发球、垫球（接发球）、传球（二传组织进攻）、扣球、拦网、后排防守（接扣球）作为在排球比赛中依次运用的技术，以环节和串联的方式先后表现出来。每项技术既可能得分又可能失分，攻防转换瞬间完成，形成了每项技术都具有进攻和防守双重属性的得失分规律。就比赛中攻与防的关系而言，排球技术运用主要存在两对主要矛盾，即发球与接发球，扣球与拦网。它们之间既互相对抗，又互相促进，在矛盾对立中促进技术提高，推动攻防平衡发展。

比赛中，进攻方运用技术的唯一目的是进攻得分，而防守方则是防守避免失分继而转换为进攻方。同伴间先后运用的排球技术既紧密关联又相互制约，前一项技术运用的效果直接影响与其关联的后一项技术的发挥，如接发球是否到位直接影响二传的效果，进而影响攻手的扣球效果。当然，后一项技术的良好运用，也可以在一定程度上弥补前一项技术发挥的不足。队员间每一项技术的运用都是在为同伴后一项技术的发挥创造最优的条件，充分体现了密切配合、分工协作、团结互助的团队精神和理念。

二、排球技术的学习

排球技术的获得符合运动技能形成的一般规律，从初学到应用自如要经过泛化阶段、分化阶段、巩固和自动化阶段三个渐进过程。因此，对于初学者，学习排球技术一定要从掌握规范的击球动作开始。在长期的运动实践中，排球运动已形成的特有击球技术动作包括发球、垫球、传球、扣球和拦网 5 种，每种击球技术动作又有多种不同的完成方式，如发球有原地和跳发、下手和上手、发飘球和旋转球等；垫球有单手和双手、正垫和侧垫、鱼跃和前扑垫球等，其中正面上手发球、正面双手垫球、正面双手传球、正面扣球和拦网是所有排球击球技术动作的基础，必须从初学阶段就要按照规范化技术动作的要求认真学习、反复训练以达到熟练掌握。

三、排球技术的运用

任何一项运动技术的合理运用，都离不开视野、脚步、手法、躯干和意识（思维）等要素多维一体的协调配合。对排球技术而言，视野是临场判断的起点，脚步是击球行动的前提，手法是完成技术的关键，躯干是协调全身的枢纽，意识是运用技术的灵魂，这五要素只有协调一致、配合密切，才能在比赛中合理运用排球技术。然而，在实际运用中，视野和意识这两个贯穿于排球技术动作使用全过程的要素经常被忽略，这势必影响排球技术的掌握和合理运用，因此，在排球技术的教学中，尤其是在掌握了规范的排球基本击球技术动作后要特别注重技术动作的合理使用。

四、排球技术的评价

不同水平阶段排球技术评价的角度和方法有所不同。初级阶段，主要根据完成技术的数量和规范性等进行评价；中级阶段主要根据协调性、熟练程度进行评价；高水平阶段，则要根据比赛中实际完成技术的效果进行评价。

发球技术效果的评价：无论采用发飘球还是大力跳发球，发球技术效果的评价主要看发球的得分率、破攻率和失误率等。

接发球技术效果的评价：根据发球的不同变化，接发球可采用垫球或传球等多种击球技术动作完成。评价主要依据接发球的绝对到位率、一般率和失误率等。

二传技术效果的评价：高水平二传技术变化莫测，令对方拦网队员难以判断球的方向落点。因此，评价二传的技术效果主要看对方拦网的组成情况，“空网”“一对一”和“双人拦网失配”率是常用指标。

扣球进攻技术效果的评价：扣球进攻是排名第一的得分技术。评价扣球进攻技术效果的指标主要有得分率、一般率、被拦率和失误率等。

拦网技术效果的评价：拦网不仅是防反的第一道屏障，也是重要的得分手段。评价拦网技术效果的指标主要有拦死率、拦起率、拦回率和拦失率等。

后排防守技术效果的评价：后排防守是减少失分、赢得比赛的关键技术及组合，但常常被忽视。后排防守技术直接影响由防转攻的效果。评价后排防守技术效果的指标主要有防起能攻率、失误率等。

专栏 1："五连冠"女排元勋的绰号

1981—1986 年是中国体育史上最为辉煌的时期。中国女排以顽强拼搏、为国争光的豪情壮志，创造了"五连冠"的奇迹，大振人心，大扬国威。女排队员成了家喻户晓、人人敬慕的英雄。她们中有"铁榔头"郎平、"怪球手"张蓉芳、"场上灵魂"孙晋芳、"铁姑娘"曹慧英、"天安门城墙"周晓兰……每一个绰号都准确而又形象地体现了每一位女排队员的技术特点和风格，都蕴含着一个又一个令人感动、可歌可泣的故事。

20 世纪 80 年代，郎平的名字成为一面奋发崛起的旗帜，中国女排成为民族英雄和时代精神的代表，成为国人心目中"拼搏精神"和民族精神的代名词。

第二节 排球技术动作的力学分析

排球运动的每一个技术动作都包含着力学问题，合理的、规范的击球动作一定是经济的、省力的、符合力学原理的。研究排球基本击球动作的力学原理，有利于找出排球技术的关键点和难点，有利于正确领会动作要领，提高掌握、运用技术的能力。

一、准备姿势与移动的力学分析

（一）稳定角

人体重心与地面的垂线与人体重心与支撑面边缘连线所形成的角称为稳定角（图

2-2-1）。稳定角越大，人体则越平衡稳定。排球运动员在场上的平衡、稳定与支撑面大小、重心的高低、稳定角的大小三个因素有密切关系。运动员在场上不是静止不动的，而是会随着场上情况的变化，随时做出快速的起动、变化步法及制动、起跳等动作。例如，半蹲准备姿势采用的就是稳定角原理，多用于接发球和后排防守。

» 图 2-2-1　稳定角

（二）蹬地角

人体蹬地作用力与地面的夹角称为蹬地角（图 2-2-2）。如果支撑反作用力固定不变，蹬地角越小，支撑反作用力的水平分力就越大，起动时的初速度就越快。例如，防守时为了提高向前的速度，除增加蹬地的作用力外，适当缩小蹬地角，有利于获得更大的速度。

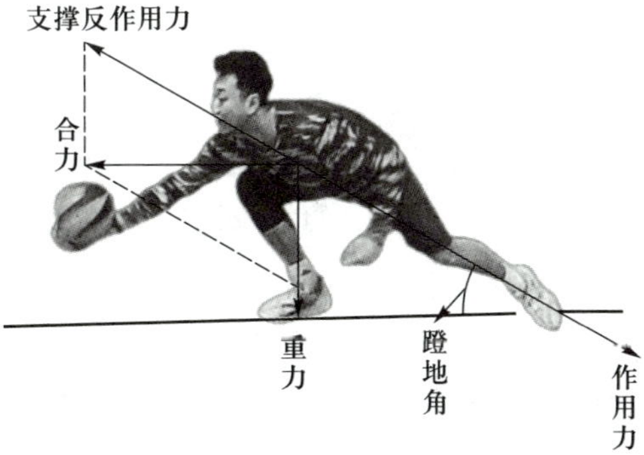

» 图 2-2-2　蹬地角

（三）起动

起动是人体由静止状态变为运动状态的脚步动作。起动是移动的开始，起动的快慢是移动的关键。在进攻中，突然快速地起动，是加快进攻节奏、提高进攻速度的有效手段；防守时，迅速地起动是保持或抢占有利位置、提高防守起球率的首要环节。据统计，在防守中，向前和向侧前方的移动最多。因此，身体重心的投影点应落在两脚支撑面的前部或适当超出支撑面，这样更有利于加快向前移动的起动速度。在排球比赛中要求运动员要起动快、移动快。要完成这项技术动作必须符合以下几个原理：

（1）起动的力学原理是破坏原有的身体平衡。人体向前抬腿使身体失去平衡而向前倾，起到移动的目的。加之收腹，上体前倾，有利于身体重心前移，从而使后蹬角减小，增大了后蹬的水平分力，达到加速起动的目的。

（2）在起动方向上的稳定角要小。如向前起动时，上体迅速向前倾斜，或提起一只脚，使身体重心垂线远离支撑点。运动员做起动准备姿势时，前稳定角要接近于零度。

（3）支撑反作用力要大。支撑反作用力来源于蹬地，运动员的蹬地力量越大，静止惯性的动力也就越大。起动时的用力主要在于蹬地腿的肌肉爆发式收缩的速度和力量。蹬地腿预先拉长的肌肉爆发力越大，起动速度就越快。

（4）蹬地角要小。重心前移，蹬地角减小，蹬地支撑反作用力的水平分力增加，起动就快。所以，起动时应采用较小的蹬地角。为了使身体重心迅速前移，有时还可以在抬腿之前，后腿适当向后垫一步，起到减小蹬地角、增大水平分力的作用。但是，蹬地角并非越小越好，因为，随着蹬地角的减小，身体重心要降低，腿部肌肉负荷加大。如果蹬地角过小，腿部负荷过大，蹬地力反而会因为腿部发力受限而减小，支撑反作用力也随之减小，反而影响起动速度。因此，运动员应选择适宜的蹬地角，一般腿部力量强的队员，其蹬地角可小一些；腿部力量弱的队员，其蹬地角可适当大一些。

（四）制动

查看制动与起跳技术动作分析视频

人体从运动到静止的过程叫制动。制动与起动是完全相反的过程。制动时，最后跨出一大步，跨出脚蹬地，从而获得一个地面对人体的支撑反作用力，与重力形成合力的方向与人体运动方向相反，从而使身体移动速度减慢，直到停止。影响制动快慢的因素有两个：

（1）支撑反作用力的大小。支撑反作用力越大，制动越快。

（2）支撑反作用力与地面夹角的大小。夹角越小，制动越快。

（五）起跳

起跳是运动员运用下肢蹬伸结合双臂摆动所获得的力克服自身重力而实现的腾空

现象。从运动员助跑最后一步双脚依次着地制动开始，人体的踝、膝、髋关节弯曲，缓冲助跑的速度，将助跑获得的动能通过缓冲完成向势能的转化与储存，为髋、膝、踝关节的蹬、伸做了充分的准备。接着是髋、膝、踝关节的伸肌有力地收缩，使髋、膝、踝关节伸直，给地面一个很大的作用力。根据牛顿第三定律，地面将产生一个大小相等、方向相反的反作用力，当这个反作用力超过了人的体重时，人即离开地面而腾空，支撑反作用力越大，腾空越高。

双臂的上摆则会在体内产生一个大小相等、方向相反的惯性力，这个向下的惯性力通过双脚作用于地面，加大了人体对地面的压力，从而使人体获得了更大的支撑反作用力并增加了腾空高度。因此，起跳时双臂应积极上摆。

二、发球力学分析

（一）加速

发球击球动作用力的特点是加速，是根据运动中的具体情况适当调整作用力的大小及其作用力时间的长短。根据动量定理，$F\Delta t=mv_2-mv_1$，物体动量的改变量是由内力和外力的合力与作用时间的乘积决定的。由于规则的限制，击球时力的作用时间的变化不明显，而主要通过作用力的变化来使球体获得不同程度的动量变化。

（二）角度

球的飞行轨迹受开始飞行时的角度影响，如发球时，假设用同等力量击球，作用力与水平线所形成的仰角大小不同，球飞行的抛物线和落点也不相同。当球飞行的起点和落点在同一水平线上，仰角为 45° 时，球的落点最远，仰角大于或小于 45° 时，球的落点都较近。当球的初速度方向一定时，初速度越大，球的落点也就越远。

（三）作用力

在击球角度固定的情况下，球飞行的抛物线受击球时作用力大小的影响。作用力大，球的落点远；作用力小，球的落点近。如发球时仰角固定，击球用力越大，球飞得越远。

（四）旋转

旋转球是由于球体表面并非绝对光滑，击球动作所产生的作用力在作用到球体时，未通过球的重心，使球在飞行过程中发生偏离。球旋转时，因受空气的黏滞性和摩擦力的作用，球体外部一定区域内可产生与球体旋转方向一致的空气环流，越靠近球体表面，空气环流的旋转速度与球体的旋转速度相差越小。球如此旋转向前运动，在球体环流与空气流线相互作用的影响下，球体将以曲线的运行轨迹向前飞行，即马格努斯效应。它的力学依据是流体力学的伯努利定律。当旋转着的球体向前运行时，空气流与球流相互作用，使流线分布产生变化，与球体环流方向一致的空气流线速度快，球体一侧的压力降低，形成低压区；球体另一侧的空气流线方向与球体环流方向相反，流线速度慢，这一侧压力升高，形成高压区。在球体向前运行的过程中，球体两边压力差的结果是球体受到合力作用，使球逐渐偏离直线运动路线，而变为曲线飞行。

假如用同样的角度、同等力量击球，球飞行的路线还受到球体本身旋转的影响。旋转有上旋、下旋、左侧旋和右侧旋，各种旋转都会影响球的飞行轨迹。在排球比赛中，运用旋转的原理指导具体实践，对提高排球技术有很大的促进作用。例如，发球时，使作用力通过球体的上半部，利用手和球皮的摩擦，加之手腕的推压作用，可发出上旋转球。同理，作用力通过球体的下半部可以发出下旋球；作用力通过球体的左半部，可以发出左侧旋球；作用力通过球体的右半部，可以发出右侧旋球。

（五）飘晃

关于球在飞行中产生飘晃的原因，归纳起来有以下几种：

（1）当作用力通过球体重心，球将不旋转向前飞行。由于没有旋转轴，球体后面的空气稀薄，压力迅速降低，压力大的气流就向压力小的地方压缩，在球的后面形成许多旋涡，使球的飞行轨迹不稳定，从而产生飘晃。受空气阻力影响，不旋转球的飞行速度逐渐减慢到 5～10 米 / 秒时，就会遇到近两倍的强大压力，使球体突然失速，改变飞行路线。

（2）球体的振动使球体变形，产生球体上下、左右、前后不同的压强差，使球的飞行路线随时改变，从而产生飘晃。

（3）球体表面黏合线与空气的流动方向顺逆不一，会引起空气流速的变化，形成气流压强差，使球产生飘晃。

（4）球的几何中心和实际重心的位置存在差异，使球在飞行中产生力偶而发生偏转，造成球体飘晃。

试验显示，在确保球飞行时不转动的情况下，对击球的同一部位给予同样的力，向同一方向发出球，球嘴向上，过网点高，球易出界；球嘴向下，过网点低，球不易过网；球嘴向左，球过网后向左偏；球嘴向右，球过网后向右偏。

此外，影响飘晃的因素还有球体自身的重量、球的形状、球内的气压和球的外皮质量等。从现象上看，飘球的运动轨迹类似周期摆动，或是以突然失速下掉的方式运动，不是沿抛物线轨迹运动；从发球技术上分析，发飘球时，要使作用力通过球体的几何中心，使球不发生旋转。击球时，手和球接触面要小，发力突然、短促，手掌击球的时间要短。

三、垫球力学分析

（一）手臂角度对垫球的影响

手臂垫击平面与地面夹角的大小直接影响着垫球的效果。夹角大，垫击球弧度低；夹角小，则垫击球弧度高。若来球不旋转，可利用入射角与反向角的原理击球。来球弧度高，手臂应抬得平些，减小手臂与地面所形成的夹角；来球弧度低平，则手臂与地面夹角应大些，这样才能使来球以适当弧度反弹飞向目标。旋转的来球碰击手臂时，除球给手臂一个作用力和手臂给球一个反作用力外，球的旋转力也作用于手臂，因而手臂也要给球的旋转一个大小相等、方向相反的反作用力，这样球触手后反弹方向为反弹力和旋转反作用力的合力方向。总之，手臂角度是控制垫球的方向、弧度和落点的重要因素。

（二）垫球反弹力的控制

在比赛中，常常可以看到虽然手臂垫击的角度很好，但由于没有控制好球的反弹力量而垫球不到位或垫球过网。主要原因是没能根据来球的力量，掌握和调整好手臂垫击球的力量和垫球时的缓冲动作。一般情况下，垫轻球时，手臂要主动加力上抬，如果需要把球垫得很高很远，还要靠蹬地、跟腰、提肩全身协调动作配合；而当来球力量很大、垫球的距离较近时，手臂击球瞬间则必须主动随球后撤、减力缓冲，避免因反弹力过大而使球飞过球网。总之，垫球时要想得到理想的效果，必须根据来球的力量，运用适当的主动加力或缓冲减力动作，精确控制好击球的力量，才能将球准确地垫向目标。

四、传球力学分析

传球动作的用力顺序是蹬地、伸膝、伸腰、伸臂、伸肘、抖腕、弹指，通过全身协调用力将球传出。最重要的是手腕后仰缓冲迎球，利用伸肘、抖腕和球压在手指上产生的反弹力将球传出。

传球时，要根据来球的速度和弧度，控制手腕和手指的紧张程度，提高或延缓出球速度，从而精确控制好传球的弧度和距离，提高准确性。

根据传出球的速度、弧度、距离的不同，全身协调用力传球的动作也有所差异。如传远距离球和调整传球时，主要由踝关节和膝关节的伸展蹬地所产生的作用力来增加传球力量，即下肢用力较多。传平拉开、变向球以及背传球时，依靠腰腹力量展体送髋，转体动作使用较多。

从运动学角度分析，传球出手是一个匀速运动，应遵循牛顿第二定律的运动规律。物体在力的作用下，产生加速度，球的质量是固定的，加速度的大小取决于作用力的大小。因此，传球手法和全身的协调用力是传球中不可忽视的环节，它关系到出球的速度。传球时，十指与球体要紧密吻合，以扩大触球面积，提高手对球的控制和传球的灵活性，从而提高传球的质量。

传球主要是依靠蹬地、展体、伸臂的全身协调动作所形成的推力和手指、手腕的弹力，构成一个合力作用于球体，而缓冲技术的关键是手指、手腕控制球的能力，这是衡量优秀二传队员传球技术水平的重要标志。

五、扣球力学分析

扣球由准备姿势、助跑、起跳、挥臂击球、落地 5 个动作环节构成。起跳和挥臂击球是扣球动作结构中的关键环节，它直接影响着扣球的质量和效果。以下着重讨论起跳和挥臂击球动作的力学原理。

（一）起跳

当助跑的最后一步两脚落地时，重心下降，屈膝、弯腰，同时两臂后引，借助助跑的水平速度和身体下落给地面的冲力，伸膝肌群爆发式收缩，从而产生支撑反作用力，两臂配合由后向上加速摆动，带动身体快速腾空而起，腾空时展腹、挺胸，身体自然成反弓形。

助跑起跳时，主要借助身体重心向前移动的速度，加上两臂上摆带动身体向上加速运动，通过制动增加踏跳时给地面的冲击力，从而增加向上方的支撑反作用力。而支撑反作用力的水平分力，使人体获得向后的加速度，以缓冲身体向前的冲力（即助跑速度）。而垂直分力和重力的合力，使人体获得向上的弹跳力。

实践证明，下蹲时，髋关节角度为 90°～100°、膝关节角度为 100°～110°、踝关节角度为 80°～90° 有利于发挥各肌群的最大力量，从而获得更高的弹跳高度。因此，助跑起跳要特别强调下蹲的角度。练习中，运动员要根据腿部肌肉力量的大小和来球情况合理采用适宜的关节起跳角度。

起跳的踏跳方法有两种：一是由脚跟迅速过渡到前脚掌，猛烈蹬地踏跳；二是主要运用前脚掌迅速蹬地踏跳。前者反作用力大，有助于增加弹跳高度，适用于扣高球；后者动作快速，有利于争取时间，适用于扣快球。

起跳的摆臂方法有两种：一是前后摆臂，两臂自体前经体侧引向身体后下方，然后向前上方摆动。二是画弧摆臂，两臂自体前经体侧画一小圆弧形至身体后下方，迅即向前上方摆动。前者摆幅较大，有利于增加弹跳高度；后者动作连续，画弧可大可小，适应性较强。

影响助跑起跳的原因有三点：

（1）助跑速度过快，来不及制动。

（2）支撑反作用力过小，造成支撑反作用力的水平分力小，向后的加速度也小，故不能迅速减小向前的速度。

（3）蹬地角过大，造成支撑反作用力的水平分力小。

（二）挥臂击球

以右手扣球为例，扣球队员跳起在空中时，身体略成反弓形（展腹、挺胸），手臂向右侧抬起，屈肘后引，肘高于肩，左手自然上抬。从腰腹部开始发力，通过肩、肘、腕关节的依次传递，形成以上臂带前臂、前臂带手腕的加速抽打动作（鞭打）。从力学观点看，一个链状物体，在其质量大的一端先做加速运动，在制动过程中，其动量向游离端传递，使其末梢部分产生极大的运动速度，这便是鞭打动作的力学原理。

挥臂击球的方式主要有：屈臂式（普遍采用）、小轮臂式、勾手（较少运用）和直臂式 4 种。无论采用何种挥臂方式，挥臂击球动作必须遵循下述原则：

（1）关节肌肉放松，加快挥臂速率，形成鞭打动作。

（2）挥臂动作轨迹呈圆弧形，击球前手臂充分伸直。

（3）用全掌击球后上部，手包满球，主动推压控制球。

（4）击球的同时，伴随收胸（近网扣球时）或收腹（远网扣球时）等躯体动作的协调配合。

从力学角度分析，首先，挥臂初期手臂在肘关节的弯曲是必要的，这样能缩短转动半径，增加上臂转动的角速度。其次，上臂制动，肱三头肌及时收缩引起前臂在肘关节处迅速伸直，以增加线速度，向前上方加速摆动。最后，前臂突然制动，前臂的力量经手腕传递给手掌，以满掌击打球体的后上部，整个挥臂动作就像一根鞭子。鞭打的各环节依次连续摆动可使手掌获得最大运动速度，符合多环节摆动速度叠加原理。

扣球的空中挥臂击球动作：依据转动惯量和转动定律，以及 $v_{线}=\omega r$ 的力学原理，人体的展体屈臂后振或拉臂动作，先是屈臂减小转动半径 r，从而增加角速度 ω，在转动角速度保持较大值的情况下，手臂尽可能伸直，加大半径 r，从而增大上肢末端手掌的线速度 $v_{线}$，获得最大的转动惯量。因此，快速的屈体挥臂击球动作，要求动作连贯，以获得最大的击球力量。

值得注意的是，非击球臂在鞭打过程中的作用也不可忽视。非击球臂在鞭打前的“背弓”形成过程中同时上摆，在躯干摆振前应先前摆非击球臂，使击球臂肌群进一步被动拉长，在加大击球挥臂力量的同时，加长挥臂肌群的工作距离，从而加大躯干、击球臂前摆角动量和非击球臂的前摆，减少非击球臂对腰轴的转动惯量，加大击球臂的角速度。

总之，挥臂击球时上臂带动前臂，前臂带动手腕的抽打动作（即鞭打动作的末端环节）是快速有力的。在做上肢鞭打前，各环节的肌肉要充分放松，才能加快挥臂速率，而只有加速挥臂，手掌击球才能获得较大的爆发力。

六、拦网力学分析

拦网由准备姿势、观察取位、移动起跳、伸臂拦球和落地 5 个动作环节构成。移动起跳和伸臂拦球是拦网技术动作的关键环节。

拦网起跳前，要充分利用手臂的摆动协助起跳，若来不及，两臂可在身体侧前方小划弧用力上摆，带动身体垂直起跳。要充分利用身体前倾姿势处理好人、球、网三者之间的关系。拦网下蹲时，髋关节的角度约为 90°，膝的角度为 100°～110°，踝的角度为 80°～90°，一般腿部力量强的队员下蹲可深一点。

实践证明，在拦网纵跳时的预备阶段，即下蹲阶段，指向地面的加速度越大越好。因此，要获得加速度最大值，肌肉应尽量放松，使下蹲阶段近似于自由落下，拦网起跳时下蹲阶段加快速度，有利于起跳蹬地腾空时更好地利用拉长肌肉的收缩力。

第三节　准备姿势与移动

准备姿势与移动是排球比赛中运用最多的技术，因为场上 6 名队员，每次只有 1 名队员在瞬间完成击球，其他 5 名队员都要随时为击球做好准备，击球前大量的无球动作是完成击球动作的基础，更是保证击球动作质量的前提。

一、准备姿势与移动概述

准备姿势与移动是排球基本技术之一，又称无球技术。准备姿势与移动的关系密切，不可分割。准备姿势是为了更好地移动和完成各种击球动作，要迅速移动和使技术动作规范化就必须做好准备姿势。准备姿势与移动是在比赛中用得最多、影响技术动作效果最大的技术。

二、准备姿势和移动步法的分类（图 2-3-1）

- 准备姿势
  - 稍蹲准备姿势
  - 半蹲准备姿势
  - 深蹲准备姿势
- 移动步法
  - 并步
  - 交叉步
  - 跨步
  - 跑步

» 图 2-3-1　准备姿势和移动步法的分类

三、各种准备姿势的动作分析

（一）稍蹲准备姿势

查看排球无球技术——准备姿势视频

1. 动作方法

两脚左右开立，与肩同宽，一脚在前，两膝微屈，身体重心位于两脚之间，并稍靠近前脚，后脚跟稍提起，上体稍前倾，两臂放松，自然弯曲置于腹前。两眼注视球并兼顾场上各种情况，两脚保持微动状态。

2. 动作分析

稍蹲准备姿势身体重心比半蹲、深蹲准备姿势高，便于进行距离较长的移动但不便于接低球。稍蹲准备姿势双手比其他准备姿势靠近身体，以便于快速移动。两膝不宜过多弯曲，上体也不宜太过前倾，注意省力，做到既有充分准备，又不过多消耗体力。

（二）半蹲准备姿势

1. 动作方法

两脚开立，略比肩宽，脚跟自然提起。屈膝弯腰，两膝内收，上体前倾，身体重心位于两脚之间，肩部与地面的垂直线超出膝部，膝部与地面垂直线超出脚尖。两臂放松，自然弯曲置于腹前。两眼注视来球，两脚保持微动。

2. 动作分析

半蹲准备姿势身体重心低于稍蹲准备姿势，主要用于接发球和后排防守，通过上体前倾和身体重心的降低，提前拉长蹬地肌群，有利于向前和斜前方快速起动、移步或做各种倒地动作。

（三）深蹲准备姿势

查看排球无球技术——移动视频

1. 动作方法

身体重心比稍蹲、半蹲准备姿势更低更靠前，两脚左右、前后的距离更宽一些，膝部弯曲的程度大于稍蹲、半蹲准备姿势，肩部垂直线过膝，膝部垂直线超过脚尖，两手臂置于胸腹之间。

2. 动作分析

深蹲准备姿势身体的重心低于半蹲准备姿势，主要用于后排防守低远球和前场保护，便于鱼跃滚翻扑救贴近地面的球。在前场保护时，要求上体基本直立，重心平稳，便于观察和快速伸臂接落点靠近球网的拦回球。

四、主要移动步法的动作分析

移动的目的是及时接近球，保持好人与球的位置，以便击球，同时迅速占据场上有利位置。起动后，应根据临场技、战术的需要，灵活地采用多种移动步法进行移动。主要移动步法有：

（一）并步

1. 动作方法

两脚左右平行或前后站立，与肩同宽，两膝微屈，上体稍前倾，两手自然放松置于腰腹。并步时，前脚向来球方向跨出一步，后脚迅速蹬地跟上，并做好击球前的准备姿势。并步的特点是容易保持身体平衡，便于做击球动作。并步可向前、后、左、右各方向移动。

2. 动作分析

并步主要用于短距离移动。其特点是转身变换方向快，容易保持身体平衡，便于制动和向各个方向移动。

（二）交叉步

1. 动作方法

两脚左右开立，向右侧交叉步移动时上体稍向右转，左脚从右脚前向右交叉迈出一步，然后右脚再向右侧方向跨出一大步，同时降低重心，用右脚外侧缘积极蹬地制动，身体转向来球方向，保持击球前的准备姿势。交叉步的特点是步幅大、动作快，便于制动。

2. 动作分析

当来球在体侧 2～3 米距离时，采用交叉步去接近球较适宜。它适于侧向移动，特点是步幅大、速度快、制动好，便于观察及对准球。交叉步在起动时（以向右移动为例），除身体应稍向右转动和倾斜外，右脚尖也应自然向右转动，这样便于左脚的交叉和右腿的蹬地发力。

（三）跨步

1. 动作方法

跨步前两膝弯曲，上体前倾，身体重心移至跨出的脚上。跨步时，后腿用力蹬地，前腿向来球方向跨出一大步，后腿随重心前移自然跟上，两臂做好迎球动作。跨步的特点是跨距大，便于向前、斜前方移动降低重心击球。

2. 动作分析

在短距离移动中，由于跨步的跨距大、速度快、重心低，因此，跨步后两腿不宜再做其他步法移动，故一般在并步、交叉步、跑步的最后，借助跨步来接近球和进行制动。

（四）跑步

1. 动作方法

跑步时，一脚蹬地起动，另一脚迅速向前迈出，两脚交替进行，两臂配合摆动，不要过早做击球动作的准备，以免影响跑步速度。球在侧方或后方时，应边转身观察球边跑，视线不能离开球。跑步的特点是移动速度快，便于随时改变方向。

2. 动作分析

在球离身体较远时宜采用跑步动作接近球，其优点是速度快，可随时改变方向，但因跑步时重心较高，故快速跑动后制动比较困难，需要做 2～3 步减速缓冲后才能制动，所以它便于击高球，而不便于迅速降低重心击低球。

五、准备姿势与移动步法的运用

（一）准备姿势的运用

1. 稍蹲准备姿势的运用

一般用于球在对方或球在本方离自己较远不需要及时移动击球时，以及在进行二传、扣球前的准备和接速度较慢、弧度较高的发球，处理球时运用。

2. 半蹲准备姿势的运用

这是排球比赛中最基本的准备姿势，在接发球时运用最多，在传球、拦网时也常运用，同时为短距离移动和防较低的来球时做准备。

3. 深蹲准备姿势的运用

主要运用于后排防守（接扣球）与前场保护（接拦回球）以及接低远的球和衔接各种倒地动作的接球，以扩大防守范围。

（二）移动步法的运用

1. 并步的运用

主要用于 1 米以内近距离的移动，保持人与球适宜的位置关系。同时，经常与跨步或其他倒地击球技术结合使用。

2. 滑步的运用

连续的并步就是滑步，主要用于距体侧 2 米左右的移动，并步不能接近球时，采用滑步（连续两个或三个并步）完成短距离移动。

3. 交叉步的运用

主要用于体侧 3 米左右距离的移动，如二传手、拦网者在网前的移动及后排队员防守两侧来球时。

4. 跨步的运用

跨步移动可以单独使用，也可与滑步、交叉步、跑步的最后一步结合运用。当来球低、速度快、距离身体 1 米左右时运用较多。

5. 跑步的运用

跑步主要用于远距离移动，经常与交叉步、跨步等结合起来运用。如向侧跑步时，常采用交叉步转身的方法来起动，在接近球时，又常用跨步、倒地和各种跳跃动作来制动，从而完成击球动作。

6. 后退步的运用

后退步虽然速度较慢，但由于不需要转身，便于观察前方情况和来球。一般在移动距离较短，而且时间充裕时运用。

第四节 发　球

发球是排球比赛中唯一不需要同伴配合完成的技术。高质量的发球不仅可以直接得分，还是干扰对方进攻意图、给对方施加心理威慑、减轻本方防守压力的有效手段。发球已成为影响高水平排球比赛胜负的关键技术之一。

查看发球整体介绍在比赛中的运用视频

一、发球概述

队员在发球区用一只手或手臂将自己抛起的球直接击入对方场区的技术动作称为发球。发球是排球比赛的一项重要的进攻性技术，随着排球运动的发展而不断创新与提高。20 世纪 50 年代，大多采用勾手大力发球和正面上手发球，其特点是发出的球力量大、弧度低、带有上旋。20 世纪 60 年代初，飘球开始出现，正面上手和勾手发飘球的方法被广泛采用。发出的球飞行轨迹不固定，有上下或左右飘晃现象，给接发球带来很大的威胁。20 世纪 70 年代，发球方法没有大的创新和变化，但在发球战术的运用上有所发展，如采用同一种发球姿势，发出不同性能的球。20 世纪 80 年代，跳发球技术问世，远距离发飘球与高点平冲飘球的出现和广泛运用，加强了发球的攻击性。1994 年，国际排联对发球区进行了修改，将原来宽 3 米的发球区拓宽为 9 米，即在端线后的任何位置都可以发球，使发球队员可以根据自己发球的特点，利用不同取位找点、找人，发向对方空当或薄弱位置。近年来，大力跳发球、跳发平冲飘球和各种变化的旋转球被世界男女排强队广泛运用，“以发球带拦防”成为共识，更加重视发球技术训练和发球战术变化运用，把发球视为“9 米后攻”，发球的攻击性进一步增强。

发球是比赛的开始，也是进攻的开始。准确而有攻击性的发球不仅可以直接得分或破坏对方进攻战术的组成，减轻本方防守压力，为防反创造有利条件，还可鼓舞全队士气，不断扩大战果，在心理上给对方造成威胁，起到破坏对方部署和挫伤对方士气的作用。反之，如果发球攻击性不强，对方接发球到位，很容易轻松地组成进攻战术，就会大大增加本方防守的难度，而发球失误则直接送分给对方。因此，发球首先保证稳定性，进而强调攻击性和准确性。

专栏 2：中国女排的“秘密武器”——侯玉珠发球

1984 年第 23 届奥运会女排决赛中，侯玉珠在关键时刻被替换上场的两个发球，帮助中国女排战胜对手，夺得奥运会金牌，实现了继 1981 年女排世界杯、1982 年女排世锦赛冠军后的“三连冠”。侯玉珠被称为洛杉矶奥运中国女排的“秘密武器”。

8 月 7 日，中美巅峰对决一打响，双方的争夺就呈白热化，容纳 12 000 名观众的洛杉矶长滩体育馆犹如一片沸腾的海洋。第一局中国女排以 14 : 9 领先，再得一分就能赢下首局。然而经过 7 次夺回发球权，就是无法得分。而美国队在海曼的带领下，一点点将比分追近，最终追成 14 : 14。就在郎平进攻再次夺回发球权后，袁伟民让侯玉珠替换 11 号郑美珠上场发球。只见她高高将球抛起，然后扬臂一挥，球直飞对方后场。站在 6 号位的美国队员看到球齐肩而来，以为是个出界球，慌忙一躲，谁知球却压在了端线上。中国队得分，比分变成了 15 : 14。紧接着，侯玉珠又发第二个球，球落在两名队员之间，美国队员因心急力大，直接将球垫过网，郎平高高跃起，扣探头球得分，中国女排以 16 : 14 有惊无险地赢下了第一局。

侯玉珠这两个发球价值连城，彻底摧毁了美国队的士气。拿下首局后，中国女排气势如虹。第二局，中国女排一度取得了 13∶3 的巨大优势。这时袁伟民又让侯玉珠上场发球，她又两发两中，连得两分，中国女排以 15∶3 拿下了第二局。美国队的士气被打没了，中国女排一鼓作气，以 15∶9 赢下了第三局，从而以 3∶0 击败了强大的美国队，夺取奥运会金牌。赛后，美国多家报纸高度评价袁伟民的用人艺术，称在他的指挥下，“侯玉珠落玉盘”，中国女排也因“三连冠”载入史册。

二、发球的分类

发球根据动作方法可分为 7 种（图 2-4-1）。其中，正面上手发球是最基本和运用最多的发球方法；下手发球适合于初学者或力量小的少年儿童。教练员在训练中也常常使用下手发球给队员“喂球”；跳发球在高水平排球比赛中已广泛运用。勾手发飘球技术在当前几乎不再使用，故不再具体介绍。

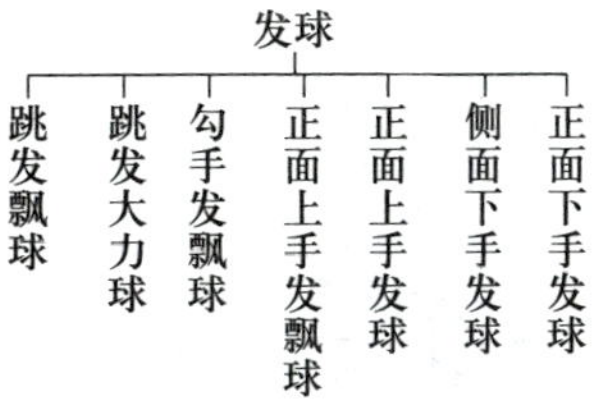

» 图 2-4-1　发球的分类

在教学中，应该把正面上手发球作为重点，在掌握了正面上手发球后再学习其他发球技术。

三、主要发球的动作分析（以下均以右手击球为例）

（一）正面下手发球

正面下手发球是指发球队员面对球网，手臂由后下方向前摆动，在体前腹部高度击球过网的发球方法。特点是动作简单，容易掌握，准确性高。由于击球点低，球速慢，攻击性不强，这种发球方法适合初学者，掌握后，有利于进行接发球练习和教学比赛。

1. 动作方法

（1）准备姿势。面对球网，两脚前后开立，左脚在前，两膝弯曲，上体前倾，左手持球置于腹前。

（2）抛球。左手将球轻轻抛起在体前右侧，球离手约一球高度，同时右臂伸直，以肩为轴向后摆。

（3）击球。右脚蹬地，身体重心随着右臂由后向前摆动而前移，在腹前以掌根或鱼际部位击球后下部。击球后，随击球动作重心前移，迅速进场。

2. 动作分析

（1）击球手臂应以肩为轴向后摆起，再以肩为轴直臂向前摆动，在击球前手臂不应有屈肘动作，这样有利于加快挥臂速度、控制击球出手角度和提高准确性。

（2）手触球时，手指、手腕要保持适度紧张，手成半握拳形，以掌根部位击球。

3. 动作要领

抛球低出手，摆动肩为轴；瞄准后下部，掌根击准球。

（二）侧面下手发球

查看侧面下手发球技术动作视频

这种发球动作较简单，容易掌握，可借助蹬地转体力量来击球，便于用力，适合于女子和初学者。侧面下手发球失误少，但攻击性不强。

1. 动作方法

（1）准备姿势。左肩对网，两脚左右开立，约与肩同宽，两膝微屈，上体稍前倾，重心落在两脚之间，左手持球置于腹前。

（2）抛球。左手将球平稳上抛于胸前，距身体约一臂远，球离手高度适宜。抛球同时，右臂摆至右侧后下方。

（3）挥臂击球。利用右脚蹬地向左转体的力量，带动右臂向前上方摆动，在腹前用全掌、虎口或掌根击球后下方。击球后，身体转向球网，并顺势进场。

2. 动作分析

（1）利用蹬地转体动作带动手臂挥摆，可增加发球的力量，击球手臂应由体侧右下方向前上方挥动。

（2）击球点不应超过肩的高度，并注意控制击球出手的角度和路线，球出手时仰角大，球飞行就高；仰角太小，则球不易过网。

3. 动作要领

侧身稍转体，抛球比肩低；蹬地来助力，掌根把球击。

查看正面上手发球技术动作分析视频

（三）正面上手发球

正面上手发球是指发球队员面对球网站立，利用收腹转体动作带动手臂加速挥动，在头的右前上方用全手掌击球过网的发球方法。这种发球击球点高，可以充分利用胸腹和上肢的爆发力，加之运用手掌的推压动作使球呈上旋飞行，不易出界，因此它具有较大的攻击性和准确性。

查看排球击打上旋球手法技术视频

1. 动作方法

（1）准备姿势。面对球网，两脚自然开立，左脚在前，左手托球于体前。

（2）抛球与引臂。左手将球平稳地抛于右肩的前上方，高度适中，同时右臂抬起，屈肘后引，肘不低于肩，上体稍向右转，抬头、挺胸、展腹，手掌自然张开。

（3）挥臂击球。利用蹬地，使上体向左转动，同时收腹，带动手臂向前上方快速挥动。在右肩前上方手臂伸至最高点，用全掌击球的后中下部。击球时，采用击打上旋球手法技术，手指和手掌要张开与球吻合，全掌触球瞬间，手腕要迅速做包卷推压动作（图 2-4-2），使击出的球呈上旋飞行。击球后，随着重心前移，迅速入场。

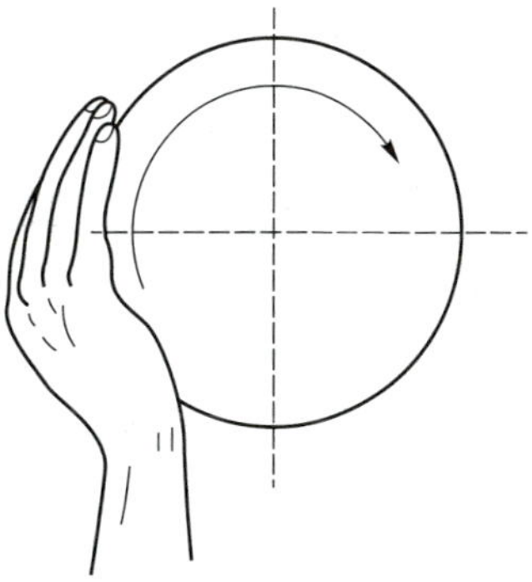

» 图 2-4-2 包卷推压动作

2. 动作分析

（1）准备姿势和发球的取位。准备姿势：左脚置前，这样便于引臂和身体自然右转。发球的取位应根据对方接发球布阵情况和攻击目标以及发球队员自身的特点来选定，在端线后 9 米宽的区域内，可以站在左右两侧，也可站在中央发球。初学者一般应站在中央发球，以减少失误。

（2）抛球与引臂。抛球应以手臂上抬、手掌平托上送的动作将球抛在右肩正前上方适宜位置，球离手约 1 米高度为宜。球一定要平稳上抛，不要屈腕，以免球体旋转和偏离上抛垂直线，造成击球不准。抛球过前，会造成手臂推球而不易过网；抛球过后，不能充分发挥转体收腹力量；抛球过高，不易掌握动作节奏和击球时机；抛球过低，不能充分发挥击球的力量和提高击球点。右臂后引时，应有屈肘上抬后振鞭打的动作，要充分拉长胸腹和肩关节前侧的肌肉，便于增加工作距离和击球力量。

（3）挥臂击球。挥臂时，发力要从两足蹬地开始，上体迅速向左侧旋转，同时收腹，以腰胸带动肩、肩带动上臂、上臂带动前臂、前臂带动手腕，最后将力量传送到手上。

击球时，前臂和手腕动作要稳定，不要左右转动。手腕推压动作的大小应根据击球点的位置进行调整，击球点高或离身体近时，手腕向前推压的动作要稍大；击球点偏前或较低时，手腕向前推压的动作要稍小，以免击球出界或下网。

3. 动作要领

左手托球右上抛，大约离肩一米高；挺胸展腹后拉臂，转体挥臂要协调。

弧形鞭甩来加速，全掌击球中下部；包卷推压要积极，加速上旋球发出。

（四）正面上手发飘球

查看正面上手发飘球技术动作分析视频

正面上手发飘球是指采用近似正面上手发球的形式，击球力量通过球体重心，使发出的球不旋转而不规则地飘晃飞行的一种发球方法。这种发球使接发球队员难以判断球的飞行路线和落点。由于发球队员面对球网站立，因而便于观察情况和瞄准目标，攻击性和准确性较高，目前在比赛中被广泛采用。

1. 动作方法

（1）准备姿势。近似正面上手发球，但左手持球的位置较高，约在胸前。所站位置离端线的距离变化较大，可站在靠近端线处，也可站在远离端线的位置发远距离飘球。

（2）抛球与引臂。左手将球平稳地抛在右肩前上方，高度应稍低于正面上手发球，并稍靠前些。在抛球的同时，右臂上举后引，肘部适当弯曲，并高于肩，两眼盯住球的击球部位。

（3）挥臂击球。与正面上手发球一样做鞭甩动作，但击球前手臂的挥动轨迹不呈弧形，而是自后向前做直线运动。击球时五指并拢手腕稍后仰，用掌根的坚实平面击球的中下部，使作用力通过球体重心。击球要快速用力，击球面积要小，触球瞬间，手指、手腕要紧张，不加推压动作。击球结束，手臂要有突停动作。

2. 动作分析

（1）为了击准球，抛球要平稳且不宜过高。抛球时，左手应将球向上托送一段距离，抛球高度以略高于击球点为宜。

（2）发球仰角的大小主要根据队员身材的高矮而定。身材高、力量大、爆发力强的队员，发球的仰角应小些；反之，仰角应大些。

（3）发飘球的用力不要像大力发球那样全身用力，主要靠挥臂动作。动作幅度可小一些，但发力要突然、快速、短促。如果发远距离飘球，动作幅度可相应加大，以获得较大的初速度。击球时，触及面积宜小，力量要集中、短促，手腕不能有前屈推压动作。

3. 动作要领

抛球平稳稍靠前，挥臂轨迹呈直线；掌根击球穿重心，闪击突停不屈腕。

查看跳发球技术动作视频

（五）跳发大力球

跳发大力球是指发球队员在端线后助跑跳起，在空中将球大力击入对方场区的一种发球方法。由于队员跳起在空中击球，身体能充分伸展并向前运动，不仅可以升高击球点，而且缩短了击球点与球网的距离，从而增强了发球的攻击性。但与其他发球相比，跳发大力球的难度和体力消耗较大。

跳发大力球的动作同远网扣球相似，被形容为“9 米后攻”，可运用一步、两步或多步助跑起跳，可正对网助跑，也可斜对网助跑。跳发大力球被公认为最具攻击性的发球。

1. 动作方法

（1）准备姿势。队员面对球网，站在离端线 3～4 米处，以右手持球置于体侧或腹前。

（2）抛球。用右手将球抛至右肩前上方，可通过指尖的拨球使球加速向前旋转，抛球高度因人而异，一般不低于击球点上方 2 米，落点在端线附近。

（3）助跑起跳。随着抛球动作，队员迅即向前做 1～3 步助跑起跳。起跳时，两臂要协调而积极地向上摆动，摆幅要大。

（4）空中击球。挥臂击球动作与正面扣球相同。

（5）落地。击球后，尽量使双脚同时落地，两膝顺势弯曲缓冲，迅速入场。

2. 动作分析

（1）抛球是发好跳发球的基础。球一定要抛在助跑方向的前上方，离身体太近，不利于发挥助跑速度，影响起跳高度；离身体太远，容易引起踏端线犯规或击不准球。抛球的高度和距离应根据队员的具体情况而定，个子高、冲跳能力强的队员，可将球抛得高一点，离身体远一点，这样可以更好地发挥队员身高力大的优势。一般宜用击球手臂单手抛球，这样有利于助跑动作的协调配合。

（2）空中击球动作如同远网扣球，但身体展开的幅度应更大些，全掌包球和手腕推压的动作也应更充分，击出的球要加速上旋，这样才能更好地发出击球力量，又不会使球不过网或飞出界外。

3. 动作要领

抛球高度要固定，助跑起跳拉背弓；空中收腹带挥臂，全掌包卷弧度平。

（六）跳发飘球

跳发飘球是发球队员利用助跑起跳在空中跳起后，用发飘球手法击球的一种发球方法。这种发球可以升高击球点，提高攻击性。这种发球不需要全力起跳，当球抛至最高点时，队员也应及时跳至最高点击球。击球时，挥臂动作小而快速，使作用力通过球体重心，球不旋转地向前飞行。

1. 动作方法

（1）准备姿势。队员面对球网，站在离端线 3～4 米处，以左手或双手持球于体前。

（2）助跑起跳。跳发飘球助跑起跳可采用单脚起跳或双脚起跳，随着抛球动作，队员迅速向前或侧前做 1~3 步助跑起跳。

（3）空中击球。与正面上手发飘球动作相同。

2. 动作分析

（1）跳发飘球，助跑抛球是关键。队员助跑起跳过程中持球要稳，先助跑后抛球，球抛得不能太高，离身体不要太远。

（2）挥臂轨迹呈直线，保持手腕紧张，用掌根击球，击球瞬间手臂可突停，不能有屈腕推压动作。击球时挥臂动作要小而快，使作用力通过球体重心，球不旋转地向前飞行。

3. 动作要领

助跑起跳衔接好，空中平稳把球抛；挥臂轨迹呈直线，掌根击球穿重心。

四、发球的注意事项

（一）抛球要稳

应根据不同的发球方法和个人特点，平稳地向上抛球，尽量使球不旋转（跳发大力球除外）。每次抛球的高度、位置和离身体的距离都应固定。忽高、忽低、忽左、忽右、忽近、忽远，都会影响发球的稳定性和攻击性。

（二）击球要准

无论用何种方法发球，都要以正确的手型、手法击准球体的相应部位，使用力方向和发出球的飞行方向相一致。如正面上手发球时，要用全掌击准球的后中下部；发飘球时，击球力量要通过球的重心。

（三）手法、手型要正确

不同的发球方法，需要用不同的手法和手型，不同的手法和手型发出的球，其性能也各不相同。如发大力球，击球时要全手掌包满球，手腕还要有积极的推压动作；而发飘球时，要用掌根或手的其他坚硬部位击球，而且要缩小击球面积，手腕不能推压，击球动作短促有力。

（四）力量要适当

发球队员应根据自己站位的距离、发球的目标位置和发出球的性能，恰当地掌握好击球的力量，以减少发球失误。

总之，在比赛中发球，应根据对方的具体情况，合理运用拼发球策略，灵活运用稳定、凶狠相结合，找人、找区相结合的各种不同性能的发球，以达到直接得分或影响对方接发球组织进攻的目的。

第五节　垫　　球

垫球是排球运动特有的击球技术动作，主要用于接发球、接扣球、接拦回球和处理各种困难球。由于规则允许身体任何部位击球，因此，垫球控制范围大，是排球比赛中运用最多的防守技术。垫球技术动作相对简单易学，初学者一般都从垫球技术开始入门学习排球技术。

一、垫球概述

用除手指弹击动作外的身体任何部位击球的动作都被称为垫球。垫球是排球特有的 5 种基本击球技术动作之一，最常用的是双手前臂垫球。垫球出现于 20 世纪 50 年代，当时叫下手传球，是用手掌、虎口、手腕等部位来击球，主要用来接各种大力发球和扣球。20 世纪 60 年代初，由于飘球的问世和普及，为了对付飘球，便出现了双手前臂垫球。采用前臂垫球大大提高了垫球的准确性，使排球防守技术进入了一个新的发展阶段。20 世纪 90 年代以来，随着规则修改为允许队员用身体的任何部位击球，垫球的运用和发展迎来了广阔的空间，不但手、臂、头、肩等部位可用来击球，而且大腿、脚背、脚内侧以及其他任何身体部位均可用来击球，从而使垫球的实用性、应变性更强，击球动作的种类也更趋多样。随着排球运动的发展，垫球的方法和技术动作也在不断创新和发展。

垫球动作简单易学，由于可用身体任何部位来击球，因而控制范围大，对各种困难的来球运用起来更为方便。接发球是组织一攻的基础，对得分、争取主动权和少失分具有重要意义。接扣球是组织反攻的基础，是争取连续得分、扭转被动局面、稳定情绪、鼓舞士气的重要手段。此外，在高水平比赛中，自由人通过垫球来组织进攻的情况也越来越多。

二、垫球的分类（图 2-5-1）

垫球按动作方法分为 →
- 正面双手垫球
- 体侧双手垫球
- 背向双手垫球
- 跨步垫球
- 让垫
- 单手垫球
- 低姿垫球
- 侧倒垫球
- 前扑垫球
- 滚翻垫球
- 鱼跃垫球
- 挡球
- 其他部位垫球

垫球按用途分为 →
- 接发球
- 接扣球
- 接拦回球
- 接其他球

» 图 2-5-1　垫球的分类

三、主要垫球的动作分析

（一）正面双手垫球

查看双手垫球动作视频

正面双手垫球是指运动员用双手在腹前将球垫起的动作方法。它是最基本的垫球方法，是各项垫球技术的基础，适用于接发球、扣球和拦回球，有时也用于垫二传。正面双手垫球在垫不同力量的来球时，动作方法是有区别的。

1. 手型（图 2-5-2）

双手垫球手型有三种，分别是叠指式、抱拳式和互靠式。其中，叠指式是常用和教学中要重点掌握的垫球手型，其做法是：两手掌根相靠，两手四指重叠，手掌互握，两拇指平行向前，手腕下压，两前臂外翻成一个平面。

2. 动作方法

（1）垫轻球。

① 准备姿势。面对来球，成半蹲或稍蹲准备姿势站立。

② 垫球手型。采用叠指式。

» 图 2–5–2　三种主要的垫球手型

③ 垫球动作。当球飞到腹前约一臂距离时，两臂夹紧前伸，插入球下，同时配合蹬地、跟腰、提肩、顶肘、压腕、抬臂等全身协调动作迎向来球，身体重心随着击球动作向前上方移动。

④ 击球点。保持在腹前高度。

⑤ 球触手臂部位和击球部位。用前臂的手腕关节以上 10 厘米左右的桡骨内侧所构成的平面击球的后下部（图 2–5–3）。

⑥ 击球后动作。在击球瞬间，两臂要保持稳定，身体重心继续协调地向抬臂方向伴送球。垫击动作结束后，要松开双臂做好下一动作的准备。

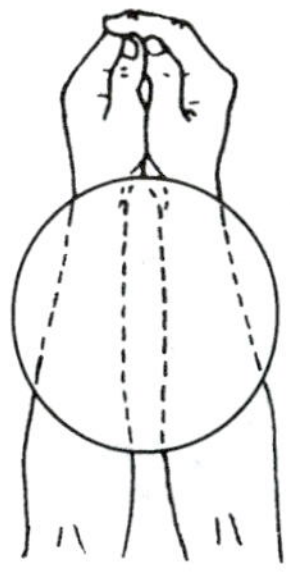
» 图 2–5–3　垫球触手臂部位和击球部位

（2）垫中等力量球。准备姿势、击球点和手型与垫轻球相同。由于来球有一定力量，手臂迎击球动作的速度要放慢，手臂要适当放松，主要靠来球本身的反弹力将球垫起。击球时，要运用蹬地、跟腰、提肩、顶肘、压腕、身体重心向出球方向伴送的动作击球的后下部。

（3）垫重球。采用半蹲或深蹲准备姿势，两臂放松置于腹前。击球时，由于来球速度快、力量大，触球后球体自身的反弹力也大，因此不但不能主动用力迎击来球，还应采用含胸收腹的动作，帮助手臂随球减力后撤并适当放松肌肉，以缓冲来球力量。同时，用手和手腕动作来控制垫球的方向和角度。击球的手型和部位，应根据来球的情况而做变动。当击球点稍高并靠近身体时，仍可用前臂垫球；当击球点低且距身体较远时，就要用屈肘翘腕的动作把球垫在手腕部位或虎口处。

3. 动作分析

（1）准备姿势的运用要根据不同情况而有所变化。垫击一般的轻球，身体重心可稍高。接扣球和吊球时，应采用半蹲或深蹲准备姿势，两膝的弯曲度和重心的高低应根据来球的高度和角度以及腿部力量大小而定，要求在不影响快速起动的前提下，重心适当降低，这样有利于快速插入球下垫低球。

查看正面双手垫球技术动作分析视频

（2）正面双手垫球的击球点位置应尽量保持在腹前高度，离身体不宜太远或太近。这样便于控制用力，也便于调整手臂角度和垫出球的方向、落点。如果来球高于腰部时，可用高位正垫，垫击球时利用蹬地伸膝提高身体重心，必要时还可跳起在腹前用前臂垫出。

4. 动作要领

（1）垫轻球：插、夹、压（插球下、两臂夹、腕下压）；蹬、顶、送（蹬地、顶肩、伴送）。

（2）垫重球：两臂下插、降低重心，沉肩撤肘、收腹含胸；减力缓冲、肌肉放松，翘腕屈肘、把球垫高。

（二）体侧双手垫球

查看体侧双手垫球技术动作视频

在身体侧面用双手垫球的动作方法称为体侧双手垫球。当来球飞向体侧，队员来不及移动对正来球时，可采用体侧双手垫球。其特点是伸臂动作快，控制范围大，但不易控制垫球方向，准确性不如正面垫球。

1. 动作方法

右侧垫球时，先以左脚前脚掌内侧蹬地，右脚向右跨出一步，重心移至右脚，保持两膝弯曲，同时，两臂向右侧伸出，右臂高于左臂，左肩微向下倾斜。击球时，用左转体和收腹的动作，配合提肩抬臂，在身体右侧稍前的位置截住来球，用两前臂垫击球的后下部。左侧垫球时，以相反方向的动作击球。

2. 动作分析

体侧垫球的击球点应在体侧前方，双臂要抢先在体侧稍前的位置截击来球，不能当球飞到体侧时再摆臂去击球，这样容易造成球触手后向侧方飞出。垫球时，要注意调整和控制好两臂组成的垫击面，将球准确地垫向目标。

3. 动作要领

侧跨步、早伸手；截住球、内转体；调角度、臂伴送。

（三）背向双手垫球

查看背向双手垫球视频

背对垫球目标，从体前向背后双手垫球的动作方法称为背向双手垫球。一般在球往身后方向飞得较远而又无法正面垫球时，以及须将球处理过网时运用较多。其特点是垫击点较高，准确性较差。

1. 动作方法

背向垫球时，要判断好来球的方向，快速移动到球的落点处，背对垫出球的方向，两臂夹紧伸直。击球时，用蹬地、抬头、挺胸、展腹和上体后仰的动作带动两臂向后上方摆动抬送，以前臂触球的前下方，将球向后上方击出。背垫的击球点一般应在肩前上方。

2. 动作分析

（1）背向垫球时，应根据垫球目标的远近和高低变化把握击球点的高度。如要垫出高远球时，可适当降低击球点；要垫出平弧度球时，应升高击球点。在无法调整击球点高度时，可利用腰部和手臂的动作来控制出球的高度和距离。若遇低远的来球，需要向后上方高处垫出时，可采用屈肘屈腕的动作，以腕部、虎口处将球向后上方垫起。

（2）由于背垫球时背对垫球的目标，不利于观察场上的情况和垫出球的方向落点，因此要特别强调垫球时的方位感觉，判断好球、网、目标三者之间的位置关系，提高准确性。

3. 动作要领

蹬、抬、挺，体后仰；击球点，肩上方。插、夹、送，臂伸直；球、网、目标，不掉向。

（四）其他常用垫球动作

1. 跨步垫球

向前或向侧跨一步垫球的动作叫跨步垫球。跨步垫球一般在来球离身体前方或斜前方较远且较低、队员来不及移动对正球时采用，在接发球和防守中运用较多，它又是各种低姿垫球动作的基础。

查看跨步垫球技术动作视频

跨步垫球时，在判断来球落点后，同侧脚迅速向来球方向跨出一大步，上体顺势前倾下压，身体重心落在跨出脚上，同时两臂前伸插入球下，用蹬地、提肩、抬臂动作击球的后下部。

2. 让垫

当来球快速飞向自己的胸部位置时，主动将身体向侧、后方撤步移动，正面让开来球的飞行路线，使球飞向体侧，用体侧垫球的方法，将球垫起来叫让垫。让垫技术主要是在接弧度较高的平冲飘球时采用。

查看让垫技术动作视频

3. 单手垫球

当来球快速飞向体侧较远处，来不及用双手垫球时，可采用单手垫球动作击球。单手垫球动作快，手臂伸得远，击球范围大。但由于一只手臂触球面积小，控制球的能力比双手差，故在能用双手垫球时，

查看单手垫球技术动作视频

尽量不要用单手垫球。

运用单手垫球时，应迅速移动接近球。如球在体侧较远处，来不及移动步法时，也可向击球方向跃出，用前臂内侧、掌根或掌心击球后下部。如来球很低，也可用手背贴近地面插入球下做铲球动作将球垫起。

4. 低姿垫球

当来球低且落点在身体附近时，队员采用深蹲准备姿势，双手贴近地面处垫球的动作方法叫低姿垫球。低姿垫球主要有深蹲垫球、半跪垫球和全跪垫球三种。

查看深蹲垫球技术动作视频

（1）深蹲垫球。当来球在身体附近较低位置时，队员迅速移动到球的落点处，随即快速降低重心，上体前倾，两臂贴近地面插入球下。跨出腿膝部充分弯曲并稍外展，蹬地腿自然弯曲，脚内侧着地，主要靠球的反弹力将球垫起。有时还可用屈肘、翘腕动作将球垫起。

深蹲垫球的特点是身体重心下降快，两臂插入球下和垫球后的还原动作快，故适于接低而重的球，在接扣球防守时运用较多。

（2）半跪垫球。当来球低、速度快、落点离身体稍远时，宜采用半跪垫球。垫球时，在深蹲垫球的基础上，继续向前移动身体重心，上体充分下压，塌腰塌肩，后腿以膝部内侧和脚弓内侧着地，两臂贴近地面向球下伸出，用翘腕动作以双手虎口部位将球垫起。其特点是上体前倾大，击球点低，支撑稳，便于防起各种低而快速的来球。

（3）全跪垫球。当来球低而快，落点离身体较远，采用半跪垫球方法难以击到球时，则在半跪垫球的基础上，上体继续下压，使两膝前倾的投影点明显超过脚尖，随着身体重心前移，降低姿势用两膝内侧跪地，以膝、小腿和脚弓内侧部位支撑地面，跪地后可顺势向前滑动，两手迅速前伸插入球下，以前臂、虎口或翘腕动作将球垫起。垫球后可用前臂和手掌撑地迅速起立。

全跪垫球的特点是移动距离比半跪垫球远，向前下方伸臂动作快，击球点低，支撑稳，有时还可在向前滑行中垫球。后排防守队员在前冲保护时常采用全跪垫球动作击球。

查看侧倒垫球技术动作视频

5. 侧倒垫球

接体侧低远来球时，身体向侧伸展，击球后身体迅速侧倒，以侧卧姿势向前滑动着地的垫球动作方法叫侧倒垫球。击球前，以同侧脚向来球方向跨出一大步，身体重心落在跨出腿上，臀部下降，两臂向下方直插球下。击球时，以跨出脚的前脚掌为支撑向内转动，在向内转体转肩的同时，两臂上抬击球下部。击球后，迅速以同侧的大腿外侧、臀部、背侧依次着地倒下。倒地结束后，以收腿和两手撑地帮助快速起立。

侧倒垫球除双手垫球外，在来球更远、双手难以击到球的情况下，还可采用侧倒单手垫球的方法。其动作方法与侧倒双手垫球动作大致相同，但要求同侧脚跨出的步幅更大些，身体重心下降前压的幅度也更大些。垫球时，跨出腿要继续用力蹬地，使身体向来球方向伸展，击球手臂前伸插入球下，以单手垫球的方法将球垫起，身体同时向内转动。击球后，手臂不回收，并以体侧着地成侧卧姿势向前滑动。

6. 前扑垫球

当队员来不及移动接前方或斜前方的低远来球时，身体向前下方扑出，击球后失去平衡，向前扑在地上，手臂屈肘撑地的垫球动作方法叫前扑垫球。

查看滚翻、前扑、鱼跃垫球技术动作视频

前扑垫球的特点是重心下降快，前扑距离远，但要求运动员有一定的手臂力量基础。根据来球的情况，前扑垫球可用双手或单手击球。

前扑垫球的准备姿势要低，上体前倾，重心前移，利用两脚蹬地，使身体向前下方伸展扑出，同时两臂前伸插入球下，用前臂将球垫起。击球后，两手迅速撑地，两肘顺势弯曲以缓冲身体下落的重量，膝关节伸直以免碰地，最后以胸腹和大腿接触地面。

当来球更远，用双手前扑垫球不能击到球时，可用单手前扑垫球。击球时，手臂应尽量前伸，用前臂、虎口或手背击球下方，另一只手在体侧屈肘撑地缓冲，并以击球手一侧的胸腹部先着地，顺势向前滑行。

7. 滚翻垫球

当来球距身体远而低时，可采用滚翻垫球。它可以充分发挥移动速度，控制更大的防守范围，保护身体不受伤，还可迅速起立转入下一动作。滚翻垫球分为肩滚翻垫球和横滚翻垫球两种，均可用双手或单手击球。

目前，肩滚翻垫球由于运动员在团身过肩滚动过程中无法观察球和场上情况，在高水平排球比赛中已很少见，运动员更多运用的是前扑、鱼跃和横滚翻垫球。

（1）肩滚翻垫球。做肩滚翻垫球时，应迅速向来球方向移动，最后跨出一大步去接近球，重心随之下降并落在跨出脚上，上体前倾，使胸部靠近大腿，手臂伸向来球方向。同时两腿用力蹬地，使身体向来球落点方向伸展，手臂插入球下，用前臂、手腕或虎口部位击球的后下部。击球后，在身体失去平衡的情况下，顺势转体，依次用大腿外侧、臀部外侧、背部、跨出脚异侧肩着地，同时低头、收腹团身，做一后滚翻动作，并迅速起立。

（2）横滚翻垫球。滚翻前的动作方法与肩滚翻相同，但身体应向来球方向充分伸展，可用类似前扑或鱼跃的动作跃出击球。击球后，迅速转体，顺势向前用身体侧面滑动着地，并向侧做横向滚动，经仰卧后转髋收腹，双手撑地立起。横滚翻垫球的优点是手臂向前伸得远，重心降得快，还可避免因前冲距离过大而导致越过中线或与其他队员碰撞。但击球后，起立动作较慢。

8. 鱼跃垫球

在来球低而远、来不及移步垫球时，采用向前猛然跃出，在空中完成击球动作，然后双手撑地缓冲，使胸、腹、大腿前部依次着地向前滑行的垫球动作方法，称为鱼跃垫球。

鱼跃垫球的特点是防守的控制范围大，但动作难度较大，需要队员有勇敢拼搏精神和较强的腰背、手臂肌肉力量和灵敏素质。

鱼跃垫球时，应采用半蹲或深蹲准备姿势，上体前倾，前脚掌用力蹬地，使身体向来球方向腾空跃起。在空中手臂向前伸展插入球下，用双手击球后下部。击球后，双手在体前着地支撑，两肘顺势弯曲，以缓冲身体下落力量，同时抬头、挺胸、展腹，两腿向后自然弯曲，使身体成反弓形，胸、腹、大腿前部依次着地，向前缓冲滑行。

为了防止受伤，在落地时，两手着地的支撑点应在身体重心向前下方运动方向的延长线上。支撑点太靠后，易造成身体前翻伤及腰部；支撑点太靠前，易造成身体平落，使腹部或膝部碰地受伤。

为了扩大防守范围，还可采用鱼跃单臂垫球。动作与鱼跃双臂垫球相似，在空中用单手的前臂、虎口或手背击球后，以击球手掌的外侧和前臂先着地缓冲，另一只手屈肘在体侧撑地协助支撑，随之胸、腹、大腿前部依次着地缓冲，顺势向前滑行。

9. 挡球

当来球高、速度快、力量大、不便于传球和垫球时，用双手或单手在胸部以上挡击来球的动作方法称为挡球。其特点是伸手动作快，挡击胸、肩部以上高度的来球较方便，可扩大防守范围，是垫球技术的重要补充。但挡球不便于协调用力，因而控制球的落点和方向比传、垫球差。挡球有双手挡球和单手挡球两种。

（1）双手挡球。双手挡球多用于挡击胸部以上力量大、速度快的来球，手型有抱拳式和并掌式两种。抱拳式：两肘弯曲，一手半握拳，另一手外抱，两手掌外侧所组成的平面朝前；并掌式：两肘弯曲，两手虎口交叉，两手掌外侧合并成勺形且击球面朝前（图 2-5-4）。

挡球时，手臂屈肘上举，肘部朝前，手腕后伸，以手掌外侧和掌根所组成的平面挡击球的后下部。击球瞬间，手腕要紧张，用适度的力量将球向前上方挡起，击球点一般在脸额或两肩的前上方。

抱拳式　　并掌式

» 图 2-5-4　双手挡球手型

（2）单手挡球。单手挡球击球点高，便于挡头部上方或侧上方的高球，有时对飞向身后的高球，也可跳起用单手将球挡回。

10. 其他身体部位垫球

（1）脚垫球技术。自排球竞赛规则允许球触及身体任何部位以来，脚垫球技术逐渐发展起来，其运用情况日益增多。脚垫球的最大优势是，队员不用降低身体重心，就能用脚垫起贴近地面的球，因此，当来球远而低、变化突然、时间短促，来不及降低身体重心使用其他击球动作时，用脚垫球具有巨大优势。脚垫球技术分为正脚背垫球、外脚背垫球和脚内侧垫球三种。

查看脚垫球技术在排球比赛中的运用视频

（2）垫急难球。在比赛中，队员常常会遇到距离近、球速快、来不及做出反应的急难球，这时就可采用身体其他任何部位来垫球。例如，利用上臂外侧部位的体侧屈肘垫球、胸部垫球、头顶球等，都是比赛中的合法击球动作。但这些其他身体部位的垫球动作都是被动的，是来不及反应或下意识完成的，因此，无须列为排球垫球技术，也没有必要进行专门的学习和训练。

四、垫球的运用

垫球在比赛中主要用于接发球、接扣球、接拦回球、处理入网球和垫二传。

查看垫球技术在排球比赛中的运用视频

（一）接发球垫球

接发球主要运用正面双手垫球动作，但由于各种发球的特点和性能不同，接球的动作方法也有所不同。

1. 接一般发球

当对方用下手或上手发一般轻球时，由于球速比较慢，接发球队员在判断来球的方向和落点后，可及时取位并做好准备，采用正面双手垫球的动作，根据来球的轻重和垫击的距离恰当用力，以协调伴送动作将球垫向目标。

2. 接飘球

（1）接一般轻飘球。这种发球球速不快，带有轻度飘晃。接球时，首先要判断来球的落点，迅速移动取位对准球，并适当降低重心，待球开始下落时，将手臂插入球下垫击。

（2）接下沉飘球。这种来球的特点是，球飞过网后，明显减速下沉并带有轻度飘晃。接球时，应注意观察，站位适当靠前，判断落点后，要快速移动取位对正来球，降低身体重心，全身协调用力将球垫起。

（3）接平冲飘球。平冲飘球的特点是弧度平、速度快、飘晃且平冲追胸，落点偏于后场区。接球时，应提踵伸膝，升高重心，有时还可轻轻跳起，以提高身体位置，保持在腹前击球。击球前，两臂要稍放松，以便随时转动对准飘晃不定的来球。击球时，应充分提肩、顶肘、压腕。若平冲来球较高，可采用让垫方法垫球。

3. 接大力发球

大力发球的特点是力量大、速度快、旋转力强，但球的飞行轨迹较规律，容易判断。接大力发球的站位要适当靠近中场，因来球弧线低，接球时身体姿势也要低。对力量过大的球，不要抬臂加力，对准球后，要根据来球的力量，手臂保持不动或主动屈肘减力缓冲，如击球点比较低时，可以翘腕垫球。

（二）接扣球垫球

1. 接重扣球

接重扣球是接扣球防守技术的重点。由于来球力量大、速度快，接球前应快速移动，保持较低的准备姿势对正来球。要根据对方扣球队员及本方拦网的情况，判断扣球路线和落点，稳定重心，尽量用正面双手垫球动作，主动减力、屈肘、翘腕缓冲来球力量，将球垫起。

如果来球落点在体前或斜前方，可向来球方向跨出一步，上体下压，用前臂或虎口部位击球下部；如果来球落点在体前或离体侧较远，可跨步后继续蹬地，使身体贴近地面向来球方向伸展，用单手将球垫起，起球后，可用侧倒、侧滚等动作进行自我保护；如果来球较平，在胸、脸、头部附近，可用双手或单手挡球的动作来击球。总之，接扣球时要运用多种垫球动作方法，但不管运用何种垫球动作，接重扣球时都要十分注意缓冲，以提高到位率并减少失误。

2. 接轻扣和吊球

在做好接重扣球准备的情况下，往往来不及向前移动，这时如果对方轻扣或吊球，可采用原地鱼跃、滚翻或前扑垫球的方法去接球。

3. 接拦网触手的球

拦网触手的球会改变原来扣球的方向，落点也很不固定。无论球落在场内或场外，都要尽力去抢救，有时还须做两次起动或采用各种倒地扑救动作来垫球。接落在网边的球，要注意制动，以免过中线犯规。对拦网触手后飞向后场的高球，可用挡球动作拦截来球，防止打手出界。

4. 接快球

快球的特点是速度快、线路短，落点一般集中在前半场区。接好快球的关键是要预先判定球的落点，抢先取位。准备姿势要低，但上体不宜过于前倾，两手臂位置也不宜太低，以便于向不同方向快速伸臂。击球手法要多样，单手双手、上挡下垫要灵活运用。

（三）接拦回球垫球

拦回球是指本方队员进攻被对方拦回的球。接拦回球的方法是：

1. 取位

一般拦回球的落点集中在扣球队员身后和两侧，落在进攻线以后的球较少，因此取位的重点应在前场进攻区内。

2. 准备姿势

拦回球大多是自上而下下落的，所以准备姿势的重心要低，但上体要保持直立，不宜前倾，两手要置于胸前，以增加控制范围。

3. 击球动作

拦回球距离短、速度快、突然性大，加上准备姿势重心低，移动不便，因此在击球时，应根据不同的来球采用各种不同的垫球动作和击球手法。如接落在头部、头后及头侧附近的球，宜采用双手或单手挡球的方法将球击起，若来不及用手挡时，也可用上臂、肘部外侧及头部和肩部将球顶起；接快速下落且离身体有一定距离的球时，可采用半跪、前扑、侧倒等垫球动作或采用脚踢球动作来垫球。但无论采用何种垫球动作，都应将手（或身体其他击球部位）伸到球的下部，从贴近地面的低处向上击球。

（四）接其他球垫球

1. 垫二传

当一传低而远，队员来不及移动到球下用上手传球动作二传时，可采用垫球方法进行二传。垫二传一般采用正面双手垫球动作。垫球前要降低重心，面向垫出球方向，使前臂的垫击面对准球，击球的下部。击球时，要用下肢和身体的协调力量向上抬臂伴送。垫二传在比赛中可以垫高球、垫调整球，甚至还可以组织垫传快球。

2. 垫入网球

比赛中常有球因失去控制而飞入球网，经球网反弹后下落。要接好这种球，首先要判断其入网的部位，掌握其反弹的方向、角度和落地点，再采用正确的方法来垫击。球飞入网后，一般有三种反弹情况：一是球飞入球网的上半部或从高处下落入网，多为顺网下落，反弹角度很小，速度快，落点靠近中线；二是球飞入球网中部，则稍有反弹，下落速度较上部入网球稍慢，落点仍靠近中线附近；三是球飞入球网下部，因球网底绳的作用，反弹现象明显，且有一定的高度和远度。对上述第一、二种情况，因球下落速度快，落点靠近中线，比较难接，在接球时要迅速移动到落点上，侧身对网，降低重心，手臂插入球下，以屈肘翘腕动作或脚踢球动作将球垫起。第三种情况则重心不宜太低，待判断反弹落点后从容将球垫起。如果是第三次击球，要采用外侧臂抬高，双手向上向侧兜球的动作击球，使球直接飞过球网。

第六节　传　球

传球是排球运动自诞生之日起就有的最古老的排球技术。如今，传球技术在比赛中主要用于二传组织进攻，是各种技战术串联的纽带，起着穿针引线的作用。

一、传球概述

查看传球技术动作分析视频

利用全身的协调力量并通过手指、手腕的弹力，将球传至一定目标的击球动作称为传球。传球是排球运动中组织进攻战术的基础，非常重要。自排球运动诞生以来，传球就被广泛采用。20 世纪 60 年代以前，由于前臂垫球没有出现，传球是比赛中最主要的击球动作之一，许多现在用垫球动作来完成的击球都靠传球来解决。垫球出现以后，传球运用的范围减少，但它在比赛中的地位仍然十分重要。传球也随着排球技术的不断进步和战术的日趋丰富而不断发展。在现代排球比赛中，二传队员被推崇为全队的“核心”“灵魂”，采用正面传球、侧传、背传及各种战术传球组织进攻。为加快进攻节奏，跳传已被广泛采用，使得进攻战术丰富多彩，防不胜防。传球是用双手的配合动作来完成击球的，触球面积大，加上手指、手腕灵活，感觉灵敏，容易掌握传出球的方向、速度、弧度和落点，准确性高，变化多。由于传球的上述特点，在排球比赛中，传球主要用于二传组织进攻，但也常常被用来接对方的推攻球、被拦回的高球和接轻发球、轻扣球等。在一些特殊情况下，传球也可以用单手完成，下面的分析主要针对双手传球。

二、传球的分类（图 2-6-1）

- 传球按传球方向分为
  - 正面传球
  - 背向传球
  - 侧向传球
- 传球按用途分为
  - 二传
    - 顺网正面二传
    - 调整二传
    - 背面二传
    - 侧面二传
    - 跳起二传
    - 倒地二传
    - 传快球
    - 晃传
  - 其他运用
    - 一传
    - 二传吊球
    - 第三次传球过网
  - 二传假动作

» 图 2-6-1　传球的分类

三、各种传球动作分析

（一）正面传球

面对目标的传球称为正面传球。它是传球中最基本的方法，是掌握和运用其他各种传球的基础。

查看正面双手传球技术动作视频

1. 动作方法

（1）准备姿势。采用稍蹲准备姿势，上体稍挺起，仰头看球，两手自然抬起，屈肘，放松置于额前。

（2）迎球动作。当来球接近额前时，开始蹬地、伸膝、伸臂，手指微张从脸前向前上方迎出。全身各部位动作应协调一致。

（3）击球点。在额前上方约一球距离处。

（4）手型。手触球时，十指应自然张开使两手成半球状，手腕稍后仰，以拇指内侧、食指全部和中指的二、三指节触球的后下部，无名指和小指在球两侧辅助控制球的方向，两拇指相对近似于“一”字形（图 2-6-2）。

» 图 2-6-2　正面传球手型

（5）用力方法。在迎球动作的基础上，在手和球即将接触前，手腕和手指要有前屈迎球的动作，当手和球接触时，各大关节应继续伸展，最后用手指、手腕的弹力将球击出。

2. 动作分析

（1）击球点。初学传球时，击球点应尽量保持在前额的正前上方约一球距离处。其优点是：① 在观察来球的同时也能看清手和传球的目标，有利于对准球和控制传球方向。② 便于全身协调用力，击球点与两肩保持相等的距离，有利于提高传球的准确性和稳定性。③ 肘关节尚有一定弯曲度，便于继续伸臂用力，有利于变化传球的方向。如击球点过高或太靠前，则两臂已伸得太直，不利于向前上方发力做伴送动作；若击球点过低，则不利于运用全身的协调力量。

（2）手指、手腕的击球动作。手指、手腕灵巧的弹击动作是传球的难点，也是进一步提高控球能力的关键。手指、手腕屈伸动作的大小和紧张度对传球的质量影响很大。触球前，手指、手腕配合其他关节应有一个前屈的迎球动作，其动作幅度要小，但要做得及时，动作顺序应由手腕的前屈带动手指的前屈。传球时，手指、手腕应根据来球的速度和传球的距离，保持适当的紧张度。在一般情况下，来球轻时，手指、手腕的迎球动作应柔和些；来球重时，手指、手腕要紧张些，用力也应大些。

（3）全身协调用力。传球主要是靠伸臂和指腕的反弹力，配合蹬地的力量将球传出。传球的动作从下肢蹬地到手指击球，由下而上要连贯协调，一气呵成。如果全身力量不协调一致，单纯以手臂和手指、手腕动作来传球，或是全身用力不连贯，有脱节现象，或用力与传球方向不一致，将直接影响传球效果。所以，初学者必须养成以蹬地、展体、伸臂、全身协调用力的伸展动作来击球的习惯，并在这一基础上不断提高手指、手腕的控球能力和技巧。

3. 动作要领

（1）手型。十指弯曲半球状，小指侧面朝前方，拇指相对呈“一”字形，手腕微微向后仰。

（2）动作。蹬地伸臂对正球，额前上方迎击球；触球手型成半球，指腕缓冲弹击球。

（二）背向传球

查看背向传球技术动作视频

背对传球目标的传球称为背传。背传在比赛中运用较多，可利用球网全长，增加右边路前后排的进攻点，使进攻战术更加丰富，且有较高的隐蔽性和突然性。传球时，主要靠“手感”来控制传球的方向、速度和落点。背传拉开高球，要充分利用蹬地、挺胸、展腹和向后上方提肩伸臂的动作将球平稳传出。

1. 动作方法

（1）准备姿势。上体比正面传球时稍后仰，双手自然抬起置于额前。

（2）迎球动作。抬臂、挺胸、上体后仰。

（3）击球点。在头上方，比正面传球偏后。

（4）手型。与正面传球相同，但触球时手腕后仰幅度要大，掌心向上，拇指托在球下，击球的下部。

（5）用力方法。利用蹬腿、展体、抬臂、伸肘和手腕、手指的弹力，把球向后上方传出。

2. 动作分析

（1）背传时，下肢蹬地的方向接近与地面垂直，通过展体、挺胸、抬头的动作，使抬臂、伸肘、送肩的协调用力方向偏向后上方。因此，背传的击球点应保持在头上方的位置，这样更便于向后上方用力。

（2）由于背传是在与正面传球完全相反的方向将球传出，因此，传球时手腕要始终保持后仰，手指、手腕应向后上方抖动用力，主要以拇指发力。

（3）由于背传时看不到传球的目标，因此，传球前必须先观察判断好传球的方向和距离，尽量使背部对正传球目标。同时，要重视培养队员良好的方位感觉。

3. 动作要领

上体稍直臂上抬，掌心向上腕后仰；背部对正目标处，拇指为主用弹力。

（三）侧向传球

身体侧对传球目标的传球称为侧传。由于一传来球的方向与传球线路的方向总会形成一定的夹角，因此侧传在比赛中出现得最多，侧传的隐蔽性也比正面传球强。除了两臂动作的幅度和发力的速度略有差异，侧传与正面传球的动作要领相同。侧传时，通过下肢蹬地使身体重心向上伸展，上体和双臂向传球方向一侧伸展。异侧手臂动作的幅度要大些，伸展的速度也应快些，以双臂和上体侧屈的协调动作将球传出。

四、传球的运用

（一）二传

传球在比赛中主要用于第二次击球组织进攻，故称为二传。二传是从防守转入进攻的桥梁和纽带，直接影响着进攻技术和战术的发挥。二传质量好，可以弥补一传和防守的不足，还可用假动作迷惑对方、牵制对方，达到助攻的目的。有时二传还可直接吊球，达到出其不意、攻其不备的效果。因此，二传在比赛中的作用十分重要。

1. 二传队员的要求

（1）移动快，取位好。二传队员应根据一传情况，准确判断，及时起动，迅速移动到最佳的传球位置，做好传球的准备。这样，就可利用传球前的瞬间观察双方场上的情况，组织有力的战术配合。二传队员快速移动取位的能力，还可弥补一传的不足，提高二传的质量和进攻战术的组成率。

（2）传球手法好，应变能力强。二传队员应掌握在同一击球点位置上传出各种方向、高度和落点的球，做到“一点多线”。因此，要求二传队员必须掌握“送”“压”“抖”“翻”等多种传球手法，使二传更具应变性、隐蔽性和攻击性。

（3）头脑冷静，视野开阔。二传队员在传球过程中应具有较好的环视能力，既要看到本方队员的情况，又要观察到对方的布局，思考好战术打法，做到知己知彼，胸有成竹，快速决断，对策有效。观察时机应在一传出手后，二传出手前。

（4）调整节奏，主动配合。二传队员应根据进攻队员的助跑起跳情况，主动调整、变化传球的动作和节奏积极进行配合。调整传球节奏和速度的方法有两种：一是改变身体姿势，采用跳传、提高击球点、缩短二传距离等方法来加快二传节奏；采用下蹲传球、降低击球点、延长球的飞行时间等来放慢二传节奏。二是改变传球动作，采用加速伸臂或主动加快屈指、屈腕动作来缩短球在手中的停留时间以加快传出球的飞行速度，或放慢伸臂速度和适当放松手指、手腕，以加长球在手中的缓冲时间来放慢球的飞行速度。

（5）意志顽强，任劳任怨。二传队员是全队的核心、灵魂，必须做到在任何情况下胜不骄，败不馁，冷静沉着，临危不乱，善于战斗，敢于胜利。还要有立足本职、任劳任怨、不计得失、甘当配角的精神，通力协作，为同伴创造良好的进攻机会。

2. 二传技术的运用

查看比赛中二传传球组织进攻技术的运用视频

（1）顺网（正面）二传。顺网指自右向左沿着球网，也就是从 2 号位往 4 号位的方向。顺网传球是二传中最简单、最常用的技术。当一传来球时，二传队员的身体不宜正对来球方向，要适当转向传出方向，尽量保持正面传球，使球顺网飞行。顺网传球可根据扣球手的需要和对方的拦网情况，将球传高一点或低一点，拉开一点或集中一点。

（2）调整二传。将一传不到位远离球网的球进行调整，以便于进攻队员强攻突破，称为调整传球。在比赛中，场上每个队员都有进行调整二传的任务。调整二传以传高远球为主，所以要充分利用蹬地伸膝、伸臂及屈指腕的全身协调力量将球平稳传出。调整二传的落点应尽可能固定，要根据进攻队员的位置来调整传球的角度、弧度。由于对方有充足的时间组织集体拦网，因此，传球的落点应在离网1.5~2米的中远网，也不宜太拉开。

（3）跳起二传。主要用于传网上高球和即将过网的一传球。跳传可分为双手和单手两种。

① 跳起双手二传。跳起双手二传可以正传、侧传和背传。主要应掌握好起跳时间，在身体上升到最高点时传球，尽量提高击球点。这样既可加快进攻节奏，还有利于两次球进攻。

② 跳起单手二传。当一传的球高而将飞过球网，跳起后难以运用双手传球时，可用单手进行二传。单手二传适宜传近距离的低矮球，不适宜传高远球。当一传球飞向球网上空时，二传队员侧身对网起跳，在空中最高点时，靠近球网一侧的手臂屈肘上举，手腕后仰，掌心向上，五指适当收拢，构成一个半球状手型，用伸肘动作传球，五指托住球底部向上弹击。

查看跳起单手二传技术动作视频

（4）倒地二传。主要用于传很低的一传球。它可分为侧倒和后倒两种，以侧倒为主。

① 侧倒传球。向来球方向跨出一大步，降低重心，人插入球下，身体重心落在跨出腿上。在身体即将要失去平衡时，用快速伸臂和单脚支撑的转体动作将球传起。向前传球时，击球点宜保持在脸前；向侧后方传球时，击球点应保持在额前上方。击球后，身体顺势侧倒下，再迅速收腿起立。

查看侧倒传球技术动作视频

② 后倒传球。面向传球方向以全蹲姿势使身体插入球下，传球时上体顺势后仰，身体重心移至后脚，利用身体在失重前的瞬间平衡，在胸前或脸前位置，以快速伸臂和翻腕动作将球传起。传球后顺势后倒，并随即团身压腿回滚，迅速起立。

（5）传快球。二传队员在传快球时，必须根据进攻队员的特点及其上步速度、起跳时间、弹跳高度和挥臂击球动作的快慢等，来决定传球的速度、高度、距离和出手时间，投其所好，主动把球“喂”到进攻队员最方便击球的位置上。目前，传快球方法较多，主要有:

① 传近体快球。传距离进攻队员1米以内的快球。根据进攻队员的特点和助跑起跳的情况，掌握好传球的速度和高度。一般是在进攻队员起跳的同时，二传队员传球离手。当进攻队员跳起在空中最高点时，球也传到最高点。

② 传背快球。传球的弧度和高度应尽量固定，以便进攻队员主动去适应。传球击球点保持在头上方，手腕后仰，主要用翻腕和手指的弹力将球传向背后1米以内的位置。

③ 传调整快球。当一传离球网较远时，二传队员需要迅速移动到球的落点上，

用侧传动作将球传到进攻队员的前上方网口处。传球时，要适当增加指腕的主动用力，掌握好传球方向和落点，使传出球的路线与进攻队员的挥臂击球路线在网口相遇。

④ 传后排快球。这种球的高度要比近体快球稍高，离网的距离可根据后排进攻队员的冲跳能力而定，一般为 1～2 米。

⑤ 传前飞快球。以传短平快球的姿势，突然向上翻腕将球传至身前近体快球的位置，传球高度应略高于近体快球，距离应视进攻队员起跳位置的远近和冲飞能力而定。如进攻队员采用单脚起跳时，传球的节奏还可加快些，高度可稍低。

⑥ 传短平快球。指二传队员向前传出快速飞行的平弧度球，进攻队员在离二传队员体前约 3 米处扣球。传球前要侧对球网，面向传球方向，击球点降低至脸前高度，以便伸肘压腕传出快速的平弧度球。

⑦ 传背平快球。指二传队员向背后传出短平快球。传这种球时，二传队员要凭方向和空间感觉来调整传出球的方向、弧度、速度和距离。传球时，要迎击球的下部，击球点适当后移，利用抬臂、翻腕、展腹和挺胸的动作，把球向后传到 2 号位标志杆附近。传球的速度和弧度都要求尽量固定，以便进攻队员主动判断上步，选择起跳点和起跳时间。

查看晃传技术的运用视频

（6）晃传。队员跳起做扣球假动作，突然改扣球为传球，把球传给同伴进攻，这种传球称为晃传。晃传有两种：一种是在空中做扣球假动作后，仍面对球网，用侧传方法将球传给同伴进攻；另一种是在空中做扣球假动作后，转身肩对球网，用正面传球方法将球传给同伴进攻。

（二）传球的其他运用

查看比赛中传球技术的其他运用视频

1. 一传

在接轻发球、接推送过来的球以及接较高的吊球和较高的拦回球时，可采用传球的方法，更能保证一传的准确到位。接速度较快的来球时，手指、手腕应保持适度紧张，伸臂动作要及时、快速，两手必须同时触及球体，以防止漏球和“倒轮”现象的产生。接对方推过来或吊过来的高球以及拦起的高球时，可用正面上手传球方法将球准确送到位，还可直接传两次球进攻或突然直接将球快速传入对方空当。

2. 二传吊球

二传吊球是指二传队员在进行二传前的瞬间，突然改变传球动作和方向，将球传入对方空当。它是二传队员应该掌握的一项攻击性很强的传球技术。二传吊球可分为双手吊球和单手吊球。

（1）双手吊球。当二传迎球动作开始时，突然改用侧传或背传的动作，将球传向对方空当。传出的球弧度要低，应紧挨着球网上沿飞向对方。

（2）单手吊球。在用双手二传动作开始前的瞬间，突然高举一只手臂，五指稍并拢，轻拨或快抹球的侧上方，使球落入对方空当。单手吊球的击球点应稍靠近球网并尽量升高，吊球的速度要快，攻击性才大。

3. 第三次传球

当第三次击球无法进行扣球进攻时，常用传球方式将球推向对方场区。传球时，手指、手腕要适度紧张，以蹬地、伸膝、伸臂和压腕的动作，将球快速地传入对方空当或后场区。

查看二传单手吊球技术动作视频

（三）二传假动作

二传假动作，是指二传队员在传球前运用手臂、头部、躯干等身体动作制造假象，迷惑对方拦网队员，使其产生错误的拦网判断。二传假动作运用的前提是传球队员已具备较好的传球稳定性和准确性，假动作要做得娴熟、逼真，不能影响正常传球的效果。

查看二传假动作视频

排球比赛中，适宜、恰当、巧妙地使用二传假动作，能起到隐蔽传球真实意图、造成拦网者的错觉与猝不及防、避开对方拦网的作用，提高了传球的观赏性。如今越来越多的二传假动作出现在高水平排球比赛中，促进了二传技术向更高水平发展。常见的二传假动作有：

1. 方向假动作

传球前，佯做向某一方向传球的身体姿势或手臂动作，但在传球的一刹那突然改变，把球传向相反的方向。例如，传球击球点前移，形似正传，突然翻腕做背传；或击球点后移，似要背传，突然压腕成前传；或做侧向传球时，有意把击球点向左移，似要左侧传，但突然左手用力将球传向右侧，等等。

2. 落点假动作

传球前，先做向上伸臂的虚晃动作，佯传身体附近的快球，但突然沉肘缓冲改为传拉开球或两边高球。

3. 二次球转移

第二次击球时球的落点在网口，有打二次球进攻的机会，队员跳起做扣球假动作，突然放弃二次球进攻，把球转移给其他队员扣球。

4. 二次球进攻

二传队员佯做传球动作，突然改传球为扣球进攻或把球直接吊在对方场区空当。

第七节　扣　　球

扣球是最重要的排球进攻技术，是排球比赛中最主要的得分手段，也是最能展现排球运动魅力的技术。扣球技术动作结构复杂、与二传队员配合密切、同对手对抗激烈，是掌握和运用难度较高的排球技术。

一、扣球概述

队员跳起在空中，用一只手或手臂，将本方场区上空高于球网上沿的球用扣球手法击入对方场区的击球动作叫扣球。

扣球随着排球运动的发展而不断创新和提高。20 世纪 50 年代，一般采用正面扣球和勾手扣球，在扣快球中，采用近体快和半快，扣球方法比较单一。20 世纪 60 年代，我国创造了平拉开快球，丰富了扣球内容，提高了扣球的攻击性。20 世纪 70 年代是扣球迅速发展的时期，先后出现了短平快、背平快、时间差等扣球方法。我国在此基础上，又创造了空间差扣球，如前飞、背飞、拉三、拉四等自我掩护扣球，后又出现了单脚起跳扣球和快抹球，从而使得扣球变化更多，威力更大，进攻战术更加丰富多变。20 世纪 80 年代以来，扣球的发展和特点主要体现在：打破队员位置分工的限制，立体进攻配合被普遍采用，充分利用网长和纵深，前后排融为一体，更多运用变向、变步的助跑起跳方法，使扣球向着高度、速度、力量方向发展。

扣球是排球的基本技术之一，也是排球技术中攻击性最强的一项技术，在比赛中占有十分重要的地位。扣球是得分的主要手段，是一个队争取主动、摆脱被动、鼓舞士气、抑制对方最积极有效的武器。因此，扣球的水平最能体现一个队的水平与实力，是取胜的关键。扣球的攻击性主要在于它具有击球点高、速度快、力量大、变化多的特点，可以扣出各种不同性能、不同时间、不同角度、不同落点的变化球，更具进攻威力。

专栏 3：排球名人堂

亚洲第一人——“铁榔头”郎平

七枚“世界三大赛”（奥运会、世锦赛、世界杯）金牌，是当今世界女子排坛绝无仅有的荣耀，其拥有者，就是被中国球迷称为“铁榔头”的郎平。1960 年出生的郎平，是 20 世纪中国女排“四连冠”功勋运动员；退役后，曾执教意大利、美国、土耳其等多支高水平女子排球队，对世界女子排球运动的发展做出了重要贡献。1995 年，郎平被聘为中国女排主教练，带领当时处于低谷的中国女排夺得 1996 年亚特兰大奥运会银牌和 1997 年亚锦赛冠军，被国际排联评为年度女排“最佳教练”。2002 年 10 月，郎平入选排球名人堂，成为亚洲获此殊荣的第一人。2013 年郎平再次执教中国女排，作为主教练带领中国女排获得 2015 年世界杯、2016 年奥运会和 2019 年世界杯三枚金牌。

无论是作为运动员还是教练员，以郎平为杰出代表的中国女排，在赛场上都展现了“祖国至上、团结协作、顽强拼搏、永不言败”的精神风貌，激发了全国人民的爱国热情，增强了全国人民的民族自信心和自豪感。女排精神是中国女排在长期奋斗中形成的一种特有的精神品质，这种精神不仅在排球运动的发展中具有特殊意义，在建设新时代中国特色社会主义进程中更是具有重要的价值。

二、扣球的分类（图 2-7-1）

- 扣球
  - 正面扣球
  - 单脚起跳扣球
  - 运用与变化
    - 近网扣球
    - 远网扣球
    - 调整扣球
    - 扣快球
      - 扣近体快球
      - 扣短平快球
      - 扣背快球
      - 扣背平快球
      - 扣4号位平拉开球
    - 自我掩护扣球
      - 时间差扣球
      - 位置差扣球
      - 空间差扣球
        - 前飞
        - 背飞
        - 拉三
        - 拉四
    - 其他运用变化
      - 转体扣球
      - 转腕扣球
      - 打手出界
      - 超手扣球
      - 轻扣球
      - 轻吊球

» 图 2-7-1　扣球分类图

三、扣球技术动作分析

（一）正面扣球

查看两步助跑正面扣球技术动作视频

正面扣球是最基本的扣球动作。由于面对球网，便于观察，故准确性较高。加之正面扣球挥臂动作灵活，能根据对方防守情况，随时改变扣球的路线和力量，控制落点，因而进攻效果较好。初学者必须掌握好正面扣球后，再学习其他扣球。现以两步助跑、右手扣球为例来分析其动作方法和要领。

1. 动作方法

（1）准备姿势。扣球助跑前采用稍蹲准备姿势，两臂自然下垂，站在离网 3 米左右处，身体转向来球方向，观察来球，做好向各个方向助跑起跳的准备。

（2）助跑。助跑开始时，左脚先向前迈出一步，紧接着右脚再快速跨出一大步，左脚及时并上，踏在右脚之前，两脚尖稍向右转。两臂绕体侧向上引摆。

（3）起跳。在助跑跨出最后一步（即第二步）、左脚并上踏地制动的同时，两臂自后向前积极摆动，随着双脚蹬地向上起跳，两臂配合起跳有力地向上摆动。

查看排球击打上旋球手法技术视频

（4）空中击球。起跳后，挺胸展腹，上体稍向右转，右臂向后上方抬起，身体成反弓形。挥臂时，以迅速转体、收腹动作发力，依次带动肩、肘、腕各部位关节向前上方成鞭甩动作挥动。击球时，五指微张，以掌心为主，全掌包满球，在手臂伸直最高点的前上方击球的后中上部，同时主动用力屈腕、屈指向前推压，使扣出的球呈上旋状（与正面上手发球技术动作中的“击打上旋球手法”技术动作相同）。

（5）落地。落地时，以两脚前脚掌先着地再迅速过渡到全脚掌着地，同时顺势屈膝、收腹，以缓冲下落的力量，并立即做好下一个动作的准备。

2. 动作分析

（1）助跑。助跑的目的，一是接近球，选择恰当的起跳点，二是利用助跑的水平速度配合起跳，起到增加弹跳高度的作用。

① 步法。助跑的步法种类很多，有一步、两步、三步和多步法；有向两侧的跨跳步和并步法；有原地踏跳步和后撤步等。步法的运用要因球而异，因人而异，力求灵活，适应性强。但无论采用几步助跑，第一步要小，最后一步应大。

② 助跑的路线。由于二传来球的落点不同，扣球队员助跑的方向和路线也不相同。以 4 号队员扣球为例，其主要的助跑路线有三种：扣集中球采用斜线助跑；扣一

般球采用直线助跑；扣拉开球采用外绕助跑（图 2-7-2）。

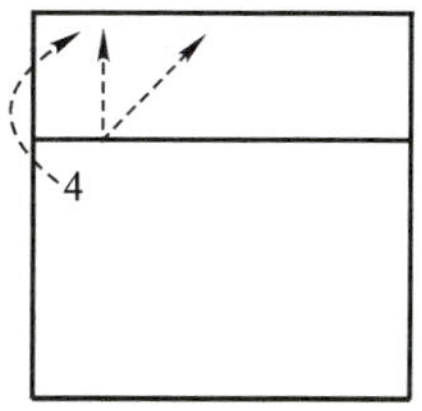

» 图 2-7-2　助跑路线图

③ 助跑的时机。由于二传来球的高度和速度不同，扣球队员必须掌握不同的起动时机。二传球低或传球速度快时，起动要早一点，球高则起动要晚一点。同时，扣球队员还要根据个人动作特点来确定助跑起动的时机，动作慢的队员要早一点起动，动作快的队员则应晚一点起动。助跑起动过早或过晚，都会影响起跳扣球的质量。

④ 助跑的制动。最后一步既是制动步，又是起跳步，起着制动和起跳两方面的作用。助跑最后一步，双脚落地有三种方法：第一种，由支撑脚的脚跟先着地，过渡到全脚掌蹬地起跳，动作幅度大，这种落地方法制动效果好，有利于增加垂直起跳高度；第二种，由前脚掌着地迅速蹬地起跳，这种落地方法起跳动作快，有利于加快起跳速度，争取起跳时间和向前上方冲跳的高度；第三种，由全脚掌着地蹬地起跳，这种落地方法身体重心较稳定，踏跳有力。

（2）起跳。

① 起跳的步法。助跑的最后一步（制动步）也称为起跳步，它既是助跑的结束步法又是起跳的准备动作。常用的起跳步法有两种：一种是并步起跳，即一脚跨出大步后，另一脚迅速向前并步，随即蹬地起跳。这种方法便于调整起跳时间，适应性强，制动效果好，身体重心易保持稳定，但对起跳高度稍有影响。另一种是跨跳步起跳，即一脚跨出一大步的同时，另一脚也跟着跨出去，双脚有一个腾空的阶段，两脚几乎同时着地蹬地起跳。这种方法能利用人体下落的重力加速度，增加弹跳高度，但不利于加快助跑速度，易影响起跳节奏，不利于快攻起跳。

② 起跳的位置。一般应选择在距离球一臂之远的位置起跳。这样才能保持好身体和球合理的位置关系，便于充分发挥全身的协调力量，保持较高的击球点。

③ 起跳的摆臂。起跳时的手臂摆动一般有两种方法：一种是划弧摆臂，方法是以肩关节为轴，两臂经体侧向后再向前上方划弧摆动。这种摆臂可根据需要来变化划弧的大小，动作连贯协调，便于调整摆臂速度和节奏，适应性强，运用较普遍。另一种是前后摆臂，方法是两臂由体前先向后摆动，然后再由后向前上方直接摆动。这种摆臂振幅较大，摆动较有力，有利于提高弹跳高度。但因动作大，使空中的转体动作不便，对及时快速起跳有影响。

查看制动与起跳技术动作分析视频

（3）空中击球。

① 挥臂方法。当起跳身体腾空后，左臂摆至身体前方，协助保持上体的空中平稳。此时，击球手臂应屈肘置于头侧，肘高于肩，身体成反弓形。挥臂前合理的屈肘动作，可以缩短挥臂时以肩为轴的转动半径，减少转动惯量，提高挥臂的初速度。随

之边挥臂边伸肘，加长转动半径，增加挥臂的线速度。在挥臂转动角速度不变的情况下，上臂甩得越直，挥动半径越大，线速度也越快，扣球就越有力。这种挥臂方法，既能扣高弧度球，也能扣低、平弧度球，适应范围较广。

② 击球动作。击球时，要求击球的手有巨大的动量和速度，而扣球中全身协调的击球力量是由手臂的鞭打式动作，通过手腕的甩动和加速，最后由全手掌作用于球体的。只有用全手掌击球，手腕关节才能很好地参与整个鞭打动作，传递并加大击球的力量。

③ 击球点。扣球的击球点应在起跳最高点和手臂甩直的最高点的前上方。手臂与躯干的夹角为 150°～180°，也可利用击球点附近的垂直空间和水平空间来扩大击球范围，增加扣球路线和角度的变化。一般近网扣球的击球点应略靠前，远网扣球的击球点应保持在右臂甩直手的上方。

3. 动作要领

助跑节奏慢到快，一步定向二步跨；快速并上制动脚，蹬地摆臂腾空高；腰腹发力应领先，协调挥臂如甩鞭；击球保持最高点，全掌包卷击上旋。

（二）单脚起跳扣球

单脚起跳扣球是指助跑的最后一步以单脚踏地，另一只脚直接向前上方摆动帮助起跳的一种扣球方法。由于第二只脚不再落地而直接上摆，且起跳腿下蹲较浅，因而它比双脚起跳动作快；还由于它能充分利用助跑速度，加上右腿积极上摆的协调动作，因而比双脚起跳冲得更远，跳得更高。所以它既能扣定点高球，又能追球起跳扣低弧度球，有利于控制时间和空间，兼有位置差和空间差的特点，对突破和避开拦网有较大作用。单脚起跳扣球可采用一步、二步或多步助跑。助跑的路线与球网的夹角宜小，以免造成前冲力过大而碰网或过中线犯规。助跑的最后一步，左脚向扣球点位置跨出一大步，身体重心稍后倾，在右腿屈膝上摆时，左脚用力蹬地起跳，两臂积极配合上摆，起跳后的扣球动作与正面扣球基本相似。

查看单脚起跳扣球技术动作视频

四、扣球的运用

（一）近网扣球

击球点距网 50 厘米左右的扣球称为近网扣球。这种扣球的特点是击球点高，路线变化多，威力较大，但易被对方拦网。起跳后，抬头挺胸，但上体不宜后仰过大，手臂后拉幅度应稍大。主要利用猛烈的含胸动作发力，以肩为轴，向前挥动手臂，以上臂带动前臂，加强屈肘和甩腕动作，以全掌击球的后中上部。为了防止触网，手击球后，整个手臂要顺势收回。

（二）远网扣球

击球点距网 1.5 米左右的扣球称为远网扣球。这种扣球可以加大上体和扣球手臂的振幅，充分利用收腹、收肩动作，扣球力量大。由于距网较远，扣出的球角度较平，对方不易拦网。起跳后，抬头挺胸，上体后仰，身体成反弓形，击球点保持在右肩的上方最高点，用全掌击球的后中部。击球瞬间，手腕要有明显的推压动作，使球急速上旋飞入对方场区。

（三）调整扣球

扣从后场区调整传到网前的球称为调整扣球。由于后场区调整传球的方向、弧度、落点不同，要求扣球队员灵活地运用各种助跑起跳方法（如多步、一步、原地踏跳、倒跨步、后撤步等），调整好人与球的距离，采用不同的击球手法，控制扣球的力量、路线和落点。助跑时应侧身看球。若球与网夹角小，应后撤斜线助跑；若球与网夹角大，则应外绕助跑。

（四）后排扣球

后排扣球是指后排队员在进攻线后起跳冲跳至距网 1.5～2.5 米的扣球，其目的是缩短击球点与球网的垂直距离，以保证扣球的威力。后排扣球时，必须加强和二传队员的配合，掌握好起跳时机和起跳点，脚不能踩及进攻线。

（五）扣快球

1. 扣近体快球

扣球队员在二传队员体前或体侧 1 米距离以内扣的快球叫近体快球。这种快球一般在一传到位而靠近网的情况下进行，动作方法与正面扣球大致相同，特点是二传距离短、速度快、节奏快，因而实扣效果和掩护作用好。扣近体快球助跑起动时间要早，跑速要快，一般是随一传

查看四种常用扣快球技术动作视频

球同时跑到网前，也可早于一传助跑。在二传队员传球出手时或出手前瞬间快速起跳。要浅蹲快跳，以便于加快起跳速度，跳起在空中等球。击球手臂后引动作要小，主要利用含胸、收腹的动作，带动前臂和手腕快速鞭打式挥动，用全掌击球的后上部。

2. 扣短平快球

在二传队员体前 2~3 米处，扣二传队员传来的快速平弧度球称为扣短平快球。由于这种球飞行速度快、弧度平，因而进攻节奏快，进攻区域宽，有利于避开拦网。扣短平快球一般采用外绕弧形助跑或正对网的直线助跑，与二传队员传球出手同时起跳。起跳后，左肩侧对球网，当球飞行至击球点时，截住球的飞行路线，利用迅速的含胸动作带动前臂和手腕加速挥动，以全掌击球的后上部。根据对方拦网的位置，还可提前或错后击球。

3. 扣背快球

在二传队员背后 1 米距离以内扣的快球称为扣背快球。其扣球方法与扣近体快球相同。但因二传队员看不见扣球队员助跑起跳的情况，需要扣球队员主动配合，去适应二传。

4. 扣背平快球

在二传队员背后 2 米左右处扣背传的快速平弧度球称为扣背平快球（又称背溜）。这种扣球的特点与扣短平快球相似，击球点一般在 2 号位标志杆附近。

5. 扣 4 号位平拉开球

指在 4 号位标志杆附近，扣二传队员在 2 号位、3 号位之间近网传过来的快速平弧度球。这种扣球速度快，进攻区域宽，有利于摆脱对方的集体拦网。在二传队员传球前，4 号位队员就要开始做外绕助跑，待二传队员传球出手后，扣球队员即在标志杆附近起跳，截击来球。扣球动作与扣短平快球相同，但不能提前挥臂，要看准来球后再挥臂击球。这种扣球既可跳起前冲截打小斜线球，也可等球飞到标志杆附近后再做正面扣斜线或直线球。

（六）自我掩护扣球

1. 时间差扣球

队员利用起跳时间上的差异来迷惑对方拦网的扣球方法称为时间差扣球。这种扣球要求扣球队员按快球的节奏助跑摆臂，但在踏跳时并不跳离地面，只是做一个起跳的假动作，诱使拦网队员跳起拦网。待拦网队员跳起下落时，扣球队员立即原地起跳扣半高球。时间差扣球可运用于近体快、背快、短平快、背平快等扣球中。这种扣球的佯跳动作要逼真，实跳时动作要协调。

查看自我掩护扣球视频

2. 位置差扣球

队员利用起跳位置的差异摆脱拦网的扣球方法称为位置差扣球，或称“错位”扣球。常用的位置差扣球有4种：短平快向3号位错位扣球；近体快向2号位错位扣球；近体快向3号位错位扣球；背快向2号位错位扣球。不论采用哪种位置差扣球，都是以快球作为掩护，再错位扣半快球（或小弧度球）。位置差扣球要做到：助跑起跳的假动作要逼真；变向跨步再起跳的动作幅度要小，速度要快，动作要连贯。

3. 空间差扣球

扣球队员利用冲跳动作，使身体在空中有一段移位的距离，把起跳点和击球点错开的扣球方法称为空间差扣球，又称空中移位扣球。目前常用的空间差扣球有前飞、背飞、拉三、拉四等。

（1）前飞。队员佯打短平快球，突然改用向前冲跳，“飞”到扣近体快球的击球点上扣半快球。采用角度较小接近顺网的助跑路线，最后一步右脚全脚掌先着地，只做轻微的制动，使身体重心继续前移，随之左脚在右脚前方适宜位置并上踏地制动。起跳时，右脚应先发力蹬离地面，继而左脚再用力向后下方蹬离地面。两臂由后经体侧向前上方用力摆动。当身体在空中向前移位接近球时，右臂上摆肘高于肩，前臂后引，利用向左转体和收腹动作，带动手臂挥动击球。

（2）背飞。队员在扣近体快球的位置上冲跳，“飞”到二传身后1~1.5米处扣背传的半快球称为背飞扣球。背飞扣球的动作方法与前飞扣球相同，但起跳点应在二传队员体侧，起跳后身体在空中与球同方向飞进，形成跟踪追球。在一般情况下，可“飞”至2号位标志杆附近击球。击球时，上体向左转动带动手臂挥动，以全掌击球的后上部。

（3）拉三。队员在扣近体快球的位置上起跳，二传队员向3号位传距离稍远一点的球，扣球队员侧身向左起跳追球，在左前方扣快球称为拉三扣球。

（4）拉四。队员在扣短平快球的位置上起跳，二传队员向4号位传拉开的半快球，扣球队员侧身向左起跳追球，在左侧前方接近4号位扣球称为拉四扣球。

（七）扣球运用中的变化

1. 转体扣球

在正面扣球起跳击球过程中，上体突然向左侧转动，右臂向身体左侧“回手线”方向挥击的扣球称为转体扣球。转体扣球与正面扣球的动作方法大致相同，主要区别是将击球点保持在身体左侧前上方。击球时，队员在空中利用向左转体和收腹的动作带动手臂向左挥动，以全手掌击球的右侧上部来改变扣球的方向。

另一种转体扣球方法是在助跑制动起跳前或身体滞空过程中，上体就完成了转体动作。这种方法多用于向右转体扣球打小斜线。

2. 转腕扣球

扣球队员在击球时，突然利用肩、前臂和手腕的转动动作来改变扣球路线的动作方法称为转腕扣球。

（1）向外转腕扣球。扣球时，起跳动作与正面扣球相同，但击球点应保持在右肩前上方。击球时，右肩上提并稍向右转，前臂向外转，手腕向右转并甩动，同时上体和头部向左偏斜，以全手掌击球的左侧上部，击球时肘关节应甩直以加快鞭打挥臂速度。

（2）向内转腕扣球。扣球时，击球点应保持在头的左前上方，前臂内转，手腕向左甩动，以全手掌击球的右侧上部。这种扣球主要用于 2 号位和 3 号位扣回手线球。

3. 打手出界

打手出界是指扣球队员有意识地使扣出的球触及拦网队员的手后飞出界外的扣球方法。当球传到两侧标志杆附近上空时，4 号位、2 号位队员在击球瞬间，可运用向内或向外转腕的动作，击球的后侧上部，使球触及拦网者外侧手后飞向界外。当球传在 3 号位近网上空时，也可利用转体或转腕动作，向两侧挥臂击球，造成打手出界。

此外，远网球亦可采用打手出界的方法。除对准拦网者外侧手的外侧部位击球外，还可采用平扣的方法将球扣在拦网者的手指尖上造成出界。扣这种球时，扣球队员要对准拦网者的手指部位用力向远处击出平冲球，使球触及对方手指后飞向端线外。

4. 超手扣球

超手扣球是指利用自己的身高和弹跳优势，将球从拦网者手的上空击入对方场区的一种扣球方法。扣球时，队员应充分利用助跑起跳，来增加弹跳高度，保持好较高的击球点，利用收胸动作带动挥臂。击球时，肩应尽量上提，手臂向上充分伸直，并利用小臂加速挥动和甩腕动作，在右肩前上方，以全手掌击球的后中上部，使球从拦网者手的上方呈上旋长线飞向端线附近。

5. 轻扣球

轻扣球是指扣球队员佯做大力扣球，而在击球前瞬间突然减慢手臂挥动速度，将球轻轻击入对方场区空当的一种扣球方法。轻扣球的助跑、起跳、挥臂动作应与重扣球一样逼真，但在击球前瞬间手臂挥动速度突然减慢，手腕放松，用全掌包满球，轻轻向前上方推搓，使球呈弧线越过拦网者手落入对方场区空当。

第八节　拦　网

拦网是排球比赛中防守的第一道屏障，也是重要的得分手段。紧张激烈、精彩纷呈的排球比赛主要体现在扣拦对抗中。有效的拦网，不但可以削减对方的进攻威力，减轻本方后排防守的负担，还可以造成对方进攻的心理压力，为本方防反创造有利条件。

一、拦网概述

靠近球网的队员，将手伸向高于球网处阻挡对方来球的行动称为拦网。未触及球的拦网行动称为拦网试图，触及球的拦网行动称为完成拦网。拦网是排球运动的基本击球动作之一，是防守的第一道防线。

拦网技术随着排球运动的发展和规则的变化而不断改进和创新。20 世纪 50 年代，规则规定手不得超过球网垂直面拦击球，因此普遍采用手腕后仰拦网，强调以把球撑起、拦高为主。拦网是被动的、防御性的技术。20 世纪 60 年代中期，规则修改为手可以过网拦网，我国运动员发明了“盖帽式”拦网，拦网由被动的防御技术变为带有进攻性的技术，在当时的国际比赛中取得了好的效果。20 世纪 70 年代起，随着排球竞技水平及运动员身高和弹跳能力的提高，各国普遍采用攻击性拦网，强调以拦死、拦回为主。各队都把身材高大的队员放在拦网的重点位置上，力争拦网直接得分。如当时被称为“屋檐式”的拦网（拦网者将手臂伸过网去，像屋檐一样罩在球的上方），具有很强的攻击性和威慑力。这个时期，网上之争非常激烈，在进攻上打破了定位和前排三点攻的限制，大量运用跑动、活点和纵深进攻打法，个人的扣球能力和技巧也大大提高，这无疑给拦网出了难题，从而也促进了拦网技、战术的进一步发展，创造了许多拦网新方法。如对付快攻战术的连跳拦网，对付强攻的摆臂高跳后充分展肩、伸臂拦网，对付换位和空中移位进攻的人盯人、人盯区和重叠拦网（两或三名队员前后呈重叠状站立，前面队员定位拦网，后面队员根据情况变化，向两侧前方跨步起跳拦网，尽量组成双人拦网配合），对付个人扣球战术的空中移位拦网等。

拦网是排球比赛中的第一道防线，也是防反的第一道进攻线。现代高水平排球比赛，网上精彩激烈的争夺战就是在扣球与拦网这一对矛盾之间展开。如果没有有效的拦网，后排防守将非常困难。拦网不仅可以将对方的扣球撑起、拦回，减轻本方后排防守的压力，而且可以直接将球拦死，使之成为得分的重要手段。此外，拦网还能干扰和破坏对方进攻战术的组织，削弱对方进攻的锐气，动摇对方的信心，给对方造成心理上的威胁。因此，拦网水平的高低，直接影响着比赛的胜负。拦网技术的提高和创新，对促进排球运动的发展也有着十分重要的作用。

专栏 4：“网上飞人”——汪嘉伟

汪嘉伟，1955 年出生，上海市人。1973 年入选福建男排，1976 年至 1983 年担任中国男排主力队员。汪嘉伟排球技术非常全面，掌握各种战术扣球技巧，善于接发球，拦网技术也很出色，是当时中国男排的场上灵魂。汪嘉伟具有出色的弹跳爆发力，空中停顿的时间长，扣球非常具有优势，以他为核心，中国男排发明了“前飞”“背飞”等领先世界排坛的进攻战术。1977 年，汪嘉伟参加第二届世界杯男子排球赛，他在网前打出的“前飞”“背飞”等一系列快攻战术，震撼了世界排坛。赛后，他被誉为“世界排坛第一飞人”，以世界最佳快攻手入选由国际排联世界杯组委会评出的六人最佳阵容“世界明星队”。

1997 年至 2001 年，汪嘉伟曾担任中国男排主教练，带队获得 1997 年和 1999 年两届亚洲男排锦标赛冠军和 1998 年亚运会冠军。

二、拦网的分类（图 2-8-1）

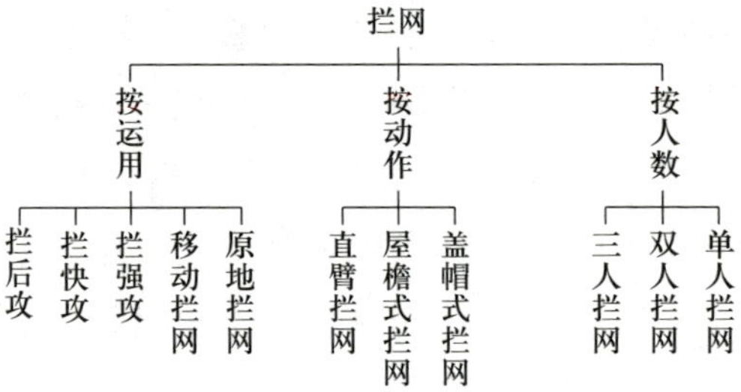

» 图 2-8-1　拦网分类图

三、各种拦网的动作分析

（一）单人拦网

1. 动作方法

（1）准备姿势。队员面对球网，两脚左右开立，约与肩同宽，距网 30~40 厘米，两膝微屈，两臂屈肘置于胸前。

（2）移动。常用的步法有并步、滑步、交叉步和混合步等。无论采用哪种移动步法，都要做好制动动作，以避免向上起跳时触网和冲撞同队队员。

查看拦网技术动作分析视频

（3）起跳。原地起跳时，两腿屈膝，重心降低，随即用力蹬地，两臂以肩发力，在体侧近身处，做划弧前后摆动，帮助身体迅速跳起。移动后的起跳，其起跳动作与原地起跳一样，但要注意制动并使移动与起跳动作紧密衔接。

（4）空中拦截。起跳时，两手从额前沿球网向上方伸出，两臂伸直并保持平行，两肩上提。拦网时，两臂应伸过网去接近球。两手五指自然张开，保持紧张状态，当手触球时，手腕突然下压，全掌盖在球的前上方。

（5）落地。拦球后，要做含胸动作，以保持身体平衡。手臂要先后摆或上提，从网上收回至本方上空，再屈肘向下收臂，以免触网。与此同时屈膝缓冲，双脚落地，随即转身面向后场，准备接应来球或做下一个准备动作。

2. 动作分析

（1）拦网队员的取位。在拦网预判阶段，拦网队员站位可离网稍远些，约距网 50 厘米。一旦判定对方扣球位置或助跑最后一步制动时，起跳点距网应近些，这样向上起跳，可提高拦网高度，避免漏球。一般情况下，2 号位、4 号位队员站在离边线 1.5 米处，3 号位队员居中。但当对方以中路跑动进攻战术为主时，2 号位、4 号位队员应相对靠近中间站位，离边线 2～2.5 米处，若对方以近体快或真假交叉进攻结合拉开战术时，4 号位、3 号位队员应稍靠近中间站位，而 2 号位队员则应靠近边线站位。

（2）拦网队员的移动。拦网的移动方向主要是向两侧和斜前方。移动时采用的步法主要为：并步、滑步、交叉步和混合步。

① 并步移动。一般在向两侧近距离移动时采用。其特点是能保持面对球网，便于观察，也便于随时起跳，但移动速度较慢。

② 滑步移动。滑步是运用最多的拦网移动脚步，当距离进攻队员击球点 1 米左右时，采用 2～3 个连续的并步动作即滑步，快速移动对正来球。其特点是移动中便于保持身体重心平稳，快速起跳，但由于不能充分下蹲屈膝蹬伸，起跳高度受到一定的影响。

③ 交叉步移动。一般在中距离移动时采用。其特点是移动速度快，制动能力强，控制范围大。注意交叉步移动后，两脚着地时，脚尖应向内转向球网，以利于制动。

④ 混合步移动。一般在移动距离较远时采用。特点是移动速度较快，有利于制动。可以先交叉步再并步，也可以先滑步再交叉步。混合步是拦网队员较远距离移动（一般超过 3 米）时主要采用的移动脚步组合，要注意的是在移动的最后一步，两

脚脚尖应转向球网，以利于制动，若脚尖来不及转向球网，应在起跳过程中边跳边转身，保证跳起后能面向球网进行拦网。

（3）拦网的起跳。

① 起跳的位置。在正确判断对方扣球路线的情况下，拦网队员应选择能拦住对方主要进攻路线的位置起跳。在拦一般高球时，应迎着对方助跑路线起跳；拦近体快球时，应在二传队员和扣球队员之间起跳；拦短平快球时，应根据扣球队员的助跑路线选择距二传手 2～3 米处起跳；拦拉开球时，应选择贴近边线处起跳；拦后排队员扣球时，应选择对方队员扣球点与本方场区两底角连接线所形成的夹角中央位置起跳。

② 起跳的时机。掌握正确的起跳时机是拦网成功的关键。拦网队员的起跳时机，应根据二传球的高度、离网的远近、扣球者的起跳时间和扣球动作的特点而定。如果二传是远网高球，起跳应迟些；如果是近网低球，起跳应早些。一般情况下，拦网者应比扣球者晚跳。但如果是拦快球，拦网者应与扣球者同时起跳。

③ 起跳的动作。拦网起跳前，要充分利用手臂的摆动来帮助起跳，如来不及，两臂可向身体外侧划弧摆动提肩上举，以带动身体垂直上跳。一般拦快球采用快速起跳方法，做到浅蹲快跳，以小腿发力为主；拦高点强攻球时，宜采用深蹲高跳方法。

（4）拦网的方法。

① 伸臂动作。拦网击球时，两臂应尽量伸直，两肩尽量上提，手臂要伸过球网，两手间距离要根据对方的扣球，拦不同的线路，一般情况下，外侧手臂拦直线，内侧手臂拦斜线。伸臂动作要适时，过早伸臂容易被打手出界或者被对方避开，过晚伸臂则不易及时阻拦扣球。一般在对方击球瞬间伸臂较好。

② 拦球动作。除了拦速度较慢的球可以采用双手拦击，绝大多数的拦网罩球都是单手完成的。拦网击球时，两手应保持紧张，主动用力盖帽或捂球，使球反弹角度小，对方保护困难。为了防止对方造打手出界，2 号位、4 号位队员的外侧手掌应稍向内转，以形成合理的拦网反射面。拦远网球时，为了提高拦网点，可不采用压腕动作，而是尽量向上伸直手臂和手腕。如对方击球点高，不能罩住球时，可采用手腕后仰的方法，堵截扣球路线，将球向上撑起。

3. 动作要领

浅蹲快跳拦快球，深蹲高跳拦高球；提肩压腕拦线路，伸臂过网罩住球。

（二）双人拦网

由前排两名队员互相靠近，同时起跳组成的拦网称为双人拦网。双人拦网是集体拦网的一种，也是比赛中最常用的一种拦网形式，主要在对方强攻扣球时采用。拦网的击球动作与单人拦网相同。

双人拦网时，应以一人为主拦队员，另一人为配合队员。但主拦队员不是固定的，一般情况下，距对方扣球点近的队员为主拦队员。主拦队员必须抢先移动到对正击球点的位置，做好起跳准备，配合队员则迅速移动靠近主拦队员准备同时起跳。两队员之间的距离一定要适宜，距离太远，跳起后将出现“空门”；距离太近，起跳时容易互相碰撞干扰，致使两人都跳不高。双人拦网起跳时，两人的手臂应该在体前划小弧向上摆伸，都要尽量垂直向上起跳，防止互相碰撞或干扰。手臂在空中既不能重叠，造成拦击面缩小，又不能间隔太宽，造成中间漏球。扣球靠近边线时，靠边线近的拦网队员外侧的手应适当内转，以防被打手出界。

（三）三人拦网

三人拦网是集体拦网的另一种形式，一般在对方进攻力强、路线变化多而且较少轻扣和吊球时采用。三人拦网的动作方法与双人拦网相似。其关键在于迅速移动，取位恰当，配合密切。无论对方从哪个位置进行扣球，一般都以 3 号位队员为主拦队员，2 号位、4 号位队员为配合队员。此时，另两名配合队员应及时移动去靠近主拦队员，同时起跳。要注意彼此的配合，防止造成起跳伸臂先后不一、互相干扰碰撞等。由于三人拦网配合的要求较高，后排防守力量减弱，故要有针对性地采用。

四、拦网的运用

（一）拦强攻球

查看拦网在排球比赛中的运用视频

强攻球的特点是击球点高、力量大、路线变化多。在比赛中一般都是采用双人（或三人）拦网来应对强攻球。拦强攻球要求拦网队员深蹲、慢起、高跳，充分发挥高度，手尽量伸到对方场区的上空去，扩大有效的拦击面。

1. 拦集中球

集中球的击球点在标志杆以内 1 米左右的区域内。拦近网和远网的集中球时，拦网者应以拦斜线为主，兼顾直线，当发现对方改变扣球路线时，要随即改换线路进行拦截。

2. 拦拉开球

拉开球的击球点多在标志杆附近的上空，应尽量组织集体拦网。如球的落点在标志杆处时，只需要拦其斜线和小斜线。如果球的落点在标志杆以内，外侧队员应拦其直线，内侧队员拦其斜线，在拦击球瞬间，外侧队员的手腕应向内包转，以防打手出界。

（二）拦快球

快球有许多种，但近体快球和短平快球是快球中最基本和最具代表性的两种。掌握了拦这两种快球的方法后，对拦其他快球都可以借鉴。

1. 拦近体快球

近体快球的特点是速度快，弧度低，击球点靠近球网。由于速度快，难以组成集体拦网，一般是采用单人拦网。拦网时，拦网队员应取位在对方二传队员与扣球队员之间，与扣球队员同时起跳或稍早一点起跳。起跳后，要紧盯击球点，两手伸过球网接近球，力争把球罩住，使其无法改变扣球路线。

2. 拦短平快球

短平快传球是顺网平弧快速飞行，拦网时，要做到人球兼顾，重点是根据扣球人的助跑路线和起跳位置取位和掌握起跳时机。一般应对正扣球人的起跳点，与扣球人同时或稍早起跳。起跳后，要快速向对方场区上空伸臂，两手靠近球，堵其主要扣球路线。

（三）拦打手出界球

拦打手出界的扣球时，靠近边线拦网队员的外侧手在拦击球的刹那，手掌应转向场内，以防打手出界。若遇对方有明显的打手出界或扣平冲球的动作时，拦网者应及时将手收回，造成对方扣球出界。

（四）拦远网扣球和后排扣球

远网扣球和后排扣球，击球点离网较远，扣球的过网区比近网扣球要宽，加上拦网者的手无法靠近击球点，因此，拦网的难度比拦近网扣球要大，应尽量组成集体拦网。拦网时，手要尽量向高处伸，堵截其主要的扣球路线。此外，拦这种扣球的关键是要选择正确的起跳位置和掌握好起跳的时机。一般情况下，应在对方击球的一瞬间起跳（扣球点离网较远时，起跳还应稍迟些）；单人拦网时，应在正对其主要扣球路线的位置起跳；集体拦网时，主拦队员在选择起跳位置时应留出一定的位置让同伴与自己配

拓展知识：排球后排防守技术

合进行拦网。

思考与实践

1. 针对不同水平的发球，如何进行技术评价?
2. 从力学角度分析，如何助跑起跳才能跳得更高?
3. 为什么说排球的准备姿势与移动是重要技术？
4. 如何运用正面双手垫球接轻球和重扣球?
5. 发球的注意事项是什么?
6. 正面上手发球与正面上手发飘球动作方法有何差异?
7. 比赛中双手传球除了用于二传组织进攻还有哪些应用?
8. 正面扣球包括哪些技术动作环节?
9. 单人拦网空中击球动作应注意的问题是什么？

第三章　排球战术

本章导言

排球战术是排球比赛中至关重要的一部分，战术的选择和执行直接影响着比赛的结果。有效的战术配合可以使球队在比赛中占据优势，限制对手的发挥，从而取得比赛的胜利。本章主要内容包括排球战术的概念、分类及能力培养等基本理论；阵容配备、交换位置等战术组成的基本方法；进攻战术与防守战术及多种打法的具体运用和变化形式。排球战术的学习和运用，可以加强学生之间的相互协作配合，提升在快速多变环境下的集体应变决策能力，进而增强团队的凝聚力和竞争力，对培养学生团结协作、坚韧不拔、勇于拼搏的体育精神有积极的促进作用。

学习目标

知识目标：了解排球战术的分类和组成，理解排球战术中不同进攻阵型与防守阵型的差异和作用。

能力目标：学会排球个人与集体战术的运用方法，熟悉多种攻防阵型的表现形式，掌握多种排球战术的实战应用打法，具备快速做出正确战术决策的能力。

价值目标：感悟中国女排精神，厚植爱国主义情怀，强化团队协作意识，培养团结协作精神，塑造坚韧不拔、顽强拼搏的意志品质和优良作风。

第一节　排球战术的基本理论

排球战术在排球运动中具有重要的作用。运用排球战术可以提高个人的技术水平和战术意识，提升团队的竞技水平和整体实力，多样化的进攻与防守方式也可以丰富比赛的内容，提高比赛的观赏性。

一、排球战术的概念

排球战术是指运动员在比赛中，根据排球竞赛规则和排球运动的规律、比赛双方的具体情况和临场竞赛的发展变化，合理运用个人技术及集体配合所采取的有意识、有组织的行动。

二、排球战术的分类

（一）按战术的参与人数分类

按战术的参与人数分类，可分成个人战术和集体战术（图 3-1-1）。

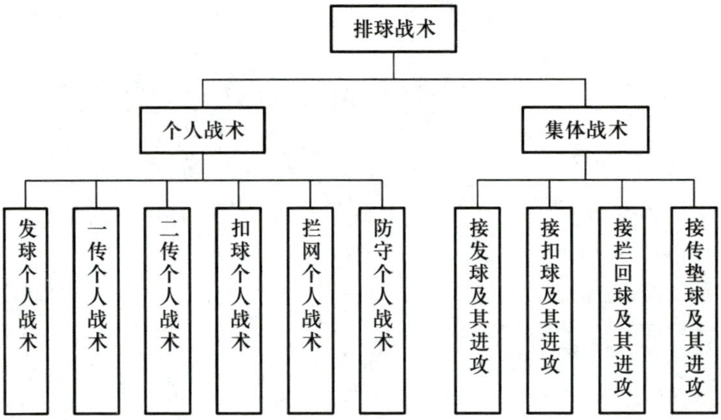

» 图 3-1-1　排球战术按参与人数分类

（二）按战术的组织形式分类

按战术的组织形式分类，可分成进攻战术和防守战术（图 3-1-2）。

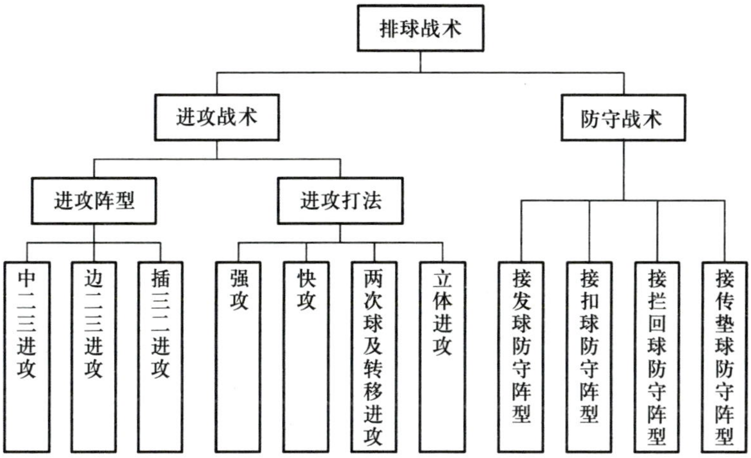

» 图 3-1-2　排球战术按组织形式分类

（三）按战术运用分类

按战术运用分类，可分成接发球及其进攻（一攻）、接扣球及其进攻（防反）、接拦回球及其进攻（保攻）和接传垫球及其进攻（推攻），它们共同组成了排球“四攻”战术系统（图 3-1-3）。

查看“四攻”战术系统视频

三、技术与战术的辩证关系

技术与战术两者是互相联系、互相依存、互相促进、互相制约的辩证关系。技术是组织与运用战术的基础，可以为战术的制定和执行提供更多的选择和可能。如发飘球的出现，改变了接发球站位形式，由过去的密集站位改为疏散站位；出现后排扣球技术，才有可能发展立体进攻战术等。技术决定战术，战术又促进技术的发展和提高。通过不断地研究和改进战术，可以提高技术水平，以满足战术要求，提升技术的运用效果。因此，在技术训练中，要根据战术的设想和阵容配备，有计划、有目的地把技术训练巧妙地结合在战术训练中，才能巩固和提高所掌握的基本技术，提高技术运用能力，并通过战术训练，不断对技术提出新的、更高的要求。

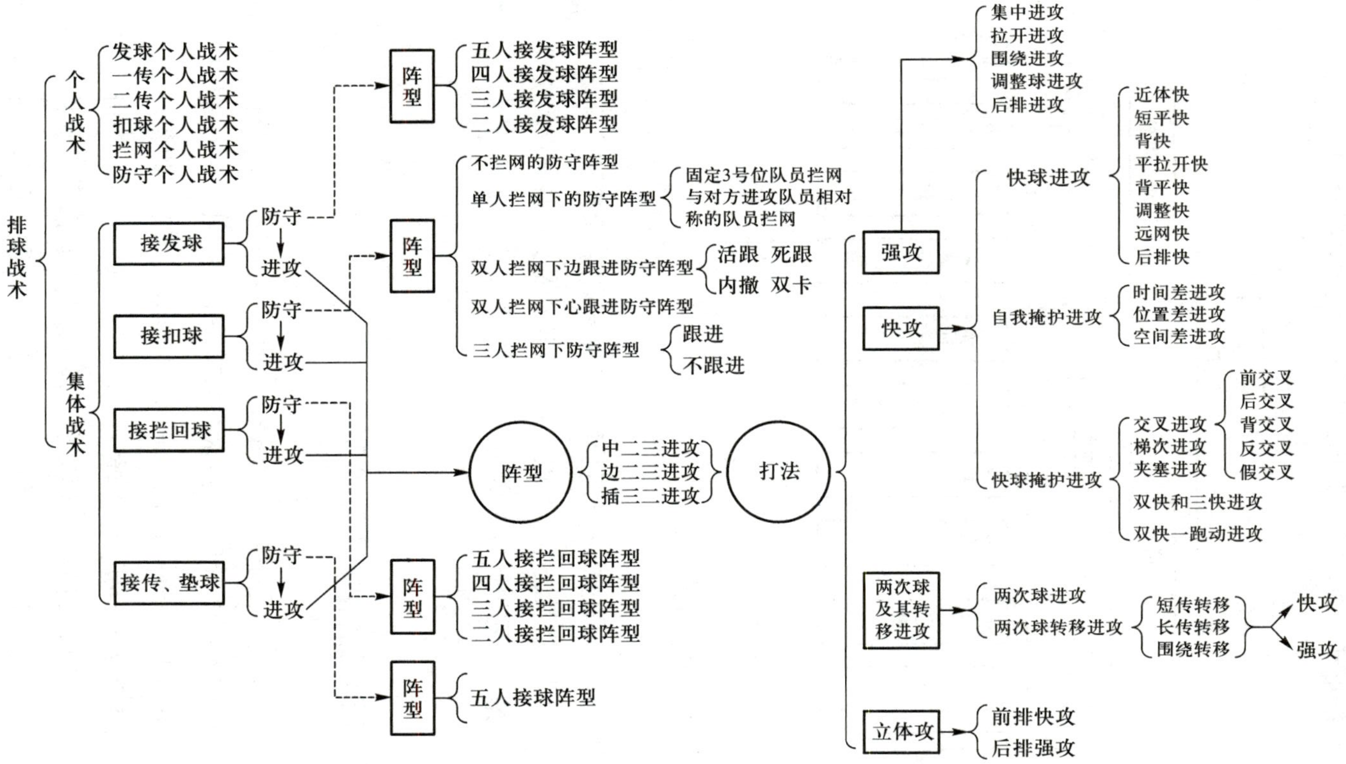

» 图 3-1-3 排球战术按运用分类

四、战术体系内部的辩证关系

（一）战术数量与质量的关系

数量是指战术的多样性，质量是指战术的应用效果和熟练程度，二者的关系是辩证统一的。任何战术的质量都表现为一定的数量，任何战术的数量都包含一定的质量。队员只有掌握了战术的多样性，才有可能变换和运用战术，才能充分发挥自身的技术特长。随着战术数量的增加，必然会带来质的飞跃，个别战术的攻击效果和熟练程度提高了，必然会促进其他战术的形成，战术的数量也会增加。如果只追求战术数量而忽视战术质量，多而不精，华而不实，就会使战术流于形式而失去多样性的意义和作用。

（二）个人战术与集体战术的关系

个人战术是队员在比赛中根据临场情况的变化，有目的、有针对性地运用个人技术动作。集体战术是指两个或两个以上队员之间有组织、有目的的集体协同配合。个人战术是集体战术的组成部分，集体战术是个人战术的综合体现，二者之间的关系是局部和全局的关系。个人战术要促成集体战术的实现，集体战术要有利于发挥个人战术的特长和作用，二者相辅相成、互相促进、互相弥补。一支队伍个人战术与集体战术水平的高低，一般取决于以下 6 个因素：

（1）基本技术的全面性、准确性、熟练性和实用性的程度。

（2）阵容配备是否合理，能否发挥每个人的特长，调动全队的积极性。

（3）对对方情况估计的准确性、真实性，了解的深度和广度。

（4）对千变万化的临场情况的应变能力和实战经验。

（5）技、战术指导思想是否先进、准确。

（6）是否具有集体主义、团结协作和顽强拼搏的精神。

（三）进攻战术与防守战术的关系

在排球比赛中，为了使球在对方场区落地或造成对方失误、犯规而采取的一切合法手段，都称之为进攻。反之，为了不使球在本方场区落地的一切合法手段，均为防守。

现代排球进攻技、战术手段，由点到线、由线到面、由面到立体，充分利用时空的变化，形成了各种快慢、掩护、跑动的技、战术。进攻是争取得分、取得胜利的主要手段。防守不仅是减少失分的一个重要方面，也是得分的基础。除发球外，每发动一次进攻都是在防守的基础上进行的。例如，接发球进攻是在防起对方发球之后才能完成的；接扣球进攻是在防起对方扣球之后才有可能组织的。因此可以说，没有防守，就没有进攻。

进攻和防守是排球比赛的两个对立面，攻守交替发展是排球运动自身的发展规律，进攻水平提高，必然会促进防守水平随之提高，而防守水平的提高，反过来又刺激进攻战术的发展。攻守这对矛盾贯穿于排球运动的始终，攻中有防，防中有攻，随着人们对排球比赛规律认识的深化，防守的地位逐渐提高。攻防关系应该是紧密相连和相互依存的，进攻必须以防守为基础，而防守的目的是保证与实现进攻，片面地强调进攻或防守都是不正确的。因此，在训练和比赛中，必须贯彻攻防兼备、全攻全守的指导思想。

（四）快攻战术与强攻战术的关系

快攻与强攻都是进攻的重要手段。快攻战术是运用各种快球和以快球为掩护的各种战术变化，目的是出其不意，攻其不备，以突破对方防御。强攻战术是凭队员的身高和弹跳优势，利用扣球的力量和技巧，以个人强攻来突破对方防御的战术变化。快攻与强攻是相辅相成的两种战术打法。综观国内外排球比赛成绩，一个队必须具有快攻和强攻两套战术，才能进入世界强队行列。多变的快攻战术是我国排球运动的特色战术。

（五）“四攻”战术系统之间的关系

我国学者李安格教授根据排球运动的规律和战术训练需要，把战术系统分为4种：

（1）接发球及其进攻系统，简称“一攻”。这个系统主要包括一传、二传、扣球等环节。

（2）接扣球及其进攻系统，简称“防反”。这个系统主要包括拦网、后排防守、二传、扣球等环节。

（3）接拦回球及其进攻系统，简称“保攻”。这个系统主要包括保护、二传、扣球等环节。

（4）接传、垫球及其进攻系统，简称“推攻”。推攻即接对方没有组成扣球进攻而推过来的球组织进攻。这个系统主要包括接对方传、垫过来的球，二传，扣球等环节。

“一攻”的好坏不仅能直接决定得分或失分，还会影响防反能力的发挥。“一攻”

好，给对方的压力就大，抑制对方的防反能力，也就有利于发挥自己的防反水平；“一攻”好，突破拦网的能力强，可减少自己“保攻”的次数。“一攻”水平高，快变战术变化多，配合熟练，可促进“防反”和“推攻”战术的质量和变化。“一攻”好，可争取更多的“推攻”机会，反之则给对方更少的“推攻”机会。“一攻”质量的好坏与比赛胜负有直接的关系，因此是重要的得分手段。

“防反”成功即得分，失误则失分。“防反”好，可以弥补“一攻”系统中的薄弱环节；“防反”好，可创造有利的“推攻”机会，减少“保攻”的次数；“防反”好，可更好地促进和带动“一攻”及“推攻”战术质量的提高。

“保攻”水平高可使“一攻”和“防反”更好地发挥进攻威力。攻防水平的提高必须通过“保攻”水平的提高来实现。

“推攻”的质量高，可提升“防反”的效果，可以利用对方防守阵型中的薄弱环节，降低对方的防守效果，提高对方组织进攻的难度，进而降低本方“防反”的难度，提高“防反”质量。

五、排球战术能力与培养

（一）排球战术能力的概念

排球战术能力是指排球运动员在比赛中完成战术活动的本领。其中也包括完成战术活动的具体方式，以及顺利完成战术活动所必需的心理素质。

（二）排球战术能力的内容

排球战术能力包含个人战术意识、战术理论知识、所掌握的战术质量、战术数量以及运用战术的针对性和灵活性 5 个方面（图 3-1-4）。

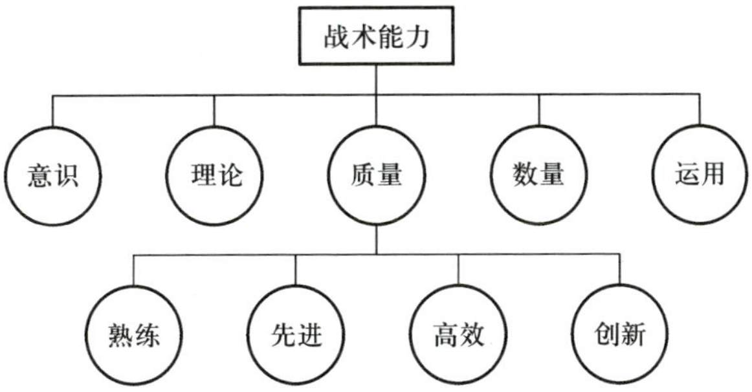

» 图 3-1-4　排球战术能力

1. 个人战术意识

个人战术意识是指运动员在临场复杂多变的比赛中，根据比赛的规律和各方面的情况，随机应变，有判断、有目的、有预见性地决定自己与同伴的配合行动和应对对手策略的思维活动。

个人战术意识是战术能力中最基础、最重要的内容。任何一个战术行动的完成，都是靠人的思维活动予以支配的。

2. 战术理论知识

战术理论知识是战术能力的理论基础。内容包括排球技、战术指导思想，运用战术的基本原则，各种攻防战术形式阵型、套路和这些战术的优缺点，战术发展、演变和今后发展的趋向，应对各种战术的对策及其有效范围，运用各种战术的前提条件，规则对战术的限制与要求，战术在比赛中的作用，以及主要对手的技术、战术、身体、心理、作风的特点等有关理论科研知识。

理论是行动的指南。丰富的理论知识有助于个人战术意识的提高，有助于迅速掌握多种战术和提高战术质量，有助于更合理地选择战术、运用战术，从而形成绝招和创造新的战术。

3. 战术的质量

每个运动员或运动队都有自己的特点，掌握几种符合自己特点的基本战术，并作为主要的武器来对付对手，是体现战术能力的一个重要措施，也是保证战术质量的一个基本原则。

战术的质量主要体现在战术运用熟练性、先进性、高效性、创新性 4 个方面。

4. 战术的数量

优秀的运动队和运动员必须掌握多种战术，才有可能提高应变能力，争取战术运用的主动权。

在掌握多种战术的同时，还必须把符合自己特点、能形成绝招或有发展潜力的新战术作为重点，在保证重点战术质量的基础上，努力增加战术的数量。

5. 战术的针对性和灵活性

比赛中战术打法是否针对对手情况，战术运用是否得当，常常成为决定比赛胜负的重要因素。“兵不厌诈”能迷惑对方，也是战术的体现。此外，运用战术的灵活性还表现在适应对手的能力上。

（三）排球战术能力的培养

1. 正确认识排球战术能力是运动员竞技能力的重要组成部分

在排球比赛中，运动员应根据比赛情况和自身特点，合理运用各种战术，以达到最佳的比赛效果。排球战术能力的高低直接影响着比赛的胜负，具有出色战术能力的球队，能够根据瞬息万变的比赛情况快速做出正确的判断和决策，灵活调整战术策略，从而提高比赛胜率。战术的实施需要全队成员的密切协作，通过培养和提高战术能力，运动员能够更好地理解和执行战术安排，增强团队的协作能力。

2. 正确认识战术能力与其他竞技能力的关系

战术能力与技术、素质、心理等多种竞技能力都有着密切的关系。一方面，技术能力是战术能力的基础，身体素质是提高技术、战术能力，实施战术配合的先决条件，心理能力则是技术能力和战术能力发挥的保证。运动员思维的敏捷性、灵活性、预见性和创造性等体现智能的重要方面，正是战术意识的基础。另一方面，战术能力的提高又必然促进体能、技能、心理和智能的更快发展。

3. 正确认识战术意识及培养

战术意识是指运动员在发挥技术的过程中，支配自己行动并带有一定战术目的的思维活动过程。运动员在比赛中的判断、应变和实践能力，以及每一项技术、战术的正确运用能力都受一定战术意识的支配，并包含战术意识的内容。

排球战术意识的培养和提高主要包含以下几个方面的内容：

（1）加强实战训练。通过实战训练，提高运动员在复杂状态下的排球战术应用能力。攻防战术实施要根据临场的动态变化情况，灵活组织运用。

（2）提高观察能力。通过观察对手的技术特点、战术变化、身体语言等，及时了解并快速分析对手的意图，从而采取相应的战术决策和措施。

（3）培养团队精神。排球是一项高度集体性的团队项目，需要运动员之间的协同协作、密切配合。通过培养团队精神，提高运动员之间的默契程度，增强运动员的战术意识。

（4）采用科学训练方法。通过采用科学的训练方法，提高运动员的身体素质和技术水平。良好的身体素质以及合理稳定的技术运用，是战术执行的坚实基础条件。

（5）提升心理素质。在排球比赛中，心理素质对战术意识有重要影响。通过提升运动员的心理素质，以增强其自信心和意志力，进而提高运动员的战术意识。

培养与提高战术意识，需要长时间磨炼，要根据战术意识的内容与要求，针对不同对象，有计划、有目的、系统地、严格地、有意识地进行训练，把战术意识的培养列入教学与训练中去。

第二节　排球战术组成的基本方法

在排球比赛中，队员分工明确，职责清晰。合理调配场上队员，并依据相互之间适宜的位置关系和一定的信号联系，能够保证排球战术有效运用和实施。

一、阵容配备

（一）阵容配备的概念

阵容配备是参赛队根据比赛的任务、本队战术组织的特点及队员的身体情况，有针对性地、合理地安排出场队员及位置分工，充分地调配力量，科学地组合人员的筹划过程。

（二）阵容配备的目的

目的在于把全队的力量有效地组织起来，扬长避短，最大限度地发挥每名队员的作用和特长，使整体的力量大于个体力量简单相加之和。

（三）阵容配备的原则

1. 择优原则

选择思想作风顽强、心理品质过硬、身体素质良好、技术全面和临场经验丰富的队员组成主力阵容，同时考虑到每个位置上替补队员的安排。

2. 攻守均衡原则

每个轮次，力争做到攻守力量相对均衡，尽量避免弱轮次的出现。

3. 相邻默契原则

要注意把平时配合默契的传、扣队员安排在相邻的位置，使之能娴熟配合，产生一定的战术效应。

4. 轮次针对原则

根据对方队员的位置，轮次安排要有针对性。如拦网能力强的队员对准对方攻击力强的队员，以遏制对方的进攻；在遇到对方进攻强的轮次时，可安排发球攻击性强的队员发球，以破坏对方的一传，遏制对方进攻战术的组成，取得先发制人的效果。

5. 优势领先原则

轮次的安排要注意发挥本队的优势。可将攻击力量强的队员安排在最得力的位置上，将发球攻击性最强的队员安排在最先发球的位置上，争取良好的开局，以鼓舞本队士气。

（四）阵容配备的形式

阵容配备的基本形式有以下两种：

1.“四二”配备

由四名进攻队员（两名主攻队员与两名副攻队员）和两名二传队员组成，进攻队员分别站在对角的位置上（图 3-2-1）。这样每个轮次前后排都能保持有一名二传队员、两名进攻队员，便于组织和发挥本队的攻击力量。目前，水平一般的球队采用这种配备形式的较多。

» 图 3-2-1 “四二”配备

“四二”配备的优点是前排每一个轮次都有一名二传队员和两名进攻队员，便于组织“中二三”“边二三”进攻战术，战术配合有一定的稳定性。缺点是进攻队员需要适应两名二传的传球技术特点和组织形式，不能适应高水平球队的要求。

在“四二”配备中，如果二传队员具有较强的进攻能力，则可以在每一轮次都安排后排的一名二传队员插上组织前排的三点进攻，这样就使前排的进攻实力得到加强。“四二”配备的进攻队员要适应两名二传的传球特点，这对二传要求也比较高，既要能传，又要能攻，难度较大。

专栏 1：古巴女排“四二”配备下的“八连冠”

20 世纪 80 年代末至 90 年代，是古巴女排的鼎盛时期。在传奇教练欧亨尼奥和安东尼奥的带领下，古巴女排曾 8 次获得世界冠军，创造了世界排坛“八连冠”的神话。古巴女排是世界上唯一一支采用“四二”配备的强队，队中的两名二传都具有出众的进攻能力，再加上全队队员超人的弹跳力，在其鼎盛时期称霸世界排坛，“四二”配备的多点进攻实力让世人叹服，也曾经是中国女排夺取世界冠军的重要对手。在 2004 年雅典奥运会上，古巴女排小组赛 3∶2 战胜中国女排。半决赛中，中国女排团结一心、不畏强手，历经 5 局的顽强拼搏，以 3∶2 战胜古巴女排进入决赛，并最终获得雅典奥运会冠军。

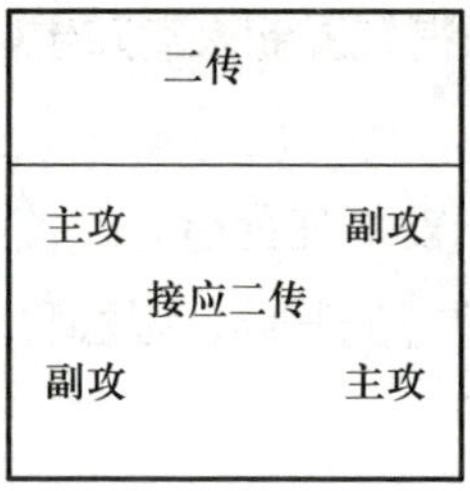

» 图 3-2-2 “五一”配备

2.“五一”配备

由五名进攻队员和一名二传队员组成。队员位置的站位与“四二”配备基本相同。五名进攻队员中的其中一名作为接应二传（图 3-2-2）。接应二传在主二传队员来不及传球时承担传球任务，但主要还是承担进攻任务。目前，在水平较高的队中普遍采用这种配备形式。当二传轮转到后排时，可采用插上进攻的形式，组织前排进行三点进攻。

“五一”配备的优点是加强了拦网和前排进攻的力量，使全队的进攻队员只需要适应一名二传队员的技术特点和战术组织形式，有利于统一指挥、相互配合，能够更好地控制比赛的进行，使进攻战术灵活多变；接应二传队员的进攻增强了进攻点与攻击力。缺点是当二传队员轮转到前排时，有三轮次前排只有两名进攻队员，进攻点过于暴露，影响前排整体进攻的威力。

在初学者或基层进行的排球比赛中，当队员尚未很好地掌握排球技术、无法采用上述两种阵容配备时，可以让传球和防守较好的队员分散站位，使全场防守力量做到均衡，以减少传接球的失误。

专栏 2：主动换人战术“两点换三点”

查看中国女排“两点换三点”战术视频

排球比赛“五一”配备阵型中“两点换三点”是帮助队伍度过两点攻弱轮的一种常用的战术换人手段。当首发主二传轮转到 2 号位、3 号位、4 号位时，前排只有两点进攻，为了保证前排三点有效进攻，可采取“两点换三点”换人战术，由替补接应二传换下前排主二传，由替补二传换下后排对角的主力接应二传，这样前排就有了主攻、副攻、接应二传三个有效进攻点，替补二传由后排插上传球，即“两点换三点”。

2023 年世界女排联赛总决赛，中国队在 1/4 决赛时对阵巴西队。前三局，中国队 2 : 1 领先巴西队，第四局，中国队 14 : 13 领先时，巴西队连得 3 分，中国队随即采用了“两点换三点”的换人战术，用替补二传许晓婷替换 1 号位的主力接应龚翔宇，用替补接应郑益昕替换 4 号位的主二传刁琳宇，保证了前排有王云蕗（主攻）、袁心玥（副攻）、郑益昕（接应）三个进攻点。换人战术立刻奏效，中国队连得 4 分。双方 20 : 20 时，中国队再次采用“两点换三点”战术，用刁琳宇替换郑益昕，龚翔宇替换许晓婷，保证前排李盈莹（主攻）、王媛媛

（副攻）、龚翔宇（接应）三点进攻。最后，中国队以 25 : 23 的比分取得了第四局比赛的胜利，以总比分 3 : 1 战胜了实力强劲的巴西队。

关键比分时的阵容调整保证了中国队获得胜利，体现了中国女排默契的团队协作、精妙的战术智慧和出色的应变能力。

二、交换位置

（一）交换位置的概念

交换位置是指为了最大限度地发挥每名队员的特长，调动一切积极因素，加强攻防力量，弥补阵容配备上的某些缺陷，在规则允许的条件下，交换场上队员的位置用以组织战术的方法。

（二）交换位置的目的

（1）充分发挥每名队员的特长，以取得扬长避短的效果。

（2）便于进攻和防守战术的组织，发挥攻、防战术的优势。

（3）采用专位分工的进攻和防守，以提高攻防战术的质量。

（三）交换位置的方法

1. 前排队员之间的换位

（1）为了便于组织进攻战术，把二传队员换到 2 号位或 3 号位。

（2）为了加强进攻力量，把进攻能力强的队员换到便于扣球的位置上，如右手扣球队员换到 4 号位、左手扣球队员换到 2 号位、扣快球的队员换到 3 号位等。

（3）为了加强拦网，抑制对方的主要进攻点，把身材高大、弹跳力好、拦网能力强的队员换到 3 号位或换到与对方主要进攻队员相对应的位置。

2. 后排队员之间的换位

（1）为了发挥个人特长，后排队员各自换到自己熟悉的防守区域进行专位防守。

（2）为了在比赛中便于运用行进间“插上”战术，把二传队员换到 1 号位或 6 号位，以缩短插上的距离。

（3）根据临场情况，把防守能力强的队员（如自由人）换到防守任务较重的区域，把防守能力弱的队员换到防守任务较轻的区域。

3. 前、后排队员之间的换位

前、后排队员的换位主要是后排的二传队员插上，其插上时，可从 1 号位、6 号位、5 号位插上到 2 号位和 3 号位之间的位置，准备做二传，前排的 2 号位、3 号位、4 号位队员则后退，准备接球或进攻（图 3-2-3 至图 3-2-5）。

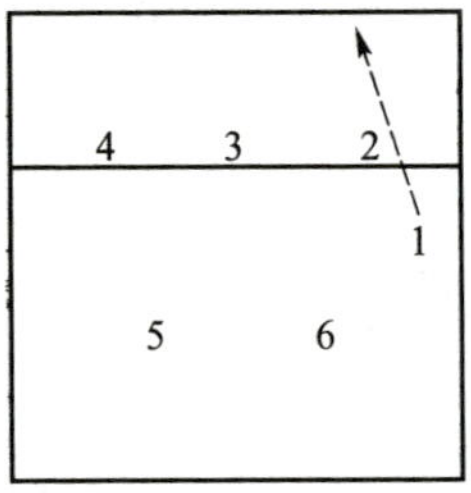

» 图 3-2-3

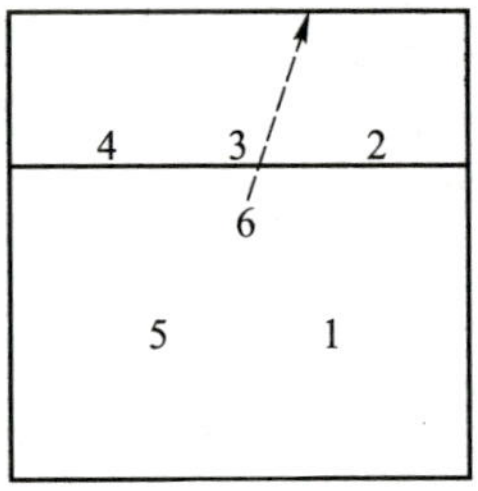

» 图 3-2-4

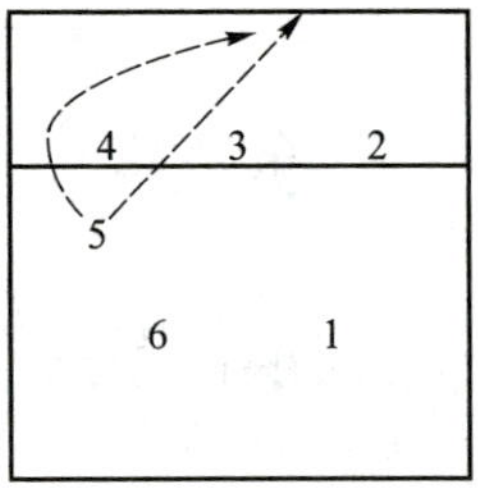

» 图 3-2-5

（四）交换位置时应注意的事项

（1）换位前的站位，既要防止“位置错误”犯规，又要考虑缩短换位距离。

（2）当发球队员击球后，即开始换位，应力求迅速地换到预定位置，立即准备做下一个动作。

（3）在对方发球时，应首先准备接发球，然后再换位，避免造成接发球混乱。

（4）换位时，队员之间要注意配合行动，防止互相干扰，做到互相弥补。

（5）换位后，当该球成死球时，应立即返回原位，各自做好下次接球或进攻的准备。

三、信号联系

（一）信号联系的概念

信号联系是指为了统一行动目标，完成集体战术配合，根据本队情况，由教练员和运动员共同制定的简捷、隐秘、默契的一种行动信号。

（二）信号联系的目的

其目的在于统一行动，便于场上队员明确战术行动意图，从而达到协调一致，顺利完成每次战术配合，以取得比赛胜利。

（三）信号联系的方法

1. 语言信号联系

即采用口头喊话直接联系。使用时，语言要精练、清晰，一般只用一两个字，如“快”“高”“背”“交叉”等；也可将战术编成号数，使用时以代号取得联系。为了迷惑对方，口头信号也可有真有假，有正有反。比赛中，运用语言信号较多，但缺点是容易暴露意图。

2. 手势信号联系

即通过事先确定的各种手势，表明各种进攻战术变化的配合。手势信号一般在接发球进攻时采用，如二传队员在前排或后排插上时用手势提示其他队员。其优点是较为隐蔽。

3. 落点信号联系

即根据接起球后的落点，作为发动某种战术的信号，如一传到什么位置就组织什么战术。其优点是机动灵活。

4. 仪态信号联系

即通过身体姿态和面部表情所产生的暗示效应作为信号。如教练员在临场指挥中可巧妙地运用各种身体动作和面部表情来弥补语言信号不够隐蔽的缺点，还可以影响、调节运动员的比赛情绪。

5. 综合信号联系

即以手势信号为主，以落点信号及语言信号为辅，在特定的情况下使用，可以使联系信号更加完善。

第三节　排球个人战术

个人战术的灵活运用和成功执行，可以提高运动员比赛的适应性和应变能力，为团队创造更多的机会和优势，从而提高团队的整体水平。

一、个人战术的概念

个人战术是指在集体战术配合的基础上，队员根据个人的特点和战术的需要，巧妙地运用个人技术的变化，以达到有效进攻和防守的目的。

二、个人战术的内容

（一）发球个人战术

发球技术不受对方和同伴的制约，也没有集体配合的问题，全凭个人技术和个人战术的作用。因此，发球时要树立“以我为主”的观念。在观察和分析对方的具体情况后，有针对性地采用不同的发球战术，可以取得先发制人的效果。以下是比赛中常用的几种发球战术：

1. 加强发球的性能

主要体现在发出的球力量大、速度快、弧度低平、旋转性强或飘晃度大，以达到直接得分或破坏对方进攻的效果。

查看控制落点发球战术视频

2. 控制发球的落点

（1）将球发到对方两个队员之间的连接区或边线及后场端线附近，以增加接发球到位的难度。

（2）将球发向对方参加进攻的队员，落在该队员的前、后、左、右，迫使其先接球，分散该队员的进攻精力。

（3）将球发给对方二传或落在该队员跑动的必经路线上，迫使其接球，以破坏对方的进攻节奏。

（4）将球发给身材高大、灵活性差、移动速度慢、垫传技术差，特别是情绪急躁、精力分散或刚替换上场的队员，以造成其接发球失误。

3. 改变发球的方法

（1）改变发球的位置。发球队员可站在距端线近处发球，也可站在距端线中距离或远距离发球。发球队员可站在端线外右半区发球，也可站在其左半区发球。发球距离和方位不同，可以发出不同性能和不同落点的球。

（2）改变发球的弧度。发球时，可以加强上旋或发左旋、右旋球，改变球的飞行弧度，从而降低对方一传到位率。如上空没有障碍物，可以发高吊球，利用球下降时产生的重力加速度，使对方不适应。

（3）改变发球的速度。为了达到先发制人的目的，可以采用击球点高、距网近、速度快的飘球或跳发球技术；也可采用高弧度、慢速度的发球方法，利用速度造成对方的不适应。

4. 提升发球的攻击性和准确性

（1）如本方得分难、比分落后较多或遇到对方进攻轮次强等情况时，可采用加强攻击性的拼发球战术，以改变落后状况。

（2）如本方比分领先较多时，可采用攻击威力大的发球，以扩大战果。

（3）如本方发球连续失误或对方暂停、换人后，以及对方处于进攻较弱的轮次或接发球连续失误时，应注意发球的准确性，避免失去得分机会。

（4）如比赛处于关键时刻，特别是在决胜局时，发球更要注意准确性，避免无谓的失分。

专栏 3：发球追发战术的运用

追发是排球比赛中的一种发球战术，一般是指发球队员有意识地将球一直发向对方的某个球员。追发的目标球员主要有两种，一种是追发进攻能力强的球员，破坏其进攻节奏，限制其进攻能力，另一种是追发接发球能力较弱的球员，通过发球直接得分，或破坏一传，迫使对方无法组织有效进攻。

查看中国女排发球追发战术视频

2021 年世界女排联赛，中国队对阵美国队。中国队从开局的发球环节，就追发美国队接发球能力较弱的 15 号队员希尔。在第一局中，希尔接发球 17 次，一传不到位 7 次，接发球直接过网，中国队打探头球直接得分 2 次，接发球失误，中国队直接得分 3 次。发球追发希尔战术的实施，多次破坏美国队一传，使美国队难以组织起有效的进攻。以发球带动拦防，中国队反击屡屡奏效，以 25∶10 赢得了第一局比赛的胜利。中国队每一个发球轮次，队员都基本贯彻了追发希尔的发球战术，这种集体追发策略的执行，从另一侧面也展现出了团结协作的中国女排精神。在之后的比赛中，中国队始终贯穿此发球战术，又连续赢得了两局比赛，以总比分 3∶0 战胜了劲敌美国队。

（二）一传个人战术

一传个人战术的基本任务是在第一次接对方来球时，为了组成本队的进攻战术而采用有目的、有意识的击球动作。由于各种进攻战术对一传的要求不同，所以一传的方向、弧度、速度、落点也不一样。一传个人战术具体表现在以下几个方面：

（1）组织快攻战术时，如本方快攻队员能够迅速跟进快攻位置，一传的弧度要低平，速度稍快，以加快进攻的节奏。如果防起球的难度较大，不能迅速形成快攻阵型，则应提高一传弧度，延缓节奏，以利于快攻队员落位。

（2）组织强攻战术时，一传的弧度可略高些，从而为二传队员调整至稳定传球位置，创造便利条件。

（3）前排队员一传时，力量不宜过大，弧度应稍高。如来球力量不大，可用上手传球，便于组织快攻或快球掩护进攻。

（4）当对方第三次传、垫球过网时，一传可用上手传球，以便更准确地组织快速反击或传给网前队员两次进攻。

（5）如果发现对方场区出现防守空位时，一传可直接用传、垫、挡等动作将球直接击向对方空位区域。

（三）二传个人战术

二传个人战术的基本任务是有效地组织进攻战术，给扣球队员创造有利的进攻条件，突破对方的拦网。二传个人战术主要有以下几种：

（1）根据本方队员的特点和进攻战术形式进行合理分球，如采用集中与拉开，近网、中网与远网，弧度高与弧度低等传球技术。

（2）根据对方拦网的部署，选择进攻点时应尽量避开对方身材高大、拦网能力强的队员。与本方进攻队员在时间上和位置上进行协调配合，合理选择拦网的突破口，造成以多打少的局面。

（3）根据本方扣球队员的不同起跳时间，采用升点、降点传球予以配合；采用声东击西的隐蔽动作和假动作，打乱对方的拦网布局。

（4）根据本队一传的情况，如到位球或不到位球、高球或低球、近网球或远网球等，合理运用传球技术组织各种战术。

（5）根据对方防守队员的站位，在有利于本方的情况下，突然将两次球直接传入对方空位区域，或进行扣球进攻。

（6）某种战术打法被对手所适应，且攻击效果不佳时，应及时调整组织变换打法。

（四）扣球个人战术

扣球个人战术的任务是扣球队员根据比赛中对方拦网和防守情况，选择合理的扣球技术和线路，更有效地突破对方的防御。扣球个人战术主要有以下几种：

1. 扣球线路的变化

（1）扣球时，采用直线和斜线相结合、长线与短线相结合。

（2）利用助跑路线与扣球线路方向的不同，迷惑对方拦网和防守队员，如直线助跑扣斜线球、斜线助跑扣直线球等。

（3）将球扣向对方防守技术差和意志不顽强的队员，或扣向对方空位和防守薄弱的区域等。

2. 扣球动作的变化

（1）运用转体、转腕的扣球技术，突然改变扣球方向避开对方拦网队员。

（2）运用超手高点扣球技术，从拦网队员手上方进行突破进攻。

（3）选用正面扣球变为勾手扣球动作，造成对方拦网队员判断失误。

（4）利用突然性的两次攻，造成空网或一对一进攻的有利局面。

（5）高点平打，造成球触拦网队员手后飞向后场远区或有意向两侧打手出界。

（6）突然采用单脚起跳扣球技术，使对方来不及拦网。

（7）有意识地提早或延迟扣球时间，使对方难以掌握拦网的起跳时间。

（8）运用轻扣或吊球技术使球随拦网队员一同下落，增加拦网队员自我保护球的难度，或使球落在拦网队员身后、身侧的空位区域，提高对方防守保护的难度。

（9）利用“时间差”“位置差”“空间差”个人扣球动作变化，避开对方拦网。

（五）拦网个人战术

拦网个人战术的任务是拦网队员根据对方扣球的情况，利用时间、空间等变化因素，采用不同手法，达到阻拦对方进攻的目的。拦网个人战术主要有以下几种：

（1）拦网队员可采用拦直线起跳向侧伸臂拦斜线或在拦斜线位置起跳拦直线的方法，以迷惑对方扣球队员。

（2）改变空中拦网手的位置，如在空中拦直线时突然移动手臂改为拦斜线等。

（3）有时可制造假象，诱使对方攻击拦网空位，再迅速填补空位拦防。如先假意露出中路空位，引诱对方从中路进攻，当对方扣球后，即突然合并中路拦网空位进行有效拦防。

（4）预判对方将采用平扣球进攻时，可在空中及时将手撤回，造成对方扣球出界。

（5）如遇对方采用轻吊球进攻，则拦网队员应主动出击，利用压腕动作把球拦回。若来球吊在拦网者身后或身侧近处，拦网队员可以采用自我保护，将球救起组织反攻。

（六）接扣球防守的个人战术

接扣球防守个人战术的任务是队员在防守时，选择最有利的位置，并采用合理的接球动作，按战术要求把球防起。优秀的防守队员不仅果敢顽强，而且善于根据对方进攻及本方拦网的情况作出正确的判断，并采取相应措施。接扣球防守的个人战术有以下几种：

（1）在选择前后位置时，应根据对方二传球与网的距离和扣球队员击球点的高低选择防守位置。如球离网近、无人拦网时，可向前防守取位；如球离网远或近网球被拦时，可向后防守取位。

（2）选择左右位置时，主要根据对方扣球队员的助跑路线和起跳的人与球所保持的关系来选择防守位置。一般来讲，防守位置应取在对方扣球队员和球连线的延长线处。

（3）根据对方扣球的特点，采取相应的防守行动，如对方只扣不吊时，则取位要靠后；如对方扣球只有斜线，则要弃直防斜；如对方打吊结合时，要随时准备向前移动等。

（4）防守还应根据本方前排拦网队员的情况，主动选择防守位置加以配合与弥补。重点防守前排拦网空位线路。

第四节　排球集体战术

集体战术需要全队成员通过默契配合和相互支持来实现战术目标。集体战术的学习和运用有助于提高队员之间的默契程度和协作能力，增强团队的凝聚力和竞争力，培养团队精神和集体荣誉感。

一、排球集体战术的概念

集体战术是指运动员在比赛中，为突破对方防守或抑制对方进攻，灵活地运用合理的攻防技术，按照一定的形式采取的有组织、有目的、有针对性的集体配合行动。

二、排球集体战术的内容

（一）防守战术

1. 接发球防守

当对方发球时，本方应按预先布置的阵型进行接发球。接发球防守是组织第一次进攻的开始，站位的阵型不仅要有利于接球，也要有利于本方所采用的进攻战术，还要根据对方发球的特点，采取不同的阵型。

2. 接扣球防守

接扣球防守阵型由前排拦网与后排防守组合而成。组织接扣球防守阵型时，首先要针对对方进攻的特点和变化进行部署；其次要充分发挥本方队员的特长，合理地分配力量，同时还要结合本方防守后反攻战术的打法进行布防。

3. 接拦回球防守

接拦回球防守阵型，应根据本方的进攻战术和对方拦回的情况以及参加防守的人数来确定。本方扣球队员除注意自我保护外，其余队员必须加强跟进保护，尽量组成多道保护防线，积极防起被拦回的球，并及时组织继续进攻。

4. 接传、垫球防守

接对方传、垫过网的球，根据其运用的时机、条件以及来球性能的差异，可采用 5 人、4 人接球阵型站位。如对方第三次击球，无法组织有效进攻，垫高球至本方中场附近，或因对方配合失误不能扣球进攻，而采用上手平传球过网时，本方队员应提前作出预判，后排二传要及时插到网前，前排队员不需要拦网，应迅速后撤或换位便于防守反击，站成 5 人或 4 人接球阵型。抓住这种“机会”球，尽量组织多点进攻战术。

专栏 4：自由防守队员的发展及战术运用

自由防守队员（简称自由人）是指不用经裁判员允许、不受换人次数的限制，可以替换后排任何一名非发球队员完成一传和防守任务，并在规则允许的范围内可以自由进出比赛场地参加比赛的队员。

1998 年 11 月，国际排联通过了自由人参与比赛规则，并自 1999 年 1 月起正式实施。在 2000 年悉尼奥运会排球比赛中，自由人首次出现在奥运会中。2008 年，国际排联又通过了“双自由人”规则，并于 2009 年 1 月正式实施。自由人规则的实施，增强了各队后排的防守力量，使排球比赛中攻强守弱的矛盾得到缓解，比赛的回合数量增多，

查看正中国女排自由人比赛视频一

查看中国女排自由人比赛视频二

提高了比赛的竞争性和观赏性，丰富了排球运动的技、战术。

现代世界高水平排球队，一般由一传和防守能力较强的自由人替换后排副攻上场，以保证一传的到位率和加强后排的防守力量。在近年来的世界女排比赛中，中国队的袁心玥、颜妮、王媛媛等副攻手轮转到后排时，都会被自由人林莉或王梦洁进行替换。

作为自由人，林莉和王梦洁一传稳定，滚翻、扑救等技术娴熟，比赛中敢于拼搏，多次将极具难度的险球防起，与队友团结协作，成为中国女排一传和防守体系中的重要力量。她们随中国女排获得了 2015 年和 2019 年女排世界杯冠军，林莉还获得 2016 年里约奥运会女排冠军并荣获最佳自由人奖，王梦洁入选 2019 年女排世界杯最佳阵容，当选为最佳自由人，2023 年随中国队获得杭州亚运会女排冠军。

（二）进攻战术

1.“中二三”进攻阵型

该阵型是指由 3 号位队员作二传，将球传给 4 号位、2 号位两点进攻或后排队员三点进攻的组织形式（图 3-4-1）。“中二三”进攻阵型在立体攻战术未出现时称为“中一二”进攻阵型，两者的区别在于“三”，突出后排三点立体进攻。

2.“边二三”进攻阵型

该阵型是指由 2 号位队员作二传，将球传给 4 号位、3 号位两点进攻或后排队员三点进攻的组织形式（图 3-4-2）。“边二三”进攻阵型在立体攻战术未出现时称为“边一二”进攻阵型，两者的区别在于“三”，突出后排三点立体进攻。

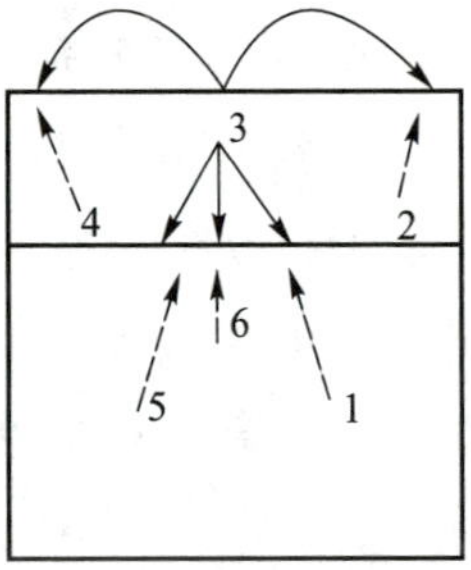

» 图 3-4-1

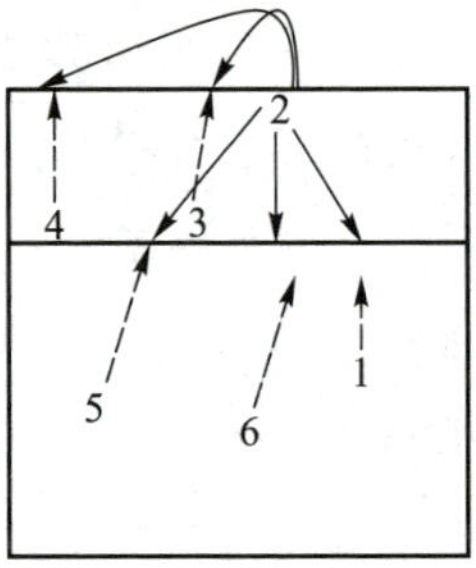

» 图 3-4-2

3.“插三二”进攻阵型

该阵型是指由后排二传队员插到前排 2 号位、3 号位之间担任二传，将球传给前排三名队员或后排队员进攻的组织形式，又称为“后排插上”进攻阵型。“插三二”进攻阵型在立体攻战术未出现时称为“插上”进攻阵型，两者的区别在于“三二”，突出后排两点和前排三点进攻。

二传插上有 1 号位、6 号位、5 号位插上三种方法。这种进攻阵型多被高水平的球队所采用（图 3-4-3 至图 3-4-5）。

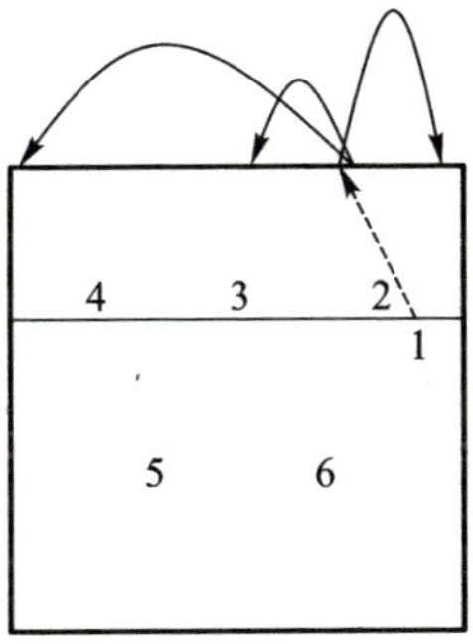

» 图 3-4-3

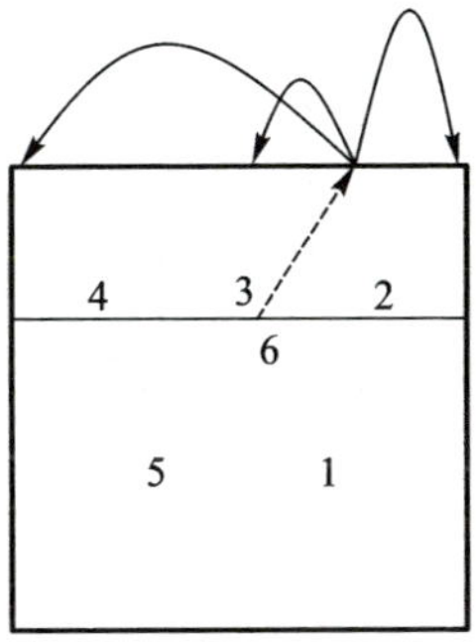

» 图 3-4-4

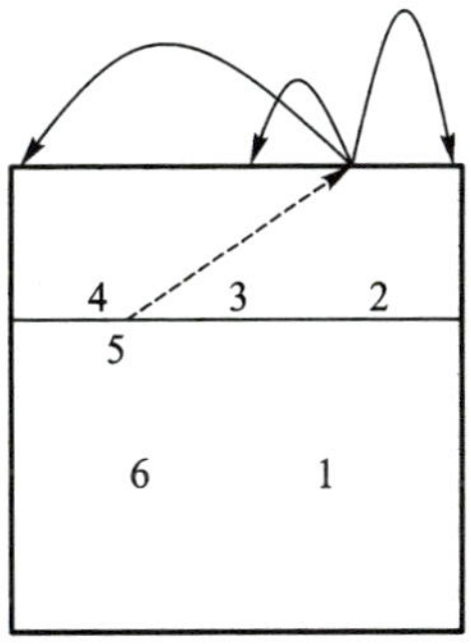

» 图 3-4-5

三、排球集体战术的运用

（一）防守战术的运用

1. 接发球

（1）接发球阵型。根据接发球的人数，可将接发球阵型分成 4 种：5 人接发球、4 人接发球、3 人接发球和 2 人接发球。采用较多的是 5 人接发球和 4 人接发球两种。

① 5 人接发球阵型。其是指除 1 名二传队员站在网前不接发球外，其余 5 名队员均承担一传任务的接发球阵型。这是一种最基本的接发球阵型，被大多数的球队所采用，初级水平的球队一般采用此阵型。其优点是队员均衡分布，每人接发球的范围相对减少；接发球时，已站成了基本的进攻阵型，组织进攻比较方便，适合接发球水平较低的球队。其缺点是二传队员如从 5 号位插上时，距离较长，难度较大，组织战术较难；3 号位队员接球时，不便于组成快攻战术，不利于队员间的及时换位。队员之间的空区较多，配合不默契时容易互相干扰。

② 4 人接发球阵型。其是指二传队员与另一名队员站在网前不接发球，其他 4 名队员站成弧形承担一传任务的接发球阵型。其优点是便于后排插上和队员及时换

位，不接发球的快攻队员能及时发动快攻；其缺点是要求接发球的 4 名队员有较高的判断、移动能力，并掌握较好的接发球技术（图 3-4-6）。

③ 3 人接发球阵型。3 人接发球可采用 3 名队员不接发球，而由另 3 名队员担负全场一传任务。3 人接发球阵型的优点是快攻队员在网前不接发球，便于后排队员插上和快攻队员换位，有利于组成多变的快攻战术。但 3 人接发球每人负责的区域较大，对判断、移动等能力要求较高，因此，水平低的球队不宜采用（图 3-4-7）。

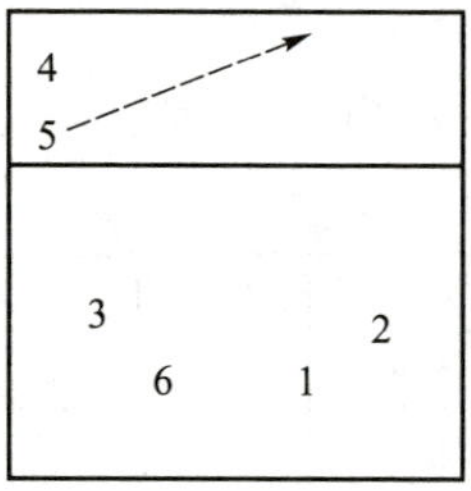

» 图 3-4-6

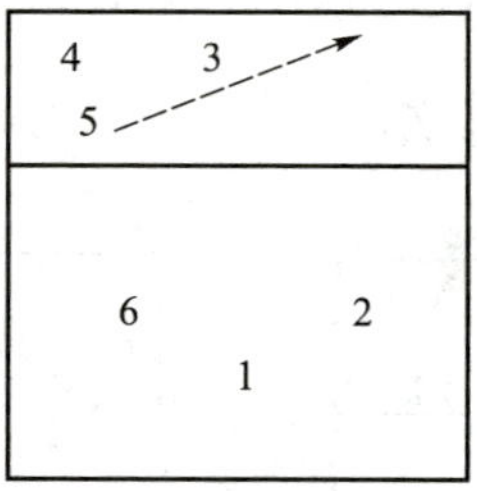

» 图 3-4-7

（2）接发球不同阵型的站位。

① 5 人接发球阵型的站位变化。

（a）“一三二”阵型站位：有利于学习“中、边二三”进攻阵型，是初学者开始进行比赛的基本站位阵型。优点是分布均衡，每个队员接发球的范围相对减小；缺点是队员之间的交界点相应增多，会出现互抢互让或前后排相互干扰的现象（图 3-4-8）。

（b）“一二一二”阵型站位：有利于接边、角的发球和弧度高、速度慢、落点分散的球。优点是队员分布均衡，分工明确；缺点是不利于接对方落点集中在场地中后区的大力球和平冲飘球（图 3-4-9）。

（c）“一字”阵型站位：是应对大力发球和平冲飘球的有效形式。由于落点集中在场地中后区，接发球时 5 名队员应“一”字形排开，左右距离较近，每人防守一条线路，前后互不干扰，加强预判，避免接可能出界的球（图 3-4-10）。

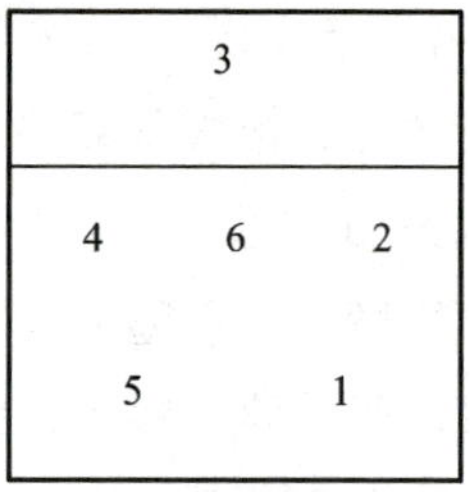

» 图 3-4-8

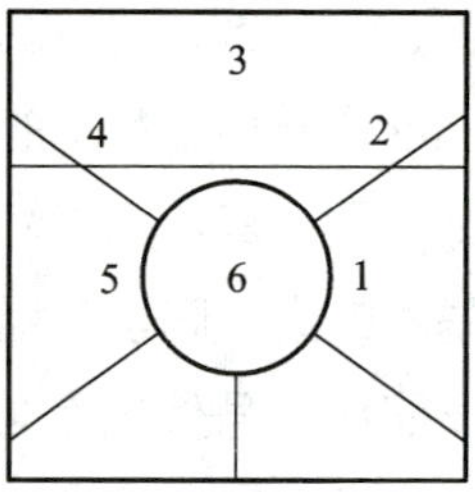

» 图 3-4-9

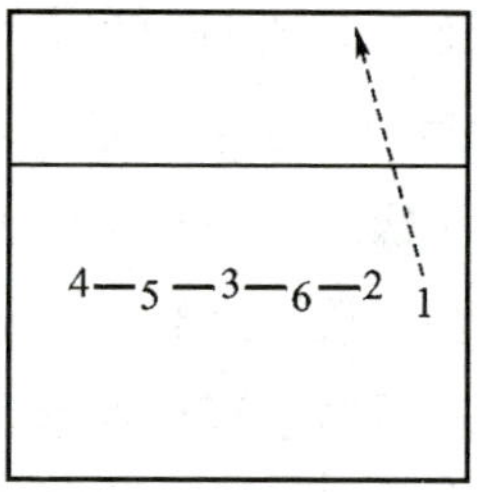

» 图 3-4-10

（d）“假插上”站位：当二传队员在前排时，可以运用假插上的站位方法来迷惑对方。如 2 号位队员站在 3 号位队员身后，或 3 号位队员站在 4 号位队员身后，假作后排队员插上，当一传球较高而近网时，假插上队员突然扣两次球或吊球，能起到突然袭击的效果（图 3-4-11）。

（e）"隐蔽"站位：接发球站位时，前排进攻队员隐蔽地站在后排队员接发球的位置上，并把后排队员安排在前排接发球的位置上进行佯攻，以达到迷惑对方拦网队员和出其不意袭击对方的目的。如 3 号位队员隐蔽站位，与 6 号位队员形成同列关系，5 号位队员插上，后排 1 号位队员假作 2 号位队员与 2 号位、4 号位队员隐蔽站位，3 号位队员在拦网的空位处突袭或组织各种进攻战术（图 3-4-12）。

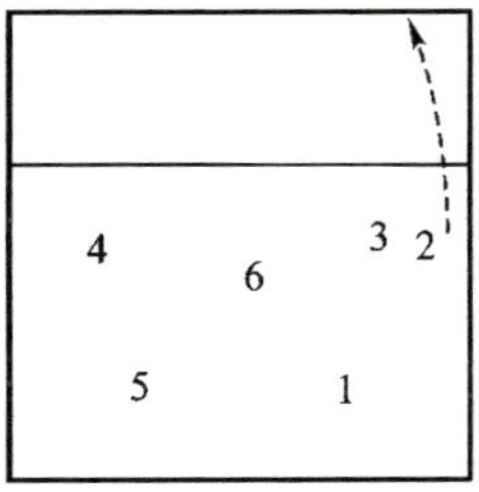

» 图 3-4-11

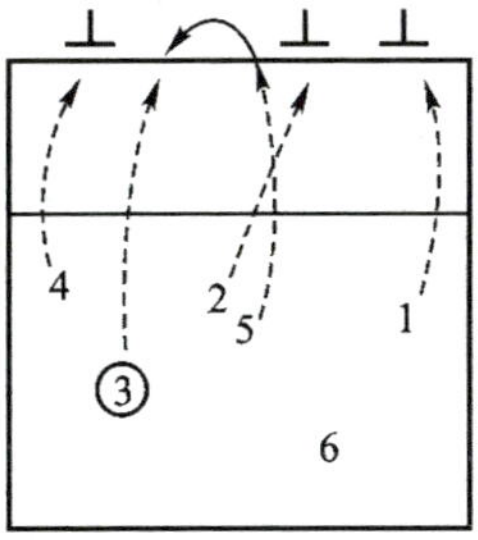

» 图 3-4-12

② 4 人接发球阵型的站位变化。如对方发球落点靠后，且弧度平、速度快，则可站成浅弧形（图 3-4-13）或者"一"字形（图 3-4-14）。如对方发下沉飘球或长距离远飘球，其落点有前有后，则可以站成深弧形（图 3-4-15）。

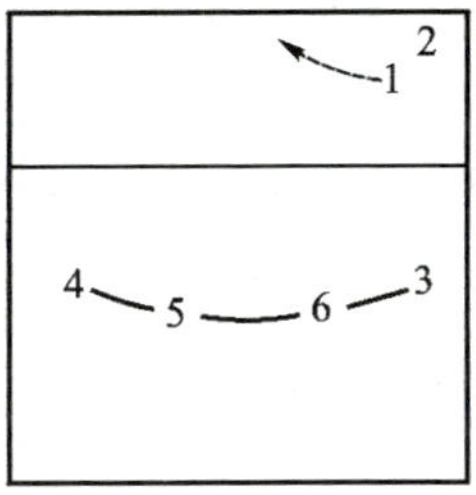

» 图 3-4-13

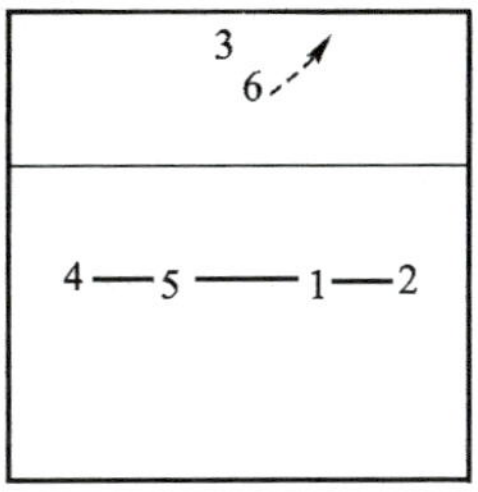

» 图 3-4-14

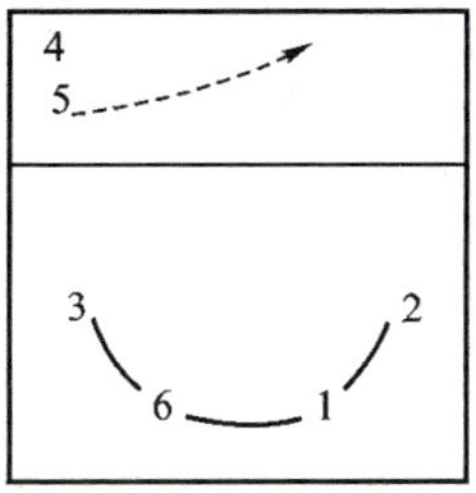

» 图 3-4-15

③ 3 人接发球阵型的站位变化。3 名队员担负全场一传任务（图 3-4-16 至图 3-4-18）。

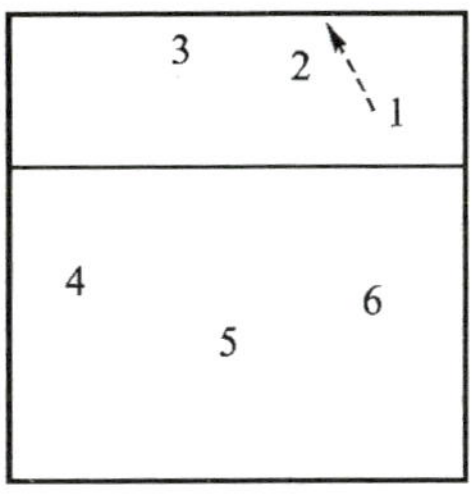

» 图 3-4-16

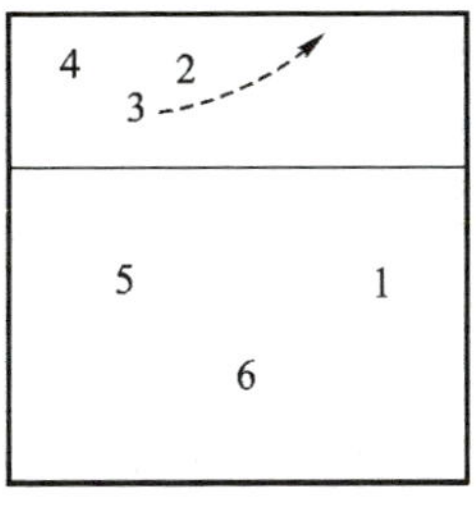

» 图 3-4-17

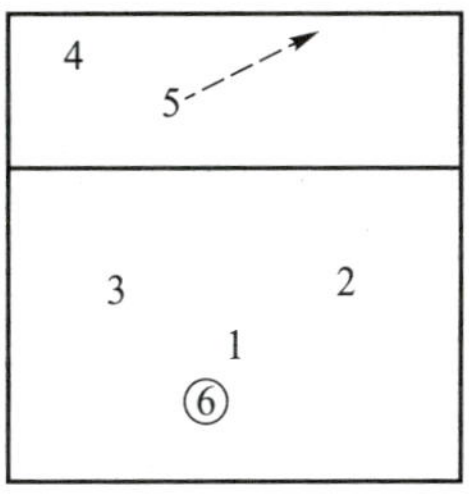

» 图 3-4-18

2. 接扣球

（1）接扣球阵型。根据参加拦网人数，可分为无人拦网下的防守阵型、单人拦网下的防守阵型、双人拦网下的防守阵型和 3 人拦网下的防守阵型。

（2）接扣球不同阵型的站位。

① 无人拦网下的防守阵型。这是一种最初级、最简单的防守阵型，适用于初学者或在对方进攻乏力时采用。其站位方法与 5 人接发球的站位基本相同。根据二传队员站位的不同，有两种站位方法：

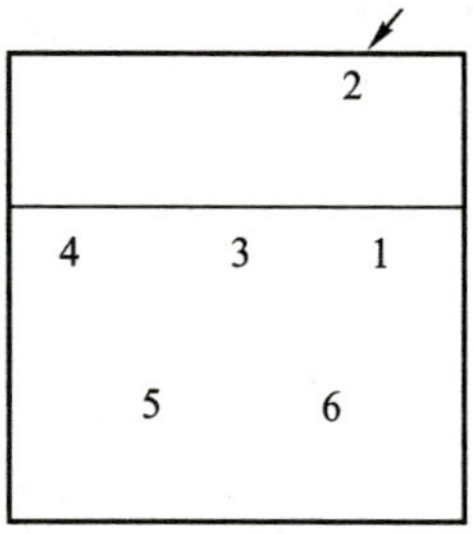

» 图 3-4-19

（a）采用“中二三”进攻阵型时，二传队员在 3 号位网前，2 号位或 4 号位队员后撤，与 6 号位队员共同进行中前场防守，其他队员防守后场。

（b）采用“边二三”进攻阵型时，二传队员在 2 号位网前，3 号位与 4 号位队员后撤，与 1 号位队员共同进行中前场防守，其他队员防守后场（图 3-4-19）。

② 单人拦网下的防守阵型。一般是在对方进攻威力不大，路线变化不多，轻打、吊球较多时，或因受对方战术迷惑、来不及组织集体拦网时采用。其优点是增加后排防守人数，便于组织防反；缺点是当对方攻击力较强时，单人拦网力量薄弱。单人拦网下的防守阵型有以下两种：

（a）与对方扣球队员相对应位置的队员进行拦网的防守阵型。以对方 4 号位进攻为例，由本方 2 号位队员单人拦网，3 号位队员后撤防吊球，4 号位队员后撤与后排 3 人组成半弧形防守圈，每人防守一个区域（图 3-4-20）。

（b）固定由 3 号位队员专门拦网的防守阵型。无论对方从任何位置发动进攻，均由 3 号位队员拦网，2 号位、4 号位队员后撤与后排 3 人组成防守阵型（图 3-4-21）。如对方 3 号位队员进攻时，可由 6 号位队员跟进防吊球，2 号位、4 号位队员后撤防守便于防反（图 3-4-22）。

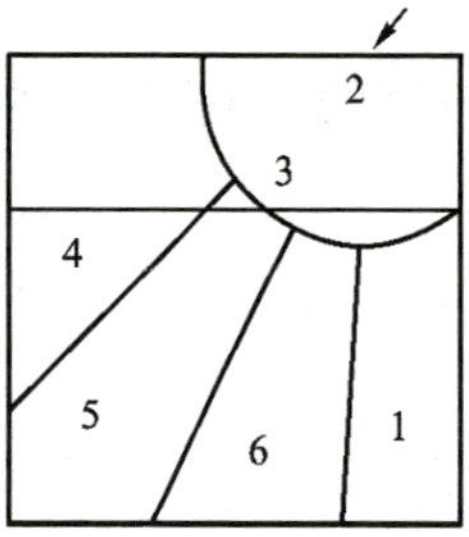

» 图 3-4-20

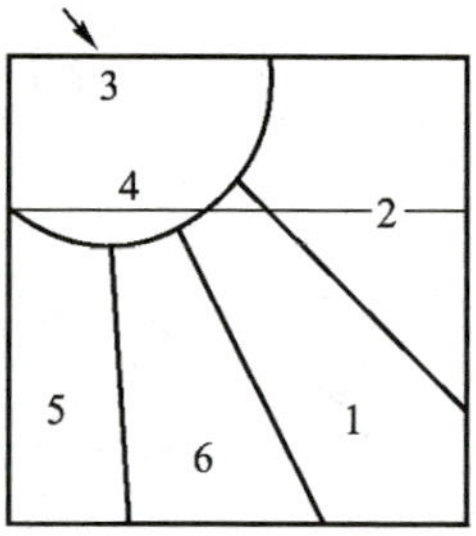

» 图 3-4-21

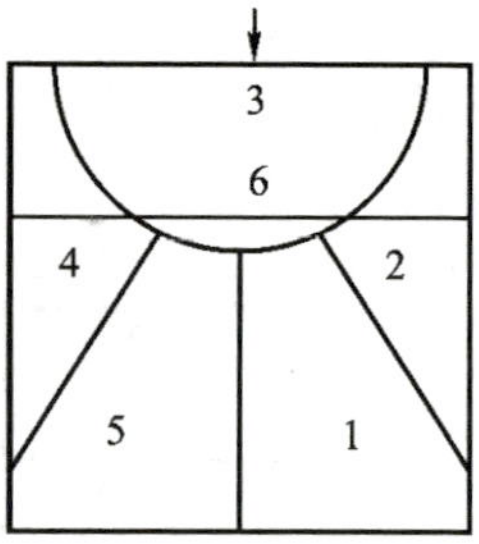

» 图 3-4-22

③ 双人拦网下的防守阵型。当对方进攻威力较大、进攻线路变化较多、单人拦网不足以阻拦对方进攻时，多采用双人拦网防守阵型。它是接扣球防守中最主要的战

术阵型。根据不同后排队员跟进防守的情况和前排不拦网队员的不同取位，双人拦网下的防守阵型有以下 4 种：

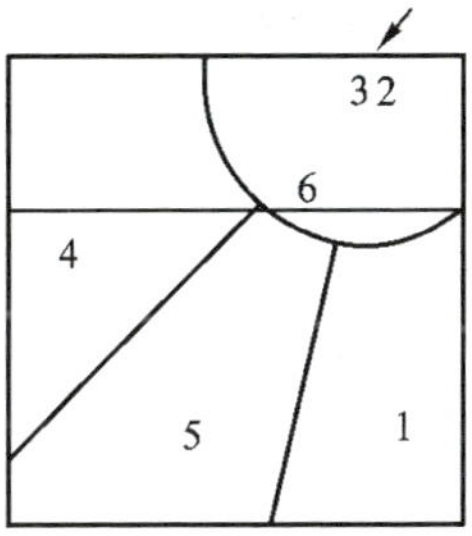

» 图 3-4-23

（a）双人拦网“心跟进”防守阵型（图 3-4-23）。固定由 6 号位队员跟进防吊球及前区球，称为“心跟进”防守阵型，或称为“6 号位跟进”防守阵型。这种防守阵型多在对方采取以扣、吊结合为主的进攻战术，为了解决“心空”问题时所采用。其优点是可以加强网前的防守能力，缺点是后排防守队员之间的空位较大，防守力量减弱。以对方 4 号位进攻为例，本方由 2 号位、3 号位队员拦网，4 号位队员后撤到 4 米左右防守区域，6 号位队员跟至拦网队员身后进攻线附近防守，1 号位、5 号位队员防守后场，每人负责一个防区。

（b）双人拦网“边跟进”防守阵型。由 1 号位或 5 号位队员跟进防吊球及前区球，称为“边跟进”防守阵型，也称为“1、5 号位跟进”防守阵型，俗称“马蹄形”防守阵型。这种阵型一般是在对方进攻力量比较强、战术变化比较多时采用。这种防守阵型被目前国内外强队广泛采用。双人拦网“边跟进”防守阵型有“死跟”“活跟”两种不同的变化运用形式。

查看双人拦网“边跟进”防守阵型视频

“死跟”防守阵型（图 3-4-24）。“死跟”的基本站位形式是 1 号位队员跟进到拦网队员身后防吊球及前区球。如果 1 号位队员是二传队员，则便于随时插上接应防起的球，组织防反。6 号位队员向右移位补防扣向 1 号区的直线球。5 号位队员防后场 5 号区大斜线球，4 号位队员后撤防小斜线球，6 号位区域由后场防守队员根据球的落点机动补防。

“活跟”防守阵型（图 3-4-25）。“活跟”的基本站位形式是 1 号位队员防后场直线球，当判断对方吊球或拦网后球落在前区，则及时跟进防守。同时，6 号位队员注意弥补 1 号区的空位，4 号位、5 号位队员防斜线。4 号位队员还要负责防守吊到前场左区的球。6 号位队员的摆动和防吊球意识极为重要。

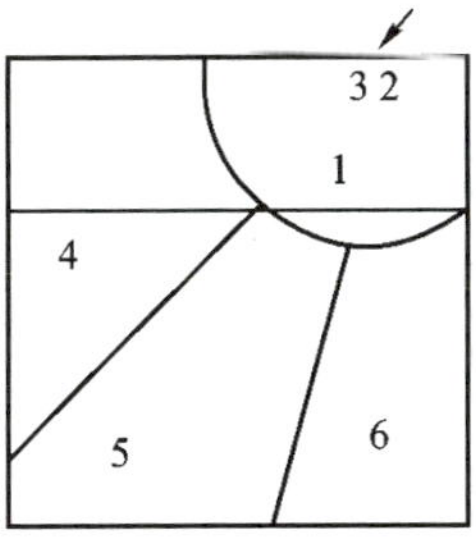

» 图 3-4-24

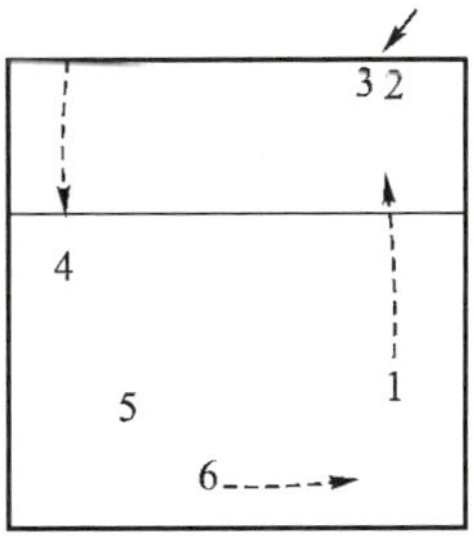

» 图 3-4-25

查看双人拦网“内撤”防守阵型视频

（c）“内撤”防守阵型（图 3-4-26）。其是由前排不拦网的队员改后撤防守为内撤保护的一种方法。这种防守阵型多在对方远网进攻，不便扣小斜线球时采用，可以弥补心空弱点。但对内撤保护的队员转入反攻有所不便。当对方 4 号位队员进攻时，本方 4 号位队员向内撤，负责防守拦网队员身后的吊球或者轻扣球；当对方 3 号位队员进攻，本方 3 号位、4 号位队员拦网时，则由 2 号位队员内撤。

（d）“双卡”防守阵型（图 3-4-27）。其是由前排不拦网的队员内撤和后排 1 号位或 5 号位队员跟进相结合的一种防守形式。这种防守阵型多在对方以吊球和轻扣为主、扣球线路比较集中时采用，可以加强前区的防守，但后场只有两人防守，空位较大，对双卡保护的队员转入反攻有所不便。当对方 4 号位进攻，本方 1 号位队员跟进，4 号位队员内撤；当对方 2 号位进攻，本方 5 号位队员跟进，2 号位队员内撤。

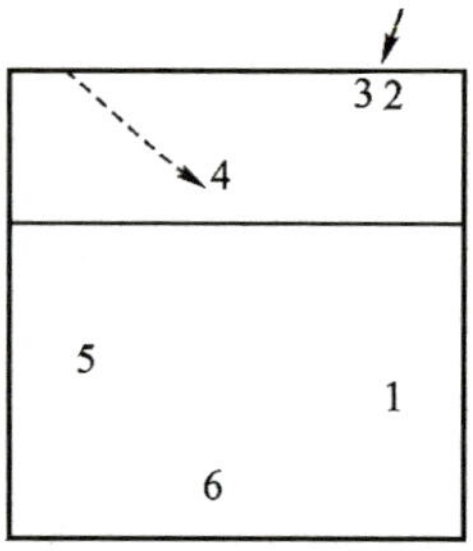

» 图 3-4-26

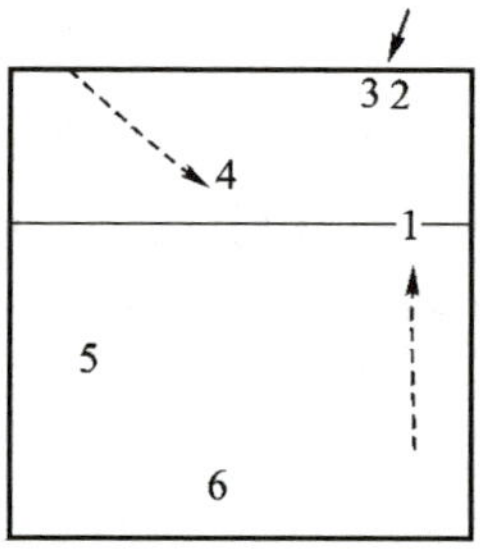

» 图 3-4-27

“心跟进”“边跟进”及“死跟”“活跟”“内撤”“双卡”的防守阵型各有优缺点。在比赛中，应根据本队具体情况和对方进攻情况，以某种阵型为主，结合其他阵型灵活运用。

④ 3 人拦网下的防守阵型。一般在对方扣球攻击性强、线路变化多、吊球少的情况下采用这种阵型。3 人拦网加强了第一道防线，但增加了后排防守的困难，对组织防反也有所不便。3 人拦网的防守阵型有以下两种：

（a）“三二一”防守阵型（图 3-4-28）。由 6 号位队员防后场，1 号位或 5 号位队员突前防守场地两腰（进攻线与边线的区域）。这种阵型便于防两侧的重扣球和拦网弹到后场的球，但拦网队员身后空位较大，不易防守吊球。

（b）“三一二”防守阵型（图 3-4-29）。由 6 号位队员跟进防守，1 号位或 5 号位队员压在后场防守。这种阵型可以防起吊球，便于接应组织反攻，但后场只有两人防守，防守的任务较重。

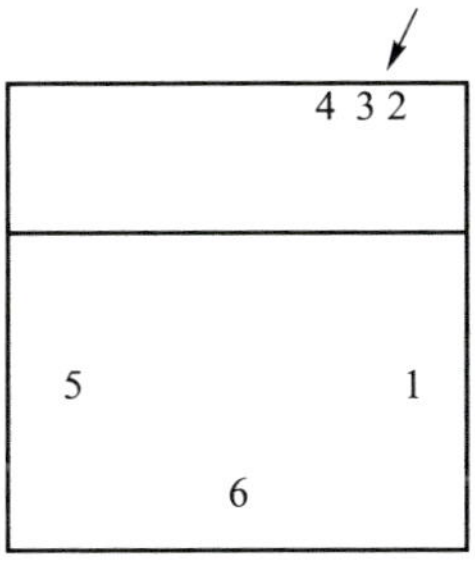

» 图 3-4-28

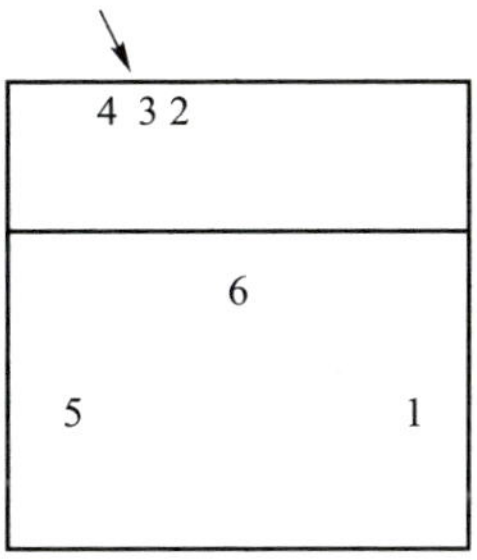

» 图 3-4-29

3. 接拦回球

（1）接拦回球阵型。这种防守阵型应根据本方的进攻战术和对方拦回的情况以及参加防守的人数来确定。接拦回球一般采用 5 人、4 人、3 人等阵型。

（2）接拦回球不同阵型的站位。

① 5 人接拦回球阵型的站位。本方强攻时，二传球弧度较高，进攻点明确，除扣球队员自我保护外，本队其他 5 名队员均可参加接拦回球。根据扣拦的情况可以灵活采用以下不同的站位：

（a）“三二”站位（图 3-4-30）。本方 4 号位队员进攻时，其他队员均面向进攻方向，5 号位、6 号位和 3 号位队员组成第一道防线，1 号位和 2 号位队员组成第二道防线。这种站位一般在对方拦网有高度、落点大多在近网时采用。

（b）“二二一”站位（图 3-4-31）。这种布防方法是把防区分为三道防线。以本方 4 号位进攻，其他 5 名队员保护为例：5 号位队员向前移动，和向左后方移动的 3 号位队员组成第一道防线，6 号位队员向前移动，和内撤的 2 号位队员组成第二道防线，1 号位队员保护后场成为第三道防线。这种站位适于对方拦网落点较分散时采用。

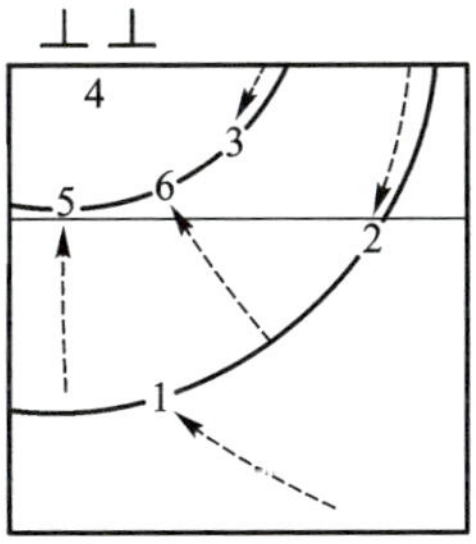

» 图 3-4-30

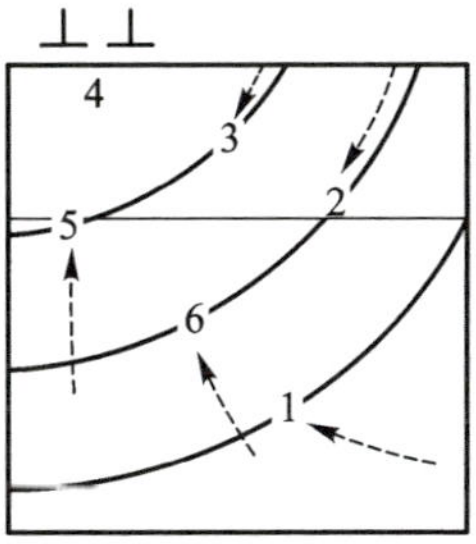

» 图 3-4-31

（c）“二三”站位。这种站位的第一道防线与“二二一”站位相同，只是后区的 1 号位队员上前与 2 号位、6 号位队员共同组成第二道防线。这种站位多在对方拦网不强、弹回的球速度较慢时采用。当本方队员由 2 号位或 3 号位进攻时，其站位方法基本与 4 号位进攻时的站位相同。

② 4 人接拦回球阵型及站位。4 人接拦回球一般采用“二二”站位。这种站位多在二传队员传球后或前排快球掩护队员来不及后撤防守时采用。

示例一：1 号位二传队员将球传给 2 号位队员扣背快球，当这两名队员都来不及接拦回球时，则由 3 号位和 6 号位队员组成第一道防线，4 号位和 5 号位队员组成第二道防线（图 3-4-32）。

示例二：4 号位队员实扣球，3 号位队员扣球掩护来不及接拦回球时，则由 1 号位和 5 号位队员组成第一道防线，2 号位和 6 号位队员组成第二道防线（图 3-4-33）。

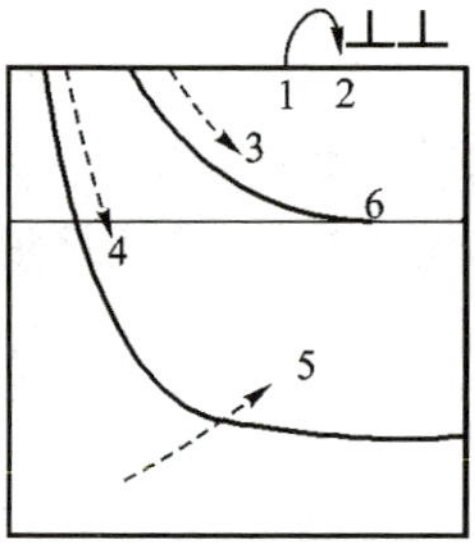

» 图 3-4-32

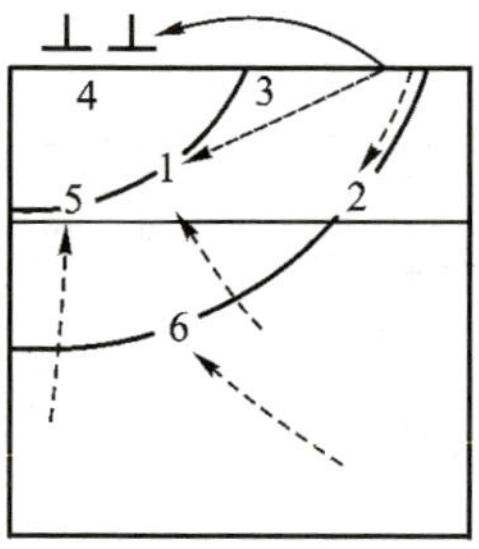

» 图 3-4-33

4. 接传、垫球

（1）接传、垫球阵型。接对方传、垫过网的球，根据其运用的时机、条件以及来球性能的差异，可采用 5 人、4 人接球阵型。

（2）接传、垫球不同阵型的站位。

① 当对方一传将球垫飞，接应队员将球调整在中后场附近，第三次无法组织有效进攻时，本方后排二传队员迅速插上到网前，前排队员快速后撤或换位，可以采用 5 人或 4 人接球阵型。

② 当对方二传将球调整到中场附近，因高度限制不能扣球时，进攻队员常采用上手平传过网，并辅之找空位、弱区的方法。本方也可采用 5 人或 4 人接球阵型。

③ 当对方一传或二传击球，有意识地将球突然传、垫过网时，本方可在接扣球防守阵型的基础上进行调整。

④ 当对方传、垫球落在本方前区时，前排已后撤队员应再迅速前移，其他队员协调移动，重新调整接球阵型。如对方传、垫球落在后区，接球阵型调整与第一种方法基本相同。

（二）进攻战术的运用

1. 进攻阵型

进攻阵型即进攻时采用的组织形式。合理的进攻阵型有助于集体战术的组成。在现代排球比赛中，进攻战术的运用已不是前排进攻队员的专利，它可以形成高快结合、前后结合的全方位进攻格局。后排队员参与进攻及后排与前排融为一体的进攻体系，在排球比赛中越来越显示出巨大的优势。传统的前排进攻阵型定义已不能涵盖现代排球全面进攻的内涵，因此，本章以二传队员组织进攻的基本位置和前后排可参与进攻的队员人数为依据，将进攻阵型分为“中二三”“边二三”和“插三二”三种。

（1）“中二三”进攻阵型。这种阵型是排球战术中最简单、最基础的一种进攻阵型。其优点是二传队员居中站位，场上移动距离以及传球距离短；一传目标明确，有利于组织进攻；战术配合简单，适合初学者采用。其缺点是战术配合方法少，对方容易识破进攻意图。这种阵型在技术水平较低的球队中多被采用，在某些特定条件下，高水平的球队为稳定战局或在来不及组织复杂战术进攻的情况下也经常采用。

采用“中二三”进攻阵型时应注意以下两点：第一，当二传队员轮换到 4 号位、2 号位时，应采取交换位置的方法，把二传队员换到 3 号位，这便于组织进攻。第二，3 号位二传队员如果向两边都采用正面传球，可以居中站位；如果二传队员利用正面长传或背后短传，站位可偏近 2 号位区。

① 接发球时的换位站位方法（图 3-4-34、图 3-4-35）。

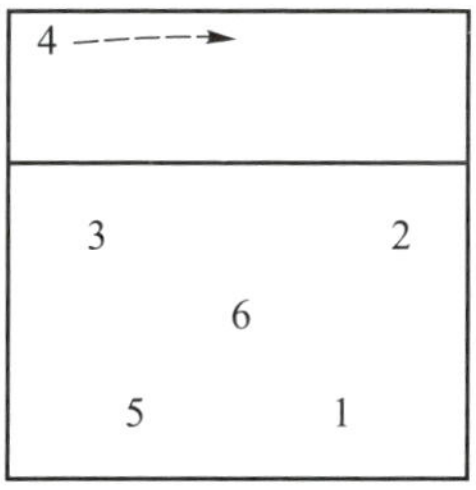

» 图 3-4-34

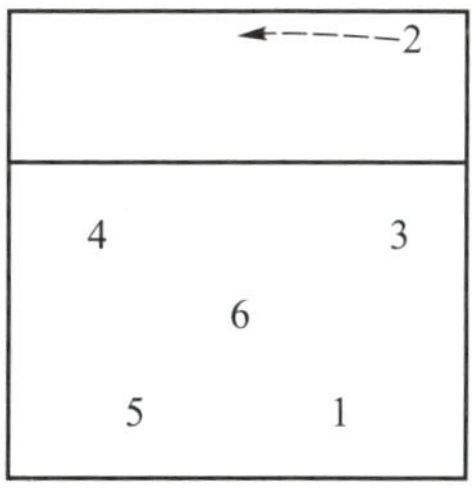

» 图 3-4-35

② 本方发球前，前排队员要靠网站立，在不出现位置错误和发球掩护的情况下，可以集中站位。本方发球后，交换位置应便于二传队员换位至 3 号位，其他队员换位到有利于防守的位置，便于防反（图 3-4-36、图 3-4-37）。

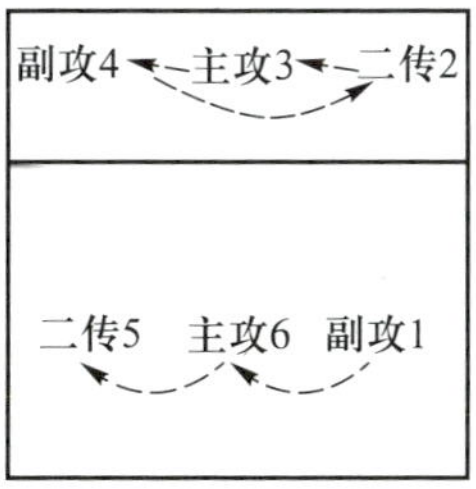

» 图 3-4-36

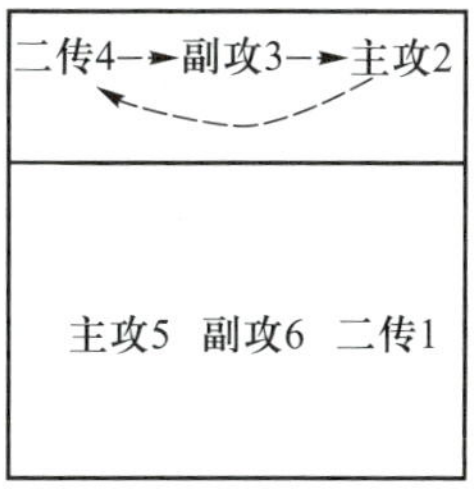

» 图 3-4-37

（2）“边二三”进攻阵型。这种进攻阵型要比组织“中二三”进攻阵型难度大，战术配合也较为复杂。其优点是进攻队员位置相邻便于互相掩护，可以组织较多的快变战术，也有利于掩护后排进攻。其缺点是当二传队员轮转到 4 号位时，跑位距离较远。“边二三”进攻对二传队员的跑动能力要求较高，尤其是对二传的传球与分配球以及场上的组织能力、应变能力要求很高。因此，“边二三”进攻的突然性和攻击性要比“中二三”进攻更具威胁。

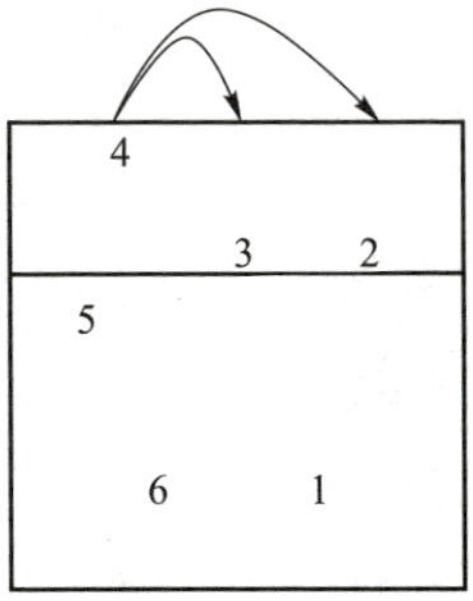

» 图 3-4-38

由“边二三”演变出“反边二三”进攻阵型（图 3-4-38），是指由 4 号位队员作二传，将球传给 3 号位、2 号位队员或后排队员进攻的组织形式。这种进攻阵型主要出现在二传队员轮转至 4 号位，针对二传跑动能力一般、一传偏向 4 号位、左手进攻队员较多或者本方队员善于由 2 号位组织进攻战术时采用，并能针对对方拦网能力，打乱对方防守节奏，达到多变的效果。

采用“边二三”进攻阵型时，应注意以下三点：第一，当二传队员轮转到 4 号位、3 号位时，要采用换位的方法把二传队员换到 2 号位。第二，二传队员应在 2 号位、3 号位之间，不要紧靠边线站位，以便组织背快球战术。第三，前排二传队员可根据对方拦网情况，采用两次进攻的战术。采用“边二三”进攻阵型时，当二传队员在 4 号位、3 号位时的换位方法有：

① 接发球时的换位站位方法（图 3-4-39、图 3-4-40）。

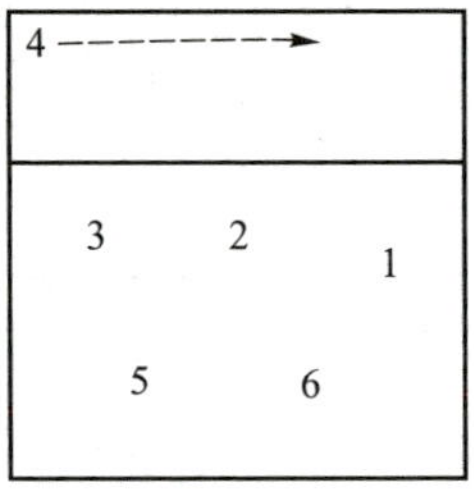

» 图 3-4-39

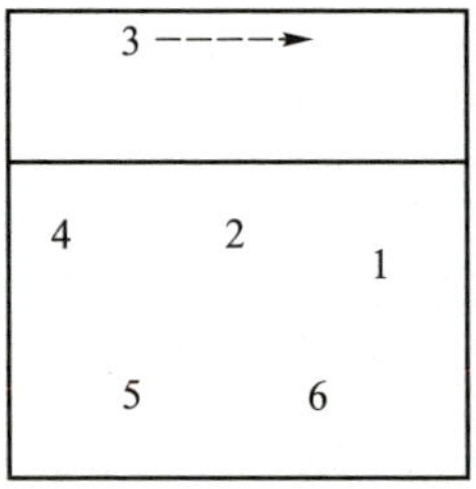

» 图 3-4-40

② 本方发球前，前排队员靠网站立，在不出现位置错误和发球掩护的情况下，可以集中站位。本方发球后，取位要有利于二传队员换位至 2 号位，将善于拦网、掩护、快攻的队员换位至 3 号位，便于防反（图 3-4-41、图 3-4-42）。

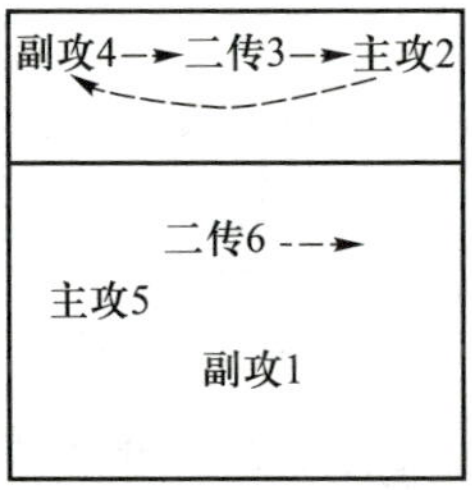

» 图 3-4-41

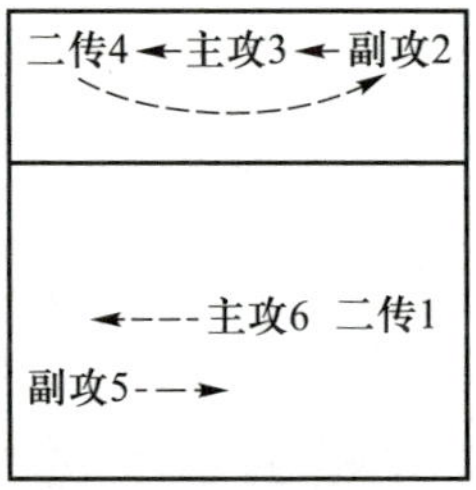

» 图 3-4-42

（3）“插三二”进攻阵型。其是指由后排队员插到前排 2 号位、3 号位之间担任二传，将球传给前排 3 名队员或后排队员进攻的组织形式，有 1 号位、6 号位、5 号位插上三种方法。这种进攻阵型多被高水平的球队所采用。其最大特点是能保持前排三点进攻，可充分利用球网长度，有利于发挥队员的多种掩护配合，加上后排的两点进攻，形成多方位、前后交错的“立体化”进攻，更具有突然性和攻击性（图 3-4-43 至图 3-4-45）。

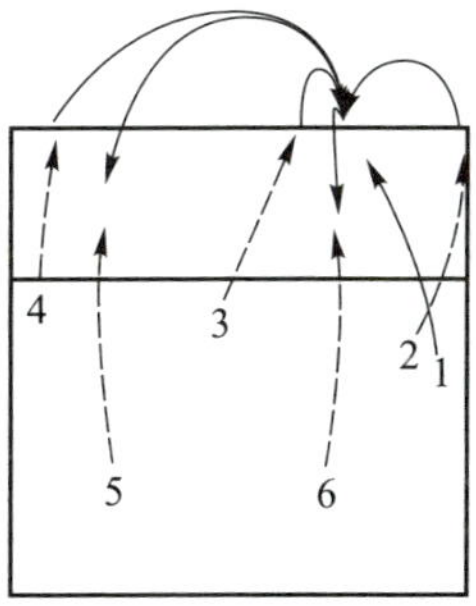

» 图 3-4-43

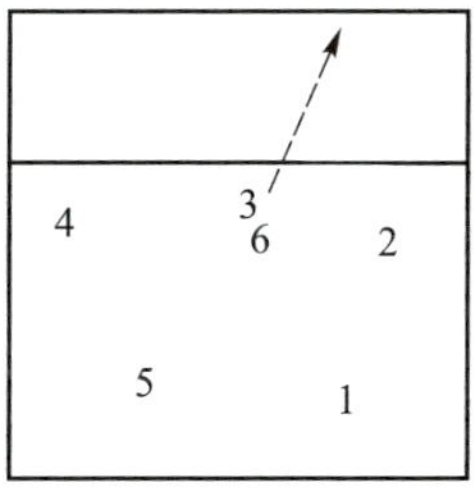

» 图 3-4-44

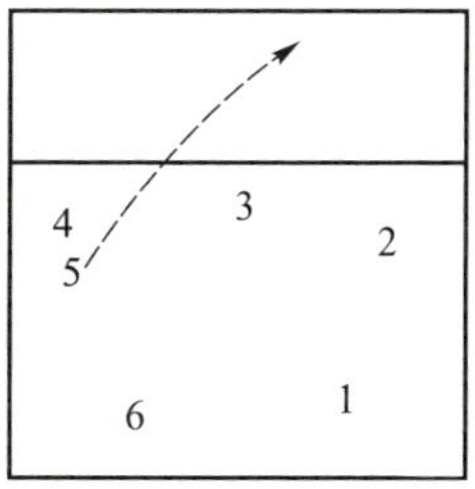

» 图 3-4-45

2. 进攻打法

（1）强攻。强攻指在没有同伴掩护而对方有准备拦防的情况下，强行突破的进攻。强攻的二传球较高，根据不同的二传球位置，可以分为集中进攻、拉开进攻、围绕进攻、调整进攻和后排进攻等。

① 集中进攻。二传队员向 4 号位或 2 号位传出弧度较高，落点较集中在 4 号位、3 号位或 2 号位、3 号位之间的球，组织进攻。这种打法由于难度小，便于扣球队员助跑和挥臂扣球，一般适合初学者和较低水平的球队运用。

② 拉开进攻。拉开进攻是指二传队员将球传到网边标志杆附近所进行的进攻打法。这种打法充分利用网长，能扣直线和小斜线球（图 3-4-46、图 3-4-47），既利于避开拦网，也便于打手出界。

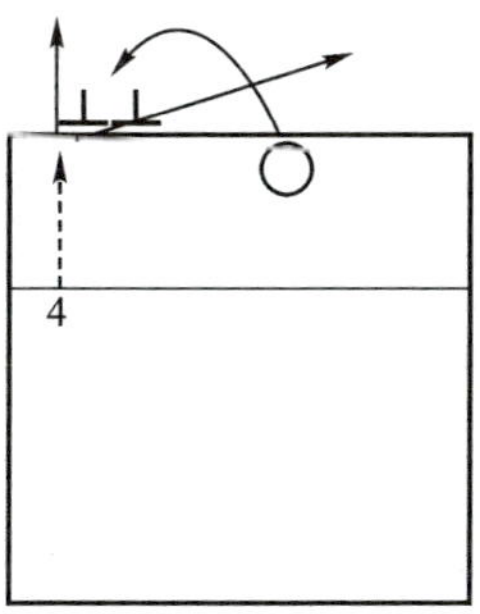

» 图 3-4-46

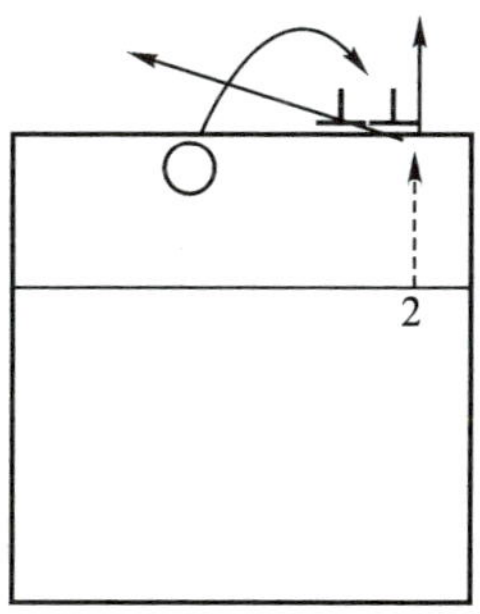

» 图 3-4-47

③ 围绕进攻。进攻队员从二传队员身后绕到前面扣球，称为前围绕进攻（图 3-4-48）；进攻队员从二传队员前面绕到身后扣球，称为后围绕进攻（图 3-4-49）。围绕跑动换位的目的是充分发挥进攻队员的扣球特长，避开对方的拦网。

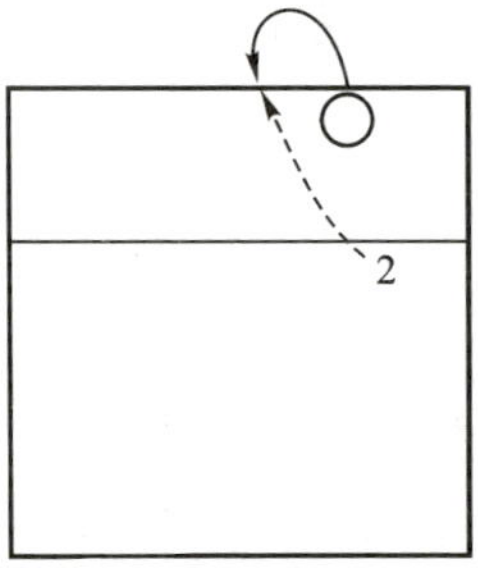

» 图 3-4-48

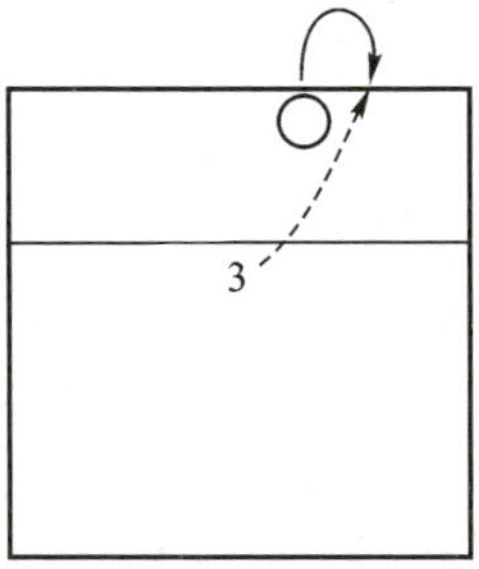

» 图 3-4-49

④ 调整进攻。其是指当一传不到位、球的落点离网较远时，由二传队员或其他队员将球调整到网前进行的扣球进攻打法。这种打法在接扣球进攻中运用较多。

⑤ 后排进攻。是指二传队员将球传到距网约 1.5 米处，由后排队员从进攻线后起跳扣球进攻。这种后排进攻能扣直线或斜线球，由于扣球位置距网较远，对方拦网队员不易判断。

（2）快攻。快攻是各种快球及以快球掩护同伴进攻或自我掩护进攻所组成的各种快速多变进攻战术的总称。快攻是我国排球的传统打法。由于快攻具有速度快和掩护作用强的特点，能在时间和空间上发挥优势，有效地突破对方的防御。快攻可以分为快球进攻、自我掩护进攻和快球掩护进攻三类。

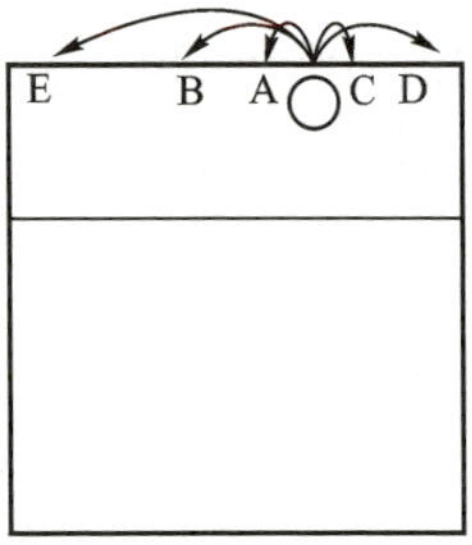

» 图 3-4-50

① 快球进攻。其是指进攻的速度快，即二传传球弧度低或平，与扣球队员的配合节奏快，从时间上造成对方拦网的困难。快球进攻包括前快（A 快球）、背快（C 快球）、短平快（B 快球）、背平快（D 快球）、平拉开（E 快球）、调整快、远网快、后排快和单脚起跳快 9 种（图 3-4-50）。

② 自我掩护进攻。其是指进攻队员利用自己打快球的助跑、起跳假动作来掩护自己所进行的第二个真扣球动作。自我掩护可分为以下三种：

查看时间差战术视频

（a）“时间差”。进攻时，扣球队员第一次佯攻助跑、急停、制动和挥臂动作都要做得逼真，在对方拦网队员被诱、起跳后下落之际，突然变为原地起跳，进行第二次实扣。这种快攻打法目的是造成对方拦网在起跳时间上的错误，突破对方的拦网。“时间差”包括近体快“时间差”和短平快“时间差”。

近体快“时间差”进攻：是在近体快球的位置上进行“时间差”进攻（图 3-4-51）。

短平快“时间差”进攻：是在短平快的基础上进行“时间差”进攻（图 3-4-52）。

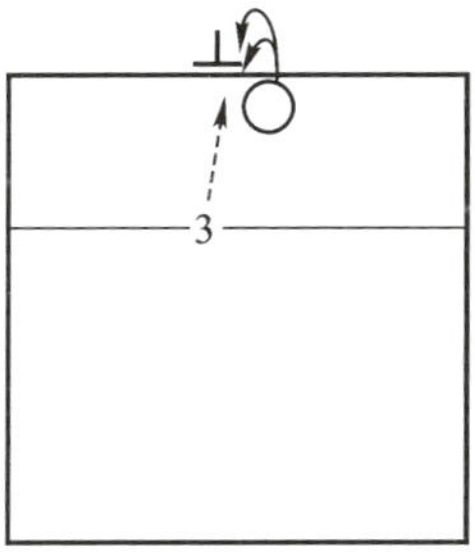

» 图 3-4-51

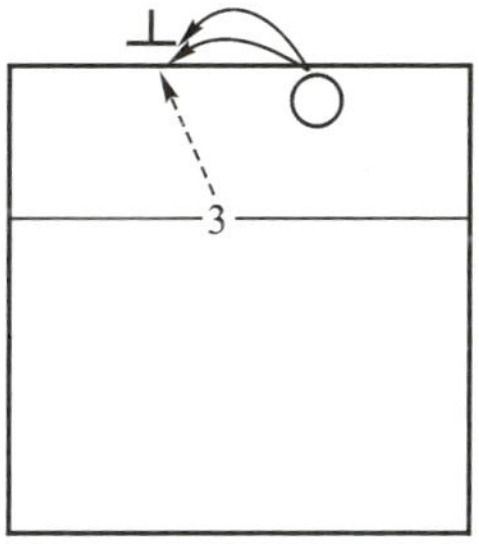

» 图 3-4-52

（b）“位置差”。进攻时，扣球队员佯作助跑起跳，当对方拦网队员被诱跳起拦网时，扣球队员突然向侧方跨步起跳扣球，从位置上摆脱对方的拦网，达到空网进攻的目的。“位置差”包括短平快错位进攻和近体快围绕错位进攻。

查看位置差战术视频

短平快错位进攻：3 号位或 4 号位队员做短平快佯攻，然后突然向右跨步起跳扣集中的半高球（图 3-4-53）。

近体快围绕错位进攻：3 号位队员近体快佯攻，然后突然向右跨步围绕到二传队员身后起跳扣半高球（图 3-4-54）。

（c）“空间差”。利用起跳后的空间移位，造成时间和击球点的不同进行进攻，称为“空间差”进攻（图 3-4-55），包括前飞、背飞、拉三、拉四进攻。

查看空间差战术视频

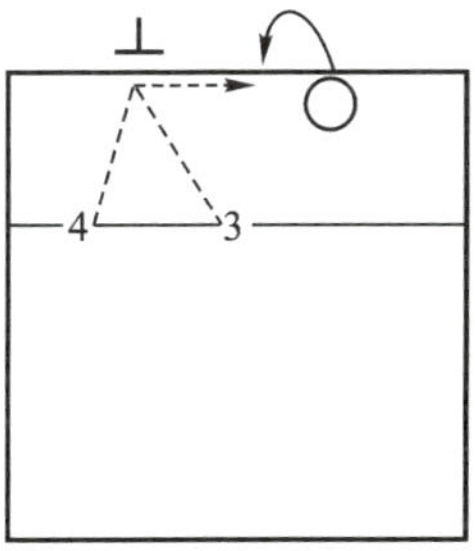

» 图 3-4-53

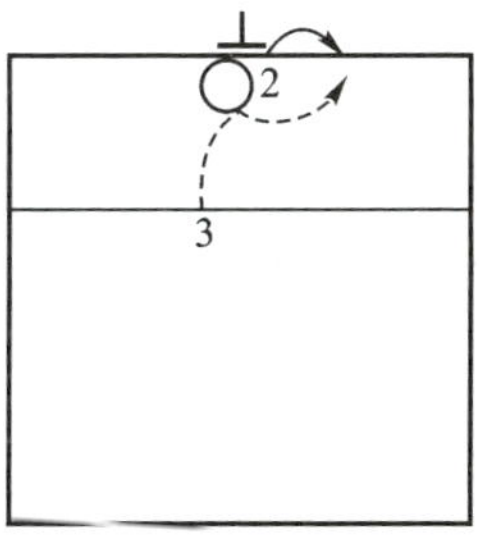

» 图 3-4-54

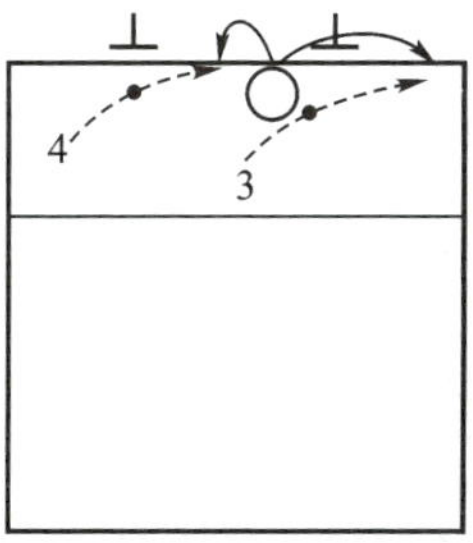

» 图 3-4-55

③ 快球掩护进攻。其是指一名进攻队员利用各种平快球进行佯攻掩护，然后二传队员将球传给其他进攻队员扣球进攻。在快球掩护进攻中，一般采用近体快、短平快和背快球掩护。快球掩护进攻能帮助其他进攻队员摆脱对方集体拦网，造成以多打少甚至空网进攻的机会。佯攻队员要积极跑动进行掩护，二传队员要灵活机动地进行传球，扣球队员要全力快速跑动实扣，只有虚实并举，才能起到更好的效果。快球掩

护进攻除中间快球掩护、两边拉开进攻外，还有交叉进攻、梯次进攻、夹塞进攻和双快一跑动进攻等。

查看前交叉战术视频

交叉进攻：一名进攻队员快球掩护，另一名进攻队员与其交叉换位后在二传身旁扣半高球，包括前交叉、后交叉、背交叉、反交叉和假交叉 5 种进攻。这种打法能造成对方两名拦网队员互相阻挡，因而突然性强、攻击性大、效果好，是目前各球队运用较多的一种方法。常用的交叉进攻有“前交叉”“后交叉”和“背交叉”。

查看后交叉战术视频

示例一：“前交叉”是 4 号位队员内切做近体快或短平快球掩护，3 号位队员做交叉跑动到 4 号位附近扣半高球（图 3-4-56）。

示例二：“后交叉”是 3 号位队员做近体快球掩护，2 号位队员交叉跑动到二传队员前面扣半高球（图 3-4-57）。

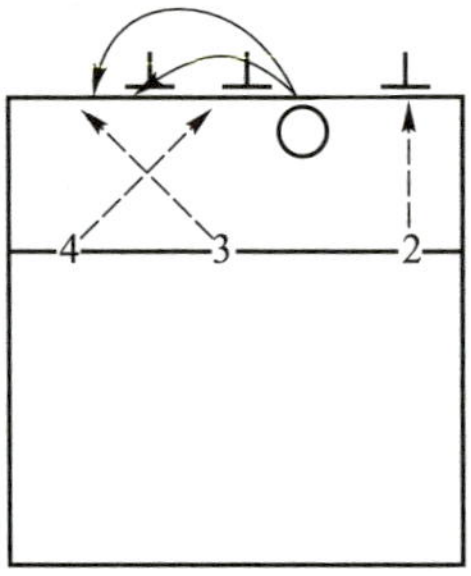

» 图 3-4-56

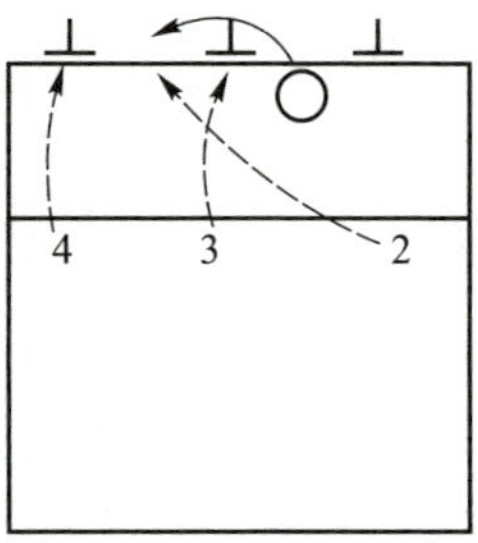

» 图 3-4-57

查看背交叉战术视频

示例三：“背交叉”是 2 号位队员做背快球掩护，3 号位队员交叉跑动到二传队员背后扣半高球（图 3-4-58）。

查看反交叉战术视频

示例四：“反交叉”是 2 号位队员做前快球掩护，3 号位队员交叉跑动到二传队员背后扣半高球（图 3-4-59）。

查看假交叉战术视频

示例五：“假交叉”是 3 号位队员做近体快球掩护，2 号位队员佯装交叉跑动到 3 号位，突然改变助跑路线跑动至二传队员背后扣半高球（图 3-4-60）。

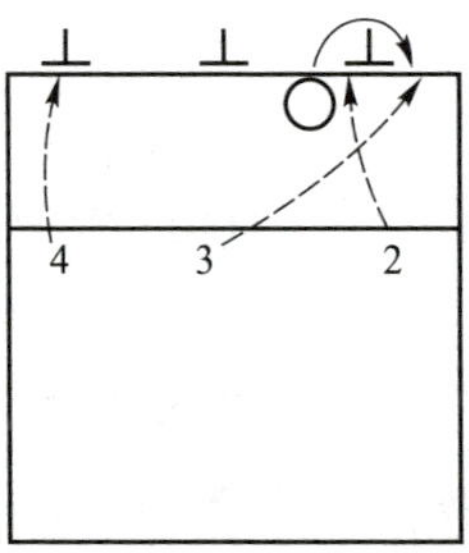

» 图 3-4-58

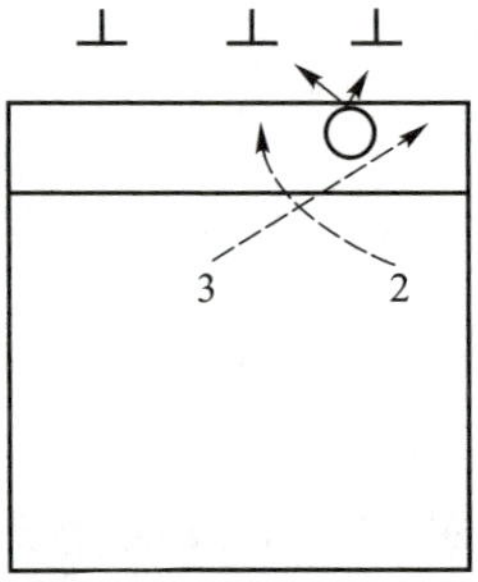

» 图 3-4-59

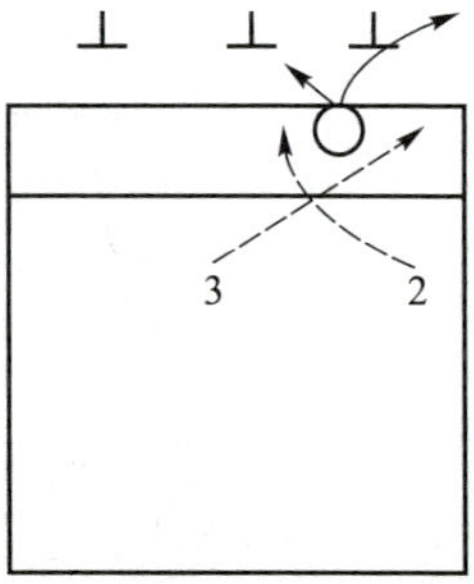

» 图 3-4-60

梯次进攻：又称为重叠进攻，是指一名进攻队员快球掩护，另一名进攻队员在其身后扣距网稍远的半高球。这种打法可以在同一进攻点上以多打少，利用两名队员扣球时间的变化，造成对方拦网判断错误，相互阻挡，从而晃开拦网队员而进攻（图 3-4-61）。

查看梯次进攻战术视频

示例一：4 号位队员跑动到二传队员前面做近体快球掩护，3 号位队员上步到 4 号位队员背后扣半高球（图 3-4-62）。

示例二：3 号位队员做短平快掩护，4 号位队员在其身后做梯次扣球；或 4 号位队员做短平快掩护，3 号位队员在其身后右侧做梯次扣球（图 3-4-63）。

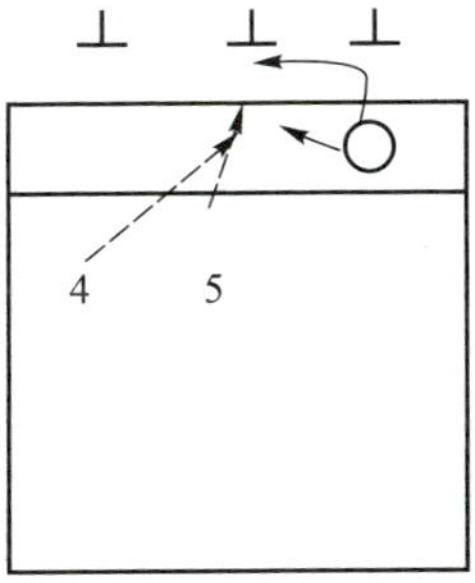

» 图 3-4-61

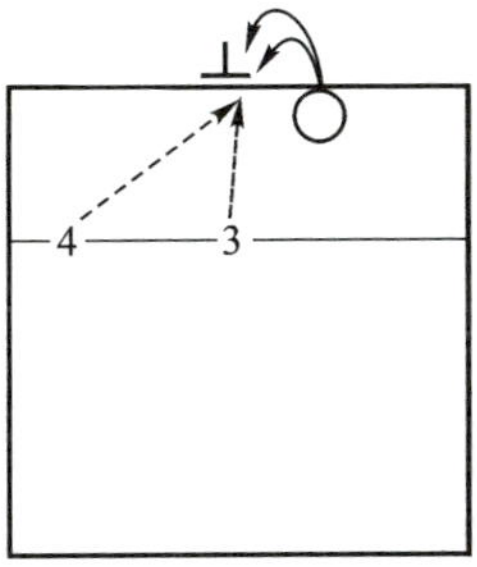

» 图 3-4-62

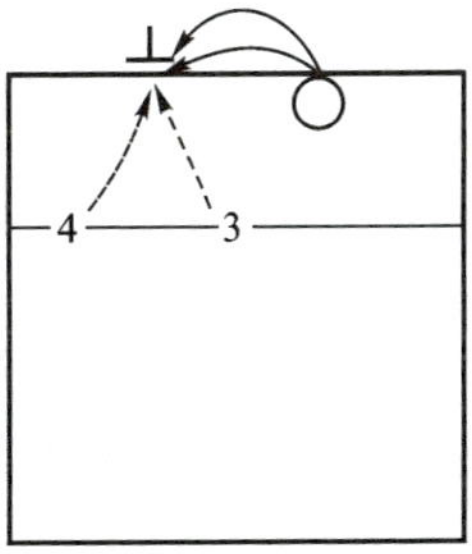

» 图 3-4-63

夹塞进攻：3 号位队员做短平快掩护，吸引对方 3 号位队员拦网，这时 4 号位队员内切跑动，夹塞到 3 号位队员与二传队员之间扣半高球而造成对方无人拦网的局面（图 3-4-64）。

查看夹塞进攻战术视频

双快一跑动进攻：由两名进攻队员做快球掩护，另一名进攻队员针对对方拦网的空隙，积极跑动，进行活点进攻，并造成对方拦网队员的互相阻挡，给对方以突然袭击，迫使对方拦网队员处于仓促应战、顾此失彼的境地。如 4 号位、2 号位队员做短平快和近体快掩护，3 号位队员可根据对方拦网情况，跑动到 4 号位或 2 号位做活点进攻（图 3-4-65）。

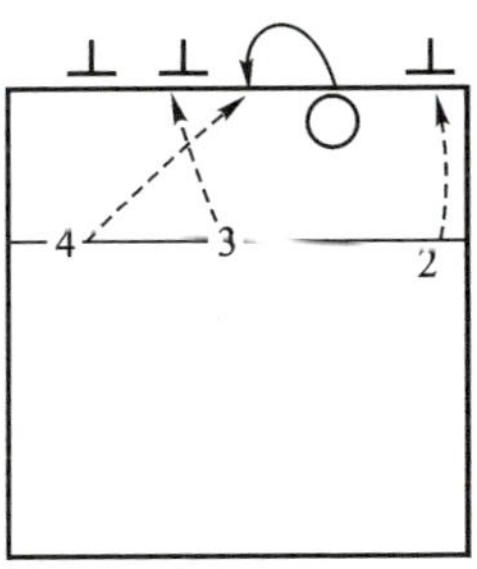

» 图 3-4-64

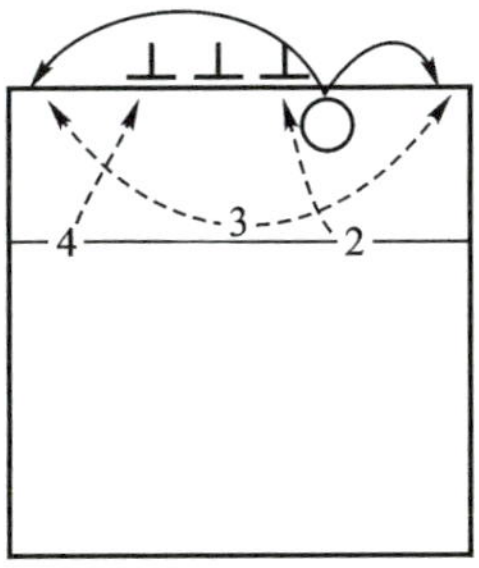

» 图 3-4-65

查看双快一跑动战术视频

（3）两次攻及其转移进攻。其是指当一传来球弧度较高，落点又在网前适合扣球的位置上，前排队员可以直接将球扣或吊入对方专区，或佯扣将球在空中转移给其他前排队员的进攻。这种有两次机会进攻的方式称为两次攻。两次攻加快了进攻的速度，改变了进攻的节奏，使对方难于防守。两次转移进攻还能迷惑对方拦网。这种战术对一传的要求较高，技术难度较大，因此在比赛中运用的机会不多，一般在对方发球攻击性小、扣球威力不大或把球传垫过网时采用。

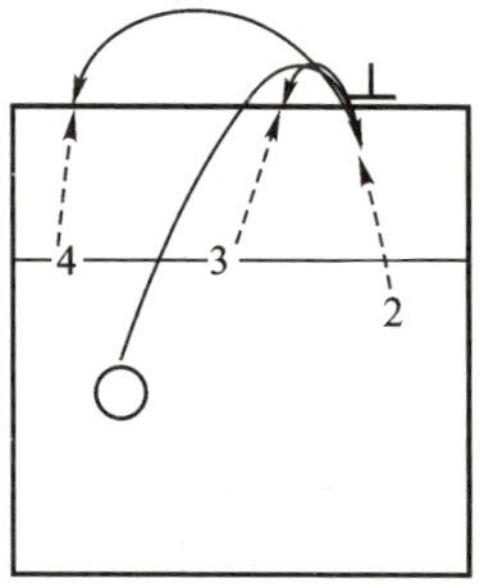

» 图 3-4-66

示例一：场上任何一名队员一传时将球高弧度地垫到 2 号位近网处，前排二传队员在原地跳传的基础上，突然运用两次球进攻。

示例二：当进攻队员跳起做扣球动作时，发现对方进行拦网，可以在空中变扣球为传球，转移给邻近的前排 3 号位队员进攻，这种打法叫短传转移。如果跳传将球转移给较远位置的前排队员进攻，叫长传转移（图 3-4-66）。短传转移准确性高，而且转移速度快，突然性大，便于避开对方拦网。因此，这种战术在比赛中经常被采用。

（4）立体进攻。其指在一传不到位时或前排队员运用各种快变战术组织进攻，同时也掩护后排队员从进攻线后跳起进攻，形成横向、纵深、全方位的进攻打法。这种打法突然性大，攻击性强，容易突破对方的防线，是当今进攻战术的发展方向。其特点是可以形成进攻队员在人数上的优势，增加进攻点，既有近网进攻，也有中、远网进攻，可以扩大进攻的范围，给对方拦网起跳和后排防守的取位造成困难。

查看后二进攻战术视频

查看后三进攻战术视频

采用这种打法应以前排队员进攻为主，后排队员进攻为辅。前排队员的快速突破是核心部分，只有前排队员快攻掩护逼真，才能吸引对方拦网，为后排队员实扣创造有利的机会。

示例一：当 2 号位队员作二传时，4 号位、3 号位队员同时做短平快和近体快掩护，后排 1 号位队员从后排冲跳到 2 号位扣半高球，即后二进攻（图 3-4-67）。

示例二：4 号位、3 号位队员同时做平拉开和短平快掩护，2 号位队员做背快掩护，后排的 6 号位队员从后排冲跳到二传队员前面扣半高球，即后三进攻（图 3-4-68）。

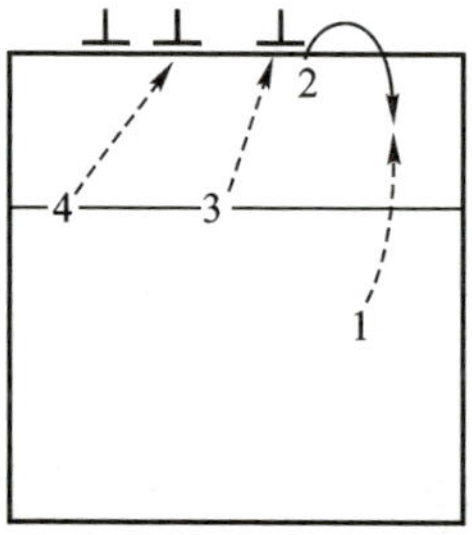

» 图 3-4-67

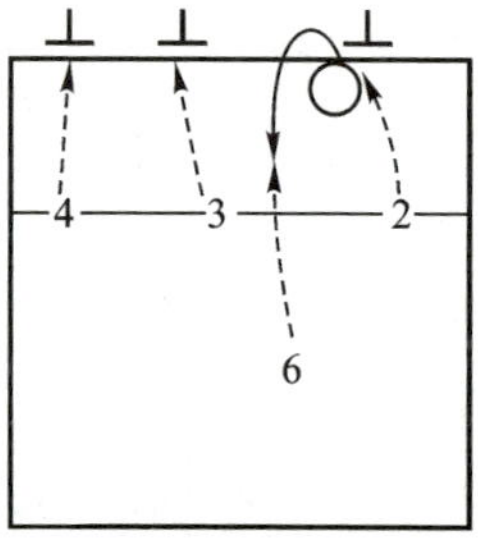

» 图 3-4-68

专栏 5：冲进短球战术——中国女排善用利器

查看中国女排冲进短球战术视频

冲进短球，也常被称为冲进，或者短球。排球比赛中，在接发球一传到位的情况下，二传传给 4 号位主攻的球，一般都会充分利用网长，传平拉开。但有时也会根据战术安排，在一传或者反击供二传球到位时，二传会将球传短，将球传到 3 号位和 4 号位之间，甚至接近 3 号位的位置，4 号位主攻会迅速冲进此位置扣球。这种短球的弧度高于短平快和平拉开，低于 4 号位强攻球高度，相当于半高球。这种快攻战术，可以在对方重点拦防 4 号位的情况下，通过进攻位置的变化，在对方双人拦网时，避开一人的拦网，让进攻队员有更多的线路和落点的选择。冲进短球战术是中国女排善用的快攻战术，世界级优秀主攻手朱婷、张常宁和李盈莹都特别擅长这种进攻战术。在比赛中，中国女排有时通过主攻与二传的默契配合，运用冲进战术扣球得分，有时在短平快或者近体快的掩护下，甚至可以造成对方无人拦网，主攻手直接扣出空网钉地板球，犀利的进攻令人赏心悦目。

（三）“四攻”战术系统及运用

1. 接发球及其进攻（一攻）战术系统

接发球及其进攻，也称为“一攻”，它包含防守和进攻两方面。“一攻”，这个系统主要包括一传、二传、扣球等环节。接发球及其进攻的基本任务是将对方发过来的球接起来，并尽量准确地供给二传队员来组织各种进攻战术，直接得分或保证不失分。

（1）接发球的基本要求。

① 正确判断。应根据发球队员的位置作出第一次判断，以确定合理的取位。发球队员击球后，再根据其发球手法、球的飞行路线和性能作出第二次判断，及时移动进行位置调整。

② 合理取位。如对方发球弧度高、落点分散，接发球应前后分散均衡站位（图 3-4-69）。如对方发球速度快、弧度平、落点比较集中，接发球的位置要压后，队员前后靠近（图 3-4-70），不要站在阴影区内。

③ 分工与配合。接发球的分工：后排队员接发球的范围可相对扩大些，接发球技术好的队员分工范围可大些，反之可小些。接发球的配合：互相保护，互相弥补。当一名队员接发球时，其他队员特别是相邻队员应注意保护，随时准备接应。一旦球

打手飞出界外、平冲入网或飞过球网时，其他队员相应地采取补救措施，这样既可减少失误，又可鼓舞士气。

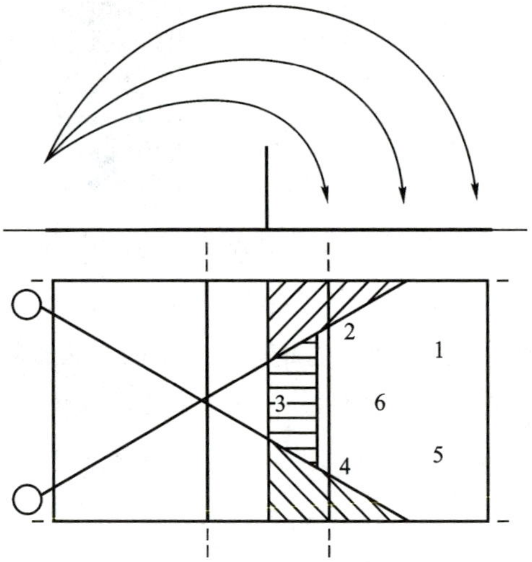

» 图 3-4-69

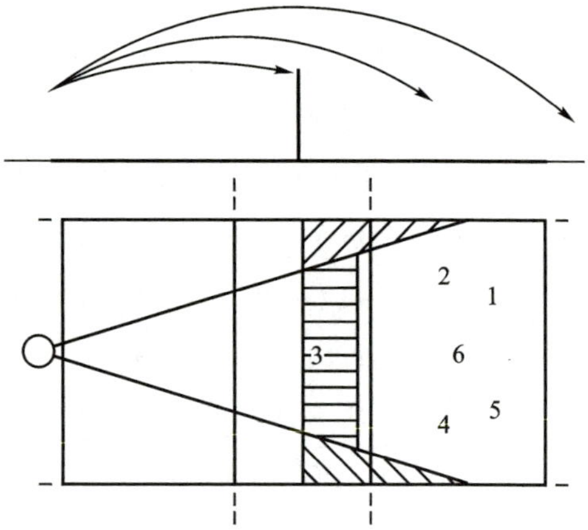

» 图 3-4-70

（2）接发球进攻的战术变化。强攻战术是基础，快攻战术是重点，应根据队员的技、战术水平以及临场的实际情况，合理地运用快攻、强攻和两次攻，灵活组织多种多样的战术配合，给对方出其不意的攻击，以取得良好的进攻效果。

①“中二三”进攻的战术变化。不同水平的球队可采用不同的变化打法。水平较低的球队，可采用 2 号位、4 号位队员定位进攻的方法；中等水平的球队可在定位进攻的基础上，采用集中、拉开、平拉开、背传半高球进攻的方法；水平高的球队，不但可以运用定位和活点相结合的进攻形式，而且还可以采用两点跑动换位的后排进攻方法。

查看“中二三”定位进攻战术视频

（a）定位进攻。

示例一：3 号位二传队员传球给 4 号位或 2 号位队员集中或拉开进攻，1 号位队员于后排进攻（图 3-4-71）。

示例二：3 号位二传队员传给 4 号位队员平拉开球，传给 2 号位队员背后半高球，传给 3 号位队员短平快球，传给 2 号位队员背平快球，6 号位队员于后排进攻（图 3-4-72）。

查看“中二三”定位与跑动换位进攻战术视频

（b）定位与跑动换位两点进攻。4 号位队员扣定位球，2 号位队员跑动换位（如前快、短平快、背平快、背后的平拉开等）进攻，5 号位队员于后排进攻（图 3-4-73）。

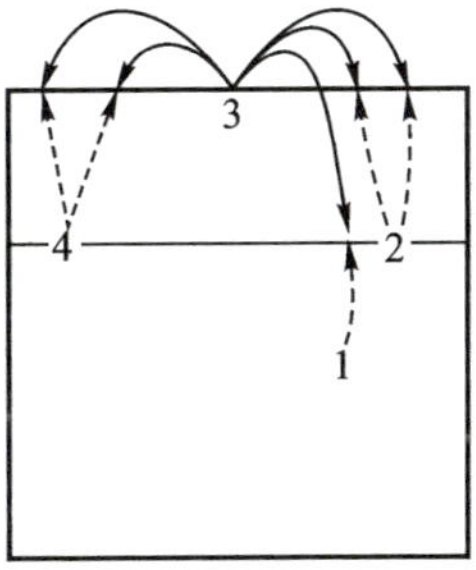

» 图 3-4-71

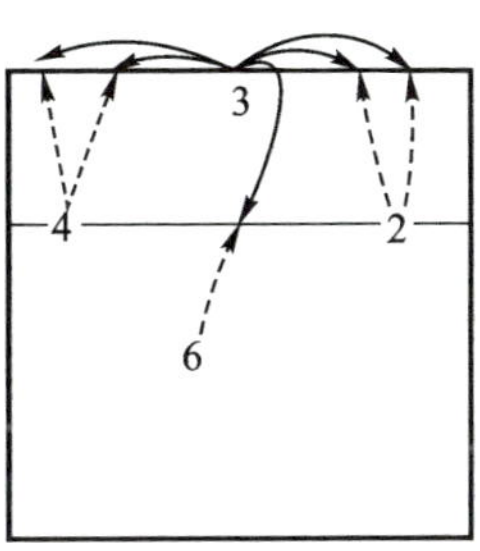

» 图 3-4-72

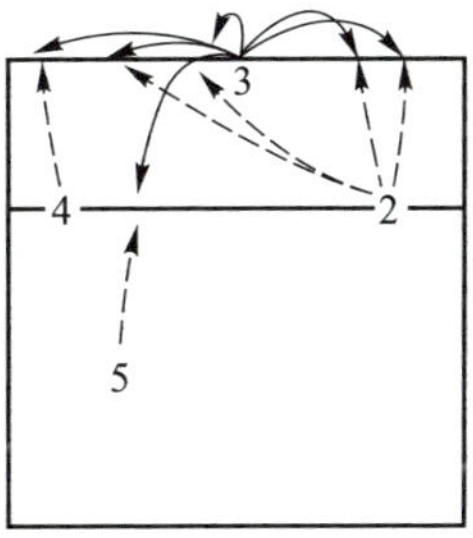

» 图 3-4-73

（c）两点跑动的活点进攻。为了增加突然性，可以通过主、副攻的跑动换位或相互掩护，由定点进攻变为活点进攻，以此摆脱对方的集体拦网。如 2 号位队员跑动到 3 号位二传队员体前扣快球或进攻快球掩护，4 号位队员扣平拉开或短平快球，1 号位队员于后排扣球（图 3-4-74）。

查看“中二三”两点跑动活点进攻战术视频

②“边二三”进攻的战术变化。“边二三”进攻战术可根据本队水平的变化而变化，除组织前排两名队员定位进攻外，还可以组织定位与跑动换位进攻以及两名队员同时或先后跑动的双活点进攻和后排进攻。

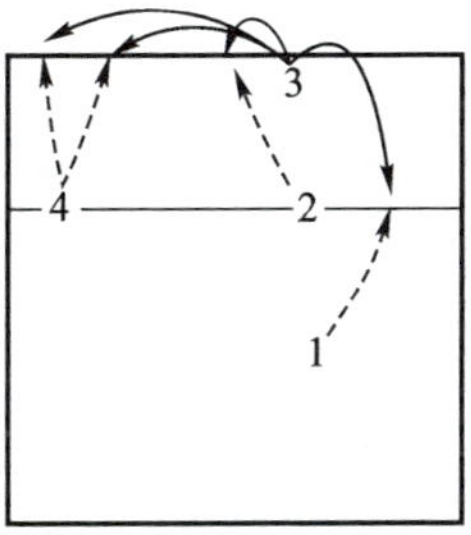

» 图 3-4-74

（a）定位进攻。

示例一：3 号位队员扣一般集中球，4 号位队员扣一般拉开球，5 号位、6 号位、1 号位队员后排进攻。这是“边二三”进攻的基本形式。

示例二：4 号位队员扣定位拉开高球或平拉开球，3 号位队员进行前快或短平快的实扣或掩护，1 号位队员于后排进攻（图 3-4-75）。

查看“边二三”定位进攻战术视频

（b）定位与跑动换位两点进攻。

示例一：4 号位队员扣定位球，3 号位队员围绕跑动到 2 号位二传队员身后扣背快或半高球，5 号位队员于后排扣球（图 3-4-76）。

示例二：4 号位队员内切跑动进行前快或短平快实扣或掩护，3 号位队员做梯次进攻，6 号位队员于后排进攻（图 3-4-77）。

查看“边二三”定位与跑动换位进攻战术视频

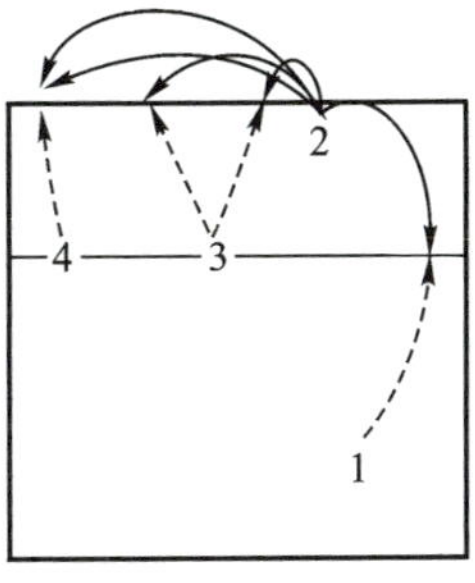

» 图 3-4-75

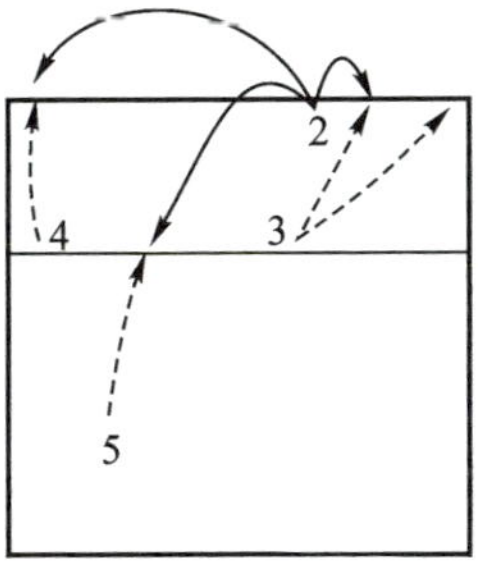

» 图 3-4-76

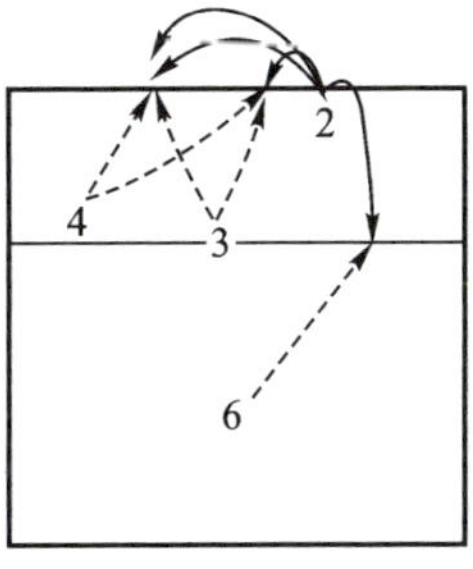

» 图 3-4-77

查看“边二三”两点跑动活点进攻战术视频

（c）两点跑动的活点进攻。运用“边二三”进攻形式时，在前排只有两点进攻的情况下，大多采用两点跑动的双活点进攻方法，以设法摆脱对方的集体拦网。

示例一：4 号位队员与 3 号位队员做交叉进攻，1 号位队员做后攻（图 3-4-78）。

示例二：3 号位队员跑动扣背快球，4 号位队员迅速跑动围绕到 2 号位二传背后扣背飞球，5 号位队员于后排进攻（图 3-4-79）。

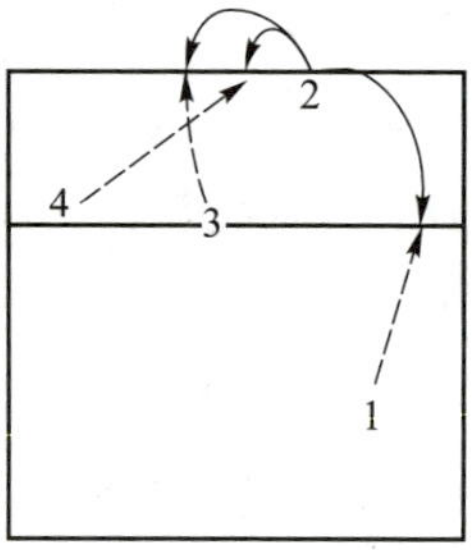

» 图 3-4-78

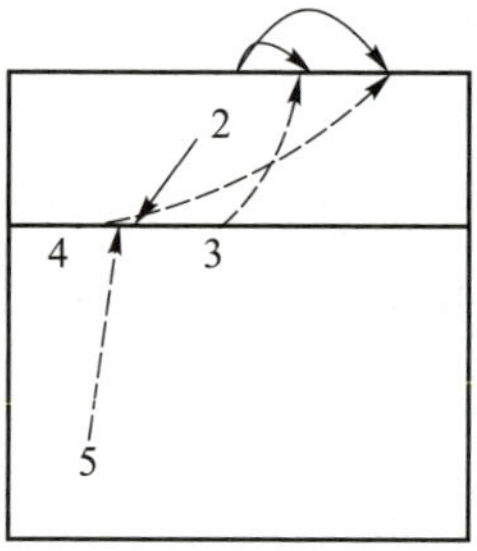

» 图 3-4-79

查看“插三二”定位进攻战术视频

③“插三二”进攻的战术变化。“插三二”进攻可充分运用快速多变的战术，结合后排队员的进攻战术，变化更丰富多彩，为高水平的球队所采用。目前，插上进攻战术很少进行强攻，更多的是采用各种变化的战术。

查看“插三二”夹塞进攻战术视频

示例一：3 号位队员扣近体快球，2 号位、4 号位队员于两边拉开进攻，5 号位队员于后排进攻（图 3-4-80）。

示例二：2 号位队员定点强攻，4 号位、3 号位队员做前交叉进攻，6 号位队员于后排进攻（图 3-4-81）。

示例三：4 号位队员定点强攻，3 号位、2 号位队员做梯次进攻，6 号位队员于后排进攻（图 3-4-82）。

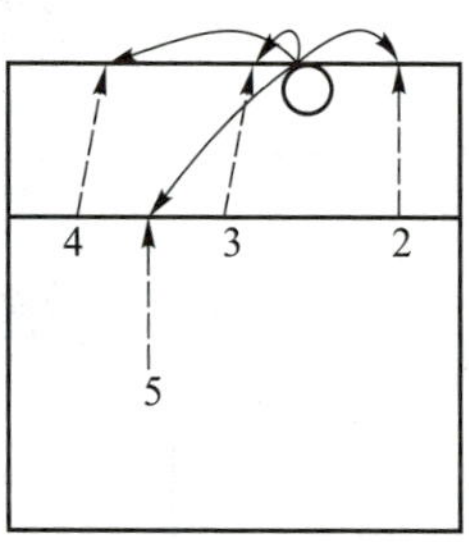

» 图 3-4-80

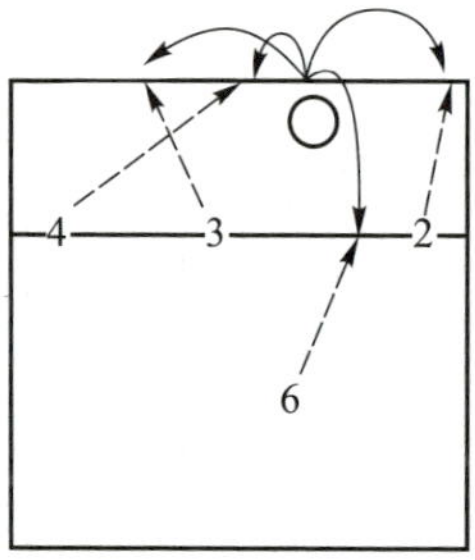

» 图 3-4-81

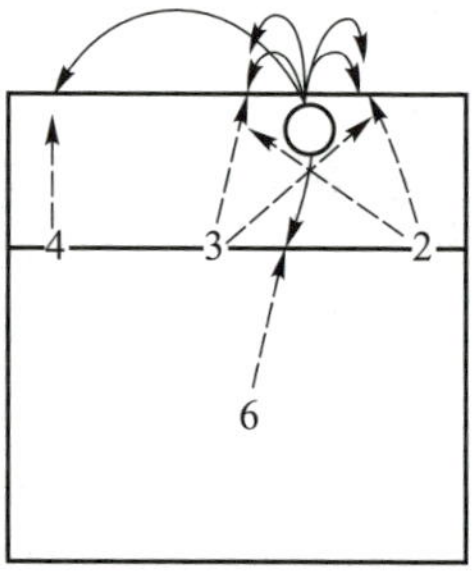

» 图 3-4-82

示例四：2 号位队员定点强攻，3 号位、4 号位队员做夹塞进攻，5 号位队员于后排进攻（图 3-4-83）。

示例五：双快一跑动进攻。2 号位队员扣近体快球，3 号位队员扣短平快球，4 号位队员则根据对方拦网情况，选择内切扣小弧度集中平球，或跑动到 3 号位空当扣半高球，6 号位队员于后排进攻（图 3-4-84）。

示例六：立体进攻。3 号位队员扣近体快球，2 号位队员做后交叉进攻，4 号位队员拉开进攻，6 号位队员在 2 号位区域进行后排进攻，5 号位队员在 3 号位、4 号位之间后排扣半高球（图 3-4-85）。

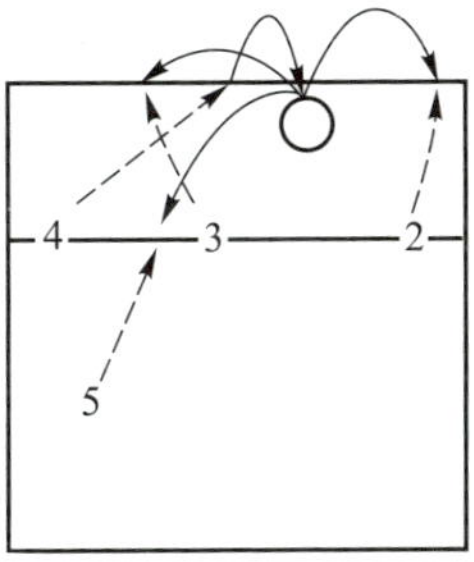

» 图 3-4-83

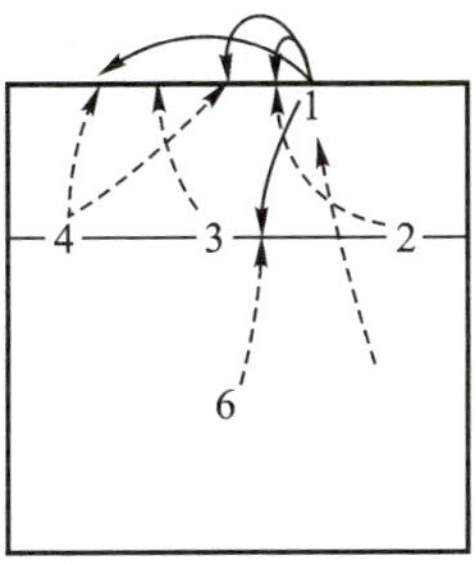

» 图 3-4-84

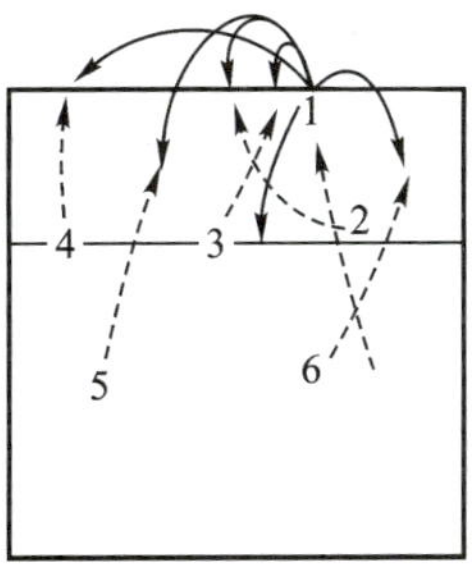

» 图 3-4-85

以上均为互相掩护的各种战术配合，还可结合自我掩护的“三差”战术进攻，使接发球进攻战术配合更灵活多样。

2. 接扣球及其进攻（防反）战术系统

接扣球及其进攻的过程包括拦网、后排防守、二传或调整二传、扣球等几个相互衔接的部分。其中，拦网是第一道防线，后排防守是反攻的基础，二传或调整二传是组织反攻的桥梁，而反攻中的扣球是成败的关键。接扣球及其进攻的质量如何，是直接影响得分的重要问题。因此，接扣球及其进攻在比赛中占有更为重要的地位。

（1）接扣球的防守战术。接扣球防守由前排拦网和后排防守两部分组成。有效地拦网不仅可以抑制对方的进攻，而且还可以直接拦死对方的扣球，充分体现了攻防两重性的技术特点。后排防守是前排拦网的后盾，起着保护拦网、弥补拦网的作用，它可将没有拦到的球接起后再组织进攻。所以，只有前后排队员紧密配合，才能收到预期的防守效果。

① 拦网配合的注意事项。集体拦网是在个人拦网技术的基础上进行的两三人的协同拦网配合。组成集体拦网时，要以一人为主，另一人或两人配合其行动，防止各行其是；主拦队员要抢先移动，正确取位，以便同伴配合；起跳时，相互之间要保持好距离，并控制好身体重心，避免相互冲撞或干扰；各拦网队员手之间的距离既不能让球漏过，又要尽可能组成最大面积的阻截面。

拦网战术的变化：当对方进攻威力不大、线路变化不多时，一般多采用单人拦网；当对方进攻威力较大、打吊结合、战术灵活多变时，应积极组织双人拦网；当对方进攻凶狠有力、吊球较少时，可以灵活采用 3 人集体拦网。

示例一：人盯区拦网战术。前排 3 个队员各负责一个区，无论对方采用何种进攻战术，本方仍然可以采取盯区拦网。

示例二：人盯人拦网战术。3 名拦网队员各自负责对方 3 名队员，无论对方跑向何处进攻，均由专人负责拦网。其优点是职责清楚，分工明确，以免造成无人拦网的局面。缺点是当对方利用战术进攻时，拦网队员容易相互阻挡。

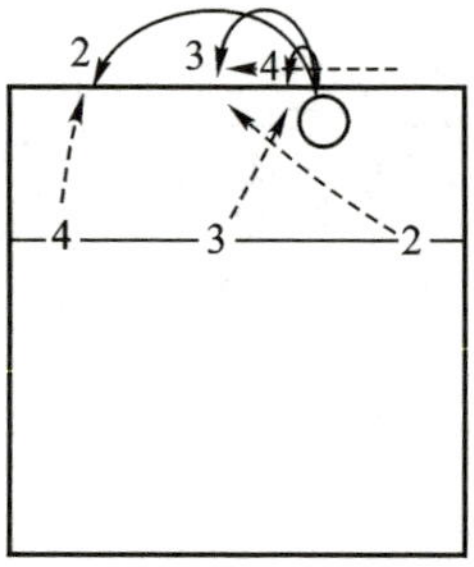

» 图 3-4-86

示例三：换人拦网战术。如对方采用后交叉进攻战术，对方 4 号位无人进攻，本方不能采用人盯区拦网；如采用人盯人拦网，则 4 号位拦网队员常被 3 号位拦网队员阻挡而来不及移动再去拦对方 2 号位队员的交叉跑动进攻，故应采用换人拦网战术，由 4 号位队员拦对方 3 号位的快球（图 3-4-86）。

② 后排防守是第二道防线，是组织反攻战术的基础，也是关系到能否得分的重要问题。同时，后排防守还体现出一支队伍的精神面貌，能鼓舞士气，增强信心，激发队员的斗志。后排防守应注意的事项：

（a）与拦网的配合。后排防守必须与前排拦网密切配合，互相弥补。一般情况下，拦网的主要任务是封住对方的主要进攻路线，后排防守的任务是堵住拦网的空隙和对方的次要进攻路线以及防起对方的吊球或打手出界球。

示例一：对方主要进攻路线为直线时，本方应拦直线、防斜线（图 3-4-87）。

示例二：对方 3 号位进攻时一般有两条线，本方如拦直线，则应防转体、转腕斜线（图 3-4-88）；如拦转体斜线，则应防直线（图 3-4-89）。

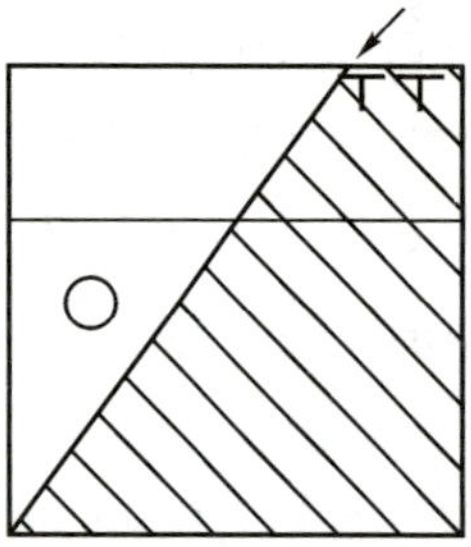
» 图 3-4-87

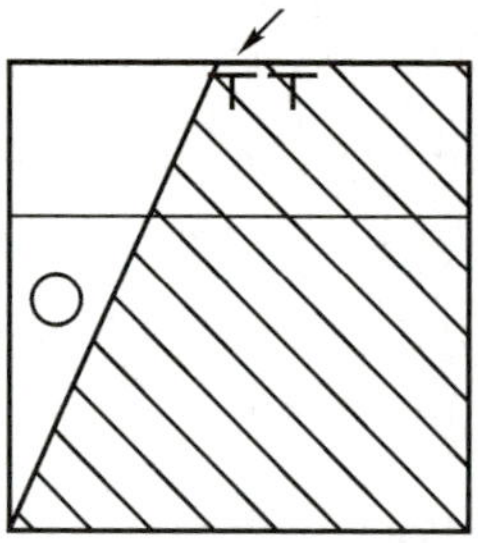
» 图 3-4-88

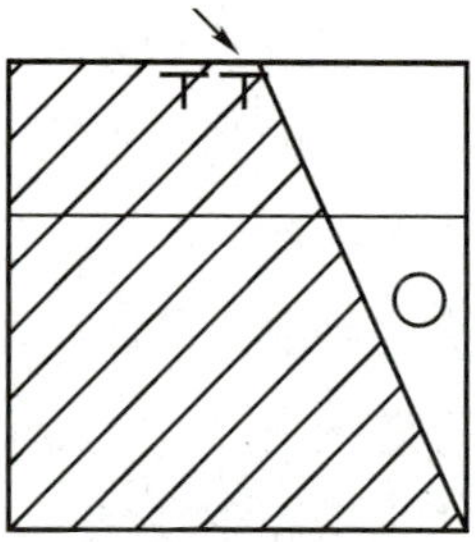
» 图 3-4-89

（b）互相弥补和接应。在后排防守中，当发现其他队员判断行动失误时，其他队员都应做好接应的准备，主动采取弥补措施，抢救防起垫飞的球。另外，前排拦网队员落地后，要及时转身接应后排防守起来的球，并立即转入防反。

（c）具有良好的心理品质。心理因素在后排防守中起着重要作用。因此，在排球比赛中，队员要树立必胜的信念，发扬果敢顽强的拼搏精神。同时，防守队员要互相呼应，互相鼓励，这样既能调节自己的情绪，使中枢神经处于良性兴奋状态，又能起到活跃场上气氛、鼓舞斗志的作用。

③ 防守各种进攻战术的布局及其变化的形式。由于各种进攻战术的特点不同，所以在布防时既要考虑本方情况，又要考虑对方打法变化，灵活采用各种防守形式。

（a）防守强攻战术的布局及其变化。强攻战术主要是以高点重扣、线路变化及远网调整扣球、后排进攻、超手扣球等方法的变换应用为主。为此，防守方靠近进攻点的前排队员，要根据对方二传传球的落点和进攻队员的跑动路线，及时正确取位，与其邻近的队员应迅速移动、靠拢，组织双人或三人拦网。拦网时，要拦住扣球的主要路线，不拦网的队员要根据情况后撤，后排防守位置应在扩大防守面的前提下，与前排拦网紧密配合，相互弥补。

（b）防守快攻战术的布局及变化。快攻战术变化虽多，但发动区域大多在 2 号位、3 号位之间，因此拦网取位应向中间靠拢，在人盯人单人拦网的基础上，尽可能地组织双人拦网。如不能及时组成双人拦网，应根据临场情况，前排不拦网的队员后撤防吊球，或与后排队员组成相应的防守阵型。如对方中间快球掩护、背传拉开进攻（图 3-4-90），本方 4 号位队员盯人拦网，3 号位队员快速后撤，防守吊球，2 号位队员后撤防守小斜线扣球，5 号位队员防守直线球，1 号位队员防守大斜线扣球，6 号位队员防守后区。

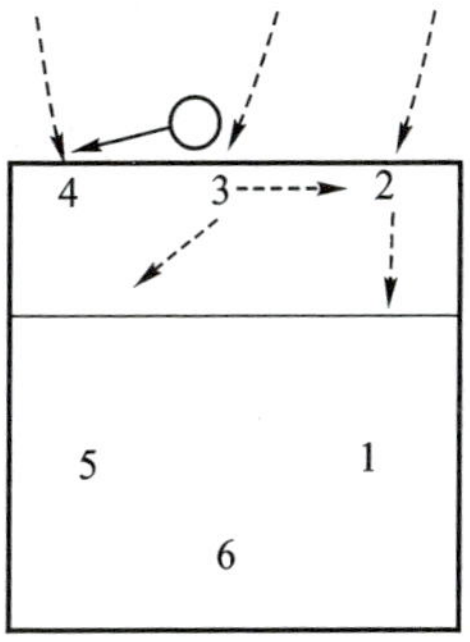

» 图 3-4-90

（c）防守“两次球及其转移”进攻战术的布局及其变化。“两次球”的进攻点多从 2 号位发动，因此当对方“两次球”进攻时（图 3-4-91），一般采用 4 号位队员单人拦网，3 号位队员准备拦转移后的快攻或后撤防“两次球”吊球，2 号位队员后撤防小斜线球。如对方 4 号位进攻，本方则尽量快速移动起跳，配合 2 号位队员组织双人拦网。

（d）防守立体进攻战术的布局及其变化。后排进攻线路较长，过网区较大，过网点较低，扣球以直线为主，吊球的可能性很小，扣球落点又多在后场。因此，防后排进攻要力争双人拦网，不拦网的队员多往后撤，与后排 3 名队员防守后场。如果由 3 号位二传队员单人拦网，2 号位、4 号位队员尽量后撤，与后排 3 名队员共同组成半弧形防线（图 3-4-92）。如果对方采用前排掩护、后排进攻的立体进攻战术，本方前排应积极移动补拦，一旦形成空网，则应依靠后排队员的快速移动取位进行顽强防守。

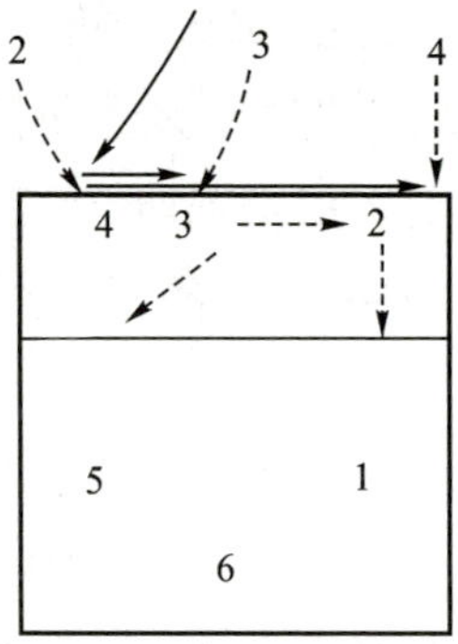

» 图 3-4-91

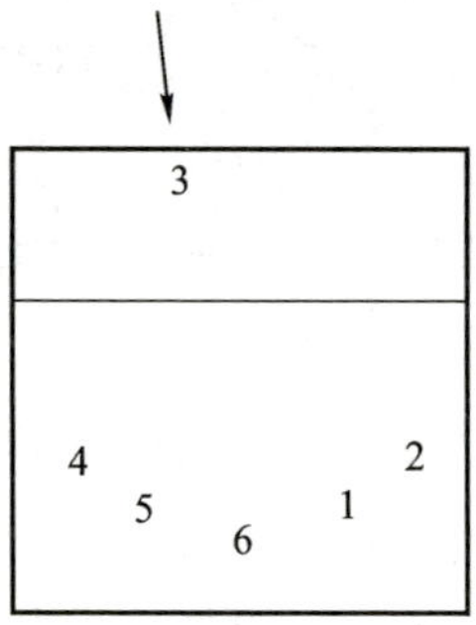

» 图 3-4-92

（2）接扣球进攻战术。该战术在比赛中出现的次数很多，是得分的主要手段，对比赛胜负起着重要作用。进攻战术可采用接发球战术的形式，但运用时要复杂困难得多。

接扣球进攻战术的运用能力，首先取决于拦网的效果和后排防守起球的到位程度，此外，还要看二传队员的组织能力、其他队员调整传球的能力和扣球队员扣调整球的能力，以及强攻能力与快攻意识等因素。接扣球进攻除直接拦死、拦回外，还有以下两种情况：

① 触及拦网队员手后的组织进攻。在比赛中，球被拦起后落在本方前区的情况较多，且这种球的飞行很不规律，因此，要根据具体情况，灵活运用各种打法，组织进攻。

前排拦起的高球，落点在前场或中场，可由扣球队员本人或跟进保护队员将球传、垫给二传队员，组织“中二三”“边二三”进攻。也可将球传给不拦网的队员作二传，组成“两次球及其转移”进攻战术，进行突然袭击。在一传到位的情况下，可由跟进保护的接应二传“插上”组织进攻，在接发球进攻时所运用的战术都可以采用。

前排拦起的低球，速度快，落点远，球不易传、垫至网前，则要求二传队员和其他队员积极准备，将球调整传给不拦网后撤的队员进攻。

② 后排防起后的组织进攻。前排未能有效拦网时，主要依靠后排防守起球组织进攻。

当后排 6 号位队员防守起球时，前排二传队员在拦网落地后，应立即转身传球。其他队员也要准备接应，离球最近的 1 号位队员可作二传，组织进攻，也可组织立体进攻（图 3-4-93）。

当后排防起的球到位时，接发球所运用的战术都可以采用（图 3-4-94）。1 号位跟进防守的二传队员应迅速插上组织进攻。2 号位和 3 号位队员拦网落地后要迅速后撤，准备进行背平快和快球进攻，4 号位队员准备平拉开进攻。

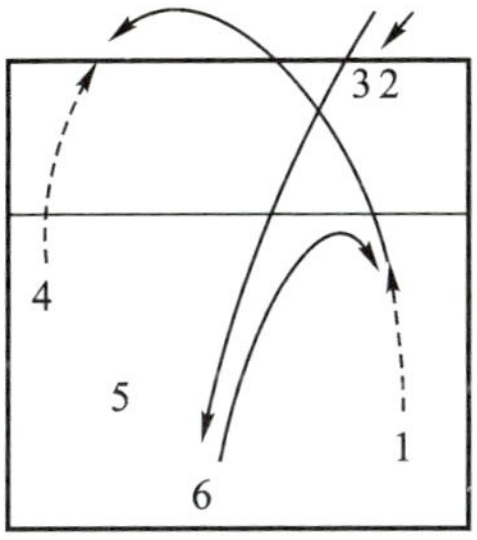

» 图 3-4-93

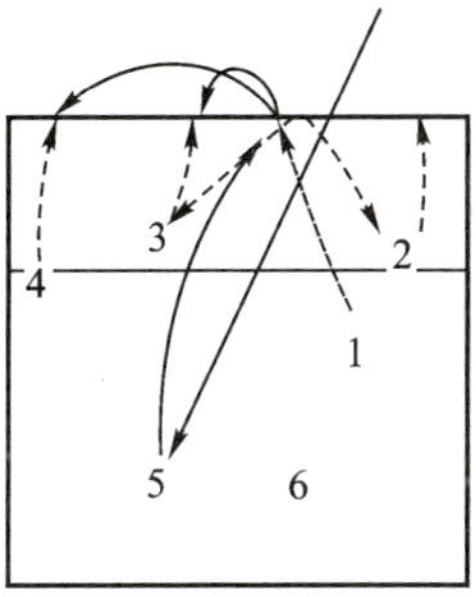

» 图 3-4-94

3. 接拦回球及其进攻（保攻）战术系统

接拦回球及其进攻也称为“保攻”，既不同于接发球进攻，也不同于接扣球进攻，是一种自成体系的进攻形式。保攻系统包括保护、二传、扣球等环节。自从规则允许过网拦网后，拦网即由消极的防守转为积极的进攻。因此，球被拦回的次数不断增加。在比赛中接好被拦回的球，不仅可减少失分，而且能增强扣球队员的信心。

（1）接拦回球的特点和要求。在扣球进攻的同时，本方其他队员需要采取一种防守阵型，以便有效地接起被拦回的球。由于攻、拦之间的攻守转换时间极为短促，而被拦回的球，其飞行路线多数成锐角反弹回来，速度快、路线短、离网近、突然性大，所以，除要求队员具备快速敏捷的反应能力和掌握多种垫、挡、顶等防守技术外，还必须布置合理的防守阵型。防拦回球时，队员选择的位置应根据扣球的方向、线路、力量和击球点离网的远近以及对方拦网的高度和手型而有所不同。但扣球点附近是接拦回球最集中、最困难的地区，所以，这一地区应作为重点防守的地区。接拦回球的难度较大，能否完成保护同伴扣球的任务，对比赛的胜负有一定的影响。

（2）接拦回球进攻。接拦回球进攻比接发球进攻、拦起后进攻及后排防起后进攻的难度更大，要求更高。一般有三种情况：

① 如拦回的球角度小、速度快、落点近网，则要求第一次击球时尽量将球垫高，争取调整二传组织强攻扣球。

② 如拦回的球速度慢、落点远网，则应有意识地将球垫给二传队员组织“中二三”或“边二三”进攻战术。

③ 如拦回的球弧度高、落点在中后场，则应通过“插上”组织一系列的快攻战术或组织两次球的进攻战术，其进攻形式与接扣球进攻基本相同。

4. 接传、垫球及其进攻（推攻）战术系统

接传、垫球及其进攻，简称“推攻”。推攻即接对方没有组成有效进攻而传、垫过网的球组织进攻，这个系统包括接对方传、垫过网球，二传，扣球等环节。在排球比赛中，当遇到对方无法组织进攻，被迫将球传、垫过网的情况时，如果能抓住这种“机会球”，组织快变战术进攻，就能掌握进攻主动权，争取得分。如果掉以轻心，不

仅会丧失良机，还会导致被动局面。因此，接传、垫球及其进攻也是不应忽视的一个环节，其进攻形式与接发球进攻形式基本相同。

（1）接传、垫球的特点。在比赛中，以传、垫球方法击球过网，一般都是在未能形成有效进攻时采用，因此，接球方有较充裕的时间组织进攻。但有时对方会有意识地利用各种方法给接球一方制造困难，如平传空位、垫高球、迫使二传队员接球等。其力量与速度虽不及扣球和发球，但落点刁、突然性大，也会造成接球一方难以形成有效的进攻战术。

（2）接传、垫球进攻。根据对方传、垫过网球的时机、条件以及性能的差异，可采用以下进攻战术打法：

① 对方垫高球过网时，本方后排二传前插和前排队员后撤或换位应同时进行，在一传接球前到达各自位置，二传可按预先战术安排组织多点进攻。

② 当对方将球传向本方空位或弱区时，临近队员应迅速移向球落点区，其他队员应靠近接应，根据防起球的位置和效果，灵活组织合理的战术进攻。

③ 当对方一传有意识地将球突然传、垫过网时，本方队员应迅速防守补位，在接扣球防守阵型的基础上，尽可能地组织“边二三”战术，并充分发挥3号位、4号位队员快攻战术配合的作用。

④ 当对方传、垫球落在本方前区时，前排队员也已经后撤，这时可组织两次球进攻战术。如对方传、垫球落在后区，前排队员有充足时间后撤准备进攻，此时组织“插三二”战术更为有利。

专栏6：6 > 6——世界冠军的基石

排球是一项团队运动，团结协作在其中起着至关重要的作用。在排球比赛中，每个队员都有自己的特定角色和任务，每个队员也都可能有自己的弱点，只有通过团结协作、相互支持，弥补彼此的不足，才能增强团队成员之间的互信和默契，才能更加高效地执行比赛策略，进而提高整个团队的凝聚力和战斗力。指导中国女排首次获得世界冠军，并取得“三连冠”历史性突破的前中国女排主教练袁伟民在其《我的执教之道》一书中，对团结协作进行了深刻的阐释。

“体育比赛中的集体项目，除了比技术外，很重要的一条是比团结。排球比赛场上看起来是6个人对6个人的比赛，其实究竟是几对几的比赛是个未知数，很可能是个不等式。这个队团结搞得好，6个人加起来可能等于6；那个队团结搞得不好，6个人加起来就可能只等于5，等于4，甚至等于3……。要拿世界冠军，那就不是6个人加起来等于6的问题了，而要做到 6 > 6。现代排球运动技术、战术飞速发展，日趋严密，要求运动员相互间从思想、意识到技术、战术，高度配合，高度协调，高度默契，6 > 6 的问题就更为重要。”

“要想在排球比赛中熟练地打出多样的战术配合来，运动员平时在思想和行动上就要配合得非常协调。如果攻手与二传之间，思想上有疙瘩没解决好，就必然会在球场上反映出来，影响配合。比赛时就曾暴露了这方面问题，我们花了很大的功夫专门解决这个问题，不但使队员们提高了认识，吸取了教训，也使全队从这个问题上看到了团结是集体项目的生命。”

“要增强集体内部的凝聚力，还要主动地采取措施去培养这种凝聚力。在训练中，我们经常搞一些队员与队员之间相互有牵制的训练，既练技术，又练思想。这样的训练，一开始必然会出现矛盾，甚至会互相埋怨。这不怕，就是要使她们从埋怨练到不埋怨，练到相互鼓励、相互弥补，这才是排球需要的精神。这种风气的形成，这种习惯的养成，正是增强集体内部凝聚力的基础。”

（四）攻防转换及运用

攻防转换，是指在排球比赛过程中，由进攻转换为防守或者由防守转换为进攻的动态过程。排球比赛中的攻与防是主动与被动互相转化的客观矛盾，就排球比赛整体而言，进攻战术和防守战术并不是孤立的，进攻后应立刻转入防守，防守起球后应立刻转入进攻，快速地进行攻防转换。攻防转换是主导比赛胜负的核心系统，它从本质上揭示了竞技排球运动的制胜规律。

1. 攻防转换的特点

（1）攻防转换的协作性。排球比赛过程中，从前排进攻和后排跟进保护，转换为前排拦网和后排卡位防守，需要整个团队的协作和默契，以实现严密的集体战术配合。任何环节与集体战术不匹配，都会破坏攻防的整体性，削弱比赛的主动权。团队之间的协作和配合是成功完成攻防转换的重要因素。

（2）攻防转换的瞬时性。现代排球比赛是一项快节奏的比赛，攻防转换在短时间内即可完成。球员需要快速分析对方的意图、球的路径和速度，并做出快速的反应。同时，球员也要时刻保持注意力，以便在攻防时迅速调整阵型和位置，以适应对方的进攻或防守。

（3）攻防转换的稳定性。攻防转换需要球队保持稳定的心态和技术水平。无论是从进攻到防守，还是从防守到进攻，球员们需要在转换过程中保持冷静，并始终保持稳定的技术表现。成功的转换可以给进攻方创造快速得分的机会，而防守方则可以通过成功的转换阻止对方得分。

这些特点使得排球攻防转换成为一项技术和战术要求较高的环节。球队需要通过持续的训练和默契的配合，以适应快节奏的转换，并在转换中寻求机会取得优势。

2. 攻防转换的运用

在排球比赛中，无论采用“中二三”“边二三”还是“插三二”进攻阵型，球队采用的“四攻”战术系统均会产生两种攻防转换效果。一是一方进攻，球被对方拦回后防起，重新组织进攻，此时进攻方进行了攻—防—攻的转换过程，而防守方进行了防—攻—防的转换过程；二是一方进攻，球进攻过网后，被对方防起，此时攻防双方位置发生转换，原进攻方转换为防守方，进行了攻—防的转换过程，原防守方转换为进攻方，进行了防—攻的转换过程（图 3-4-95）。

查看攻防转换实战视频

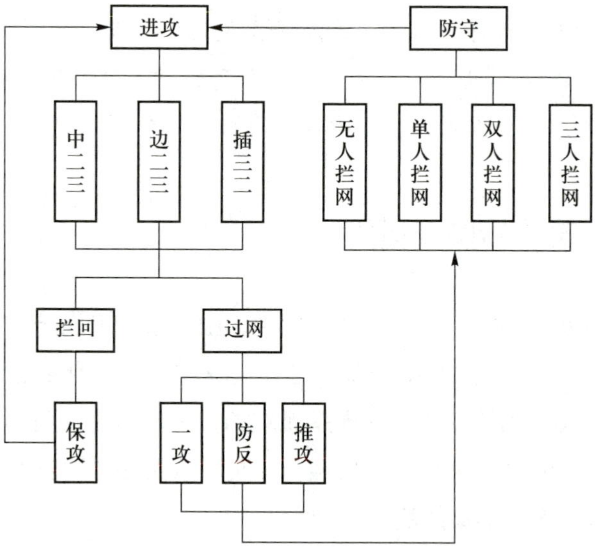

» 图 3-4-95　攻防转换系统

每个球队在攻防转换方面可能会有不同的战术和策略。球队可以采用快速进攻的战术，利用对方未做好防守准备时的优势，也可以更注重稳定的攻防转换，以确保防守和进攻的平衡。在攻防转换中，团队的默契配合是关键，球队需要根据战术规划、球员特点进行及时的沟通来实现顺畅的攻防转换。在攻防转换中，球队也需要根据比赛情况和对手的表现灵活变化战术，根据对方的弱点和防守策略，调整进攻方式和战术手段，以便取得更好的效果。

3. 攻防转换的要求

（1）快速的转换。攻防转换是一个快节奏的过程，球队需要迅速转变自己的角色和位置。进攻方需要快速回到防守位置，而防守方则需要迅速转变为进攻状态。球员需要具备快速而准确的反应能力，以便迅速适应比赛的变化。快速转换可以减少对方进攻的时间窗口，并为自己的进攻创造机会。

（2）及时的位置调整。在攻防转换中，球员需要快速调整自己的位置和状态。进攻方需要找到最佳的进攻角度，并准备好接球和发起攻击。防守方则需要迅速回到自己的防守位置，准备应对对方的进攻。准确的位置调整和状态调整可以提高球员的防守和进攻效果。

（3）准确的预判。攻防转换过程中，球员需要准确判断对方的意图和战术，以便做出正确的决策。这需要球员具备分析和研究对手的能力，提前预判对方的动作和球的路径，以使球员更快地做出决策，并做出快速的反应。

（4）默契的配合。在攻防转换中，球员之间的协作和沟通至关重要。需要球员能够迅速传递信息、指挥队友调整位置，并配合完成防守和进攻的衔接。良好的团队配合需要球员之间的默契和理解。

（5）良好的心理素质。攻防转换是一个紧张而快速的过程，需要球员具备良好的心理素质。球员需要保持专注和冷静，不受干扰和压力影响，以便在关键时刻做出正确的决策和动作。

思考与实践

1. 在排球比赛中，如何充分发挥发球个人战术？
2. 不同进攻阵型下，如何组织有效的一攻战术？
3. 快球掩护进攻可组成哪些进攻形式？画图说明。
4. 接发球的基本要求有哪些？接发球的阵型有哪几种？
5. 试述双人拦网下“心跟进”“边跟进”的防守阵型，并画图说明。

第四章　排球教学与训练

本章导言

本章从排球教学与训练方法学的角度，结合排球运动技、战术发展的特点和学生认知规律，系统介绍了排球教学与训练工作的任务，教师的教法，学生的学法，排球课的课型和结构，排球教学的组织和实施，排球教学文件的制订，排球技术和战术教学的顺序步骤、练习方法、常犯错误、纠正方法及案例，练习中应注意的问题，排球教学与训练中的要点、技能要求、教法学法运用、思政融入、学业提示、参考示例与链接以及排球教学与训练中常用的语言技法、非语言技法、教练员的带练技法等。强化教会、勤练、常赛的教学与训练习惯，帮助学生更好地掌握排球理论与方法，提高排球教学与训练质量，促进学生运动能力、健康行为、体育品德等核心素养的形成。

学习目标

知识目标：学习排球各项技术、战术的教学与训练过程和方法，明确排球课的课型和结构，知晓各种教学与训练文件的编写程序和内容，了解排球技、战术练习中易犯错误和产生的原因，掌握错误动作的纠正方法及注意事项。

能力目标：熟悉排球教学与训练中的技战术、技能、教法、学法、思政融入、学业提示等内容要点，学会排球教学与训练中常用的语言技法、非语言技法、带练技法、运用时机和技巧，掌握排球教学与训练中各技术战术的实践能力及方法。

价值目标：通过排球教学与训练，提升学生的排球文化素养，培养学生机智果断、沉着冷静的心理品质，团结拼搏的集体主义精神，胜不骄、败不馁、勇猛顽强、克服困难的良好作风以及创新思维和实践能力。

第一节　排球教学概述

排球教学是由教师和学生共同参与，以教师为主导，学生为主体，按照教学计划和课程标准，向学生传授排球知识、技术与技能，增强其体质，培养其道德、意志、品质等进行的有目的和有组织的教育过程。

简单地说，排球教学就是师生在教与学两个方面的双边活动，也是学习者从不会排球到学会排球的教与学的过程。

一、排球教学的任务

第一，通过排球教学，坚持立德树人，对学生进行思想品德教育，培养团结协作的集体主义精神和勤学苦练、顽强拼搏的优良作风，塑造良好的竞争意识。

第二，通过教授排球基本理论知识，学生掌握排球基本技术、基本战术和基本技能，具有从事中学以上排球课程教学的能力，做到会讲、会做、会教、会写。

第三，通过排球专项身体素质训练，丰富学生的健身知识，促进学生身体正常发育和机能的全面发展，为提高体能和运动技术水平打好基础。

第四，通过排球教学，学生学会科学锻炼身体的方法、手段，养成经常锻炼身体的良好习惯，为今后开展全民健身、指导大众排球活动打好基础。

二、排球教学的方法

排球教学方法是指在排球教学过程中，教师根据排球教学的目的、任务、内容和学生的身心特点所采用的教学措施和手段。排球教学方法有教法和学法两层含义。

（一）教师的教法

概括起来主要有语言法、直观法、完整法与分解法、预防法与纠正错误法、相似技术教学法、发现教学法、程序教学法、游戏教学法、比赛法、条件控制教学法、启发式教学法、探究式教学法、自主教学法等。

1. 语言法

语言法是指在排球教学中，教师运用各种形式的语言指导学生学习掌握排球技术、战术、技能等内容，让学生在理解排球技术方法与要领的过程中进行练习的一种方法。在排球教学中，运用语言法的形式有讲解、口令指导、口头评定成绩以及“默念”与“自我暗示”等。

2. 直观法

直观法是指在教学中，借助视觉、听觉、肌肉本体感觉等器官来感知动作的一种教学方法。如在排球技术教学中，可通过直观示范帮助学生理解技术动作，了解技术动作的结构、路线、要领和完成技术动作的方法，以及与时间、空间之间的关系等。教学中常用的直观方法有动作示范、教具和模型以及小视频、微电影、录像等现代多媒体教学手段。

3. 完整法与分解法

（1）完整法是指从技术动作的开始到结束，不分部分和段落，完整地进行教学的方法。完整教学法一般是在动作比较简单（如准备姿势），或者动作虽然比较复杂（如跳传），但难以进行分解或为了不破坏动作结构时采用。

（2）分解法是指把完整的技术动作合理地分成几部分，依次进行教学，先分后合，最后达到完整掌握技术的一种教学方法。

4. 预防法与纠正错误法

（1）预防法是指教师在教学过程开始阶段所采用的有效预防错误动作的教学方法和手段。如教师在教学刚开始，就结合教材的内容、技术特点和可能出现的错误动作预先给予提醒，在教学手段上注意预防等。

（2）纠正错误法是指针对学生出现的错误动作，教师采用有效纠正错误的手段和方法。如排球传球时大拇指朝前，扣球时起跳前冲过大等错误动作，如不及时纠正就会形成错误的动力定型，影响正确排球技术、技能的掌握和提高，严重者还会造成伤害事故。

5. 相似技术教学法

相似技术教学法就是在排球基本技术的教学过程中，把教材中动作结构基本相同、技术环节基本相似的技术动作加以分析和整理、归纳，找出共同的规律，作为安排教学的依据，以利用不同姿势的相似技术互相促进，使学生在较短的时间内掌握更多技术的一种教学方法。

6. 发现教学法

发现教学法又称为问题教学法，其主要倡导者是美国的心理学家布鲁纳。其实质是通过教师的启发和指导，让学生自己去发现、回答和解决自己的问题，从而自主获得基本理论知识的一种探究式的教学方法。

7. 程序教学法

程序教学法是美国心理学家普莱西和斯金纳创造的，是一种强调个体自学的方式，可通过结构分析，将教学内容划分为不同层次，在教师的引导下，学生按照层次顺序逐一学习，及时强化学生每个正确的反应，促使他们主动积极地去获得知识和技能，发展自学能力。

8. 游戏教学法

游戏教学法是指以游戏的方式，在规则许可的范围内，充分发挥学生的主动性和创造性，为达到排球教材所规定的目标，而组织学生进行学习的一种方法。在教学中，合理组织和运用游戏教学法，能有效地提高学生身体活动能力，全面发展身体素质和排球技术、战术能力，同时还能激发学生的热情和兴趣，在游戏中获得身心的愉悦和运动的快乐。

9. 比赛法

比赛法也称竞赛法，是指在竞赛条件下，达到检查教学效果和提高排球技术、战术运用的一种教学方法。在教学中，合理地运用比赛法，可以锻炼和提高学生排球基本技术、战术的运用能力和应变能力，同时还能培养学生坚毅、果断、勇敢、顽强的意志品质和团结协作的集体主义观念。

10. 条件控制教学法

条件控制教学法是指在排球技术、战术教学中，根据教学需要和学生学习情况，故意设定一定限制条件来控制教学走向的一种教学法。这种教学法所要控制的条件主要有三类：器材、规则、人。控制器材的一般方法是降低或升高球网、扩大或缩小场地，也可以选择不同条件的教学训练场馆等；控制规则主要用于教学比赛中，如在学生技术水平达到一定程度后，为了练习远网扣球，可以规定必须后排进攻，为了练习转体扣球，规定必须扣直线球；控制人的方法主要是练习或比赛时限制人数，如安排三人练习三角传球、安排三对三的比赛等。

11. 启发式教学法

启发式教学法是教师根据教学目的、内容、学生的知识水平和认识规律，运用各种启发式的手段传授知识、培养能力，引导学生积极、主动、自觉地练习，以促进身心发展的一种教学方法。

12. 探究式教学法

探究式教学法是指学生在练习时，教师只是给他们一些事例和问题，让学生自己通过观察、实验、思考、讨论等途径去独立探究，自行发现并掌握相应的原理和结论的一种教学方法。如在排球教学中突出学生的主体性，让学生去探索、发现，使学生会学、善学、乐学、好学，教师指导学生掌握科学的练习方法，培养学生排球学习的探究能力。

13. 自主教学法

自主教学法是以提高学生的自主学习能力为主，以教师根据学生的需要进行引导为辅的立体式教学模式，是通过各种学习方式，促进学生的全面发展以及提高综合素质的一种教学方法。如在排球教学中，让学生能够自觉、主动地获取新知识、新信息并加以消化吸收，自觉、主动地运用新知识、新信息投入到练习活动中去，以便最大限度地发挥自己的主体作用。

教学是一门科学，也是一门艺术，教学有法，但无定法，贵在得法。在实际的排球教学中，教师往往会把多种教学方法结合起来运用，这种结合越自然，越符合学生的学习水平和学习习惯，就越能体现排球教学的特点，其教学效果就越好。

（二）学生的学法

任何一种新的教学法，如果忽视了学生的学法，无法调动学生学习的主动性和积极性，那么其可接受性和教学效果便值得怀疑。下面重点介绍几种在排球教学过程中学生应该掌握的学习方法：

1. 观察与模仿法

人对事物的认识，首先是从感觉器官对事物的感知开始的。教育心理学实验证明：一个正常人的五官对知识的吸收率，用眼睛所接受的信息占 83%，用耳朵所接受的占 11%，以上两项共占 94%；用鼻子闻占 3.5%，用舌头尝占 1%，用手或肤体接触占 1.5%。很明显，在学习中应加强视觉和听觉的结合，让学生尽可能多地观看比赛、录像中运动员的技术动作和课堂上教师的动作示范或教具演示，充分利用自身的视觉、听觉、触觉等本体感觉功能，力求在脑海中再现出鲜明、生动、深刻的技术形象，建立正确、完整的动作表象，通过对所学知识、技术动作的模仿、练习和再认识，进而掌握运动技能。

2. 认识学习与理解法

从教育学理论的角度而言，认识学习指的是接受和加工与体育有关的知识和见解。体育教学中的认识学习范围包括运动（自身的体育活动）、实践（文化和社会实践）、体育科学（介绍科学知识）三个部分。

从实践方面来说，运动实践比从事一般的体育教学需要更多的认识理论和科学知识。当然，除了运动知识，分析的知识也是认识学习的一个组成部分。

学生是认识活动的主体，在排球教学中，也要通过语言、文字来学习和掌握间接经验，要注意阅读有关的专业书籍或教材，学习一些理论知识，并认真听取教师对动作要领、技战术方法的分析与讲解，努力做到“知其然，又知其所以然”，用理论知识指导运动实践，从而提高学习效果和技战术水平。

3. 咨询与交流法

学生在观看动作演示并加以理解之后，会尝试进行练习。在此过程中，会发现一些问题，在勤于练习和思考的基础上，主动向教师或者同学进行咨询和交流，便于加深理解、获得经验、交流体会，从而有所提高。

4. 练习法

练习法是根据学习任务，有目的地反复做一些动作的方法。在排球教学中，进行反复练习，是掌握技术动作、形成动作技能的基本方法。一般情况下，在练习的过程中，必须要达到一定的次数和量的积累，才能产生质的提高，才能促进中枢神经系统和各器官系统的发展，提高身体机能和各种身体素质，掌握排球各项技术技能。

5. 纠正错误法

在排球教学中，学生在掌握技术动作时，可能会出现一些错误动作，应该注意预防和纠正。这就要求学生熟悉动作要领，建立正确的动作表象。一旦出现错误动作，则应虚心向教师或同学请教，抓住主要错误予以纠正，纠正得越及时越好。

6. 自评法

自评法是指学生在练习过程中，对自己学练的标准、质量与效果进行判断，进而采取控制与调节的一种方法。它包括目标评价法、动作评价法、负荷评价法和效果评价法等。

7. 联系学习法

联系学习法源于心理学迁移理论，知识的相似性有利于迁移的产生，迁移是一种联系的表现，是发挥主观能动性的充分体现。如在学习排球技术时，学生从已学过的技术动作中，寻找出与排球技术有内在联系的技术动作，从而可以更好、更快地理解和掌握排球技术，提高技、战术水平。

8. 目标学习法

目标学习法是美国心理学家布卢姆所倡导的。布卢姆认为，只要有最佳的学习目标，给学生以足够的时间，多数学习者都能取得优良的学习成绩。这种学习方法可以使学生享受成功的欢乐，增加自信心。在排球学习中，学生应按照自身的情况，设置一个学习目标并进行练习，这有助于促进自身运动能力的提高。

9. 完成指标法

完成指标法是以完成规定指标为任务的学习方法。在排球学习中，学生设置一定的指标，如对墙连续垫球若干次，对墙传球若干次，可以及时得到练习的定量反馈，刺激性强，有利于调动练习的积极性。但是指标的设置不宜过高或过低，所设指标应以经过自身努力可以达到为前提。

三、排球课的课型和结构

（一）排球课的课型

课型即课的分类。排球课的课型主要是根据排球教学的任务、完成教学目标或依据课的教学内容及所使用的主要教学方法来划分的。

根据排球专业课程教学的实际，一般把排球课划分为讲授课、实践课、演示课、考核课等。

1. 讲授课

讲授课是排球理论教学的主要授课形式，所以也叫排球理论课。讲授理论课要以教学计划、教学大纲、教材为依据，按照教学进度和教学任务的统一要求，合理安排授课时间和授课次数，并精选教学的主要内容。讲授时要概念明确、条理清晰、重点突出，并贯彻启发式教学法。

讲授课还能以讨论课的形式出现。讨论课是指对排球某一专题进行讨论，共同交流看法或进行分析和辩论，以促使学生加深理解、拓展思路，同时培养语言表达能力和发现问题、分析问题及解决问题的能力。

2. 实践课

实践课是指在场地（室外操场、室内体育馆）内进行身体练习，并传授排球技术、战术和技能的授课形式。排球实践课是通过讲解、示范、挂图、视频、电影、录像等手段和一定数量的各种练习，使学生掌握排球技术，提高技、战术运用能力，了解易犯的错误动作及纠正方法，从而达到培养学生学会、勤练、常赛的目的。

实践课又可以分为新授课、复习课、比赛课等。新授课是指以学习新内容为主的课，其主要任务是使学生对新的教学内容形成正确、完整的概念，初步掌握新内容的技术动作或战术配合。复习课是指复习巩固已经学习过的内容的课，其主要任务是在教师的指导下，通过反复练习已学过的排球技、战术，逐步提高技、战术质量。比赛课是指通过竞赛检查教学效果、提高排球技、战术运用能力和交流教学经验的一种教学形式。排球比赛课可在规则允许下或在特定条件下进行，也可根据教学计划、进度和不同的教学阶段来安排各种不同的比赛内容。

3. 演示课

演示课是指运用各种直观教具（挂图、模型、录像、视频、幻灯、投影等）和观摩优秀运动队（员）比赛、训练和示范的一种教学课。该课还包括影视课和采用录像、多媒体等教学手段对高难技术的演示。演示课具有强烈的真实性，能使学生加深对排球技、战术教学内容的直观认识，提高形象思维能力。

4. 考核课

考核课是指以检查学习效果为主的课。考核课的目的是通过教学检查，获得教学的各种信息，为改进教学提供依据。它是在某项教学基本结束后，按照教学计划进行的。在教学实践中，有的教师为了掌握学生情况或总结教学经验，在某教材教学之前进行摸底测验，也属于这种类型的课。按照考核目的的不同，考核课可以分为考试和考查两种形式。其内容包括排球理论知识、技术评定、技术达标及各种实际操作能力的考核。通过考核达到督促学生学习的目的，也是控制和评价排球教学过程的一种方法。

（二）排球课的结构

排球课的结构是指一节课的基本组成部分以及各组成部分之间的安排顺序、时间分配和相互关系。课堂结构决定课堂教学效果的优劣，能使教学过程发生质的变化，合理安排排球课的结构，对上好排球课具有重要意义。

排球课的结构可以分为“四部分”（开始部分、准备部分、基本部分、结束部分）结构形式和“三部分”（准备部分、基本部分、结束部分）结构形式。目前，“三部分”结构形式运用最多，三个部分都有各自的主要任务、内容和组织教法要求，但三者又是一个紧密联系的完整体系。在考虑排球课的结构时，不仅应在各个部分遵循教学过程的一般规律，还应注意从课的整体上遵循人体身心活动变化的规律。

1. 准备部分

准备部分的任务是用较短的时间，将学生迅速组织起来，通过一般性的各种走跑练习、徒手操或球操练习、集中注意力练习、队列队形练习、游戏和专门性的活动练习，使身体各器官系统机能尽快进入工作状态，为基本部分的学习做好充分的准备。

准备部分的组织通常采用集体形式进行。时间安排在 45 分钟的课中，一般需要 8～10 分钟；在 90 分钟的课中，一般为 15～20 分钟。

2. 基本部分

基本部分的任务是学习或复习排球大纲和进度所规定的教材内容，同时使学生的生理机能处于适宜的兴奋状态，保证人体工作能力处于最佳水平，学习、改进和掌握排球基本知识、技术、战术，提高运动机能，发展身体素质，提高体能，培养实践操作能力。

基本部分的组织应根据排球教学目标、教材内容与性质、学生特点、场地器材设备条件采用相应的组织形式。总体来说，排球课的基本部分应遵循三个原则：最大限度地利用场地和器材，最大限度地结合排球技、战术的规律和特点，最大限度地让学生多接触球。时间安排在 45 分钟的课中，大约占 30 分钟；在 90 分钟的课中，一般占 65~70 分钟。

3. 结束部分

结束部分的主要任务是根据基本部分最后练习的性质、负荷大小，选择轻缓的舞蹈等身体和心理放松练习，使学生的机体逐渐恢复到相对安静的状态。同时简要地进行课的讲评和小结，布置课外作业等。

结束部分的组织通常采用集体形式进行，时间约占 5 分钟。

四、排球教学的组织与实施

排球教学的组织与实施是指为了保证课的顺利进行、提高排球课的教学质量所采取的各种保证措施和手段。

排球教学的组织与实施主要包括课前准备、课中实施和课后总结（图 4-1-1）。

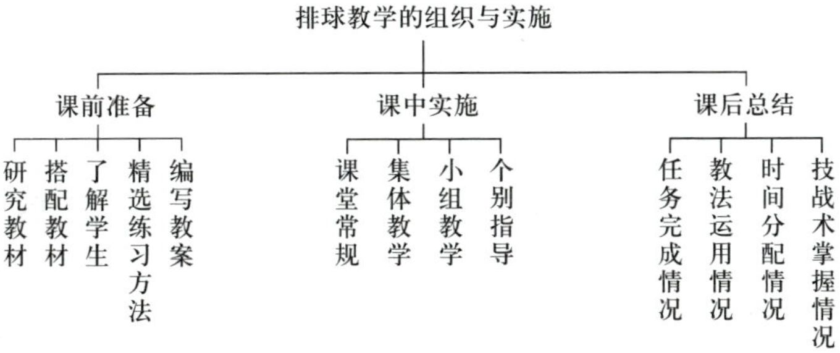

» 图 4-1-1　排球教学的组织与实施

排球教学的组织与实施是为实现排球教学目标而服务的。为此，教学中要遵循教与学的规律和特点，教师要善于启发引导学生进行思考分析，总结经验，认识规律；学生要在教师的指导下充分发挥学习的积极性、自觉性、创造性。在教学和学习过程中，要突出学生的主体地位，同时肯定教师在教学过程中的主导作用，二者共同参与教学活动的全过程，达到高度的和谐与统一，这样才能不断地提高排球课教学质量，为国家培养合格的排球人才。

教学思想、教学阶段分析参考示例

五、排球教学文件的制订

排球教学文件是根据国家规定的排球课程教学指导纲要和教材，结合本校教学对象、任务、场地器材等实际情况所制订的相关文件和材料，是保证排球教学工作顺利进行必不可少的教学文件，也是教师进行教学工作的主要依据。

排球教学文件主要包括教学大纲、教学进度和课时计划（教案）三种。

（一）排球教学大纲

排球教学大纲是国家按照教学计划，以纲要形式编写的有关教学目标、教学内容和教学要求的指导性文件，是教师进行排球教学的主要依据，也是衡量排球教学质量的重要标准。排球教学大纲一般包括以下基本结构和内容：

1. 大纲说明

说明制订大纲的主要依据、教学的指导思想、教学内容的学时分配以及课程目标和要求等。

2. 教学的目的与任务

根据培养目标，结合排球运动教学的特点，明确提出本课程在立德树人，掌握排球理论知识、技术、战术，培养规则裁判能力和学生排球文化素养等方面的具体任务。

3. 教学内容与学时分配

主要包括理论、实践和能力培养三部分的内容。基本理论应包括排球运动概述、技术、战术理论分析、排球教学与训练、排球运动员体能、心理训练、中学排球教材教法、课余训练指导、竞赛组织编排、规则与裁判法等知识点。实践部分的基本技术、战术教学内容要列出技战术名称，标明教材内容的层次关系，即普修内容与专修内容或重点内容与一般内容。基本能力的培养要提出具体内容，如选择教学方法与手段、组织教学工作的能力，讲述排球技术、战术理论方法的能力，自学、自练、自评和创新的能力，辅导课外活动、组织竞赛和裁判工作的能力等。

4. 教学的基本要求

教师自身要加强职业道德修养和行为规范，努力提高业务素质，不断更新理论知识，联系排球课程教学实际，以身作则，教书育人，立德树人，真正成为学生的楷模。在教学过程中，重视教学方法的改革与创新，注重运用多样化、现代化的教学手段，提倡教学相长，培养学生学会、勤练、常赛的能力和创新精神。

5. 成绩考核

成绩考核应包括考核的内容、方法、标准及技评、理论与实践和能力考核的比重等。

6. 教学基本条件与教学措施

为了有效地保证教学的正常进行，必须配备必要的场地设备与器材。教学措施主要是指完成教学大纲任务的组织措施和教学措施。

7. 教材与教学参考书目

为了提高教学质量，保证教学任务的顺利完成，对教师必备的书籍和参考用书应有明确要求，应使用与大纲内容有关的教材。此外，也要选择其他比较权威的排球专著，以扩大知识面，补充、丰富教材内容与教学方法。

排球普修课教学大纲参考示例

（二）排球教学进度

排球教学进度是根据排球教学大纲提出的目的任务、教材内容、教学时数，由任课教师结合学生人数、场地器材等情况制订的教学计划，它是教师编写教案的重要依据。教学进度不是教材内容的简单罗列，它既要保持教学的重点和难点，又要不失排球运动技战术的系统性和完整性。为此，教学进度的制订必须遵循以下几个原则:

（1）由易到难，由简到繁，循序渐进。

（2）新教材与复习教材相结合。

（3）提高技战术与培养实际能力相结合。

（4）重点教材、一般教材要互为兼顾。

排球教学进度一般包括以下基本结构和内容:

（1）表题主要包括课程名称、使用对象、年级、专业、年月日。

（2）表格横向包括周次、课次、授课主要内容、授课形式（讲授、实践、讨论、作业）、备注等内容。

（3）表格纵向主要包括具体的周次、课次。

（4）表体内包括若干次课的内容构成。

排球普修课（72学时）教学进度表参考示例

循序渐进式教学进度是将教材内容按照主次和难易程度科学地分配于整个教学过程。首先重点学习主要技术，并一直贯穿到教学阶段的后期，然后逐步扩展学习内容，增加战术教学。以主要技术和战术为主线，一般教材和理论课的讲授则根据它们与主要技术和战术的关系分别安排于教学过程中。安排进度时，要把新教材和复习教材结合起来，把攻守结合起来，把技术和战术结合起来，把提高技战术水平与培养各种能力结合起来。教学比赛可以安排在教学课中，也可安排在比赛课中，尽可能增加运用技战术的实践机会，提高学生的技战术水平。最后进行综合复习考试，形成一个系统的教学过程。

排球普修课（54学时）循序渐进式教学进度表参考示例

（三）排球课教案

排球课教案是每次课的具体计划。它是教师根据教学进度规定的教材内容，结合学生和场地器材情况而编写的最直接、最具体的教学计划，故又称课时计划。

教师在编写教案时，在对课的任务和要求的提法上，文字要简明扼要，具有针对性。例如，技术、战术的教材，一般用“学习”“初步掌握”“复习”“改进”“提高”等；在机能和素质方面，可用“发展”“增强”“促进”等；在思想品德和精神面貌方面，可用“培养”“加强”“调动”等。从课的结构上分，大都把排球技术教学课的教案分为准备部分、基本部分和结束部分（表 4-1-1、表 4-1-2）。

表 4-1-1　体育教育专业排球普修课教案参考示例

<table>
<tr><td>班级</td><td></td><td>课次</td><td></td><td>上课时间</td><td></td></tr>
<tr><td>内容</td><td colspan="5">复习正面垫球、正面传球技术；学习两步助跑起跳技术</td></tr>
<tr><td>教学任务</td><td colspan="5">1. 改进正面垫球、正面传球技术，让学生进一步掌握正面传、垫球的技巧
2. 让学生初步掌握两步助跑起跳的步法，以及与上肢手臂配合的起跳技术
3. 形成互帮互助的学习氛围，调动学生的学习积极性，培养团结协作的集体主义精神</td></tr>
<tr><td>部分</td><td>课的内容</td><td colspan="2">课的组织</td><td>教法和要求</td><td>时间</td></tr>
<tr><td rowspan="3">准备部分（15分钟）</td><td>1. 课堂常规（略）
2. 游戏：快速反应接力</td><td colspan="2">两列横队
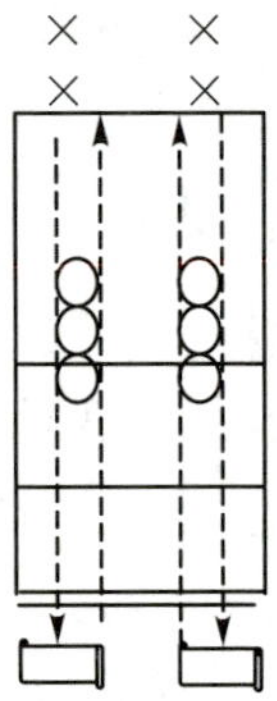</td><td>要求：快、静、齐
游戏规则：分成人数相等的两组进行接力比赛。接力时要抱着三个排球，到对面端线后做一道数学题（两组给定的题一样），然后返回。依此类推</td><td>2分钟
8分钟</td></tr>
<tr><td>3. 徒手操
3.1 扩胸运动
3.2 体转运动
3.3 腹背运动</td><td colspan="2"></td><td>要求：1. 跑动过程中球不能掉
2. 计算数学题必须正确，做错一题加做 5 个俯卧撑
3. 输的组每人做 10 个俯卧撑</td><td></td></tr>
<tr><td>3.4 正压腿
3.5 侧压腿
3.6 各关节运动</td><td colspan="2">× × × × ×
× × × × ×
▲</td><td>教法：教师喊口令并领做
要求：动作到位，充分活动关节</td><td>5分钟</td></tr>
</table>

续表

部分	课的内容	课的组织	教法和要求	时间
基本部分（70分钟）	1. 复习正面垫球 1.1 教师示范 提示：蹬地、伸膝、 跟腰、压腕、 顶肘、夹小臂、 抬大臂、盯球	×××××××××× ×××××××××× 	教法：教师边示范边讲解 要求：学生认真听讲并体会	25分钟
	1.2 一抛一垫练习 1.3 对墙自垫练习 1.4 两人对垫练习	两人一组顺网（根据阳光情况）站立 自由 同 1.2 的组织方式	教法：学生练习，教师巡回指导 要求：抛球到位，20 次交换×3 组 教法：每人一球练习，教师指导 教法：在学生练习前，教师根据练习情况，再做一次示范。学生练习，教师巡回指导纠正 要求：组内同学互相帮助	
	2. 复习正面传球 2.1 教师示范 提示：蹬地、伸膝、伸臂、 伸腕、弹指	同 1.1	教法：教师边示范边讲解 要求：学生认真听讲并体会	25分钟
	2.2 一抛一接练习	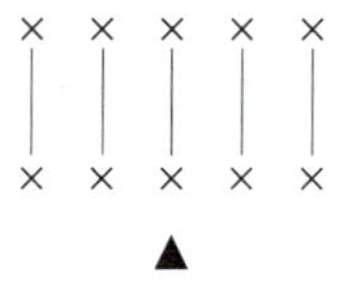	教法：两人一组，一人抛球，另一人迎球接球，然后检查手型是否正确 要求：抛球到位，认真练习	
	2.3 一抛一传练习	同上	教法：学生练习，教师巡回指导 要求：20 次交换，共做 3 组	
	2.4 两人对传练习	同上	教法：学生练习，教师巡回指导	
	3. 学习两步助跑起跳 3.1 讲解示范 先讲解脚步动作 再加上手臂动作 再加上上体动作	××××××××× ××××××××× ▲	要求：集中精力，及时判断，快速移动到球下 教法：教师做各个面的示范	20分钟
	3.2 学生练习 3.2.1 学生自由体会	自由	要求：认真听讲、体会 教法：学生练习，教师巡回指导	

续表

部分	课的内容	课的组织	教法和要求	时间
基本部分（70分钟）	3.2.2 教师领做	同 3.1	要求：重点放在脚步动作上 教法：先做脚步动作，再加上手臂和上体动作 要求：认真体会动作 教法：教师对第一步和第二步喊出口令，找出典型学生做示范	
	3.2.3 分排做	分成两排，一组做一组休息	要求：“一小二大”	
结束部分（5分钟）	1. 放松活动	× × × × × × × × × × × × × × × × × × ▲	教法：放松踢腿 要求：身心放松	3分钟
	2. 课堂总结	同上	要求：1. 针对课堂情况进行总结 2. 总结优点，找出不足	2分钟
	3. 下课，归还器材			

表 4-1-2　× × × 中学排球课教案参考示例

<table>
<tr><td>教学内容</td><td colspan="6">学习排球跨步垫球（前后移动）技术</td></tr>
<tr><td>教学目标</td><td colspan="6">1. 认知目标：了解排球跨步垫球技术的运用范围，认识前后跨步垫球的动作方法和要领，建立正确的动作概念
2. 技能目标：基本掌握跨步垫球技术的要领与方法，能够在教学展示或比赛中呈现 80% 的动作关键要素，并不断提升自我调控能力
3. 情感目标：培养学生积极主动的学习习惯、互帮互助的合作意识以及和谐的师生关系</td></tr>
<tr><td>重点难点</td><td colspan="6">重点：预判、跨步
难点：击球部位、击球点</td></tr>
<tr><td rowspan="2">过程</td><td rowspan="2">时间</td><td rowspan="2">教学内容</td><td rowspan="2">教师活动</td><td rowspan="2">学生活动</td><td colspan="2">运动负荷</td></tr>
<tr><td>次</td><td>度</td></tr>
<tr><td>准备部分</td><td>8分钟</td><td>1. 课堂常规
2. 准备活动</td><td>一、集合队伍
1. 师生问候
2. 清点人数、安排见习生
3. 宣布本次课的教学目的与任务
二、准备活动
1. 组织学生沿排球场热身慢跑</td><td>一、队形

二、要求
1. 快、静、齐
2. 两路纵队绕排球场逆时针方向慢跑 4 圈</td><td></td><td>小</td></tr>
</table>

续表

过程	时间	教学内容	教师活动	学生活动	运动负荷
准备部分	8分钟		2. 组织学生练习动作到位，充分活动身体各部位	3. 听教师口令完成徒手操 （1）扩胸运动 （2）振臂运动 （3）体侧运动 （4）体转运动 （5）跳跃运动 （6）小关节运动	小
基本部分	32分钟	1. 原地徒手跨一步、退一步练习 2. 跨一步垫球 3. 退一步垫球	1. 讲解：跨步垫球动作的方法要领 2. 示范：正面示范、侧面示范 3. 组织学生徒手集体模仿前后跨步垫球技术 4. 组织学生两人一组练习跨步垫球技术 5. 教师隔网发球给学生，组织学生练习跨一步垫球	1. 观察教师示范动作，能说出前后跨一步动作要领 2. 在教师的信号指导下练习前后两个方向的跨步垫球动作。注意跨步后要降低身体重心 3. 与同伴共同练习前后跨步垫球 4. 运用跨步垫球动作，隔网接教师发的轻球	中—大
结束部分	5分钟	1. 放松活动 2. 小结、下课	1. 组织学生进行四肢拉伸练习，充分放松 2. 小结本次课学习情况 3. 布置下次课内容 4. 下课并归还器材	 1. 跟随教师进行放松练习 2. 值日生回收器材	小
预计平均心率	120～140次/分		场地器材	排球场地1～2块，排球若干	
预计练习密度	约60%				
教学反思	通过本次课的学习，提高了学生学习排球垫球技术的积极性，学生的学练兴趣较高，达到了预期的教学目标，今后在教学中多运用游戏和比赛教学，教学练习效果会更好。				

中小学教案设计分析参考示例

排球正面双手垫球说课稿参考示例

义务教育阶段“体育与健康”排球课程内容与要求参考示例

普通高中阶段“体育与健康”排球课程内容与要求参考示例

第二节　排球训练概述

排球训练是指根据排球运动的特点，在教练员的指导下，为不断提高运动员的排球技术、战术、身体、心理、智能、思想作风等水平，以获得最佳运动竞技能力，创造优异比赛成绩，而专门组织的一种训练过程。

简单地说，排球训练就是师生在训与练两个方面的双边活动，也是学习者从会排球技术技能到提高排球竞技能力和取得优异成绩的一个教与练的训练过程。

一、排球训练的任务

第一，通过排球训练，培养学生祖国至上、团结协作、顽强拼搏、永不言败的女排精神和坚强的意志品质，增强学生的身体、心理素质，全面提升机体的各项技能水平。

第二，通过排球训练，促进学生排球技战术的改进、完善与创新，使学生全面、正确地掌握排球基本技战术动作，并达到规范、熟练的程度。

第三，通过排球训练，使学生能有效运用已经掌握的排球技、战术动作，使之成为全面、熟练、准确、实用的进攻与防守技、战术。

第四，通过排球训练，使学生掌握排球技、战术专项理论知识，培养战术意识，并能在比赛条件下合理运用各项技、战术，取得优异成绩。

二、排球训练的方法

排球训练方法是指为完成训练任务而采用的各种手段和措施的总称。为了达到提高学生运动技战术水平，最终取得优异比赛成绩的目的，必须根据不同的训练对象、不同的训练内容和要求、不同的训练条件和设备、不同的训练时期等，采用多种多样的训练方法。

排球运动经过 100 多年的发展，在训练方法上积累了丰富的经验。当前，国际上比较流行的排球训练方法有如下几种：

（一）重复训练法

重复训练法是指在不改变动作结构和运动负荷的情况下，按照既定的要求反复进行练习，每次（组）练习之间的间歇时间能使机体基本恢复的一种练习方法。其特点是使某一项技术或战术的训练相对集中，通过多次重复，形成条件反射，从而便于学生牢固掌握技、战术。

（二）变换训练法

变换训练法是指针对同一个训练内容，为解决同样的训练任务，在一次课中先后采用不同的训练方法，或在若干训练课中采用不同的训练方法。变换训练法的特点是用不同的方法解决同样的问题，使学生不感到枯燥，从而提高训练的积极性。

（三）串联训练法

串联训练法是指把两个或多个排球技术有机结合起来进行训练的一种训练方法。串联训练不仅带有强烈的战术意识，而且在很多情况下串联衔接的过程本身就是一种战术配合。因此，要根据排球比赛的规律设计各种串联训练方法，以切合实战的要求，取得好的训练效果。

（四）系统训练法

排球运动有一攻、防反、保攻、推攻 4 个战术系统，在训练中进行某个战术系统整体训练的方法称为系统训练法。系统训练目的明确、条理清楚，可因球队实际情况选用，但训练必须包括整个系统中的各个环节和各种技术，并将其有机地串联起来。

系统训练法一般采取全队训练的方式，但也可以三人或四人一组进行训练，可以在教师创造对立面的简单条件下训练，也可以在各种不同对立面的对抗条件下进行。系统训练法要结合比赛实际，尤其适合高水平队或接近比赛前一段时期的训练。

（五）综合训练法

将两个或两个以上战术系统结合起来进行训练的方法称为综合训练法。这种训练法介于系统训练法和比赛训练法之间，有助于提高全队技战术串联能力和队员间的默契配合。综合训练有强烈的战术意识，综合训练方案要按照比赛规则和本队训练目的而设计。

综合训练一般多采用全队训练的方式，但也可以三人或四人一组进行，可以在简单条件下进行训练，也可以在对抗条件下进行。

（六）分组训练法

将学生分成若干组，从事同一内容或不同内容的训练方法，称为分组训练法。这种训练方法一般针对队员比赛阵容分工进行训练，根据不同位置的技术分工，重点提高主要技术。另外，在场地、器材或教师不足的情况下，或对于某些强度很大的训练项目，也可采用这种训练方法。分组训练主要有轮换、交换、多场、多网 4 种训练形式。

（七）多球训练法

利用较多的球来提高训练的密度、强度、难度和节奏等的训练方法称为多球训练法。但不一定所有的训练都要采用多球训练，如拦网、防拦回球、对传、对垫等练习不需要多球。在采用多球训练时，要组织好捡球学生，同时还要注意保护措施，以避免伤害事故发生。

（八）对抗训练法

有对立面的训练形式称为对抗训练法。对抗训练法可以在比赛情境下进行，也可以在设立具体技战术对立面的情境下进行，是最切合实战的训练形式。在安排对抗训练时，对抗双方的实力要尽可能均衡，同时，应强调训练的重点和目的，对抗训练法更适用于高水平排球队。

（九）极限训练法

为了提高学生的专项耐力素质，培养克服困难的顽强意志和拼搏精神，采用一种密度高、强度大、练习时间相对较长、要求标准高、必须竭尽全力才能完成训练任务的方法，称为极限训练法。进行极限训练要正确掌握负荷量，过小达不到有效提高专项耐力的目的，也起不到培养作风的作用；过大不但有损身体健康或造成损伤，而且对形成正确技术定型和技术运用也不利。

（十）恢复训练法

阶段性的紧张训练之后，或激烈的大赛后，都需要有一段调整恢复的训练，运动员伤病之后也需恢复，为此在技战术训练上所采取的相应的训练方法称为恢复训练法。一般来说，阶段性紧张训练后的恢复训练是一种运动量的调整，它主要是使学生能在前一阶段大运动负荷训练的基础上达到超量恢复，迎接即将来临的比赛或下一个阶段的训练，在体力和心理方面都能迅速恢复到正常水平。

除以上介绍的 10 种训练方法外，国内外流行的还有模拟训练法、指标训练法、鼓励训练法、难度训练法、分解训练法、半场训练法、全场训练法等形式。

三、排球训练的组织与实施

组织排球训练有法，但无定法，贵在得法。排球训练的组织与实施是为了保障训练课的顺利进行，一般指提高训练课的训练质量所运用的各种保证措施、手段和方法。

排球训练课的组织与实施方法多种多样，教师必须勤于思考、挖掘，善于总结，才能将训练课上得有声有色（表 4-2-1）。

表 4-2-1　排球技术训练要点、战术运用、训练提示及思政融入参考示例

技术	训练要点	战术运用	训练提示及思政融入
准备姿势与移动	准备姿势与移动的目的，是为了快速起动、移动接近球。 训练要做到： 1. 具备快速的预判能力 2. 具备快速的起动与制动能力 3. 重点掌握准备姿势与移动之间的衔接	稍蹲主要接弧度高、速度慢的来球，半蹲主要用于接发球，低蹲接扣球、后排防守；并步、跨步多用于 1 米左右距离的来球，交叉步和跑步多用于二传、扣球、拦网、防守 2 或 3 米以上的来球	在训练过程中，要求学生预判快、反应快、决策快、行动快、衔接快 培养学生机智灵敏、快速果断的决断能力和行动力以及遵规守纪、诚信自律的道德行为
发球技术	不论是哪种发球都要注意：抛球稳、击球准、手法正确、力量适当 发球训练要做到： 1. 多样性与独特性相结合 2. 攻击性与准确性相结合	发球的目的是直接得分或破坏对方的一攻战术。在比赛中常运用速度快、攻击性强的发球，找人、找落点的发球，变化不同的击球手法，发出不同性能的发球，如发	发球技术不需要同伴配合，不受其他技术的制约，主要依靠自己独立操作、灵活运用。具体要做到胆大心细、审时度势、有的放矢、量力而行，根据临场不同情况、

续表

技术	训练要点	战术运用	训练提示及思政融入
发球技术	3. 发球与一攻相结合 4. 发球与防反相结合 5. 发球与心理相结合 6. 普遍提高与重点培养相结合等	端线两角、边线附近、网前空隙破坏对方战术的发球等	不同对手，运用不同发球策略，随机应变。 培养学生敢于负责、勇于担当的使命与责任感
垫球技术	垫球训练要做到： 1. 加强运动员手感、球感的训练 2. 适应各种不同发球性能的垫球训练 3. 安排不同接发球站位的训练 4. 保持个人垫球与全队配合的训练 5. 保持系统性与心理相结合的训练等	主要运用：接发球、接扣球、接拦回球、接处理球、垫二传球。其个人战术运用应与本方所要组织的进攻战术紧密结合。如组织快攻战术时，可以运用平弧度、速度快、落点近网的球，以加快进攻速度；组织后排进攻时，垫出一传的落点不宜过于近网，以免造成二传手传球困难	垫球技术既与本队的一攻相关联，又同对方的发球相对抗，因此，必然要与双方的技术发生关系。如要了解对方发球特点，判断来球的方向、弧线、速度和落点，要熟悉轮次战术、明确位置分工、加强互相保护等 培养学生责任担当、团结协作、配合默契的集体主义精神
传球技术	传球训练要做到： 1. 重视二传的视野与专门技术训练 2. 加强移动中传各种变化战术球的训练 3. 加强跳传、快吊和两次扣球及其转移的训练 4. 重视进攻手和自由人调整传球的训练等	主要运用： 1. 运用身体动作、传球手法和目光吸引的方法。如传球前不暴露传出球意图，利用身体动作和巧妙手法突然传球，运用隐蔽传球、跳传球、三差传球等 2. 利用对手心理和违反常规的传球方法。如向前移动向后背传球、近距离传球，突然反常传长距离进攻；一传不到位，反常传远网快攻等	二传技术是组织本方进攻的枢纽，同时要力图摆脱对方的严密拦网。判断一传来球，熟悉本方情况，了解对手特点，正确地选择进攻突破口、技战术打法，协调好传、扣之间的关系 培养学生头脑清楚、思路清晰、组织有方、配合默契的团队智慧和素养
扣球技术	扣球训练要做到： 1. 扣球体能与基本功相结合 2. 个人强攻与快攻扣球结合 3. 不同力量与扣球技巧结合 4. 跑动与扣球变化相结合 5. 反攻对抗与连续扣球结合 6. 前后排与扣球战术意识相结合等	主要运用：近网扣、远网扣、调整扣、后排扣球、自我掩护扣球及各种配合的战术攻等，避开拦网、攻击弱点、隐蔽多变、打吊结合、实施得分等	主要提示两个方面：一是准确判断本方来球，以便找准起跳时机和起跳点。如结合一传弧线的高低、速度的快慢、落点等实施扣球。二是清楚观察对方意图，如根据对方拦网部署、个人拦网特点、后排防守能力及采用的防反战术布局情况，避强打

续表

技术	训练要点	战术运用	训练提示及思政融入
扣球技术			弱，避实击虚，有效突破对方防线 培养学生勇猛顽强、敢打敢拼、勇于突破的拼搏精神
拦网技术	拦网训练要做到： 1. 加强拦网质量与效果训练 2. 加强在移动中拦网训练 3. 加强单人拦网的能力训练 4. 加强拦不同性质的进攻训练 5. 加强在对抗与串联中拦网训练 6. 加强培养拦网技巧与智慧的训练等	主要运用： 1. 拦强攻扣球。如拦集中球、拦拉开球 2. 拦快球。如拦近体快、拦短平快 3. 拦远网和后排扣球。拦网时，手臂尽量向高处伸，封堵主要扣球线路 4. 拦打手出界球。靠边拦网队员外侧手要向内场旋转，或及时收手，造成对方扣球出界 5. 拦网时要正确取位、适时起跳、外手内包、空中移位、手腕后仰、积极压腕，主动出击，效果更好	拦网的成败，一是准确判断对方扣球的时间与路线，找准拦网起跳时机和拦截空间，运用正确的拦网技术，如拦快球要与扣球人同时起跳，拦高球要深蹲慢跳。二是根据对方不同进攻战术采用不同的拦网策略，如拦网者之间以及前排与后排之间协作配合，互相支援，弥补拦网漏洞，变消极被动为积极主动。同时，还要加强拦网时的自我保护，拦网后的转身接应，转入反攻以及连续拦、扣等 培养学生密切配合、团结协作的优秀品德

学业提示：水平一和水平二的学生要求学习掌握排球最基本的知识与技能，如下手发球、正面双手垫球、正面双手传球等。水平三、水平四的学生要求学习掌握技能水平较高的排球技战术动作和打法，如上手发球、接发球垫球等。教师应在提高课内训练质量的基础上，积极组织、指导学生参与校内多种形式的课外训练和竞赛活动，落实教会、勤练、常赛的教学理念。

第三节　排球技术教学与练习方法

排球技术教学与练习的过程就是师生共同参与、合作互动，在轻松愉快的学练中圆满地完成教学与练习任务的过程。主要包括准备姿势和移动教学、发球、垫球、传球、扣球、拦网技术的教学与练习方法。

一、准备姿势和移动教学

（一）教学顺序

准备姿势和移动是排球运动中各项技术的基础。在学习各种基本技术之前，首先要学习准备姿势和移动。

（1）在准备姿势教学中，一般先学习稍蹲准备姿势，然后学习半蹲和低蹲准备姿势。学习准备姿势要与学习传球、垫球技术的徒手动作练习结合进行。

（2）在移动教学中，首先学习并步、滑步、跨步、交叉步，然后学习跑步和综合步。移动步法的练习，必须与准备姿势和制动的练习紧密结合同步进行。

（3）准备姿势和移动的练习，大都安排在课的准备部分，结合发展反应、灵敏、速度、协调等身体素质进行。

（二）教学步骤

1. 讲解与示范

（1）讲解。首先讲解准备姿势与移动在排球比赛中的重要作用，再讲解动作要领、常出现的错误动作及运用时机。讲解动作顺序应自下而上，即从脚和膝部讲起，然后讲解躯干、上体、手臂和头部的姿势。

（2）示范。准备姿势的示范方法，既要做正面示范，也要做侧面示范。做移动的示范时，向前后移动做侧面示范，向左右移动做镜面示范。准备姿势和移动也可以边讲解边示范，学生边听边模仿做徒手动作。

2. 组织练习的顺序

原地徒手模仿练习→徒手移动模仿练习→结合球的各种练习。

（三）教学难点

准备姿势的目的是迅速起动、快速移动接近球，为此必须根据预先判断做出各种准备姿势。对初学者来说，判断十分重要，也是教学训练的难点。

移动教学训练难点在于起动快慢，重点是准备姿势和起动的衔接。

（四）练习方法

1. 准备姿势的徒手练习方法

（1）学生试做准备姿势，教师巡回检查纠正动作，旨在让学生建立初步概念，体会完整动作。

（2）全班学生分成两排，面对面站立，一排做动作，另一排纠正对方的错误动作，两排学生互教互学。

（3）全班学生看教师信号做动作。教师手臂向前平举，学生做半蹲准备姿势；教师手臂上举时，学生做稍蹲准备姿势；教师手臂向侧下方举时，学生做低蹲准备姿势。如此反复，教师随时纠正动作，也可以让一排学生做，另一排学生纠正其动作。

2. 移动的徒手练习方法

（1）学生徒手试做各种移动步法，体会完整动作。

（2）全班学生由半蹲准备姿势开始，根据教师手势做各种步法的左右快速移动。要求防止身体重心起伏跳动，移动后保持好准备姿势。

（3）3～4 人一组，站在端线后，先做原地快速小步跑，听到教师口令后，快速起动冲刺跑 6 米或跑过中线。

（4）两人一组相对站立，一人随意做各种移动步法，另一人跟随着做同方向的移动。

3. 结合球的练习方法

（1）两人一组，相距 2～3 米，做好准备姿势，一人向前、后、左、右抛球，另一人移动后把球接住再抛回，连续进行一定次数后两人交换。

（2）两人一组，相距 4～5 米，一人向前、后、左、右抛球，另一人移动对准球后用头将球顶回，完成若干次后互换。

（3）两人一组，相距 6～7 米，各持一球，两人同时把球滚向对方体侧 3 米左右处，移动接住后再滚给对方，如此反复进行。

（4）学生面对教师站立，教师将球抛到学生身前、身后或两侧，学生快速向前或转身改变方向移动去接球。

（五）常犯错误与纠正方法及案例（表 4-3-1）

表 4-3-1　准备姿势和移动常犯错误与纠正方法及案例

技术	常犯错误	纠正方法	纠错案例
准备姿势	1. 臀部后坐，全脚掌着地	1. 讲清要领，反复示范 2. 强调含胸、收腹、前倾，两膝投影线超过脚尖	在准备姿势与移动的学习过程中，学生易出现臀部后坐、身体重心起伏过大等错误动作。在教

续表

<table>
<tr><th>技术</th><th>常犯错误</th><th>纠正方法</th><th>纠错案例</th></tr>
<tr><td>准备姿势</td><td>2. 两膝僵直，重心太高</td><td>1. 练习中两脚保持微动
2. 多做低重心屈膝姿势的移动练习</td><td rowspan="3">学中，教师常采用重复法来纠正这类错误。重复法是指不改变动作结构，在相对固定的条件下反复进行练习的一种方法。例如，限制学生的重心高度，强调两膝投影线超过脚尖，让学生在球网下多做重复往返低重心屈膝姿势的移动练习，来纠正学生臀部后坐、身体重心起伏过大的错误动作，以达到移动中身体重心平稳的目的</td></tr>
<tr><td rowspan="2">移动</td><td>1. 缺乏判断，移动慢</td><td>1. 结合视觉信号多做起动练习
2. 多做短距离各种抛接球练习</td></tr>
<tr><td>2. 身体重心起伏过大</td><td>1. 强调移动后要保持好准备姿势
2. 多做网下往返移动练习</td></tr>
</table>

（六）教学与练习中应注意的问题

第一，提高对准备姿势和移动技术重要性的认识。发扬不怕苦、不怕累的精神，同时多结合短距离跑动或游戏的形式进行练习，以激发学生的学习兴趣。

第二，多做视觉信号反应练习，培养视觉观察判断能力。同时要把准备姿势、反应起动和各种移动步法及制动技术结合起来进行练习。

第三，练习方法要多样化。如采用对抗、竞赛、游戏等练习方式，激发学生的学习兴趣。多结合球和场地练习，增强学生对各种不同来球的判断反应移动能力。

第四，加强腿部力量和腰腹力量的练习，特别要加强髋关节和脚步灵活性的练习。如多做短距离 2~3 米折回跑、变速跑和变向跑等练习。

二、发球技术教学

（一）教学顺序

发球技术种类较多，技术动作难易程度差别较大，所以教学时应根据学生性别、年龄及身体素质等情况来确定教学的先后顺序。一般情况下，先教下手发球，后教正面上手发球，最后教飘球和大力发球等。

（二）教学步骤

1. 讲解与示范

（1）讲解。首先教师讲解发球在比赛中的作用，教授技术动作名称和技术特点；然后讲解发球的准备姿势与抛球方法及挥臂与击球的手法；最后讲解下肢与腰腹协调配合用力的方法，反复强调抛球是发好球的前提，击球是关键，手法是保证。

（2）示范。在发球区教师先做发球侧面完整动作示范，然后再做正面、侧面分解动作示范，使学生看清楚抛球的高度、挥臂路线、击球手法、击球部位、下肢配合动作和击球时重心前移等，加深对发球技术动作的直观感受。

2. 组织练习的顺序

徒手模仿练习→抛球练习→击固定球练习→抛球与击球动作结合练习→巩固和提高发球技术的练习→结合教学比赛的实战发球练习。

（三）教学难点

以正面上手发球为例。正面上手发球技术动作结构一般可分为抛球、击球、用力三个环节。其中，抛球是击球的先决条件，如果抛球动作、位置、高度合适，则击球点和击球手法易稳定。从完成发球技术动作结构和发球效果看，抛球和击球是正面上手发球的教学训练难点。

（四）练习方法

1. 徒手模仿练习

（1）全班学生徒手模仿发球挥臂动作和抛球动作，体会发球用力顺序和挥臂的轨迹，掌握正确的挥臂方向和速度。

（2）徒手做抛球挥臂击球动作练习。以右手发球为例，做好准备姿势，左手前上置于击球点位置，右手做挥臂击球练习（击在左手掌上），体会击球手法和击球部位，训练抛球、挥臂、击球动作的协调性。

2. 抛球练习

（1）原地抛球手法练习。做抛球练习时，要求掌心向上平稳地托送球，练习正确的抛球手法，体会抛球的位置和高度。

（2）固定目标的抛球练习。每人一球站在网或墙边，利用球网或在墙壁的适当高度做上标记，练习抛球的准确性。

（3）做抛球、抬臂和引臂配合练习。体会抛球的位置、高度和振臂引臂的连贯动作。

3. 击固定球练习

（1）模仿发球挥臂动作击固定球练习。一人双手持球置于腹前或头上，另一人做挥臂击球练习（不要将球击出），体会击球部位和手法。

（2）击固定球或吊球练习。一手将球按在墙上，一手挥臂练习击固定球，或将球吊在空中，练习挥臂击球，主要体会挥臂动作、击球手法、击球点和击球部位。

（3）两人对击练习。三人一组，甲持球，乙、丙面对面站立，做好发球的准备姿势，同时做击球动作击甲手中的球。体会挥臂击球时手臂发力的肌肉用力感觉。

4. 抛击结合练习

（1）抛球与挥臂击球练习。结合抛球、引臂和挥臂击球的练习（不把球击出）。体会抛球引臂和挥臂击球动作的协调配合。

（2）对墙或挡网做抛球与挥臂击球练习。体会抛球与手臂挥摆的配合以及击球手法的用力感觉。

（3）两人站立于两条边线上对发练习。体会挥臂路线与正确的击球部位，或两人隔网对发球练习，先站在距球网 6 米左右，后逐渐拉长到 9 米或更长距离，体会控制球的力量与弧度。

5. 巩固和提高发球技术的练习

（1）巩固发球练习。三人一组，发球与接发球者相距 12 米左右，另一人站在接发球者右前方做二传，三人规定次数与组数交换。

（2）发球准确性练习。可将对方场区划分成左右或前后部分，或规定区域，进行点线（直线、斜线）结合的练习。

（3）发球攻击性练习。在准确性的基础上，降低发出球的弧度，加快发球速度，发力量重、飘度大的球，或向场地的“三角区”，1 号位、5 号位边角处做发球练习。

（五）常犯错误与纠正方法及案例（表 4-3-2）

表 4-3-2　发球技术常犯错误与纠正方法及案例

技术	常犯错误	纠正方法	纠错案例
下手发球	1. 抛球太高太近 2. 挥臂方向不正、击球不准	1. 直臂抛球距身体一臂远，反复练习抛球动作 2. 击固定球或对墙发球练习	在发球的学习过程中，学生易出现抛球时偏前、偏后等错误动作。在教学中，教师常采用讲解示范法来纠正此类错误动作。讲解示范法是教师在运用语言说明动作技

续表

技术	常犯错误	纠正方法	纠错案例
上手发球	1. 抛球偏前、偏后 2. 手未包满球，无推压动作	1. 讲清抛球方法，固定目标抛球练习 2. 对墙轻扣球，体会手包球推压动作，使球前旋	术的同时，自身进行动作的演示，作为教学的动作范例，用以指导学生学习与练习的一种方法。例如，讲解发球的抛球时，要讲清抛球方法，掌心向上，平稳地托送球，并做示范动作来纠正抛球时偏前、偏后的错误动作，以达到发球抛球稳定的目的
上手飘球	1. 挥臂不呈直线 2. 击球不准，力量没通过球体重心	1. 做直线挥臂，或对墙击固定球练习 2. 用掌根硬部击固定球或击固定目标练习	
跳发球	1. 抛球与助跑起跳脱节 2. 腰腹力量用不上	1. 练抛球、助跑与起跳的配合 2. 对墙连续扣反弹球或多扣远网球练习	

（六）教学与练习中应注意的问题

第一，发球技术教学应遵循由易到难、由简到繁、循序渐进的原则。在教学中，由于发球练习的形式比较单调，教师要不断变化练习的方法，提出具体要求，并将发球与接发球结合起来进行练习。

第二，在教学中，要抓住抛球动作与摆臂击球动作的协调配合，因为抛球是前提，击球是关键和难点。要牢牢抓住抛球和击球这两个环节，强调抛球要平稳，挥臂动作迅速协调，击球准确。

第三，在发飘球教学中，教师应简单讲解球产生飘晃的原因和在动作上与发旋转球的区别，让学生能主动思考发飘球的动作方法，体会击球用力的方向、手法和击球的部位。

第四，在发球教学中，教师要合理安排教学与练习的时间，每次课中应保持一定时间的发球练习。一般可安排在两个大运动量练习之间，或安排在课的后段进行。

三、垫球技术教学

（一）教学顺序

垫球技术种类多、运用广，因此，在教学中要根据学生具体情况和动作的结构难度，先易后难地安排教学。一般教学顺序是先学习原地正面双手垫球，再学习移动垫球和改变方向的垫球，在此基础上再学习体侧垫球、跨步垫球、背向垫球、单手垫球和挡球，最后学习低姿垫球、侧倒垫球、滚翻垫球、前扑垫球、鱼跃垫球、脚背垫球以及其他部位的垫球技术。

在初步掌握正面垫球技术的基础上，可进行传、垫结合与串联的练习。在掌握移动垫球后，可进行接发球和接扣球的练习。

（二）教学步骤

1. 讲解与示范

（1）讲解。首先讲解垫球技术在排球比赛中的作用、技术特点和动作要领。重点讲解手型、垫击部位、击球点、手臂角度及身体上下肢的协调用力动作。

（2）示范。先做垫球的完整动作示范，让学生建立垫球技术的完整动作概念。然后再进行分解示范，也可以边讲解边示范，让学生加深印象。做侧面示范时，要让学生看清两臂向前插臂、蹬地、提肩、顶肘、压腕的身体协调动作；做正面示范时，要让学生看清手型、垫击部位平面、两手夹臂的动作。正面与侧面示范要结合运用。

2. 组织练习顺序

徒手试做→击固定球练习→垫抛球练习→移动垫球练习→接发球练习→接扣球练习→结合教学比赛及各种串联练习。

（三）教学难点

垫球在比赛中主要用来接发球和接扣球。根据比赛的需要，垫球技术可分为接发球垫球、接扣球垫球、接拦回球垫球和垫击二传球等。尽管垫球技术种类繁多，但是在教学的开始阶段仍然要以抓好正面垫球为重点，其教学训练难点是击球，即掌握击球点和击球部位。

（四）练习方法

1. 徒手模仿练习

（1）双手叠指或抱拳互握的垫球手型练习。要求学生前臂夹紧并伸直，形成垫击平面，教师及时检查。

（2）结合半蹲准备姿势的原地与移动集体徒手模仿垫球练习。如听教师口令做原地垫球徒手动作；看教师手势做前、后、左、右的并步、交叉步、跨步移动垫球动作练习。要求先慢后快，重心低，动作协调、连贯，教师及时检查与纠正错误动作。

2. 结合球的练习

（1）击固定球练习。学生两人一组，一人双手持球于腹前，另一人做垫击动作。重点体会正确的击球点、手型及手臂用力时的肌肉感觉。

（2）垫抛球练习。学生两人或三人一组，相距 4 米，一抛一垫或一抛二垫。要求先教会学生用双手下手抛球，抛出的球弧度适宜，不太旋转，落点准确。垫球者先将球垫高垫稳，然后要求垫准到位。

（3）对墙垫球练习。学生每人一球，距墙 2 米处连续对墙自垫。要求击球手型、垫击点和击球部位正确，用力协调，控制球能力强。

3. 结合移动的垫球练习

（1）移动自垫球练习。学生每人一球，向左、右、前、后移动垫球。要求学生在移动垫球时低重心移动正面垫球。

（2）两人或三人一组，一人抛球，另一人或两人轮流向左、右、前、后移动垫球。要求移动速度不宜太快，垫出的球要稍高，并控制好落点。垫球者尽量做到正对垫球方向垫球。

（3）三人一组跑动垫球或四人一组三角移动垫球。要求垫球人尽量移动到位，对正来球，垫球准确到位。

4. 结合接发球的垫球练习

（1）两人一组，相距 7～8 米，先一掷一垫练习，再过渡到一人下手发球或上手发球，一人接发球。要求接至假设的二传位置上。

（2）两人一组，相距 9 米，一发一垫，或三人一组，一发二人轮流接发球。要求开始发球要稳，然后逐步拉长发球的距离，增加发球的难度。

（3）三人隔网或不隔网，一发一垫一传练习。要求发球准，接发球者积极移动取位把球垫到传球队员的位置上，传球队员再将球传给发球人。

5. 结合接扣球、吊球的垫球练习

（1）两人一组，一扣一防练习。要求接扣球者做好防守准备姿势，开始练习时扣球要稳，随着防守者逐步适应，可逐步增大扣球的难度。

（2）三人一组，一扣一防一传练习。要求扣球学牛扣、吊结合，防守学生互相配合，互相呼应，互相保护。

（3）轮流连续接扣球练习。由教师在网前扣球或在高台上隔网扣球。要求接扣球者在 5 号位、6 号位、1 号位连续接扣球练习。

（五）常犯错误与纠正方法及案例（表 4-3-3）

表 4-3-3　垫球技术常犯错误与纠正方法及案例

技术	常犯错误	纠正方法	纠错案例
正面垫球	1. 屈肘、两臂不平，击球部位不对 2. 两臂用力不当，摆动幅度过大，动作不协调，用力过猛	1. 模仿练习，垫固定球，自垫发力练习 2. 垫固定球，体会用力和协调发力，或近距离垫抛来的低球和连续自垫低球	在正面双手垫球的学习过程中，学生易出现垫球部位不正确、屈肘等错误动作。在教学中，教师常采用对比法来纠正此类错误动作。对比法是让两名或多名学生共同进行练习，对比他们的动作，使其他学生看清自身的错误并建立正确动作表象的一种练习方法。例如，对比动作正确与动作错误学生的技术动作，使其他学生观察双手正面垫球的正确击球部位，纠正垫球位置和屈肘不正确的错误动作，并多次反复垫固定球练习以帮助学生掌握正面垫球动作
前扑垫球	1. 身体弯曲，击球无力。怕摔心理和击球时不会短促用力 2. 跃不出去，原地前倒	1. 在垫子上做垫击吊球，体会前扑时身体伸直和短促用力的击球动作 2. 鼓励，加强保护帮助，多做徒手前扑	
单手垫球	1. 垫球手法不正确 2. 伸臂过早，击球用不上力	1. 对墙垫或自抛自垫以击向某个目标 2. 击教师抛的轻球，把球打高，加大摆幅，体会及时用力动作	
挡球	1. 挡球时手腕后仰不够，控制能力差 2. 球向前平飞	1. 自抛自挡练习或一抛一挡 2. 多做挡较大力量的来球动作，多做徒手动作，注意准备姿势要充分，蹬地和手腕的用力方向和大小要协调	

（六）教学与练习中应注意的问题

第一，垫球教学应先在简单条件下进行练习，如原地徒手练习以及击固定球的练习，原地垫击一般弧度和落地比较固定的轻球，再进行移动垫球练习。在学生垫球动作基本正确、能初步控制垫球的方向和落点后，再逐步加大练习的难度。

第二，发球、接发球是两个相联系的对立面，因此，在教学与练习中，应使两者紧密结合，互相促进，不断提高。接发球又是组织进攻的基础，应抓住控制球的能力这个重点和难点反复练习，以提高手臂对球的控制能力。

第三，在接扣球技术教学中，应强调做好准备姿势和防守的判断，加强起动和移动步法的练习。要教会学生观察和判断来球的方法，提高起动速度和移动取位的能力，防止只重视手法不重视步法的倾向。

第四，随着垫球技术的不断熟练，要尽量结合攻防战术进行练习。如在防守练习中，将垫球与拦网、保护、调整传球和反攻扣球等技术串联起来进行练习，这样既能提高技术的运用能力，又能培养战术意识和同伴间的默契配合。

四、传球技术教学

（一）教学顺序

传球技术动作方法较多，动作细腻，在教学安排中应作为主要内容，重点学习和掌握。传球的教学顺序是，先教原地正面双手传球，然后依次教移动传球、转方向传球、背传球、跳传球、调整传球、传快球和平拉开传球，最后学习各种战术传球。

（二）教学步骤

1. 讲解与示范

（1）讲解。首先讲解传球技术在比赛中的作用，然后讲解传球技术的特点和动作要领。讲解内容的先后顺序一般是：脚的站法、下肢姿势、身体动作、手型、击球点、触球的部位、迎击球的动作用力方法等。

（2）示范。先做完整传球动作的示范，然后再做分解示范，也可边讲解边示范，或重点示范传球的关键技术环节，也可结合正面示范、侧面示范进行教学。

2. 组织练习顺序

原地模仿练习→原地传球练习→移动传球练习→转方向传球练习→背传练习→调整传球练习→跳传练习。

（三）教学难点

以正面传球为例。正面传球动作由准备姿势、迎球、击球、手型、用力 5 个部分组成。在这些动作中，最主要、较难掌握的是触球时的手型。初学者只有掌握了正确手型，才能保证正确的击球点，较好地运用手指和手腕的弹力将球准确、自如地控制住，并将球传到位。

（四）练习方法

1. 徒手模仿练习

（1）原地模仿练习。徒手做传球准备姿势，听教师的口令依次做蹬地、展体、伸臂击球动作练习。重点体会传球前的准备姿势、身体协调用力的动作和传球的手型。

（2）原地传球模仿练习。重点让学生体会触球手型、击球点位置和身体协调配合动作及传球用力的全过程。

2. 原地传球练习

（1）每人一球，自己向额前上方抛球。做好传球手型，在击球点位置将下落的球接住，然后自我检查手型。

（2）原地自传练习。要求把球传向头顶正上方，传球高度离手 1～1.5 米。连续传 30 次为一组。

（3）对墙自传球练习。要求距离墙 50 厘米左右连续对墙自传球，体会正确的手型和手指、手腕用力的肌肉感觉。

3. 移动传球练习

（1）每人一球行进间自传球练习。要求传球手型正确，移动迅速，保持正面传球。

（2）每人一球向左、右、前、后移动传球练习。要求自传一次高球，再传一次低球，提高控制球的能力。

（3）两人一组，一抛一传球练习。要求抛者向左、右、前、后抛球，传球者根据来球快速移动传球。

4. 背传球练习

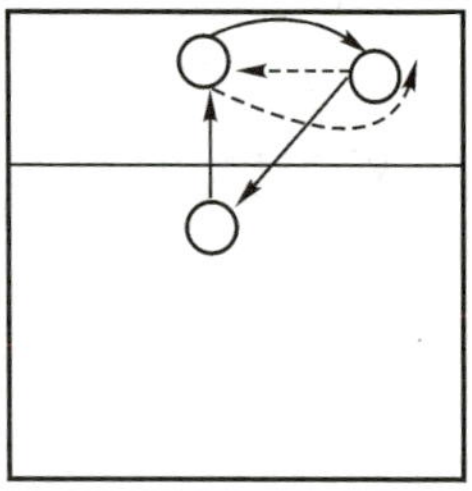

» 图 4-3-1　三人网前换位背传练习

（1）每人一球，自抛背传球练习。要求将球抛到头上，两手腕后仰，掌心向上，依靠蹬地、展体、抬臂、伸肘动作把球传向后上方。

（2）三人一组，背传球练习。三人各相距 3 米左右，两边人抛球或传球，中间人背传球。要求同上。

（3）三人网前换位背传练习（图 4-3-1）。3 号位背传后到 2 号位，2 号位接背传球，传给 6 号位后，立即移动到 3 号位去背传。

5. 调整传球练习

（1）两人一组相距 6 米在网前，用调整传球动作传高弧度球练习。要求利用蹬腿、伸臂动作传球。

（2）移动调整传球练习。4 号位队员传一般球至 5 号位，5 号位队员传球到 6 号位，1 号位队员移动至 6 号位将球调整到 4 号位。要求依次循环练习。

6. 跳传球练习

（1）每人一球，对墙连续跳传球练习。要求掌握好起跳时机，在空中保持好身体平衡，靠快速伸臂动作将球传出。

（2）两人一组，连续面对跳传球练习。要求同上。

（五）常犯错误与纠正方法及案例（表 4-3-4）

表 4-3-4　传球技术常犯错误与纠正方法及案例

技术	常犯错误	纠正方法	纠错案例
正面传球	1. 击球点过高、过低	1. 做各种步法移动后接传球，提高判断、选位能力 2. 传固定球，体会正确的击球点	在正面双手传球的学习过程中，学生易出现手指、手腕弹击力差而拍打球的错误动作。在教学中，教师常采用换物法来纠正此类错误动作。换物法是将原来的器材换成别的器材进行练习，从而有助于学生技术动作提高的一种练习方法。例如，将传排球换成传足球或篮球，加大球的重量来纠正学生手指、手腕力量不足而拍打球的错误动作，增加学生手指、手腕的弹击力，帮助学生形成正确的传球用力动作
	2. 手型不正确，大拇指朝前，手指、手腕弹击力差，有拍打动作	1. 进一步示范、讲解，用传球动作接球，体会手型 2. 用足球、篮球做传球练习，增加指腕力量	
移动传球	1. 取位不及时，对不准来球 2. 人与球关系不合适	1. 结合移动步法接球 2. 保持好人与球的合理位置，多做平传、正面击球传球练习	
背传	1. 击球点不正确，过前或过后	1. 强调击球点宁前勿后，做自抛向后传球 2. 做弧度高低结合的自传球练习	
	2. 用力不协调，不会后仰、展胸、翻腕、大拇指上挑	1. 移动对准球，保持在头上的击球点 2. 背传时强调蹬腿、展胸、抬臂、翻腕上挑动作	
跳传	1. 选择起跳点不准确 2. 人与球关系保持不好	1. 多做原地起跳和移动起跳练习，提高判断能力 2. 传不同距离和弧度的来球，保持良好的人与球关系	

（六）教学与练习中应注意的问题

第一，传球教学时，应先着重于手型、击球点和用力的准确与协调练习，然后逐步过渡到手指、手腕的弹击和控制球的能力练习上。

第二，教学中尽量采用触球次数多的练习，并在初学阶段就结合近距离移动传球，以利于形成正确的击球点和手型，为进一步学习难度较大的传球打下良好的基础。

中学排球技术教学案例分析参考示例

第三，教学时，自始至终要强调正确的手型与击球点，以及协调用力三个环节，同时还要注意指出易犯的典型错误动作，以便于学生在学习过程中进行正误对比。

第四，从心理方面讲，初学者一般怕戳手，怕弧度高、力量大和速度快的来球。因此，要从解决手型入手，从易到难，循序渐进。多传近距离、低弧度和速度慢的球，避免学生手指局部负担过重，减轻心理压力。

五、扣球技术教学

（一）教学顺序

学生在初步掌握垫球、传球及正面上手发球之后再学习扣球技术。正面扣球技术是其他扣球技术的基础，教学中应首先学习，在此基础上再学习其他扣球技术和战术。扣球技术比较复杂，初学时较难掌握，所以在教学时宜采用分解教学法，将助跑、起跳和扣球挥臂环节分别进行教学，待学生掌握后，再用完整教学法教授扣球的完整动作。

扣球教学应先学习 4 号位扣一般高球，然后学习 2 号位扣一般高球，在此基础上再根据学生水平教学 3 号位扣半快球、快球、短平快球、背快球和调整扣球技术等。

（二）教学步骤

1. 讲解与示范

（1）讲解。首先讲解扣球技术在排球比赛中的作用、技术方法与动作要领。在初步掌握技术动作后，再进一步讲解助跑节奏、时机、起跳点的选择、击球点及手掌包满时的鞭甩动作等。

（2）示范。首先做完整扣球技术的示范，让学生建立完整、直观的动作概念。然后做分解示范（可徒手，也可以结合球），关键环节放慢示范速度，必要时也可边讲解边示范，重点突出动作要领和关键。教师示范扣球时，力量要适当，动作要轻松，效果要好。要引导学生观察技术动作的结构、挥臂动作的发力、击球的手法、球飞行的路线、弧度与旋转等。

2. 组织练习顺序

助跑起跳练习→挥臂击球练习→原地自抛自扣练习→助跑起跳扣抛球练习→4 号位完整扣传球练习。

（三）教学难点

以正面扣球为例。正面扣球是扣球中一种最基本的方法。在正面扣球的几个动作环节中，选择好起跳点及起跳时机、保持好人与球的关系是扣好球的基础，挥臂击球是完成扣球动作的关键环节。抓好起跳和击球这两个正面扣球的教学难点对学生学习正面扣球至关重要。

（四）练习方法

1. 助跑起跳练习

（1）原地双脚起跳练习。全班同学听教师口令练习原地起跳技术。要求双脚蹬地力猛快速，两手臂配合划弧摆动起跳，顺势扣球手臂上举、后引、抬头、展腹、身体成反弓形，落地时双脚前脚掌过渡到全脚着地，屈膝缓冲。

（2）一步或两步助跑起跳练习。集体听教师口令做一步或两步助跑起跳，在此基础上再学习多步助跑、变方向助跑和跑动起跳。要求练习速度由慢到快，手脚配合协调，注意控制身体平衡、助跑起跳的节奏和起跳点位置的选择。

2. 扣球挥臂动作的击球手法练习

（1）徒手模仿扣球挥臂练习。按规定的队形听教师口令做挥臂练习。要求挥臂放松自然，弧形挥动，有鞭甩动作。

（2）扣固定球练习。扣固定的吊球；或两人一组，一人双手持球高举，另一人原地扣固定球；或自己左手举球，右手做挥臂击球练习。要求击球时全手掌包满球，做快速鞭打动作。

（3）扣抛球练习。可以自抛自扣练习，也可以练习扣教师的抛球。每人一球，距墙 5 米左右先抛一次扣一次，然后连续对墙扣反弹球，或两人面对相距 6~7 米对扣，也可在低网上自抛自扣，或扣教师的抛球。要求扣球者选好起跳点，保持好击球点，挥臂击球手法正确，击球力量不宜过大，动作放松，手腕有推压鞭甩动作，使击出的球成上旋飞行。

3. 完整扣球练习

（1）4 号位扣球练习。扣球者每人一球，先将球传给 3 号位，再由 3 号位把球顺网抛或传给 4 号位，扣球者上步助跑起跳扣球。要求掌握好上步起跳时机，在空中保持好人与球网的位置关系。

（2）结合一传的扣球练习。接对方发的轻球，垫给 3 号位二传，然后二传把球传给 4 号位，由 4 号位队员助跑起跳扣球。要求以中等力量扣球，注意正确的挥臂击球手法，选好击球点，防止触网或过中线犯规。

（3）个人跑步扣球或结合“中、边二三”进攻战术的扣球练习。要求由 4 号位跑到 3 号位或 2 号位，或由 3 号位跑到 4 号位或 2 号位扣球等，主要培养扣球者在不同位置的扣球能力、场上应变能力和集体战术配合能力。

（五）常犯错误与纠正方法及案例（表 4-3-5）

表 4-3-5　扣球技术常犯错误与纠正方法及案例

技术	常犯错误	纠正方法	纠错案例
正面扣球	1. 助跑起跳前冲，击球点保持不好	1. 做限制性练习，如设置障碍物起跳、地上画出起跳点与落点 2. 扣固定球，一步起跳扣球	在正面扣球的学习过程中，学生易出现扣球后身体向前冲，造成碰网或过中线等错误动作。为纠正此类错误动作，在教学中教师常采用限制法。限制法是指借助特设的辅助物来限制学生身体移动的范围、方向、轨迹、速度等的一种练习方法。例如，设置障碍物限制学生的起跳点和落点，在距离墙 1.2 米左右的位置画一条与墙平行的线，学生以这条线为起跳点来纠正扣球后身体前冲，造成碰网或过中线的错误动作，规范学生身体向上起跳的技术技能
	2. 上步时间早，起跳早	1. 以口令、信号限制起动和起跳时间 2. 固定二传弧度练习扣球	
	3. 击球手法不正确，手未包满，击出的球不旋转	1. 击固定球，对墙平扣、打旋转 2. 低网原地扣球，练习手腕推压、鞭甩动作	
调整扣球	1. 撤位慢，助跑不外绕，影响选择起跳点	1. 多做快速撤位和快速上步的助跑起跳练习 2. 多做防守后再外绕助跑起跳扣球	
	2. 人球关系保持不好，手控制球能力差	1. 做自抛自扣高球练习，保持好人与球的关系 2. 提高手腕推压技术，对墙、隔网扣平球练习	
近体快球	1. 助跑节奏不佳，步法紊乱，踏跳点不合适	1. 进一步讲解快球助跑的时机特点 2. 要多做并熟练各种助跑起跳动作	
	2. 起跳点太近，造成碰网或过中线	1. 助跑起跳扣近网的固定球 2. 按扣快球助跑节奏掷小皮球，助跑起跳扣抛球	
	3. 手臂、手腕鞭甩动作不正确	1. 原地对墙扣球 2. 低网练习挥臂甩腕抽击	

（六）教学与练习中应注意的问题

第一，扣球技术是学生最感兴趣的技术，学生的学习积极性都比较高，但学生的注意力往往会集中在扣球效果上，而忽视对正确扣球技术动作的掌握。在教学中，应注意引导学生掌握正确的扣球技术动作，为其他扣球技术的学习打好基础。

第二，在扣球教学中，应重点抓好助跑起跳和正确的击球手法练习，解决好人与球的位置关系。初学时，应加强分解动作练习，并适时地与完整动作练习相结合。对扣球技术的重要环节，必须进行反复、系统的强化练习。

第三，在教学课中，扣球教学的安排，尤其是上网扣球，最好安排在传、垫球技术练习之后。因为在进行扣球练习时，学生的积极性高，如安排在课的前段，对其他技术的学习有影响。

第四，初学者上网扣球时，应由教师或技术水平较好的学生担任二传，以便尽快正确掌握扣球技术。对扣球教学练习的总体要求是：先徒手扣，后用球扣；先抛扣，后传扣；先轻扣，后重扣；先中远网，后近网；先扣高球，后扣快球。

六、拦网技术教学

（一）教学顺序

拦网技术教学，应在学生初步掌握正确的扣球技术之后进行。其教学顺序应是：先教单人拦网，然后再教双人和三人集体拦网。拦网教学的重点是单人拦网。

拦网教学应采用分解动作与完整动作相结合的教法，先学习拦网手型和伸臂动作，再学习原地起跳和移动起跳拦网动作，最后再掌握完整的拦网技术。拦网移动步法应先学习并步法，再学习交叉步和跑步。

（二）教学步骤

1. 讲解与示范

（1）讲解。首先讲解拦网技术在排球比赛中的重要作用，再讲解单人拦网技术的动作方法和要领，包括拦网手型、助跑、起跳、空中拦击、落地等，最后重点讲解拦网的判断和起跳时机。

（2）示范。拦网示范应采用完整动作与分解动作相结合，徒手与拦网实操相结合，正面、侧面与背面示范相结合进行教学。采用完整示范是让学生建立完整的拦网技术概念。正面示范是让学生观察拦网手型、手臂间距及起跳动作；侧面示范是让学生观察拦网的身体完整动作以及手臂与网的距离；背面示范是让学生观察拦网的判断，移动、起跳时机及网上封堵的区域和线路等。

2. 组织练习顺序

拦网手型练习→移动起跳练习→结合球的完整拦网技术练习。

（三）教学难点

拦网技术动作由准备姿势、移动、起跳、空中拦击和落地 5 个部分组成。要拦住不同的扣球，在拦网移动之前必须判断对方扣球的位置，要根据二传手传球的特点及扣球手的起跳点来选择拦网起跳点，要根据对方扣球人的击球动作来判断拦网的起跳时间及伸臂时间。整个拦网技术动作全过程，自始至终都贯穿着判断。

起跳时间是否合适是关系到能否及时起跳拦住对方扣球的关键。选择合适的起跳时间，不仅要根据自己的弹跳高度，还要对二传高度、距离、弧度、速度、扣球动作幅度大小及挥臂快慢作出判断。因此，正确地确定起跳时间和起跳点是拦网教学训练的难点。

（四）练习方法

1. 拦网手型练习

（1）原地扣拦练习。先原地徒手练习拦网手型，两脚平行站立，两臂上举伸直，两手间距约 20 厘米，十指自然张开，然后两人一组，面对面相距 1 米左右站立，一人预先做好拦网手型，一人对准拦网人双手自抛自扣。要求扣球者准确地把球扣在拦网人的双手上，让拦网者体会拦网手型和拦网时的肌肉感觉。

（2）原地结合低网一扣一拦练习。两人一组，隔网站立，一人扣球，另一人拦网。要求扣球者把球扣在拦网者双手上，拦网者要根据扣球人的抛球情况，及时伸臂拦网，体会触球时的提肩压腕动作。

2. 移动起跳拦网练习

（1）网前原地起跳拦网练习。学生集体听教师口令在网前做原地起跳拦网。要求起跳后保持身体平衡，既要有伸臂过网的拦网动作，又不能触网或过中线犯规。

（2）网前左右移动一步起跳拦网练习。教师站在网前高台上持球于网上空，学生依次在网前左右移动一步起跳拦网。要求学生随教师举球位置的变化而左右移动，移动、制动与起跳动作要连贯。

（3）隔网盯人移动拦网练习。两人一组隔网相对，其中一人主动向左右移动起跳拦网，另一人盯住对方，并及时移动起跳在网上与对方双手击掌。要求平行网移动，防止触网，移动由慢到快，保持好人与网的合理位置关系。

3. 结合球的拦网练习

（1）一抛一拦练习。两人一组隔网站立，一人向网口上沿抛球，另一人起跳将球拦回。要求拦网人体会起跳时间和拦网动作。

（2）拦固定线路的扣球。教师或指定学生在高台上扣球，固定扣直线或斜线球，让学生依次轮流助跑起跳拦网。要求学生区别拦直线球和拦斜线球在取位和拦网手型上的异同。

（3）拦对方 4 号位或 2 号位的扣球练习。学生在本方 2 号位或 4 号位拦对方的扣球。要求拦网人及时判断对方扣球人的助跑线路，选好起跳点和起跳时机，拦堵对方的主要扣球线路。

4. 集体拦网练习

（1）双人原地起跳配合拦网练习。要求两人 4 只手臂上举伸直，间隔距离保持适当，中间以不漏球为宜。

（2）双人移动后配合拦网练习。两人一组，同时移动到 3 号位起跳配合双人拦网一次，然后分别向两侧移动，与 2 号位、4 号位队员双人再配合拦网一次。要求配合队员主动与 2 号位、4 号位主拦队员配合，防止碰撞。

（3）结合各种进攻扣球的双人拦网练习。3 号位队员单人拦对方快球进攻一次，立即向 2 号位或 4 号位移动，与 2 号位、4 号位队员组成双人拦网拦对方的强攻扣球。要求掌握好拦快球与拦高球强攻的起跳时间及不同的手型变化。

（五）常犯错误与纠正方法及案例（表 4-3-6）

表 4-3-6　拦网技术常犯错误与纠正方法及案例

<table>
<tr><th>技术</th><th>常犯错误</th><th>纠正方法</th><th>纠错案例</th></tr>
<tr><td rowspan="3">单人拦网</td><td>1. 起跳过早或过晚</td><td>1. 教师给予起跳信号，反复练习起跳时机
2. 深蹲慢跳或浅蹲快跳</td><td rowspan="4">在拦网技术的学习过程中，学生易出现闭眼拦网或两手臂之间的距离过大造成漏球的错误动作。为纠正此类错误动作，在教学中教师常采用提示法。提示法是在练习中，教师通过某种形式（以语言为主）给予正在做动作的学生提示与指导的一种方法。例如，在学生练习拦网时，教师在一旁不断地提示学生“两臂夹紧头部，眼盯住来球”，以纠正学生闭眼拦网或两手臂之间的距离过大造成漏球的错误动作，使学生养成观察球的好习惯，减少拦网错误动作的发生</td></tr>
<tr><td>2. 拦网时两臂有向前扑打动作</td><td>1. 正误动作对比示范，结合网做原地提肩压腕动作
2. 低网上扣拦练习，强调收腹动作</td></tr>
<tr><td>3. 闭眼拦网或两手臂之间距离过大造成漏球</td><td>1. 拦网时眼盯球，养成观察球的良好习惯
2. 示范两臂夹紧头部的动作或多做拦固定球的练习</td></tr>
<tr><td>双人拦网</td><td>1. 互相踩脚
2. 两人在空中相碰撞</td><td>1. 多练移动最后一步的制动动作
2. 多练两人移动后并拦的起跳配合</td></tr>
</table>

（六）教学与练习中应注意的问题

第一，在拦网教学中，应以学习单人拦网技术为主，双人与集体拦网战术为辅。当学生初步掌握拦网技术后，应增加结合扣球和防守反击的练习，使拦网、保护、防守及反攻扣球等技术互相串联和衔接。

第二，在教学中，要抓好拦网的移动、起跳、伸臂、手型、拦击动作等环节的教学。在改进和提高阶段则应重视判断、突然起跳与空中身体转动、倾斜控制等能力的发展，以及拦网手法的基本功练习，这样才能提高拦网的实战效果。

第三，拦网教学不能安排过早或过于集中。过早安排拦网学习，不符合排球技术教学的规律；过于集中学习拦网，不利于提高拦网的能力，甚至会影响学生练习的积极性。所以，拦网教学应安排在正面扣球、垫球防守以及简单的进攻战术之后进行，每节课单一地练习拦网的时间也不宜过长。

排球技术战术教学重点难点分析参考示例

第四，在拦网教学中，要逐渐提高难度，一般先学单人拦网，后学双人配合拦网，其次先学拦固定路线的扣球，再学拦变化路线的扣球；先学拦近网扣球，再学拦远网扣球和各种快攻扣球，同时要强调拦网后的落地动作，以避免运动损伤。

（七）排球教学技能要求和教法、学法运用及思政融入（表 4-3-7）

表 4-3-7　排球教学技能要求和教法、学法运用及思政融入参考示例

技术	技能要求	教法、学法运用	思政融入
准备姿势与移动	掌握稍蹲、半蹲、低蹲准备姿势和并步、滑步、跨步、交叉步等技术的动作方法与要领，能结合垫球、传球、扣球、拦网等技术动作熟练地衔接运用。每次课后能利用课余时间进行准备姿势与移动技术的练习	讲解法、完整示范法、观察与模仿法、练习法、自评法等	在排球技术教学过程中，可结合准备姿势与移动教学，培养学生快静齐的集体配合意识和组织纪律性。结合发球、垫球、传球、扣球和拦网技术，培养学生稳定的心理素质与担当精神，不怕吃苦、克服困难、
发球技术	掌握正面上手发球技术、正面上手发飘球技术、跳发飘球、跳发大力球等的基本动作与要领，结合垫球、传球、扣球技术动作进行发球练习，同时，每周能利用课余时间进行发球技术练习	讲解法、直观法、分解示范法、完整示范法、观察与模仿法、练习法、纠正错误法等	
垫球技术	熟练掌握正面双手垫球、体侧垫球、跨步垫球、背垫球、低姿垫球、单手垫球、挡球等技术的动作方法与要领，以及接发球、接扣球、接拦回球和处理球的技巧，并能利用课余时间进行反复练习	讲解法、分解示范法、完整示范法、直观法、观察与模仿法、练习法、目标学习法、比赛法、自评法、纠正错误法等	

续表

技术	技能要求	教法、学法运用	思政融入
传球技术	熟练掌握正面双手传球、背传球、体侧传球、跳起传球、低姿传球、调整传球、单手传球以及其他战术传球等技术的动作方法与要领，并能利用课余时间进行反复练习	讲解法、分解示范法、完整示范法、观察与模仿法、直观法、练习法、目标学习法、比赛法、自评法、纠正错误法等	任劳任怨的思想作风，机智灵活与随机应变的智慧，勇猛顽强和敢于拼搏的意志品质以及勇于挑战、顽强果断、敢于担当的坚强意志等
扣球技术	熟练掌握正面扣球、单脚起跳扣球、近网扣球、远网扣球、调整扣球、扣快球以及其他战术变化扣球等技术的动作方法与要领，并能利用课余时间进行反复练习	讲解法、直观法、完整与分解法、观察与模仿法、练习法、条件控制教学法、比赛法、自评法、纠正错误法等	
拦网技术	熟练掌握单人拦网、双人拦网、三人拦网、拦强攻、拦快攻、拦后排攻以及其他战术变化拦网等技术的动作方法与要领，并能利用课余时间进行反复练习	讲解法、直观法、完整示范法、分解示范法、观察与模仿法、练习法、比赛法、纠正错误法、目标学习法、比赛法、自评法等	

学业提示：结合水平一、水平二、水平三、水平四的学生，在排球教学中，运用多种多样的教学方式方法，将教师讲解示范与学生自主学练、合作学练与探究学练相结合，把集体学练、分组学练与个体学练有机结合，引导学生积极思考、主动探索、勇于实践、不畏困难、团结友爱，培养学生发现问题、分析问题、解决问题的能力和创新意识，帮助学生在参与排球运动中享受乐趣、增强体质、健全人格、锤炼意志，培养德智体美劳全面发展的社会主义建设者和接班人。

第四节　排球战术教学与练习方法

排球战术教学必须在学生掌握一定基本技术的基础上进行，使之学会攻、防战术的配合方法，在比赛中提高运用基本技术的能力，以达到能较熟练运用各种主要战术的目的。

一、进攻战术教学

（一）教学顺序

先学习“中二三”进攻战术，然后学习“边二三”进攻战术，最后学习“插三二”进攻战术。在学习这三种进攻战术的同时，应结合学习相应的进攻配合，再逐步练习各种难度较大的进攻打法和复杂的战术配合。

（二）教学步骤

1. 讲解与示范

（1）讲解。讲解进攻战术的名称及其特点、基本阵型及打法和学生的站位分工及职责。

（2）示范。采用沙盘、挂图或请六名学生现场实际演示等方法，让学生对进攻阵型建立直观的概念，然后在半场上按进攻战术的要求，进行不结合球的模仿站位与跑动路线练习，让学生初步体会和明确各位置的分工与配合方法。

2. 组织练习顺序

徒手模仿进攻战术站位练习→结合球在简单条件下练习→结合球在复杂条件下练习→比赛条件下巩固提高练习

（三）教学难点

对初学者来说，教学重点应集中在一些简单打法上，比如对强攻、快攻等进行专门性练习，以利于学生迅速熟悉自己的位置和职责；而教学难点则集中在各进攻战术的站位、转位和位置交换上。对有一定基础的学生来说，进攻战术的教学难点是强攻、快攻、立体进攻的有机结合。在这一阶段，学生已经熟悉自己的位置和职责，而如何根据比赛的实际情况打出不同的战术是教学的关键。

（四）练习方法

1.“中二三”进攻战术的练习方法

（1）徒手模仿“中二三”进攻战术站位练习

教师让学生站在自己的半场上按“中二三”进攻阵型站位，然后进行不结合球的模仿跑动和轮转练习，使学生了解各位置的分工与配合方法。

（2）结合球在简单条件下的练习

① 教师在 6 号位向 3 号位抛、传球，3 号位二传队员将球交替传给 4 号位、2 号位队员扣球，扣球后相互交换位置（图 4-4-1）。

② 场上六名学生站成“中一三二”接发球站位阵型，教师从对区抛球，学生接发球练习“中二三”进攻战术（图 4-4-2）。

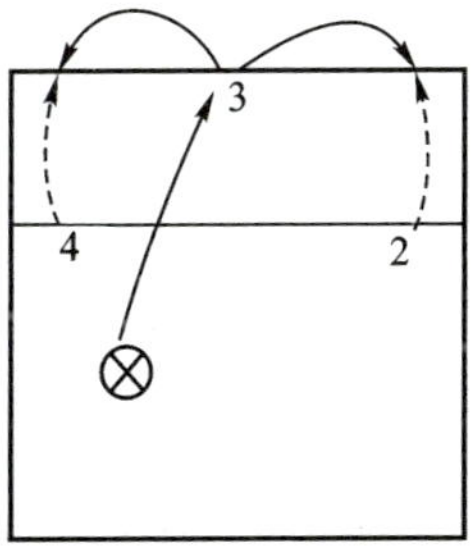

» 图 4-4-1

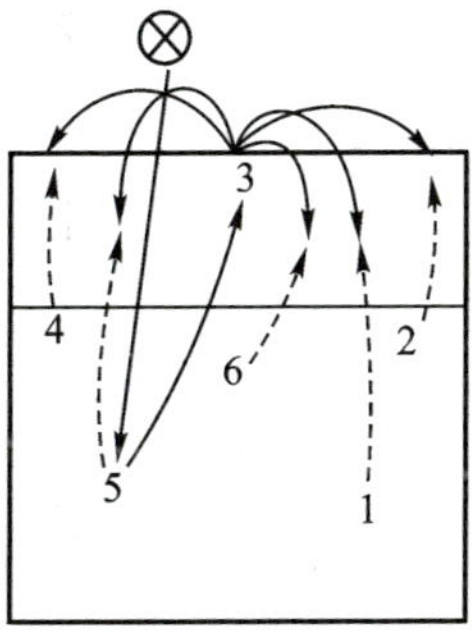

» 图 4-4-2

③ 场上六名学生按“中一三二”接发球站位，接教师从发球区抛球或下手、上手发球组织“中二三”进攻战术（图 4-4-3）。

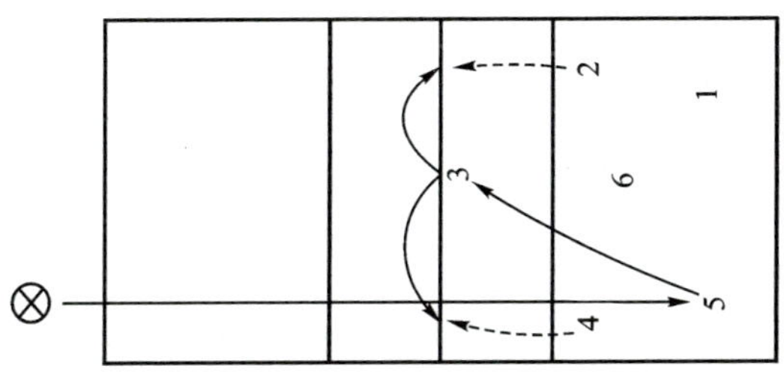

» 图 4-4-3

（3）结合球在复杂条件下的练习

① 场上六名队员按“中一三二”接发球站位，接教师从发球区发来的上手球，学生接发球组织“中二三”进攻战术，但在进攻队员扣球时，要求后排队员跟进保护，以提高队员的保护意识（图 4-4-4）。

② 练习方法同上。发球一方增加一名或两名拦网队员，给进攻一方增加网上的难度（图 4-4-5）。

③ 练习方法同上。但在接发球后，全队立即转入接拦回球进攻的练习（图 4-4-6）。

（4）比赛条件下巩固提高练习

① 四对四的接发球组织“中二三”进攻与防反练习。要求两边发球区有专人发球，甲方发球，乙方接发球组织进攻，甲方防守反击。反之，乙方发球，甲方进攻，乙方防守反击（图 4-4-7）。

② 六对六教学比赛进行攻防对抗练习。教师在场外抛球给场上任一方队员，然后双方进行“中二三”进攻和防反练习（图 4-4-8）。

③ 练习方法同上。但防反一方可增加单人拦网，以增加进攻方的难度。

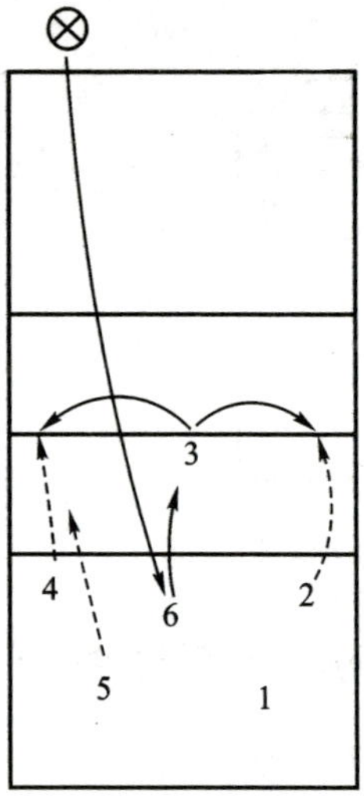

» 图 4-4-4

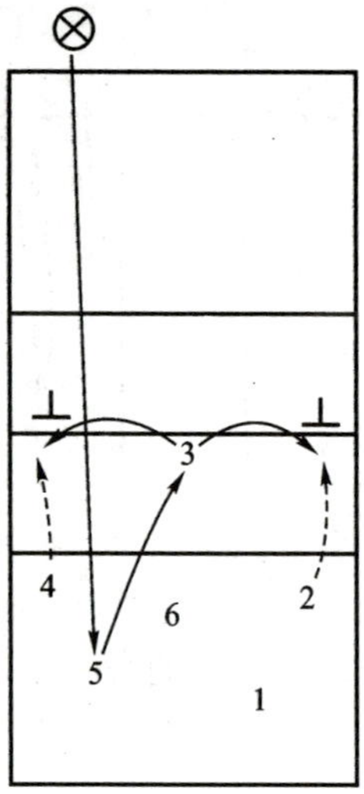

» 图 4-4-5

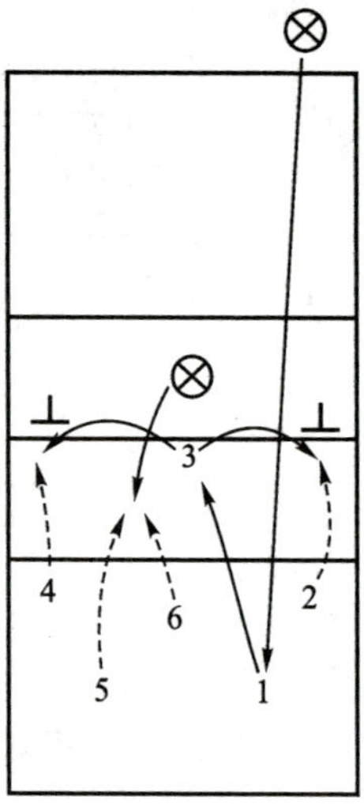

» 图 4-4-6

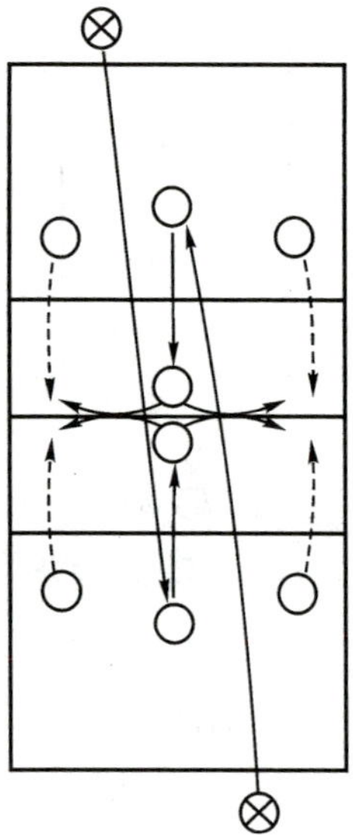

» 图 4-4-7

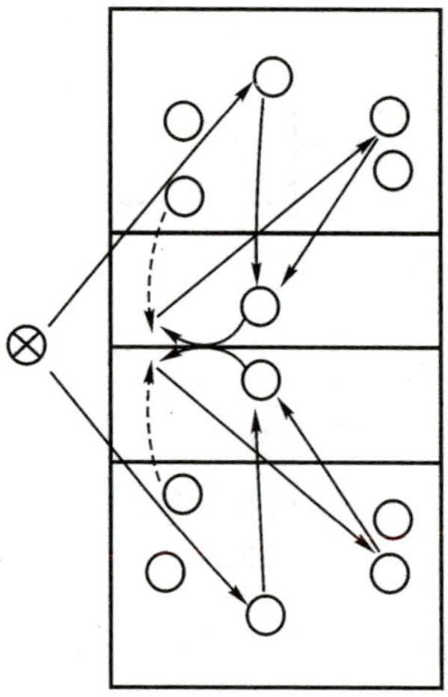

» 图 4-4-8

2.“边二三”进攻战术的练习方法

（1）徒手模仿“边二三”进攻战术站位练习

教师让学生站在自己半场上按“边二三”进攻阵型站位，然后进行徒手模仿跑动和轮转位置练习，熟悉“边二三”进攻战术各位置的跑动线路、分工及配合方法。

（2）结合球在简单条件下的练习

① 教师在 6 号位将球抛向 2 号位、3 号位之间二传的位置，2 号位、3 号位之间的二传队员把球传给 4 号位或 3 号位队员，分别由 4 号位或 3 号位队员轮流扣 4 号位一般高球和 3 号位半快球，进攻后相互交换位置（图 4-4-9）。

② 学生分别站在 4 号位、3 号位准备扣球，由 3 号位队员将球传给 2 号位的二传队员，二传队员将球传给 4 号位或 3 号位的进攻队员扣球（图 4-4-10）。

③ 学生分别站在 4 号位、3 号位准备扣球，接教师从发球区或对方场区的抛球或轻发球组织“边二三”进攻战术（图 4-4-11）。

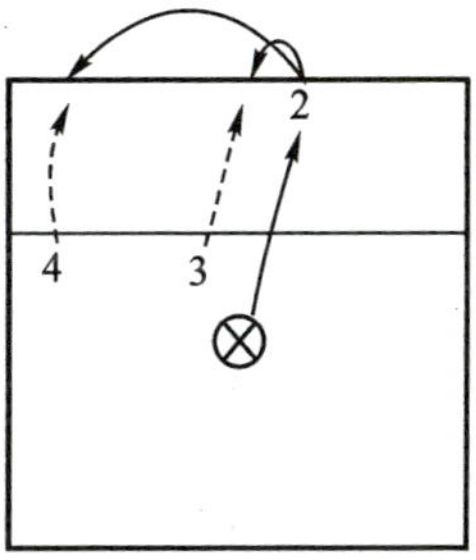

» 图 4-4-9

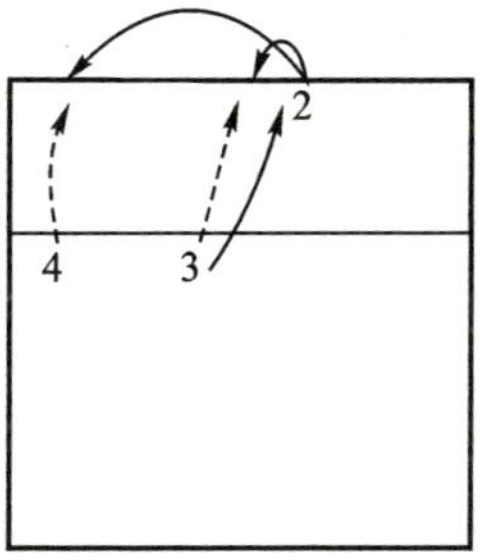

» 图 4-4-10

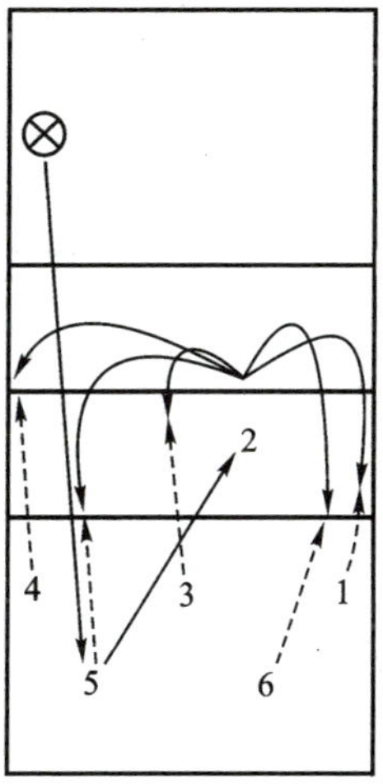

» 图 4-4-11

（3）结合球在复杂条件下的练习

① 场上六名队员按“边一三二”接发球站位，接起教师从发球区发来的上手球组织“边二三”进攻。

② 练习方法同上。发球一方增加拦网，给进攻方增加网上难度（图 4-4-12）。

③ 练习方法同上。接发球“边二三”进攻后，立即进入接拦回球反攻练习（图 4-4-13）。

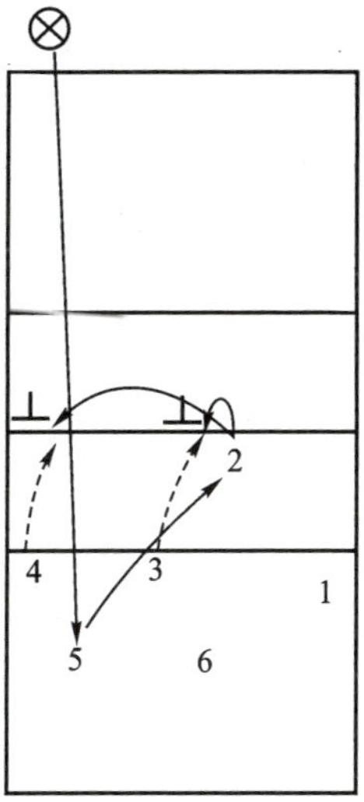

» 图 4-4-12

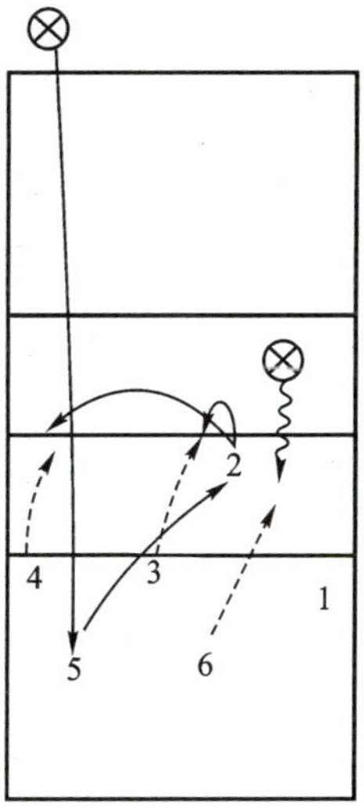

» 图 4-4-13

（4）比赛条件下巩固提高练习

① 三对三组织“边二三”进攻与防反练习（图 4-4-14）。

② 六对六进行“边二三”攻防对抗教学比赛练习。教师在场外随时向场内任一方抛球。然后双方进行攻防对抗练习（图 4-4-15）。

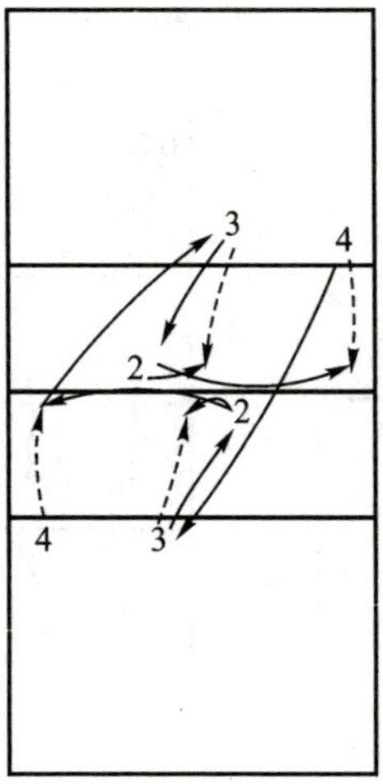

» 图 4-4-14

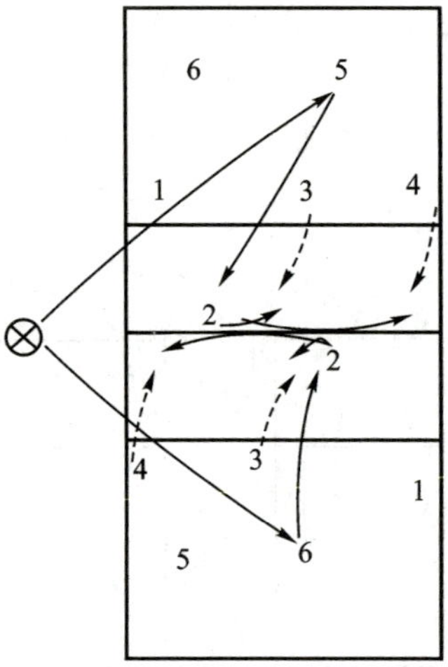

» 图 4-4-15

③ 练习方法同上。教师连续向一方发 10 次球后，再换向另一方连续发 10 次球。教师每次发球后，学生要转动一次位置。通过六对六的对抗攻防练习，提高战术的运用能力。

3.“插三二”进攻战术的练习方法

（1）徒手模仿站位练习。让学生按“插三二”进攻战术站位，然后徒手模仿练习 1、6、5 号位插上跑动路线和熟悉职责等。

（2）后排队员插上练习。教师在对方场区抛或发球过网，由 1 号位或 6 号位或 5 号位插上作二传，组织“插三二”进攻战术（图 4-4-16 至图 4-4-18）。

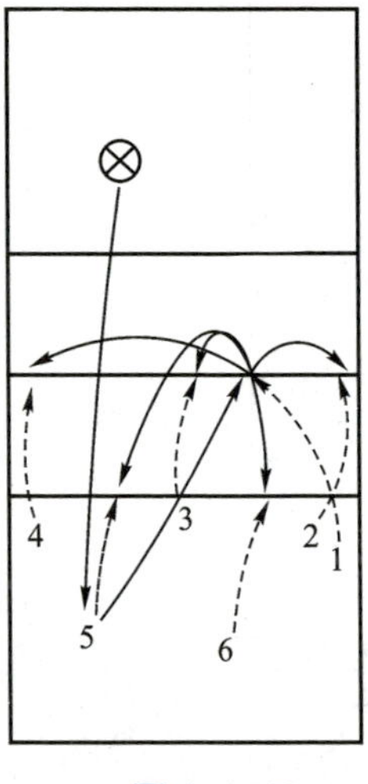

» 图 4-4-16

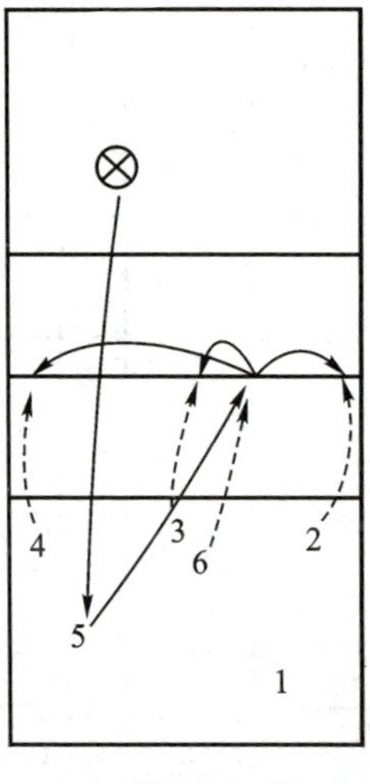

» 图 4-4-17

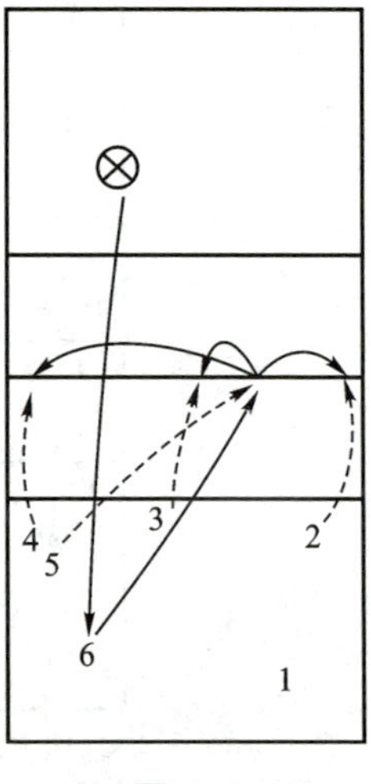

» 图 4-4-18

二、防守战术教学

防守战术主要包括接发球防守、接扣球防守、接拦回球防守和接传垫球防守。

（一）教学顺序

（1）接发球防守。先学习“中一三二”接发球的全队防守，然后学习“边一三二”接发球的全队防守。

（2）接扣球防守。先学习单人拦网下的防守战术，再学习双人拦网下的防守战术，最后学习三人拦网下的防守战术。

（3）接拦回球防守。依次学习五人、四人、三人接拦回球防守战术。

（4）接传垫球防守。根据对方采用传垫球时的情况和时机，依次学习五人、四人等接传垫球防守战术。

（二）教学步骤

1. 讲解与示范

（1）讲解。讲解防守战术的名称、特点，防守的基本阵型及跟进方法，队员的职责及相互间的配合，防守与反攻的衔接等。

（2）示范。运用挂图、沙盘或请六名学生现场实际演示等方法，使学生了解防守阵型的组成、每个防守位置的职责和防守队员之间的配合方法等。

2. 组织练习顺序

徒手模仿站位→无对抗条件下的练习→简单对抗条件下的练习→较激烈对抗条件下的练习→比赛条件下的练习。

（三）教学难点

对初学者来说，防守战术的教学与训练难点是让其根据本方拦网队员的情况，正确落位。例如，在学习双人拦网时，一名队员要防对方吊球，另外三名队员每人卡住一条线防扣球。对有一定训练基础的学生来说，防守战术的教学与训练难点是让其综合对方扣球和本方拦网情况，正确落位和及时补位。

（四）练习方法

1. 接发球防守练习方法

（1）徒手模仿站位练习。让六名学生在半场上按防守位置徒手站位，然后依次轮转六轮。练习时可以随时让学生说出自己的位置。

（2）结合球的练习。让六名学生在半场上按防守位置徒手站位，教师在另一侧发球，学生接发球并根据分工组织进攻。学生成功组织三次后轮转一个位置，教师继续发球，学生练习。需要注意的是，为了有效地练习学生的防守站位，教师发球宜简单。

2. 接扣球防守练习方法

（1）徒手模仿站位练习。让六名学生在半场上按防守位置徒手站位，然后依次轮转六轮，使学生明确每一轮、每一个位置的分工和职责，使学生能够根据对方和本方情况进行合理取位。

（2）不拦网下的防守练习。教师隔网站在高台上扣球或吊球，学生在无人拦网的情况下进行防守和反攻练习。

（3）结合拦网的防守练习。教师隔网站在高台上扣球或吊球，学生单人或双人拦网。教师有意识地把球扣（吊）给 1 号位、6 号位、5 号位、4 号位的学生，学生防守后组织进攻。

3. 接拦回球防守练习方法

（1）徒手模仿站位练习。让六名学生在半场上根据对方和本方情况进行跟进落位练习。需要明确的是，所有参与进攻战术的学生都应该积极地选取位置接拦回球。

（2）结合球的练习。学生组织各种徒手的进攻战术，教师拿球轮流在 4 号位、3 号位和 2 号位隔网站在高台上模拟拦回球喂球，学生跟进保护并组织一次有球的进攻。

4. 接传垫球防守练习方法

（1）对方无攻时的站位练习。当对方一传将球垫飞，跟进保护队员将球调整到中、后场附近，第三次无法组织进攻时，队员应练习快速后撤和换位，可以采用五人防守，尽量组织多点进攻战术。

（2）对方垫球过网时的站位练习。当对方传垫球直接过网时，前排队员已经来不及后撤，则由后排队员组织防守，此时可以练习二次球进攻或组织多点进攻。

（3）对方有意识地传垫球过网时的站位练习。当对方一传或二传击球，并有意识地突然传垫球过网时，本方应在接扣球防守阵型的基础上，积极补位防吊。在这种情况下，应充分发挥 4 号位、3 号位队员快攻战术配合的作用，且要求学生注意力集中，随时准备防守对方的传垫吊球。

三、攻防转换战术教学

（一）教学顺序

先学习接推攻球防守及组织进攻，然后学习接发球防守及组织进攻。在此基础上学习接扣球防守及组织进攻，最后学习接拦回球防守及组织进攻。

（二）教学步骤

1. 讲解与示范

（1）讲解。首先讲解攻防转换战术是四攻系统的综合运用，攻防转换能力是体现一个队整体水平高低的重要标志之一，再讲解攻防转换的节奏掌握、攻防衔接的熟练程度等。

（2）示范。运用沙盘或看录像等直观教具及学生现场演示的方法，让学生了解攻防转换的节奏、时机及全队的串联配合等。

2. 组织练习顺序

先局部后整体，由简到繁，由易到难地组织练习。如拦网练习时，先练习拦斜线，后练习拦直线；反攻扣球时，先练习扣斜线球，后练习扣直线球。

（三）教学难点

攻防转换战术的核心是让学生在进攻和防守之间有效地串联和组织，因此，学生跑动路线和节奏的控制是教学与训练的重点和难点。教师要努力通过喂球来控制学生的攻防转换节奏，调动学生的跑动路线。

（四）练习方法

1. 调整传球和反攻练习

教师隔网站在高台上扣球，后排三名队员进行各种线路的防守、调整传球和反攻练习（图 4-4-19）。

2. 人盯人拦网练习

教师在后场抛球给二传队员，扣球队员在 4 号位、3 号位、2 号位跑动扣球，对方 2 号位、3 号位、4 号位队员进行人盯人拦网，后排队员进行防守反击（图 4-4-20）。

3. 六对六攻防转换练习

教师在场外抛球，一方接发球组织一攻，另一方拦网防守后组织反攻。成死球后，教师立即抛球继续进行攻防转换练习（图 4-4-21）。

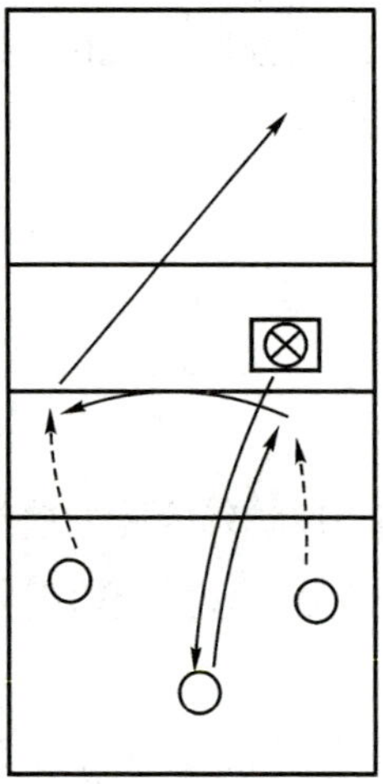

» 图 4-4-19

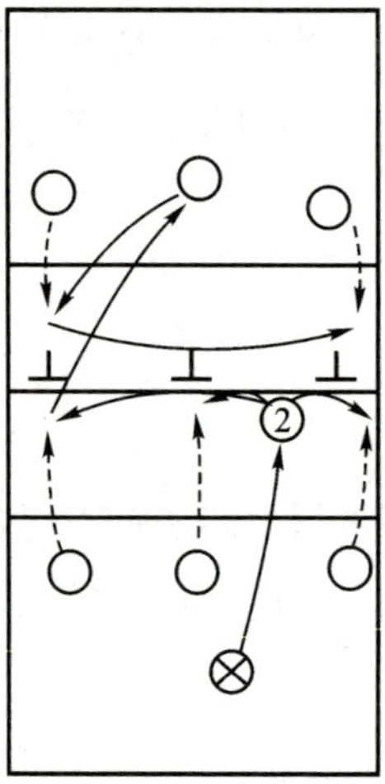

» 图 4-4-20

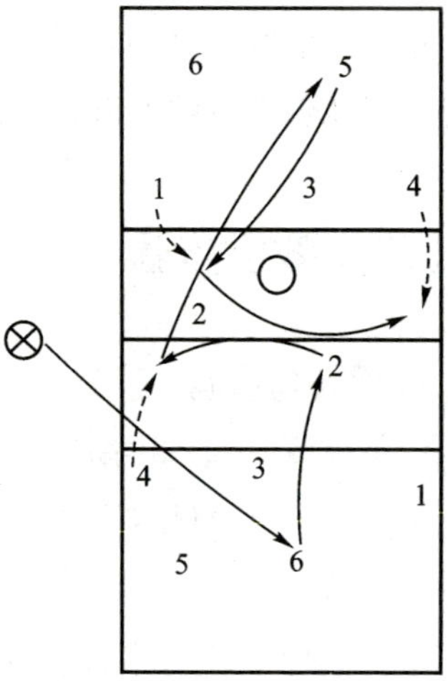

» 图 4-4-21

（五）常犯错误与纠正方法及案例（表 4-4-1）

表 4-4-1　排球战术常犯错误与纠正方法及案例

战术	常犯错误	纠正方法	纠错案例
接发球	1. 接发球站位概念不清晰	1. 讲清概念，反复看沙盘 2. 反复让学生轮转站位练习	在排球战术的学习过程中，学生易出现接发球站位错误以及攻防转换、换位保护不及时等错误动作。为纠正此类错误的发生，在教学中教师常采用语言提示法、信号联系法等进行纠错。语言提示法和信号联系法是指教师在教学中运用各种形式的语言、信号（手势）提示学生掌握学习内容、进行纠错的一种方法。例如，在排球战术教学中，教师运用语言或信号（手势），提示学生及时换位保护及掌握进攻配合时机和技巧，加强学生对排球战术攻防转换配合方法与要领的理解，从而加速对排球战术基本理论、技战术配合和战术意识的培养，让学生养成良好的技战术配合意识和习惯，从而减少排球战术教学中错误习惯的发生
	2. 前后排队员站位错误	1. 讲清位置错误的概念 2. 多做五人、四人接发球站位轮转练习	
换位攻防保护	1. 换位、攻防转换不及时	1. 结合视觉信号多做换位练习 2. 多做进攻防守后的各种转换练习	
	2. 跟进保护不及时	1. 反复强调跟进保护意识的练习和进攻、拦网配合下的跟进保护练习 2. 隔网多做六对六或四对四攻防转换跟进保护练习	

四、排球战术教学与练习中应注意的问题

（一）战术教学与练习必须在掌握一定技术的基础上才能进行

技术是战术的基础，应先教技术，后教战术配合。随着各项技术水平的提高和熟练，再逐步学习较复杂的战术配合。同时，通过战术配合教学，反过来带动技术的提高。

（二）战术实质上就是技术的运用

在练习技术时，实际上贯穿着对战术意识的培养。当掌握了一定的技术后，再将这些技术有机地串联起来，实际上就形成了战术配合。只有提高了个人的战术意识，才能更好地发挥集体战术配合。

（三）第一次进攻与反攻相结合

进行战术教学时，要先练第一次进攻，后练防守反攻，要把一攻与反攻结合起来才能互相促进。

（四）选好二传手

在战术教学前，要注意选好二传手，然后确定阵容，根据学生的技术特点，确定全队进攻与防反的打法，逐步增加本队的战术内容。

（五）要由易到难

战术教学必须按由简到繁、由易到难、由分解到完整、分练与合练相结合的步骤进行。对初学者进行战术教学，应在掌握发球、垫球技术之后再进行。开始学习以“中二三”进攻战术为基础，同时掌握单人拦网下的防守战术，在此基础上再学习“边二三”进攻战术及 1 号位队员“插三二”进攻战术，然后再学习双人拦网下的“心、边跟进”防守战术。

（六）练为战

战术教学进行一定时间后，要多比赛，通过比赛来运用战术，检验战术的实效，并改进和提高战术质量。

专栏 1：加强学生实践能力培养的有效途径

1. 加强培养学生的语言表达能力。如学习正面上手发球和正面扣球技术后，教师可提问两项技术有什么区别，让学生用语言表达出来，从而提高学生的表达能力。也可采用学生授课的方式，如教师可把一部分教学内容安排给一个或几个学生，学生为主讲，教师给予补充，以提高学生的讲解、示范和组织能力。

2. 加强培养学生的技、战术运用和指导能力。例如，在教扣球技术时，应结合拦网技术并不断提高要求，同时适当安排比赛，把学生学到的排球技、战术与比赛结合起来培养学生的实战运用能力；采用观看和指导相结合，安排分组教学比赛时有学生进行观摩，有学生分别做临场指导，课后进行讨论并提出个人对比赛的看法，来提高学生的综合思维能力。

3. 加强培养学生的训练和裁判能力。安排学生带班级或系级排球队小周期的训练，提高学生执行训练原则和训练计划的能力，还能提高学生对训练方法和手段的运用能力；合理安排学生做班级或系级排球比赛的编排和裁判工作，提高学生的组织编排能力和执行裁判员规则的实践能力。

4. 加强学生能力的考核。教师有意识地安排学生参与考核（按教师的要求给同学评分，教师也同时给分），这种考核有利于学生观察能力的培养；改革理论考核，如在保证试题难度、覆盖面的基础上适当增加理解、分析和综合应用性的试题，以引导学生在学习中注重综合能力的发展。

五、战术教学技能要求、教法、学法运用及素质培养（表4-4-2）

表 4-4-2　排球战术教学技能要求、教法、学法运用及素质培养参考示例

排球战术	技能要求	教法、学法运用	素质培养
进攻战术	掌握进攻战术的基本站位、转位、位置交换以及强攻、快攻、立体进攻的有机结合等	讲解法、完整与分解法、相似技术教学法、条件控制教学法、比赛法、认识学习与理解法、联系学习法等	在进攻战术教学过程中，培养学生注意力集中，团结协作、协同配合、勇于担当与奉献的团队精神
防守战术	掌握防守技术的基本站位和低姿垫球、前扑垫球等上中下、左中右多种防守技术，并能较熟练地结合发球、垫球、传球、扣球、拦网等技术动作进行三对三、四对四、六对六衔接的教学比赛，同时，每周能利用课余时间进行班小组练习	讲解法、分解示范法、完整示范法、观察与模仿法、启发式教学法、目标学习法、完成指标法等	在防守教学过程中，培养学生积极主动、勇于挑战、迎难而上、每球必争、拼抢扑救、顽强拼搏，变被动为主动的乐观主义精神以及坚韧、进取、担当、不服输的体育精神
攻防转换战术	先学习推攻防守转换组织进攻，再学习接发球防守转换组织进攻，在此基础上学习接扣球防守转换组织进攻，最后学习接拦回球防守转换组织进攻	讲解法、分解示范法、完整示范法、观察与模仿法、分组练习法、半场练习法、全场练习法、比赛法、联系学习法、认知学习与理解法等	在攻防转换教学过程中，培养学生顾全大局、合作互助、相互尊重、配合默契、承担责任的团队意识和团结协作的集体主义精神

学业提示：水平一、水平二的学生要求学习掌握排球最基本的进攻战术、防守战术和攻防转换战术，如发球个人战术，一传个人战术，扣球个人战术，五人接发球“中二三”进攻战术，五人接传、垫球“边二三”进攻战术等水平相对较低的技战术配合；水平三、水平四的学生要求学习掌握较高水平的排球技战术打法和配合，如接扣球反攻“边二三”进攻战术、接拦回球反攻“插三二”进攻战术等，真正落实教会、勤练、常赛的要求。引导学生在参与学、练、赛的过程中掌握排球技战术动作技能，熟练运用攻防转换技战术配合，提升思维判断能力、注意集中与分配能力以及情绪调控能力，享受排球运动的乐趣，丰富运动的体验和认知，培养良好的体育精神、体育道德、体育品格和规则意识，并能观赏、评价高水平的排球比赛等。

六、战术训练要点、战术运用、训练提示及素质培养（表4-4-3）

表 4-4-3 排球战术训练要点、战术运用、训练提示及素质培养参考示例

战术	训练要点	战术运用	训练提示及素质培养
进攻战术	进攻是最好的防守，也是取胜的关键；重点要抓好以下四个环节： 1. 接发球防反，选好接发球的站位，有利于本方组织进攻战术，同时，还要根据对方发球的特点变化不同的接发球阵型 2. 接扣球防反，要针对对方进攻特点与变化进行部署，同时，还要结合本方防守进行反攻 3. 接拦回球防反，根据对方拦回的情况，结合本方保护情况继续组织进攻 4. 接传、垫球防反，提前做好预判，抓住机会，组织多点防反进攻	进攻阵型主要为“中二三”“边二三”“插三二”三种；“中二三”进攻战术配合简单，适合初学者采用，“边二三”进攻战术配合较为复杂，适合有一定基础者采用，“插三二”进攻战术配合变化较多，掩护性强，较适合高水平队采用；现代进攻战术运用已覆盖前排与后排、高球与平球、强攻与快攻、直线与斜线、全方位、全时空、立体进攻体系	成功的进攻与防守，都能鼓舞士气，激励斗志，彰显良好的精神风貌。在训练比赛中，提倡以攻为主，主动进攻，积极进攻，要优化各种定点进攻与跑动进攻，加强个人进攻与集体配合进攻，完善前排进攻与后排立体进攻等。培养学生勇敢顽强、敢打敢拼的思想作风
防守战术	在训练中注意以下几点： 1. 树立正确的防守理念。充分认识防守的重要作用，纠正重攻轻守的倾向，树立全攻全守、攻守兼备的理念 2. 强调预判与“动中”整体性防守。提高及时预判、正确取位、合理击球能力，把人练活、脑练灵。同时，掌握多样的防守技术，要在移动和制动变化中进行“动中”防守，一人防守，多人策应保护，体现防守的整体性和协调性 3. 强调防守与其他技术结合的训练。防守的目的是更好地反攻，强化防守的手法和控球能力，才能积极主动把球防到便于组织的反攻位置上，与调整二传、拦网和反攻扣球等组织反攻战术密切结合起来进行训练，以提升整体防反能力和效果	1. 灵活取位、合理取舍。通常情况下，移动取位大都是由后向前、由外向里，以利于扩大视野、观察判断，有时也会采用相反的情形，即由前退后、由里移外。同时，防守要根据本方拦截的区域，重点防好盲区以外的地带，但也要注意补救被打手出界、轻吊或拦网漏球情况 2. 协同防守、手法多样。防守人除了重点防好本位置的来球，还应根据对方的扣球路线和相邻同伴的防守情况，积极接应保护，弥补队友的防守漏洞，形成有机的整体防守。同时，结合来球的速度、力量、落点等，运用双手、单手、垫、传、挡、踢等，把球防到有利于组织反攻的位置，并迅速转为反攻	在训练比赛中，要转变防守观念，提倡积极防守、顽强防守、拼搏防守、为防反而防守，变被动防守为主动防守。培养学生积极主动、敢于担当、敢于挑战、迎难而上、拼抢扑救、每球必争、顽强拼搏、坚韧、进取、不服输的使命感与责任意识以及敢作敢为的思想作风

续表

战术	训练要点	战术运用	训练提示及素质培养
攻防转换战术	攻防转换是排球运动的基本规律，训练中必须抓好攻中有防、防中有攻，二者紧密相连，相互依存，共同促进，同时，要重点强化一攻、防反、保攻、推攻系统中的攻防转换串联与跟进保护训练，并结合各种比赛不断提高攻防转换质量与效果，检验实战效果	主要运用于四攻系统之中的“中二三”“边二三”“插三二”进攻阵型，强攻、快攻、两次攻、立体进攻打法，结合接发球防守进攻、接扣球防守进攻、接拦回球防守进攻和接传、垫球防守进攻配合运用	在训练比赛中，要加强攻防转换战术的训练，练好攻防转换战术，不但要有扎实的个人技战术基本功和正确的训练方法，而且要有每球必争、每分必拼、球不落地、必拼到底的大无畏的气概，以及团结协作、坚持到底、勇于胜利的优良品质与作风

学业提示：水平一、水平二的学生要求先掌握排球最基本的进攻和防守攻防战术，如接发球组织一攻战术，接传、垫球组织反攻战术等要求较低的攻防转换配合训练，如结合接一般发球的“中二三”和接推攻球的“边二三”攻防转换训练；水平三、水平四的学生要求除掌握基础攻防转换组织进攻外，还要熟练掌握和运用接攻击性强的发球、扣球、拦回球等组织较高水平攻防转换战术的进攻打法与配合，如接大力旋转球组织进攻、接扣球后组织防反、接拦回球后再组织“插三二”防反转换战术等。引导学生在实战对抗练习与比赛过程中，强化攻防转换的基础衔接，完善全队攻防转换的整体配合，培养学生积极主动与同伴沟通合作、遵守规则、尊重裁判、尊重对手、积极进取、互帮互助、共同进步的品质，具备公平竞争的意识和行为，保持良好的心态和自信，能正确看待比赛结果的胜负。

第五节　排球教学与训练技法

排球教学与训练技法是指学生在进行某项排球技战术学习和练习时，教师与学生交流的能力或给予学生指导性协助练习的技能。这些能力或技能是教师或教练员在多年的教学训练实践中积累的，必须通过学习与实践才能获得。

教学与训练技法可以分为两种：教师与学生的交流技法、教练员的带练技法。

一、教师与学生的交流技法

（一）语言交流技法

1. 语言交流的类型

体育教学与训练的语言具有专业性、针对性、科学性、启发性等特点。结合排球教学与训练实际，语言交流的类型可分为：讲解性语言、指令性语言、提醒性语言、提问性语言、评价性语言等。

（1）讲解性语言是指教师为便于学生更好地理解所讲解的内容而运用的一种陈述性语言，在讲解排球技术动作要领、排球竞赛规则时经常使用。

（2）指令性语言是指教师以口令的形式发出简洁、明确、精准、干脆的口令语言，如“准备”“助跑”“起跳”“扣球”等。

（3）提醒性语言是指在教学和练习中，教师随时提醒学生在学练过程中的不足，让学生集中注意力思考技术要领、改进技术动作等，如“预备”“开始”“快速挥臂”等。

（4）提问性语言是指教师为了更好地了解学生的想法和实际情况，而向学生发出的疑问性语言，如“同学们听明白垫球技术的动作要领了吗？”“谁想和大家分享一下传球技术的动作？”提问性教学语言能促进学生积极思考、勇于表达自身的想法，从而提升教学效率。

（5）评价性语言是指教师对学生的行为表现、认知表现等进行点评的一种语言表达方式，如“你的垫球很棒，你传球手型也很好”。在运用评价性语言时，教师应多运用肯定性的评价，少运用否定性评价。

2. 语言交流的基本要求

由于每个教师各自的特点不同，所表现的语言艺术特色也不尽相同。但是作为一种教学的语言，它有着共同的规律和特点。体育教学与训练的特点决定了体育课堂中的语言交流应符合以下几个方面的要求：

（1）准确清晰。体育教学与训练的语言是对体育知识、技术和技能的客观表述，教师选词用字一定要准确清晰。有时，一字不准就会改变知识与技术的特性，甚至出现错误。例如，正面上手发球要求“用全掌击球的后中下部”，绝对不能说成“击球的后中部”。体育课中的语言准确还表现在使用术语要准确，如在排球课堂中要使用“垫球”“传球”“扣球”“拦网”等术语，而不能说成“托球”“拍球”“拦球”等。教师要以身作则，准确无误地运用体育术语。

（2）生动形象。在体育教学中，教师运用生动形象的语言是促进学生学习的一个重要条件，生动形象的语句、比喻以及幽默的话语和栩栩如生的象声词，可以创造"如闻其声，如临其境"的氛围，达到一经点到茅塞顿开的语言功效。并且，教学实践中所创造的许多生动的语言简洁明快，说起来朗朗上口，听起来饶有兴趣，符合青少年的心理特点，使学生容易接收、理解和掌握。例如，有的教师在给学生讲解技术要领时总是编成口诀，如半蹲准备姿势的口诀为"两脚开立比肩宽，两个脚尖向内转，上体前倾脚跟提，关节投影依次前"；正面传球的口诀为"蹬地伸臂对正球，额前上方迎击球，触球手型成半球，指腕缓冲控制球"等。

（3）精练简洁。体育课堂由于受时间的限制，要求语言交流必须精练简洁，达到精讲多练的目的。语言的精练简洁要求教师熟悉教材内容，善于抓住难点重点，合理归纳，提纲挈领，熟练运用术语，正确选词择字。例如，有的教师在教正面双手垫球的技术动作时，将完整复杂的技术过程用"夹（臂）、插（到球下）、压（腕）、提（肩）、蹬（地）、跟（腰）、移（重心）"7个字来概括。这7个字高度概括了正面双手垫球的技术要领，体现了技术的结构和环节，也大致指出了动作的用力技巧，简明扼要，精练具体。

（4）寓意深刻。教师在传授体育知识、技术和技能的同时，要注重对学生思想的教育和意志品质的培养。在排球教学与训练中，可以引用鼓励学生刻苦训练的事例，如中国女排从1981年世界杯、1982年世锦赛、1984年奥运会、1985年世界杯到1986年世锦赛（俗称五连冠），从2003年世界杯、2004年奥运会、2015年世界杯、2016年奥运会到2019年世界杯，38年间共获得世界"三大赛"冠军10次，来教育培养学生吃苦耐劳、顽强拼搏、团结协作、互相配合、全力以赴的集体主义精神和积极向上的心态。

（5）通俗易懂。在进行语言交流时，要根据学生的特点，选择合理的语言内容和表达形式，既要言简意赅，又要通俗易懂，还应适应学生的心理特点。例如，给少年儿童上课，就不宜使用成人化的语言；而如果使用儿童化的教学语言给大学生上课，虽然通俗易懂，但大学生也会感觉到幼稚可笑，不屑一顾，从而使教学效果大打折扣。

（6）诚恳亲切。教师充满情感色彩的教学语言，能使学生不仅从语言的内容上，而且从语言的表达方式上都乐于接受。人们常说"通情达理"，可见，人际交往中"通情"是"达理"的前奏，没有感情的沟通就没有对道理的认同。在教师和学生的交流中，只有做到知识和情感水乳交融，才能达到畅通无阻、事半功倍的教学效果。在体育课上往往会遇到一些具体的困难，如有些学生在学习拦网的初始阶段会产生胆怯心理，导致缩手缩脚，甚至不敢尽力起跳。在这种情况下，教师诚恳的教态、亲切的语言会对这些学生产生激励作用，使他们找到克服困难的信心和勇气。

（7）节奏鲜明。体育教学的语言讲究抑扬顿挫的节奏感。这是语言的艺术，也是教学和训练的艺术。具有音韵旋律之美的语言可以增强语言的感情效果，提高教学质量。教师的语言要做到快慢有度、轻重适宜、急缓相间、疏密有序。教学语言的节奏性主要体现在以下方面：① 吐字要准。教师在与学生交流时一定要吐字准确，“调”和“跳”、“十”和“四”，吐字要清清楚楚，不能含糊。② 音量有别。对集体发出的指令，声音要高，音量要强；对小组进行指导，使用中音即可；而对个别学生进行指导或批评，则尽量使用低音，能使对方听清楚就可以。③ 语速变化。体育教学的语言要体现出快慢缓急。教师往往依靠语言速度的巧妙变化来创造跌宕起伏、抑扬顿挫的语言效果，以吸引和感染学生。一般来说，分析技术和讲解动作要领时要慢，而对刚刚出现的错误动作进行纠正时语言要快，口令和指挥调动队形要急，对个别学生提出批评时要缓。

（8）风趣幽默。体育教学与训练的课堂应该呈现生动活泼、快乐愉悦的气氛，教师风趣的表达、幽默的语言、诙谐的比喻、机智的谈吐都能打破课堂的沉闷，改变课堂的气氛。特别是在运动量较大或练习内容较为枯燥、学生感到疲劳和低落的时候，一句风趣幽默的语言可以转变注意力，帮助消除心理疲劳。

3. 语言交流的技巧

（1）表达的技巧。说话前要经过思考，避免随意、不负责任地讲话；尽量使用简练、直接的语言，立即说出要说的话；讲话要具体，避免冗长的独白；表达要清楚，前后要一致，语言信息和非语言信息应统一；交流中尽可能使用正面的表达方式；使用征求意见的表达方式，例如“我想你并未尽力，你在想什么？”；如果想强调某事，设法用不同的方式来说同一件事；力求获得听者准确理解的反馈，要求对方对讲话作出反应；避免使用讽刺、挖苦的语言，与青少年学生交谈时尤应如此。

（2）提问的技巧。强调学习过程，通常“问”学生该做什么比“告诉”他们该做什么要好；设法让学生积极参与到问题中来；鼓励学生从经验中学习，如“如果你再遇到这种球，该怎么传？”力求在学习过程中增强学生的独立性和自我控制能力；训练中尽可能使用有效的发问，如“什么？”“怎样？”“什么时候？”“哪儿？”等；尽量多使用非限制性的提问，它将有助于产生更有益的交流。例如“你喜欢这样扣球吗？”属于限制性提问，与“这样练扣球和你以前练扣球相比感觉怎样？”或“你最喜欢这样练扣球的哪一点？”这两种提问相比较，后者得到的信息要多得多。

（3）奖励与批评的技巧。要用诚实的态度正面地处理问题，慎用消极的批评；告诉学生具体“要”做什么，不说“不要”做什么；要注意观察，并以真诚的态度及时奖励，不因事小而不为；对学生的努力态度要多奖励，少奖励比赛结果，使学生对自身努力而刻苦的训练感到骄傲；在奖赏和鼓励之间的褒贬式批评（积极的褒贬结合），首先指出学生做得好的方面，然后让他知道不对之处，并告诉他如何改正，最后不要忘了鼓励；当学生犯错误时，要保持冷静，应等待他自己改正和打出一个好球，这可能是一次自我提高的机会；对初学者，奖励与鼓励应更多一些，以激发他们的自觉性与积极性。

专栏 2：教师的语言

语言是教师进行教学的最重要的工具，因此，人们常把教师的语言比作钥匙，能打开学生心灵的窗户；比作火炬，能照亮学生的未来；比作种子，能在学生心田里生根、发芽、开花、结果。教师在教学训练中，运用具体生动、准确精练、形象幽默、妙趣横生的语言，不仅有助于教学任务和学习目标的完成，而且能激发学生学习的兴趣，给学生以极大的美学享受。

（二）非语言交流技法

1. 非语言交流的类型

（1）面部表情。面部是人体表情最丰富的部分。教师可用眼睛、眉毛、嘴等传递信息。尤其是眼神接触的时候可传递许多信息，教师的眼神运用主要包括注视、环视、虚视三种形式。

（2）手势。是指手、手指、手臂和拳头动作的综合体现。运用正确而适度的手势，不仅可以表达思想、传递感情，还可以增强教师口头语言的说服力和感染力，是教师重要的无声教学语言。

（3）体态。力求保持直立挺拔的姿势，显示信心、活力和开放；行走时，步法要快速、坚定而有力。

（4）身体姿势。身体姿势是教师通过自己的躯干和四肢动作来传递或辅助传递教学信息的一种活动姿势，主要包括站立姿势和身体移动。教师不同的身体姿势会给学生不同的感受。如教师站姿挺拔、充满自信，会使学生注意力集中、精神振奋；教师不断改变自己的身体位置可以拉近师生之间的距离，促进师生之间的信息和情感交流，使教学训练活动变得更加活泼和富有生机。

（5）服装和外表。是指教师的外貌容颜、发型和着装服饰等。教师穿着应干净整洁，服装要得体，注意卫生习惯，包括牙、手、指甲、头发以及身体的气味等。

2. 非语言交流的基本要求

（1）运用非语言交流时，要自然得体、富有美感。教师运用非语言交流一定要和自己的教学思维活动相一致，一举一动、一个眼神、一个微笑，都应该让学生感到真诚可信，切不可矫揉造作，扭扭捏捏。

（2）运用非语言交流时，要和口头语言表达相结合。非语言交流是口头语言交流的有效补充，因此，两者要紧密结合，相互补充，使交流更具有说服力和感染力。

（3）运用非语言交流时，要恰当准确，简繁适度。教师运用非语言交流要掌握好时机，做到少而精、适度准确，才能起到画龙点睛的作用。

（4）运用非语言交流时，眼神要有的放矢。教师在教学训练过程中运用眼神表达某种意识时，要根据具体情况，运用注视、环视和虚视等方法跟学生进行沟通和交流，这对提高教学训练效果具有重要的促进作用。

（5）运用非语言交流时，外表修饰应体现教师的职业特点。体育教师的着装应具有体育教师的特点和职业要求。教师干净得体的外表修饰，会对学生产生潜移默化、言传身教的作用，有助于学生良好习惯的养成。

3. 非语言（体态语言）交流的技巧

（1）站姿。教师平时站立时应挺胸收腹，头颈正直，身体端庄自然，养成良好的站姿习惯。

（2）行姿。教师应经常练习队列队形，行走时应精神饱满，步履轻盈稳健，协调自然。

（3）手势。教师平时可对着镜子练习手势的运用，同时手势要和语言表达相结合，举手投足讲究得体、自然适度。

（4）面部表情。教师平时可对着镜子练习面部表情，微笑时应亲切、自然、真实、和蔼可亲。

（5）目光。目光要专注集中，温和自然，具有亲和力和洞察力。教师可运用注视法、环视法和虚视法等练习，体会不同眼神的特点和效果。

专栏 3：教师的非语言

在教学与训练过程中，教师并不仅仅只通过语言交流形式传递教学与训练信息，非语言交流也是教师传递教学信息的重要形式。非语言交流是指教师在教学实践中的面部表情、身体姿势、手势、目光、举止和外表修饰等非语言的符号形式，也是一种重要的信息传递手段。所谓“行动胜过语言”，教师和学生之间的非语言交流常常是下意识的，它们往往比语言交流所传递的信息更可靠，也更重要，更有效。体育课堂上的非语言交流，最主要的是示范。体育教学与其他教学的最大区别在于体育教学中教师要用肢体描述和再现教材内容，而学生往往通过对教师动作的观察来建立正确的动作表象，提高学习兴趣，对技术本身所包含的美学成分予以接受并产生向往。因此，有人说：“体育教师本身就是一本教材”，学生通过“阅读”体育教师的肢体语言来上好第一堂体育课。

二、教练员的带练技法

排球教练员带练技法的技术动作较多，概括起来可分为扣打技法、抛一传球技法、抛二传球技法、掷球技法、挡球技法、推球技法、单手击球技法、入网球带练技法、高台带练技法等。

（一）扣打技法

1. 扣打技法的分类和分析

（1）抛打。即教练员自己抛球，然后向队员扣打。

① 准备姿势。教练员站在网附近，面向后场，两脚自然开立，双手或单手持球于腹前，两眼注视队员的动作。

② 抛球。用双手或单手将球平稳地轻抛在击球手臂的前上方约 50 厘米处。

③ 挥臂与击球。抛球的同时，击球手臂顺势抬起，屈肘后引，上提稍转，展腹，挺胸，手指自然张开微屈呈勺型。击球时，利用转体收腹的力量带动手臂加速挥动，小臂放松主动用力，屈腕屈指在头的前上方全掌包球向前推压，击准球的后上部。

（2）打垫。即教练员将防守队员垫回来的球连续向防守队员扣打。扣打防守队员垫来的球，难度稍大，技术动作也较复杂。扣打这种球时，教练员首先要加强判断，根据球速和弧度判断来球的落点，然后迅速移动取位，将击球点的位置保持在击球手臂的前上方，看准防守队员的位置，用扣打技术击球。

2. 扣打技法要求

（1）扣打要准确。训练防守时，一定要打准。也就是说，教练员应根据防守队员的位置和任务，控制扣打球的落点，这样训练才有效果。

（2）扣打时要灵活多变。教练员用扣打技能训练防守时，不能让队员被动地等球，而要通过扣打技法的变化让队员脚步练活。这就要求教练员在击球时不能一味地死打，而要根据队员的准备姿势变化扣打力量或方向等，使队员在移动中找球防守。

（3）扣打要有气氛。教练员的扣打与队员的防守是对抗的矛盾，所以，教练员一定要通过扣打技法将队员的情绪调动起来。

（二）抛一传球技法

1. 抛一传球技法分析

（1）准备姿势。教练员站在 3 号位，身体背向球网，两脚自然分开，双手持球于腹前，两眼注视接球队员。

（2）抛垫球。利用双手抬臂的动作，将球平稳地向前上方抛出，使球垂直下落在1号位、5号位、6号位。

2. 抛一传球技法要求

（1）抛球要稳、准，难度适中。

（2）对于初学者，要抛近距离、较轻、较慢的球。

（3）对于有一定基础的学习者，要适当地抛出力量较重、弧度较平、速度较快的球。

（三）抛二传球技法

1. 抛二传球技法的分类和分析

（1）抛一般球。指教练员在网附近抛出的顺网一般高度、供队员做正面屈体扣的球。

① 准备姿势。教练员站在3号位附近，身体侧对球网，两脚自然开立，双手持球于腹前，两眼注意扣球队员的行动。

② 抛球。利用双手抬臂的动作，将球平稳地向前上方抛出，使球垂直下落在4号位的标志杆内侧附近，高度在网上2米左右。

（2）抛快球。指教练员在网附近抛出的低弧度、供队员做快攻扣的球。抛快球技术与一般球技术一样，其不同之处在于：抛快球用力轻，且主要靠抬小臂的抖手腕力量，将球送到扣球队员的击球手上。

（3）抛调整球。指教练员在后场抛出的各种斜网球、供队员做调整扣的球。抛调整球与抛一般球相同，但需要增加蹬腿动作，依靠全身力量将球抛到网附近。

2. 抛二传球技法要求

（1）抛球要稳、准，高度适中。

（2）抛球要减小球的抛物线弧度，使球尽量垂直下落，便于扣球时选择击球点。

（3）抛球时要根据扣球队员的需要，尽量主动适应扣球队员。

（4）抛球时要有变化，逐步增加难度，提高扣球队员的实战能力。

（四）掷球技法

1. 掷球技法的分类和分析

（1）掷高远球。指教练员向场地内掷弧度高、距离远的球。

① 准备姿势：教练员在场地外的边线附近，两脚自然开立，双（单）手持球于头顶，注视场上接球队员的行动。

② 掷球。利用收腹挥臂、带动手腕向前加速，小臂放松，手腕、手指用力甩动，将球向接球队员投出。

（2）掷近网球。指教练员向场地进攻线以内掷小弧度的球。掷球准备姿势与掷高远球一样，不同之处是掷近网球用力稍轻，将球掷在进攻线以内的位置。

（3）掷任意球。指教练员任意掷出各种速度、弧度和落点不同的球，供队员适应不同的来球。

2. 掷球技法要求

（1）掷球目标要准确。

（2）掷球力量要适中，速度由慢到快。

（3）掷球最好与抛打、吊球技术结合运用，提高练习的实战性。

（五）挡球技法

1. 挡球技法的分类和分析

（1）双手挡球技法。教练员用双手挡击胸部以上力量大、速度快的来球。

① 准备姿势。两脚前后自然开立，与肩同宽，身体重心在两脚之间，上体稍前倾，两臂放松，自然弯曲置于腹前，两眼注视接球队员。

② 挡球。手型呈抱拳式或并掌式。挡球时，手臂屈肘上举，肘部朝前，手腕后仰，以手掌外侧和掌根所组成的平面挡击球的后下部。击球瞬间，手腕要紧张，用适度的力量将球向前上方挡起，击球点一般在两肩的前上方。

（2）单手挡球技法。教练员用单手挡头部上方和身后球，有时也可以起跳将球挡回。

2. 挡球技法要求

（1）挡球要反应及时，脚步移动快速。

（2）挡球时力量要适中，控制好球的方向和落点。

（3）要有一定的预判能力。

（六）推球技法

1. 推球技法的分类和分析

（1）推吊球。它是以扣打技法为佯攻，然后突然改变挥臂动作，以轻巧灵活的手指、手腕动作，将球推吊在接球队员附近的一种带练技术。训练防守时，推吊球技法经常与扣打技法结合运用来发展队员的快速反应和判断移动能力。

① 准备姿势。教练员面向队员，两脚前后自然开立，单手或双手置于腹前，两

眼注视队员的动作。

② 吊球。以单手传球手型为例，五指保持一定的紧张度，击球的后下部或侧后部，将球轻轻地推吊在队员身体的前、后、左、右附近。

（2）推平快球。指教练员面对队员推出速度又快又平供队员练习的球。准备姿势同推吊球，以双手传球手型，十指保持一定的紧张度，推球的后中部，将球快速地推到队员的身体附近。

2. 推球技法要求

（1）推球目标要明确。

（2）推球的动作要具有隐蔽性。

（3）要把扣球与推球技法相结合运用。

（七）单手击球技法

单手击球技法是教练员用单手将球击出一定弧度供队员练习的一种击球技术，是训练课中运用最多的一种击球动作。如二传训练时，教练员用单手击球的方法供球；分队攻防对抗训练时，教练员在场外用单手击球的方法供球；练习接发球时，教练员向接发球队员进行发球等。总之，单手击球技法用途广、方便、实用、省力，是一种非常好的供球方法。

基本动作方法：两脚左右开立，与肩同宽，两膝微屈，上体稍前倾，左手持球于腹前，两眼注视接球队员。击球时，左手由前向后稍摆动抛球，正好与从右后侧向前摆动的右手撞击，右手半握拳，用掌根击球的中后部或中下部，使球呈一定弧度飞向接球队员。

（八）入网球带练技法

指教练员往球网上掷球，队员接从球网上落下来的球。入网球带练技法可以分为：入网上沿球、入网中间球、入网下沿球三种。

基本动作方法与要求：教练员面向球网，两脚前后自然开立，以单手为例，采用上手发球技术，或手掌成拳状，用掌根下手击球的动作方法，把球击到网面的上、中、下部，然后球体自由下落，二传队员或网前队员看准球的落点进行处理。由于这样的球击中网面后，得到的是反弹球，原来球的运行轨迹、速度、效果等都发生了改变，因此，处理这种球时，要求双眼盯准球，重心要低，动作要快，用力恰到好处，充分体现队员对球的把控能力。

（九）高台带练技法

指教练员通过辅助高台向队员击出的一系列抛、扣、推和掷球的技法。高台带练技法可分为高台抛球、高台扣打、高台推吊球和高台掷球等系列高台带练技法。

基本动作方法与要求：教练员站在高台上，采用扣球、掷球、抛球等不同的带练技法，对队员击出速度快慢、弧度高低、距离远近、力量大小等难度不等和变化多样的球，不同的来球更接近实战，对队员的意志品质、预判能力、应变能力、处理球的能力等要求更高，更能体现练为战之目的。

三、带练技法在教学与训练中应注意的问题

（一）根据队员的特点把握好快与慢、质与量和难与易之间的关系

在实施带练技法时，要根据队员的技术基础和身体条件来安排训练的进度，过快则欲速不达。衡量的标准是技术动作的质量是否能达到预想的要求，没有质量作为前提的带练不仅对掌握技术动作无利，相反，一旦错误的技术动作定型，将会对今后的教学训练产生更大的负面影响。因此，使用带练技法时一定要把握好快与慢、质与量和难与易之间的关系。

（二）结合各项技战术的不同特点，有针对性地使用各类带练技法

在实施带练技法时，要根据排球各项技战术的规律和特点来安排，合理地使用带练技法，因此，教练员要针对不同的技战术，选择具有针对性的带练技法，这样才能更快地让队员更好地提高排球技战术水平和能力。

（三）选择不同的带练技法要做到目标准确、活用、善变，要有气氛

在实施带练技法时，教练员要根据队员的位置和任务，控制好球的落点，要让队员动起来，不能死板地使用带练技法，不能让队员被动地等球，而要结合队员变化使用带练技法，使队员在移动中积极主动地找球，反应更快、脚步更加灵活地接触球。

（四）运用带练技法要做到技术熟练、规范、相互联系、相互依存

在实施带练技法时，教练员要做到技术动作熟练、到位、规范，使队员对所练习的排球技战术动作产生正确的印象。所使用的带练技法之间要相互联系、相互影响、相互依存。运用时要做到合理结合、精练讲解、通俗易懂、突出重点，使队员的直观印象和内涵思维有机结合，有效提高教学训练效果。

专栏 4：排球带练技法

排球带练技法是指带练者（教师/教练员）为了提高练习者（学生/运动员）的排球技术技能而通过带练手段或技巧来训练练习者的一种辅助训练方法。排球带练技法不仅是针对排球运动的特点以及在比赛中出现的情况，有目的、有针对性地对排球运动的某项技战术进行科学合理训练的理论，而且也是研究排球带练规律以及合理组织开展排球带练活动行为的科学理论。排球带练技法不仅具有自身的活动特点与属性，同时也具有自身运动的活动规律。因此带练者只有认识了这些规律，并能认真地遵循这些规律去规划和组织练习者的平时训练，才能更好地提高各项排球技战术的训练效果，让排球带练技法起到实质性的指导意义。

带练技法在排球技战术教学训练系统中的选择与运用参考示例

思考与实践

1. 结合《义务教育体育与健康课程标准》（2022 年版）及排球课教案示例，自编一堂中学 45 分钟排球课教案。
2. 在排球技战术课的教学与训练过程中，如何融入思政内容来培养学生的体育素养？
3. 结合自己在学习排球技战术时的易犯错误，列出 2～4 例纠错案例。
4. 结合本章所学习的教学与训练技法，举例说明在排球教学与训练中如何运用这些技法？

第五章　排球运动员体能训练

本章导言

体能是排球运动员运动能力的重要基础，排球运动员只有具备良好的体能，才能在比赛中发挥出技、战术水平，把自己的竞赛能力充分表现出来。排球运动员的体能训练，应选择和掌握科学有效、丰富多样的训练方法，这将有助于排球运动员学习排球基本技术和基本战术，提高技能水平，从而更深刻地理解排球运动员体能训练的原理。本章主要介绍排球运动员体能训练的意义、生理学依据；总结排球运动员专项体能训练的内容、要求和发展趋势；通过实例，重点介绍排球运动员快速力量、核心区力量、速度灵敏素质和功能性体能训练的方法和注意问题；概括国内外排球运动员体能测试的内容和方法。

学习目标

知识目标：理解排球运动员体能训练的意义及生理学依据；初步掌握排球运动体能训练的基本内容。

能力目标：较为全面地掌握排球运动员快速力量、核心区力量、速度灵敏素质和功能性体能训练的方法与注意问题及体能测试方法，初步具备制订体能训练计划与体能测试的能力。

价值目标：深度理解体能训练对排球运动员成长的价值，养成刻苦训练的自觉性，并能在实践训练中表现出顽强拼搏的意志品质。

第一节　排球运动员体能训练概述

体能是指人体的基本运动能力，是人体各器官系统的功能在运动中的综合反映。在竞技运动领域，体能是指运动员机体的基本运动能力，是运动员竞技能力的重要构成部分。随着人们对健康生活和运动极限的不断追求，体能训练已成为人们关注的热点。对普通人来说，体能训练主要是为了增进健康和提高基本运动能力；对运动员来说，体能训练则是为了提高竞技水平和取得优异的比赛成绩。

一、体能训练释义

运动训练理论认为，体能训练是为提高运动员身体运动能力，结合专项需要并通过合理运动负荷的练习，改善身体形态，提高身体机能，发展运动素质，对其身体结构和功能进行有目的的改造，从而促进竞技水平提高的训练过程。我国运动训练理论对体能训练体系的框架划分如图 5-1-1 所示。

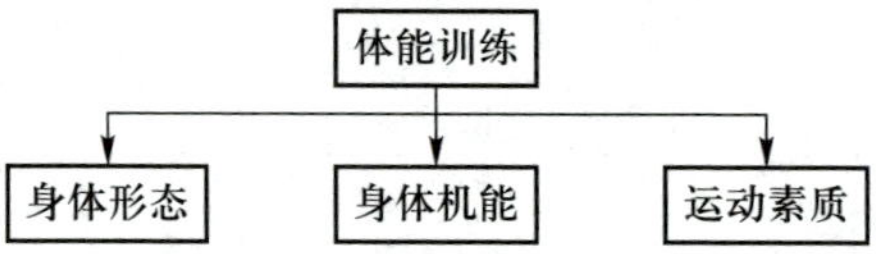

» 图 5-1-1　体能训练体系

身体形态、身体机能、运动素质是体能训练的组成要素。运动员的身体形态是指身高、围度和身体成分等指标的构成特征；身体机能是指运动员的身体健康状态、各器官系统的功能、承受大负荷训练比赛的抗疲劳能力和恢复能力；运动素质是指运动员完成技术动作所表现出的速度、力量、耐力、灵敏、柔韧和协调能力。运动员身体形态、身体机能和运动素质等因素指标的高低，一方面取决于先天遗传，另一方面取决于运动员对后天训练刺激的适应程度。

在体能的构成因素中，运动素质是重要的部分，也是运动实践中评价和检查体能训练水平的常用指标。运动素质训练包括速度训练、力量训练、耐力训练、灵敏性训练和柔韧性训练等。运动素质训练的构成要素如图 5-1-2 所示。

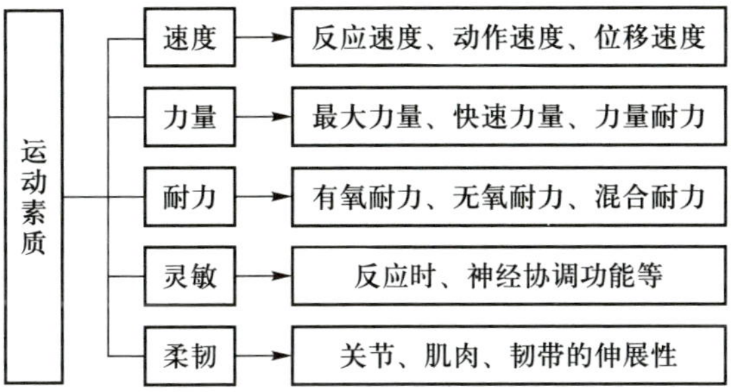

» 图 5-1-2　运动素质训练的构成要素

（资料来源：全国体育院校教材委员会审定. 运动训练学［M］. 北京：人民体育出版社，2000.）

二、体能训练的目的任务

体能训练与技战术训练、心理能力训练及智能训练有着密切的关系，已成为运动员竞技能力训练的重要组成部分。体能训练是运动员长时间、高强度、大负荷持续工作能力的训练，它突出对运动员各器官和机能系统的超负荷适应训练，旨在产生机能和心理适应，以达到提高运动员整体运动能力和培养顽强拼搏精神的目的。

体能训练的任务主要包括提高运动员的基本运动能力、专项运动能力和健康水平，减少运动伤病的发生，促进运动员伤后的功能恢复等。

三、排球运动员体能训练的作用和意义

体能训练在现代排球训练中占有重要地位。纵观世界排坛发展史，一支排球队要想获得优异的运动成绩，必须做到体能、技能及比赛经验（包括良好的心理训练水平）三者高度统一、协调发展。而这三者之中，体能是基础。没有高度发展的体能，就很难掌握精湛、高超的技术；没有超群的技术，就很难在世界重大比赛中夺魁。在夺取胜利的道路上，运动员的体能起着举足轻重的作用。体能训练是排球运动员必不可少的训练内容之一。在排球竞技水平高度发展的今天，对运动员体能的要求是永无止境的，应努力达到最高限度，以促进排球运动竞技水平的不断提高。

排球运动员体能训练的作用和意义主要表现在以下几个方面：

（1）有利于掌握复杂、先进的排球技术动作。在当今世界排坛，跳发球和后排进攻的广泛运用，使得比赛竞争的焦点已由网前的二维空间扩展到整个场地的三维空间。排球运动高超的技术依赖于体能的高度发展，只有在充分发展各项运动素质的基础上，才能很好地掌握复杂、先进的技术，体能训练正是实现这一目的的基本保证。

（2）有利于承受大负荷训练和高强度比赛。当今，排球比赛竞争越来越激烈，一场高水平排球比赛往往持续 1～2 小时，同时，运动员在场上还要完成大量的扣球、拦网、扑救等爆发式用力动作，这就要求运动员必须具备超强的体能。只有通过长期、系统、科学的体能训练，不断承受大负荷刺激，才能打下坚实的基础，使运动员适应高强度的比赛。

（3）有利于促进运动员身体健康、预防伤病、延长运动寿命。健康是运动员系统训练的根本保证。体能训练能够有效地提高运动员心血管系统、呼吸系统等内脏器官的机能，增强骨骼、肌肉、肌腱和韧带等运动系统的功能，并使中枢神经系统机能得到明显改善，从而有利于促进运动员身体健康。

现代体能训练不容忽视的一个重要功能是预防运动损伤、促进伤后康复。通过有针对性的体能训练，如核心区力量训练，加强人体核心区肌群的力量，可以有效地预防排球运动员常见的腰部伤病的发生；再如，通过对膝、踝、肩等薄弱易伤关节的功能性体能训练，可以有效地预防排球运动员上述关节的损伤。同时，根据运动损伤部位进行针对性的功能性体能训练，可以有效地促进运动员伤后恢复，延长运动寿命。

四、排球运动员体能训练的生理学依据

为使排球运动员的体能训练取得良好效果，在选择训练方法和手段时，不仅要充分考虑排球运动的特点和排球比赛对运动员身体素质、机能的要求，而且要符合运动生理学原理。

从能量代谢的角度看，人体工作时的能量来自三个供能系统：一是磷酸原供能系统，它可使肌肉活动在大强度水平上维持 5～10 秒，如短跑；二是糖酵解供能系统，它可以维持肌肉活动时间 20 秒至 2 分钟，如 400 米跑；三是有氧氧化供能系统，随着肌肉活动时间的延长，有氧氧化供能在总体能量供给中所占的比例逐渐增大，它可以维持 2～3 分钟或更长时间的肌肉活动，如长距离运动项目。

在排球比赛中，运动员肌肉活动的表现形式为间歇运动，即短时间和爆发式的扣球、拦网、扑救等高强度身体动作被短暂的准备姿势、移动取位等低强度动作和间歇休息分隔开。短时间和爆发式的扣球、拦网、扑救主要是磷酸原系统供能。而短暂的准备姿势、移动取位等较低强度动作的重复，或连续多回合争夺，则是糖酵解系统供能居主导地位。从这个角度来看，在排球比赛中，运动员的能量供给主要取决于无氧供能系统。但从排球比赛的整体过程看，具有耗时长的特点（如，打满 5 局耗时可超过两小时），提高运动员有氧供能能力同样也不能忽视。因此，排球是一项要求运动员既有高水平的无氧代谢能力，又具备高水平的有氧代谢能力的运动。三套供能系统

构成了排球运动员身体活动供能的结构体系。排球运动员的体能训练必须根据排球运动的特点，并围绕三套供能系统展开。

在排球比赛中，大多数情况下，一个对抗周期的延续时间为 7~8 秒，其变化范围为 5.7~10.3 秒。在这一周期中，磷酸原系统（ATP-CP）供能占主导地位，即在运动开始阶段，运动员有足够的 CP 储备。“死球”或暂停、换人和局间休息时，由有氧系统供能，且使 CP 得以不断恢复。每球得分制的实施，加快了排球比赛的节奏，也使得无氧供能的主导地位更加突出。国内外专家对排球比赛中运动员心率变化的研究结果也表明，运动员的平均心率为 148 次 / 分，其中，前排运动员负荷强度大，平均心率为 180 次 / 分，无氧供能约占 65.2%；后排运动员负荷强度较小，平均心率为 132 次 / 分，有氧供能约占 52.3%。

根据心率对运动负荷强度划分的理论，排球比赛属于中等强度负荷的运动。由于排球比赛持续时间长、对抗激烈，且技术动作复杂多变，对运动员的中枢神经系统、心血管系统和呼吸系统的机能都提出了很高的要求。

专栏 1：一次验证排球运动员比赛能量供给的特殊试验

20 世纪 80 年代，美国科学家罗伯特·克·康利等进行了一次特殊的排球比赛试验。运动员一天内进行了 4 场各 60 分钟的比赛，中间间歇 60 分钟。第四场结束后又进行了一场 90 分钟的比赛（由于受到合同上奖励条件的刺激，比赛很激烈）。从测得的运动员生理、生化数据来看，没有一场比赛使血糖指标发生显著性变化，分析认为，这可能是由于比赛间歇运动员摄糖所致；也没有一场比赛使血乳酸值发生显著性变化，这表明，尽管排球比赛是一项高强度的运动，但是高强度动作并不会连续出现，还不足以产生由于血乳酸堆积所造成的疲劳。所以，进行 400 米跑、800 米跑等无氧乳酸能系统训练，或许对排球比赛的意义不大，但从磨炼运动员意志品质、培养顽强作风的角度出发则另当别论。

资料来源：（美）罗伯特·克·康利等. 高水平排球比赛的生理学研究［J］. 黄汉升译. 中国体育科技，1987（5）：9-12.

五、排球运动员体能训练的内容与要求

体能训练分为一般体能训练和专项体能训练。一般体能训练是采用多种多样的非

专项的身体练习，改造运动员身体形态，增进健康，提高身体机能和全面发展运动素质。专项体能训练则是根据专项的需要，采用与专项有密切联系的专门性身体练习，发展和改善与专项运动成绩有直接关系的专项运动素质和专项所必需的身体形态、机能。一般体能训练是专项体能训练的基础。

排球运动员的专项体能是指运动员完成排球专项动作所表现出来的运动能力。排球专项体能的高低，取决于运动员的身体形态、生理机能、健康水平和运动素质。排球运动员专项体能训练的科学性，表现为专项体能训练内容的定向化、训练负荷的定量化和训练过程实施的个体化。

（一）排球运动员专项体能训练的内容

排球运动员专项体能是以移动、手臂挥击、跳跃等运动动作为表现形式，以完成移动、手臂挥击、跳跃等运动动作的爆发力为核心的速度力量性运动能力。排球运动员的移动能力、手臂挥击能力和跳跃能力是排球专项体能训练的核心要素，为了提高排球运动员这三方面的能力，在专项体能训练中，应当重点安排快速力量、核心区力量和速度、灵敏素质的训练。同时，为了减少排球运动员常见的肩、腰、膝、踝等关节的运动损伤，必须加强预防运动损伤的功能性体能训练，通过科学的训练手段预防或减少运动损伤的发生。排球运动员专项体能训练内容结构见图 5-1-3。

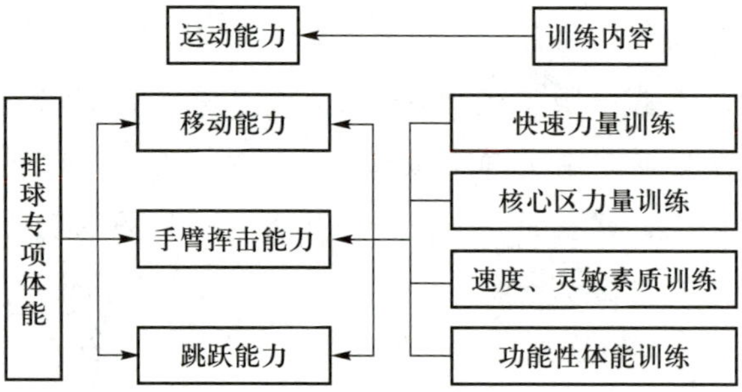

» 图 5-1-3　排球运动员专项体能训练内容结构

（二）排球运动员体能训练的基本要求

对排球运动员来说，体能训练的重要性是不言而喻的。然而，由于体能训练容易产生疲劳，有些体能训练的方法手段比较单调枯燥，因此，在训练中要加强思想教育工作，使运动员明确体能训练的重要意义，启发和引导运动员体能训练的自觉性，培养运动员不怕苦、不怕累和顽强拼搏的意志品质。排球运动员体能训练的基本要求如下：

1. 体能训练必须全面，要合理安排一般体能与专项体能的训练重点与比重

排球运动需要全面的身体素质，且各身体素质间又彼此联系、相互依存、相互促进，因此，体能训练必须全面。特别是儿童和青少年时期，更应全面发展各项身体素质，着重提高一般身体素质，为以后进行超负荷的专项体能训练打好基础。全面发展身体素质，并不意味着在运动训练过程中使运动员的身体各部位、各器官系统和各项身体素质都得到绝对均衡的发展与提高，而应结合排球项目的特点并根据运动员的性别、年龄和训练基础等实际情况，有主有次，统筹安排。随着青少年排球运动员身体素质发育的日臻成熟和运动水平的不断提高，体能训练应朝着更为专项化的方向发展，训练手段应力求与排球专项技术动作和生物力学特征相一致。

2. 体能训练必须长期坚持，合理安排多年和全年的体能训练计划

体能训练不能间断，也不能搞突击，要长期坚持、科学系统地安排。这就要求运动员在开始训练到创造优异成绩，直至运动寿命终结的长期过程中，都应按照体能发展的内在规律，做出相应的合理规划。针对排球运动员的不同发展阶段，体能训练从内容、比重、手段、负荷等方面都要做出系统安排。一般来说，冬训期间体能训练比例可加大一些，比赛期间也应保持一定比例的体能训练。

3. 体能训练必须紧密结合技、战术训练，合理安排体能训练在训练课中所占的比重

体能训练与技、战术训练既不是互相对立的，也不是可以互相替代的。体能训练的内容、手段和方法，必须紧密结合排球技战术训练，尤其在专项体能训练中，应随时注意对动作提出严格的质量要求，这样才能使专项体能训练更有效地促进排球技战术水平的提高。在一次训练课中，要合理安排体能训练所占的比重，体能训练一般不宜过于集中，时间也不宜太长，最好与技战术训练组合进行，并尽可能使运动员在高度兴奋和精力集中的情况下进行体能训练，这样更有利于保证体能训练的效果和防止受伤。

4. 体能训练必须把握身体素质发育的敏感期，合理安排身体素质快速增长期训练

由于各项身体素质在人的不同发育阶段发展的程度不同，因此，对青少年排球运动员来说，体能训练要特别注意把握身体素质发育的敏感期，适时发展相应的身体素质，使该项身体素质在敏感期得到较大提高。儿童少年时期，以重点发展柔韧、速度和灵敏素质为宜。女子在 15～16 岁、男子在 17～18 岁可以开始逐渐加强力量训练，但由于生长发育尚未成熟，不可盲目地进行大负荷力量训练。青少年排球运动员身体素质发育的敏感期和体能训练的主要任务见表 5-1-1。

表 5-1-1　青少年排球运动员身体素质发育的敏感期与体能训练的主要任务

	10~12岁		13~14岁		15~16岁		17~18岁	
	男	女	男	女	男	女	男	女
速度素质				▲	▲			
力量素质						▲	▲	
耐力素质		▲	▲					
灵敏素质	▲	▲	▲	▲				
柔韧素质	▲	▲	▲	▲				
体能训练的主要任务	重点发展灵敏、柔韧素质，突出身体协调能力培养，适当发展耐力素质和速度素质		重点发展灵敏、柔韧素质和协调能力，增加耐力素质和速度素质练习，适当进行基础力量素质训练		在体能全面发展的基础上，以发展速度、爆发力为重点，进一步发展灵敏、柔韧素质，并注意发展小肌群力量		在体能全面发展的基础上，重点突出速度、爆发力训练，适当提高力量训练的强度，逐步进行最大力量训练	

（资料来源：国家体育总局青少年体育司. 中国青少年排球训练教学大纲［C］. 北京：北京体育大学出版社，2012.）

六、排球运动员体能训练的发展趋势

随着运动人体科学的快速发展和体育科技的广泛应用，排球运动员体能训练呈现出日趋科学化的新趋势。

（一）重视科学选材，为体能训练奠定科学训练基础

随着竞技排球的发展，运动员先天条件的重要性愈显突出。要培养和造就优秀的排球运动员，必须高度重视科学选材。排球运动员的科学选材是根据遗传学的理论，结合排球运动的专项要求，通过对运动员形态、机能、心理、智力等方面选材指标的测试和评价，选拔在排球运动项目上具有杰出才能和发展潜力的先天优势的苗子。

当今排球运动员的体能训练，无论是训练理念还是训练计划的制订以及训练过程的实施，都深深刻上了科学训练的烙印。在训练理念上，更加强调全面、系统、整合的思想；训练计划也改变了以往传统经验式的制订模式，通过对运动员进行科学监测和诊断，使体能训练处在可控范围内；多学科成果的综合应用，为体能训练带来了新

思路，如人体运动仿真实验，为科学监控和模拟训练提供了更为便捷的手段。总之，排球运动员的体能训练已走向高度综合和高度分化的阶段，体能训练达到了前所未有的科学化程度。

（二）运动人体科学研究直接服务于体能训练

随着高新技术手段的广泛运用，运动人体科学服务于排球运动员体能训练的领域将更加宽广。例如，运动生理学、运动生物化学和运动医学等科研工作者走出实验室，深入到排球场监测运动员的身体机能，为合理安排运动负荷和训练后的体能恢复出谋划策；运用分子生物学手段研究运动与基因表达；运用核磁共振成像技术评定运动损伤和肌肉体积形态学指标变化；运用同位素研究手段观察机体代谢的动态变化等。

（三）传统和现代训练方法相结合，训练手段趋向多元化和模式化

当今排球运动员的体能训练不仅保留了传统的持续、间歇、重复、循环和比赛训练法的精华，而且还引入了电刺激训练、振动训练、核心训练、功能恢复训练等新的方法和多元化手段。例如，为提高排球运动员的灵敏协调性，广泛采用绳梯、平衡盘、瑞士球训练等，将传统训练和现代训练方法相结合，给传统的体能训练注入了新的活力。再如，根据排球运动的特点，将“核心稳定性训练＋力量训练＋功能性协调训练”组合成一种模式，使力量训练的效果向排球专项技术的用力方式过渡与转换，通过动力性的牵拉有效地排除身体产生的乳酸，恢复肌肉的弹性，大大提高力量训练的效益。不断探索新的优化模式是当前体能训练的主要课题和发展趋势。

（四）高度重视功能性训练和高效能的恢复训练

现代排球运动员的体能训练已突破单一的传统体能训练模式，走向了功能性训练的发展道路。功能性体能训练更加贴近技术动作模式，强调多关节运动链的作用和人体非稳定状态下的动作稳定性。加强功能性体能训练，对进一步提高高水平排球运动员的竞技能力具有重要作用。

在当今排球运动员专项训练越来越强调高强度的形势下，恢复训练的作用显得越来越重要。各高水平排球队无不高度重视，采取多种手段加速运动员的恢复。表现为在训练的过程中，从训练内容的安排上就注重合理搭配，如大力量训练完成后安排有氧运动，有利于加速身体机能恢复；大负荷训练后进行形式多样的牵拉运动，有利于

训练造成扭转的肌纤维重新归位与排序；尤其是高水平排球运动员的训练，已将对身体各主要关节和肌群的牵拉作为一项不可或缺的训练内容和恢复手段。

（五）注重体能训练的整体性和分化性特征

整体性是指注重对体能训练中各要素的统筹与优化，注重对神经、肌肉和本体感的功能性训练，注重多关节运动的协调性训练，避免以往单因素（如耐力）、单功能（如肌肉）、单关节体能训练的局限性。分化性是指体能训练与专项结合得更紧密，方向更明确，训练更细化，体能特征更具专项性。注重排球运动员体能训练的整体性，就是要在体能训练单个或组合训练手段的选取中，尽可能最大限度地包含排球比赛所需的各种专项体能，以期达到各种体能最佳的整体协同。而分化性则是要准确地把握排球运动的供能特点，突出无氧爆发力训练和长时间保持高强度对抗的体能储备。

总而言之，在排球运动员竞技能力的诸多构成因素中，体能起着举足轻重的作用，跳得更高、进攻更强、移动更快永远是夺取胜利的关键因素，这些都需要以卓越的体能作为基础，体能训练在现代排球运动训练中的地位毋庸置疑。

第二节　排球运动员专项体能训练实践

排球作为我国三大球中第一个获得过世界冠军的项目，在长期的运动训练实践中，我国积累了丰富的经验。传统的体能训练方法和手段，许多都符合排球运动的规律，对保持和提高我国排球运动的竞技水平起到了重要作用。尤其是中国女排在 20 世纪 80 年代曾经取得“五连冠”的辉煌成绩，随后，又在 2003 年至 2019 年期间五夺世界冠军，为排球运动训练留下了宝贵的财富。随着运动训练科学化的逐步深入，以及对排球运动规律认识和把握的进一步加强，特别是近年来多学科成果的综合运用和新技术方法手段的渗入，体能训练方法更加丰富。根据排球运动员专项体能训练的核心内容，发展排球运动员的移动能力、手臂挥击能力和跳跃能力已经成为训练重点；对排球运动员快速力量、核心区力量和速度、灵敏素质的训练以及功能性体能训练的方法手段在实践过程中也不断得到充实和发展。

一、排球运动员的快速力量（爆发力）训练

排球比赛要求运动员快速起跳、移动和挥臂击球，所以，发展运动员的快速力量（也称爆发力）是专项体能训练的首要任务。

拓展知识：动作准备的释义、内涵及设计方案示例

（一）训练内容与练习方法简介

快速力量取决于肌肉的收缩力量和收缩速度，相对而言，提高肌肉的收缩力量比提高收缩速度容易得多，因此，传统的发展肌肉收缩力量的训练方法和手段都适用于排球运动员。在训练中，要特别注意负荷量与负荷强度的合理搭配，参见表 5-2-1。

表 5-2-1　力量训练负荷强度与重复次数的对应关系

等级	小强度	中等强度			中上强度			大强度		次极限强度		极限强度	
强度 %	< 40	45	50	55	60	65	70	75	80	85	90	95	100
练习次数	20 以上	18～20	16～18	14～16	12～14	10～12	8～10	7～8	6～7	5～6	4～5	2～3	1～2

排球运动员快速力量训练应在不降低动作速度的前提下，逐渐提高负荷重量。目前，国内青年队主要采用负荷强度高、重复次数少、动作速度快的杠铃负重练习发展运动员的快速力量。一般每周进行三次力量训练，针对身体不同部位，主要采用 60%～80% 的负荷重量，重复 5～12 次，练习 5～12 组，组间间歇时间 3 分钟。不同身体部位的训练方法参考如下：

1. 手指、手腕力量练习

（1）手指用力屈伸练习。

（2）提抓铅球或沙袋练习。

（3）用足球或篮球或重球（专门二传用球）做传球练习。

（4）手持哑铃做腕绕环练习。

（5）持哑铃或杠铃做腕屈伸练习。

2. 手臂力量练习

（1）杠铃屈臂提拉、卧推练习。

（2）哑铃前平举、侧平举、肘臂屈伸和绕环练习。

（3）立姿、跪姿或坐姿做各种抛接实心球练习。

（4）双人推小车正、反向运动，要求身躯平直，手臂伸直。

（5）俯卧撑，逐渐增高脚的位置，至手倒立推起（在同伴帮助下）练习。

3. 腰腹肌、背肌力量练习

（1）徒手（单人或双人）练习，如仰卧起坐、元宝收腹、俯卧体后屈、侧卧体前屈、仰卧举腿等。

（2）负重练习，如实心球或杠铃片做“徒手练习”、杠铃抓举、肩负杠铃体前屈、侧屈、体转等。

（3）在斜板上徒手或负重做仰卧起坐、侧卧体前屈等练习。

4. 下肢力量练习

（1）矮子步行走，要求双手摸脚后跟，行走距离视能力的提高而逐渐增加。

（2）单、双脚各种跳绳练习，如双摇跳绳。

（3）沙滩、软垫或利用台阶做各种跳跃练习，如蛙跳、跨步跳、多级跳、单足跳等。

（4）连续跳跃一定高度的橡皮筋或栏架（单脚前跳 / 侧跳 3 级小栏架；双脚前跳 3 级小栏架；跳箱迈步落下 + 连续跳 3 级高栏架）。

（5）肩负杠铃或队员做提踵和膝关节角度为 90°、120°、150° 的蹲起练习。

（二）爆发力训练实例

实践证明，相比中小负荷力量训练，采用大负荷能更好地发展运动员的爆发力。这是由于运动单位产生快速有力收缩的能力，主要取决于运动中枢神经系统发放神经冲动的频率和强度。因此，高水平排球运动员进行力量训练应选用 80% 以上的负荷强度，重复次数控制在 6 次以内。如果采用中小负荷和慢速动作，会对神经系统募集冲动和肌肉爆发用力产生不良影响。表 5-2-2 为杠铃训练发展排球运动员爆发力实例，可供参考。

拓展知识：青少年运动员力量与爆发力训练课实例

（三）快速力量训练应注意的问题

1. 快速力量训练负荷的安排原则

快速力量训练应遵循循序渐进、训练负荷逐渐递增的原则。相比中小负荷，采用大负荷力量训练更能有效地发展运动员的爆发力。当运动员对某一负荷适应后，应增加负荷刺激，使运动员始终处于不适应状态。实践证明，每周安排一两次力量训练可保持已获得的力量。只有坚持全年系统训练，才能使运动员的快速力量逐步增长。

表 5-2-2　排球运动员爆发力训练实例（训练课计划安排）

动作名称	杠铃高翻	卧推杠铃	负重前蹲	侧弓步蹲起	坐姿肩上推	前弓步上推
强度 %1RM	80%～95%	80%～95%	80%～95%	80%～85%	80%～85%	80%～85%
重复次数	6、4、2、2、3	6、4、2、2、3	6、4、2、2、3	6	6	6
组数	5	5	5	3	3	3
间歇时间（分）	>3	>3	>3	3	3	3
动作图示						

（资料来源：徐利，钟秉枢．科学发展观视野下的排球运动科学探蹊［M］．北京：北京体育大学出版社，2011.）

查看爆发力训练动作视频

2. 快速力量训练肌群的全面性与顺序性

快速力量训练要注意肌群训练的全面性。例如，注意上下肢、前后肌群的平衡发展，离心收缩与向心收缩的训练比例，及主动肌、协同肌与对抗肌的放松训练。同时，也要注意肌群训练的顺序性。例如，在一节力量训练课中，应从大肌肉群到小肌肉群顺序进行训练；在常年或多年的训练过程中，应坚持小肌群训练不间断。

3. 快速力量训练部位的协同性

为防止局部肌肉产生疲劳甚至损伤，每次力量训练不应集中在某一部位进行，应将集中刺激和分散安排结合起来，使运动员身体各部位的力量协调发展，相互促进。

4. 快速力量训练方法的新颖性与多样化

应结合运动员的身心特点，提高练习的兴趣，力求训练手段和方法新颖、多样化，避免使运动员感到枯燥甚至厌倦。

5. 快速力量训练的发展关键期

在运动员第一次性发育阶段，应尽量避免脊柱大负荷练习，多采用提高动作速度和改善肌肉协调功能的练习来提高快速力量。为防止训练受伤，力量训练应在精力充沛时进行，尤其在进行大负荷强度力量训练时，一定要加强保护措施。

6. 快速力量训练的速度与负荷量的关系

快速力量训练突出的是速度因素，不要片面追求负荷量和难度，应在不降低动作速度的前提下，逐渐提高负荷重量，关键是采用正确的动作方法，重点突出速度。

二、排球运动员的核心区力量训练

核心区是指人体的躯干部位，具体指肩关节以下、髋关节以上，包括骨盆、胸廓、髋关节和整个脊柱在内的广大区域。核心区是人体的中间环节，是连接上下肢的纽带，是人体运动的重要“发力源”。

核心区力量训练（core strength training）是近年来在体能训练领域讨论最多的话题，对几乎所有竞技运动项目都很重要，甚至被誉为当代体能训练的新突破、新发展，被认为开拓了力量训练的新视角，弥补了传统力量训练的不足。排球运动基本技术中的发、垫、传、扣、拦都离不开核心区力量的作用。

（一）训练内容与练习方法简介

核心区力量是与四肢力量相对应的人体力量系统的重要组成部分，是整体发力的主要环节，对上下肢的协同工作与整合用力起着承上启下的枢纽作用。目前，国内排球运动员核心区力量的训练主要是进行核心稳定性训练，旨在通过训练提高身体核心部位的稳定性，为四肢肌肉的发力建立支点，为上下肢力量的传递创造条件，为身体重心的稳定和位移提供合理的身体姿势。排球运动员核心区力量训练的方法手段参考如下：

1. 俯桥支撑练习

如直臂双腿（膝）俯桥支撑、双肘单（双）腿俯桥支撑、单臂（肘）双腿俯桥支撑、异侧腿臂（肘）俯桥支撑等（图 5-2-1）。

» 图 5-2-1　俯桥支撑练习

查看俯桥支撑练习动作视频

2. 俯桥撑球练习

如直臂双腿俯桥撑球、双臂单腿俯桥撑球、单臂双腿俯桥撑球、直臂腿撑球抬腿等（图 5-2-2）。

» 图 5-2-2　俯桥撑球练习

查看俯桥撑球练习动作视频

3. 仰卧屈腿练习

如仰卧屈腿上抬、仰卧屈腿收腹折体、仰卧屈腿收腹转体等（图 5-2-3）。

查看仰卧屈腿练习动作视频

仰卧屈腿上抬　仰卧屈腿收腹折体　仰卧屈腿收腹转体

» 图 5-2-3　仰卧屈腿练习

4. 仰卧球体练习

如仰卧球体屈体静力、仰卧球体收腹、仰卧球体收腹抬腿、仰卧球体收腹转体抬腿等（图 5-2-4）。

查看仰卧球体练习动作视频

仰卧球体屈体静力　仰卧球体收腹　仰卧球体收腹抬腿　仰卧球体收腹转体抬腿

» 图 5-2-4　仰卧球体练习

5. 俯卧两头起练习

如俯卧挺身抬腿、俯卧臂前平举两头起、俯卧异侧腿臂两头起、俯卧臂侧举两头起等（图 5-2-5）。

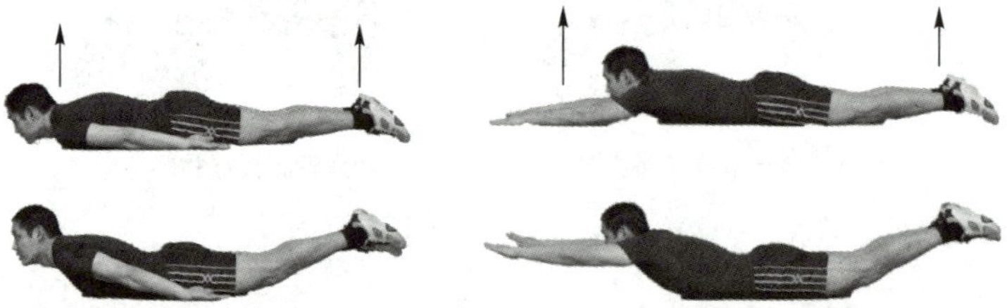

查看俯卧两头起练习动作视频

俯卧挺身抬腿　俯卧臂前平举两头起

俯卧异侧腿臂两头起　　俯卧臂侧举两头起

» 图 5-2-5　俯卧两头起练习

（二）核心区力量训练实例

由于核心区力量训练的负荷强度有限，目前，国内高水平排球队没有将其作为独立的力量训练内容列入训练计划，而主要是作为力量训练的辅助手段，安排在训练课的准备部分或结束部分。训练时间一般安排 30 分钟左右，采用的训练方法主要有稳态和非稳态下的徒手静力性练习和动力性练习、非平衡器械训练、悬吊训练等。一般选用 5 个左右的静力性动作作为一组，每个动作持续 30 秒左右，动作轮换之间不休息，每组完成后休息 1～2 分钟，练习 3～5 组。动力性练习也主要是采用徒手或轻器械的中小负荷强度练习，一般也是选用 5 个左右的动作作为一组，每个动作做 20 次左右，动作轮换之间不休息，每组完成后休息 1～2 分钟，练习 4～6 组。表 5-2-3 为排球运动员核心区力量训练实例，可供参考。

表 5-2-3　排球运动员核心区力量训练实例（训练课计划安排）

训练内容	静力 5 项					联动 5 项				
	双肘双腿俯桥支撑	单臂双腿俯桥支撑	异侧腿臂俯桥支撑	仰卧屈体抬腿直角	俯卧挺身抬腿	仰卧屈腿上抬	仰卧屈腿收腹折体	俯卧臂侧举两头起	仰卧屈腿挺身	仰卧屈腿收腹转体
持续时间次数	30 秒	各 20 秒	各 20 秒	30 秒	30 秒	20 次	20 次	20 次	20 次	各 15 次
练习组数	3～5					4～6				
间歇时间	5 项动作轮换不休息，组间歇 1 分钟					5 项动作轮换不休息，组间歇 1.5 分钟				

（三）核心区力量训练应注意的问题

1. 核心区力量训练的负荷安排

核心区力量训练的负荷安排对训练效果起着十分重要的作用。不同训练阶段，核心区力量训练方法的选择及负荷的组合安排应有所不同。

2. 核心区力量训练的难度设计

无论高水平还是低水平的排球运动员，在同类练习中，核心区力量训练都要按照难度等级逐渐递增。例如，每一个静力性练习动作一般从持续时间 20 秒开始，随着练习课次的累积和保持练习动作时间的延长，当具备持续时间 50 秒以上的能力时，升级练习动作的难度。

3. 核心区力量训练的时间节点

对一个较完整的训练周期而言，应该把核心稳定性训练安排在一般准备期。由于练习的强度不高，肌肉没有大幅度的收缩，因此，除了技、战术训练课外，应该把静力性的核心区力量训练放在准备活动、整理活动或者负重抗阻训练之前进行，这样不仅可以激活神经系统的兴奋性，也能增强核心区的稳定性和力量，起到事半功倍的效果。

4. 核心区力量训练的专门性

在赛前训练中，除了要保持已获得的核心区力量水平外，主要应突出核心专门性力量的训练，并以此为目标设计和筛选出对排球专项技术动作和专项力量起支持作用的核心专门性力量训练手段，这样才有助于基础力量和核心区力量的训练效果向排球专项运动能力过渡与转换。

5. 核心区力量训练与传统力量训练相结合

拓展知识：功能性力量训练与传统力量训练的对比

核心区力量训练必须与传统力量训练相结合。虽然核心区力量训练非常重要，但由于核心区力量介入竞技排球运动训练的时间较短，无论是其理论体系还是实践方法均不够成熟和完善，尤其在与排球专项技术和专项力量结合方面更是欠缺，因此，传统的力量训练依然要占据主流，核心区力量训练只能是整体力量训练中的一部分，不能完全替代传统的基础力量和专项力量训练。

三、排球运动员的速度、灵敏素质训练

几十年来，我国排球技战术始终坚持“快速多变”的指导思想，这也体现了速度、灵敏素质对排球运动员的重要性。速度是排球运动的灵魂，速度素质是灵敏素质的基础，随着球速和比赛节奏越来越快，对排球运动员的速度、灵敏素质的要求也越来越高。

（一）训练内容与练习方法简介

在激烈的排球比赛攻防对抗中，运动员要在各种急剧变化的条件下，迅速作出对来球的准确判断和快速反应。场上位置的轮转，要求运动员既要能攻善拦，又要能防善守，时刻保持和处理好人与球、人与网、人与人（与同伴、与对手）之间的位置关系。因此，运动员必须具备灵活应变、迅速出击和高度的自我操控及改变身体运动方向的能力，这些都是速度、灵敏素质训练的关键，尤其对于高大运动员，如何有效地提高其专项速度和专项灵敏素质，始终是排球运动专项体能训练面临和亟待解决的问题。

在长期的运动训练实践中，广大排球教练员积累了丰富的发展运动员专项速度素质的练习方法和手段，并取得了许多实效。而灵敏素质包含反应速度、起动加速、平衡能力、协调性、爆发力等素质，使得灵敏素质的训练变得复杂而难以掌控，相关的研究也较少，具有实效性的发展排球运动员专项灵敏素质的训练方法手段，如绳梯训练，成为近几年的研究热点。鉴于此，现筛选一些具有代表性的发展排球运动员专项速度、灵敏素质的练习方法，介绍如下：

1. 反应速度练习

（1）快速起跑练习。看手势或其他信号向各个方向快速起跑，预备姿势可以是站立、坐姿、卧姿等。

（2）视听信号反应练习。运用视觉信号，做各种冲刺、移动、变向、急停、跳跃等练习。

（3）冲刺接球。队员在 3 米线处准备，教练员突然将球抛出，队员冲跑在球落地之前将球接住。

（4）主动与被动拦网。两队员隔网相对站立，一人主动甩开对方跳起拦网，另一人力争不被对方甩掉，而与其同时拦网。

（5）垫墙上反弹球。队员面对墙 3 米左右做好准备，教练员从队员身后将球扔到墙上，队员将反弹回的球垫起。

2. 移动速度练习

（1）结合排球场地线的各种快速移动步法练习。

（2）30 米冲刺跑（可作为排球运动员身体素质测试项目）。

（3）半“米”字快速往返移动（可作为排球运动员身体素质测试项目）。

（4）移动拦网后，后退垫球，再助跑起跳扣球的组合练习。

（5）扣球、拦网、调整传球、防守、扣球的组合练习。

3. 挥臂速度练习

（1）羽毛球、乒乓球、纸团等轻物掷远或助跑起跳后以扣球动作挥甩至对方场地。

（2）两人相距 10 米左右，相互单手肩上掷排球，要求以挥臂扣球动作掷球，并且使球出手后与地面近似平行飞行。

（3）连续快速挥臂扣吊球或以扣球动作抽打树叶、篮球网等标志物，标志物应在扣球手臂上方最高处，要求抽打时动作放松，后振鞭打，肩部向上伸展。

（4）用传球动作快速抖动手腕 30 秒至 1 分钟，要求手腕和前臂放松。

（5）矮网原地连续扣抛球练习。将球网降低至扣球手臂向上伸直的高度，教练员将球抛至扣球队员击球手臂的正前上方，队员连续原地扣教练员抛球。

4. 起跳速度练习

（1）连续跳跃 3~5 个栏架或一定高度的橡皮筋，要求脚落地后立即跳起，连续性和节奏感要强。

（2）连续起跳拦快球 10~20 次。

（3）双摇跳绳 30 秒计数（可作为排球运动员身体素质测试项目）。

（4）连续起跳扣半快球 10~20 次。

（5）30 厘米台阶跳上跳下 10 次计时。

5. 灵敏素质练习

（1）绳梯训练。纵向或横向的各种快步频单双脚跑跳练习（图 5-2-6）。

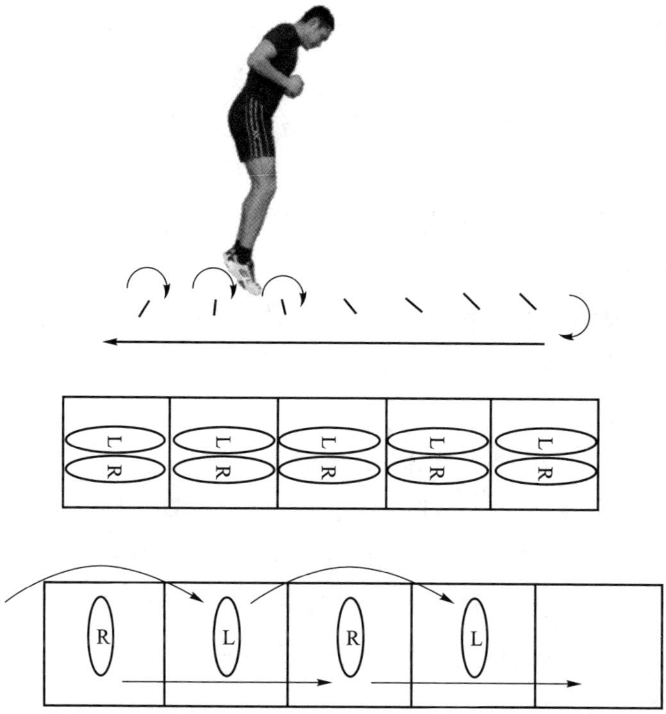

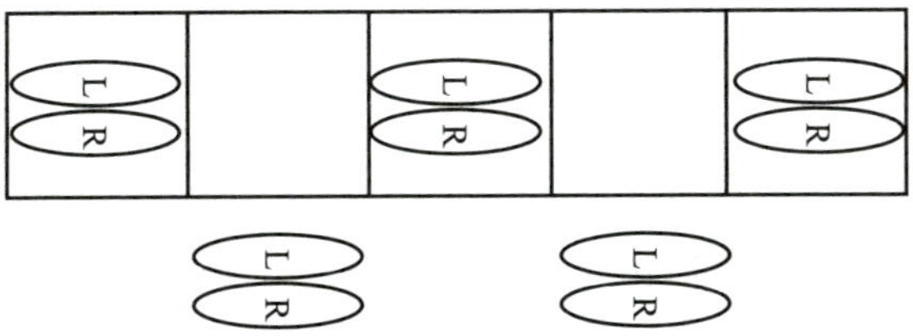

» 图 5-2-6 绳梯训练

（2）变向折返跑。利用排球场地的端线、进攻线、中线和对场进攻线等，采用不同的跑动形式或脚步移动方式，进行折返加速跑（图 5-2-7）。

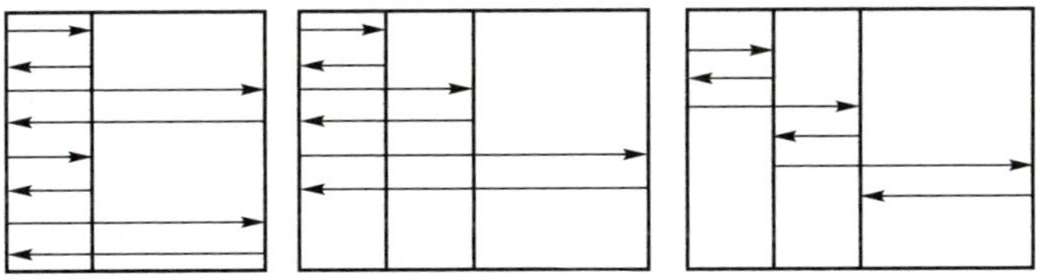
» 图 5-2-7 变向折返跑训练

（3）垫上练习。连续做前（后）滚翻练习、单肩前（后）滚翻练习、左右侧滚翻练习等。

（4）结合场地和球的练习。

① 教练员连续向不同方向抛出球，队员按照要求分别做快速起动、制动、变速、变向及跳跃、滚动等动作将球击向指定目标。

② 教练员灵活运用扣、吊球手法，连续将球击到边（端）线附近，队员快速移动、反复变向，击球到指定位置，要求移动灵活、判断准确，界内球接，界外球不要接。

（5）十字跳（可作为排球运动员身体素质测试项目）。运动员听到口令后，先由交叉点以双脚跳入 1 区，然后依次连续跳入 2、3、4 区，再跳回 1 区。按此顺序循环往复连续跳跃。记录 10 秒钟完成跳跃的次数，每跳 1 次得 1 分，跳错 1 次扣 0.5 分（图 5-2-8）。

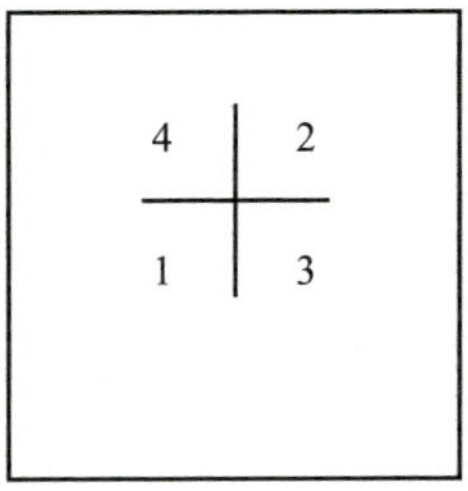

» 图 5-2-8 十字跳训练

（二）速度、灵敏素质训练实例

排球运动员在比赛场上表现出来的速度、灵敏素质，主要是结合排球专项技术的短距离、较低重心的地面快速移动、取位、击球和身体腾空状态下的掩护配合击球。运动员的移动取位具有上、下、左、右、前、后全方位和灵活多变的特点。运动的开始是依据球、同伴和对方运动员运动变化的视觉信号，完成从静到动、从动到静、从动到动的定向或变向运动。在排球比赛中，运动员的速度、灵敏素质的外在表现与场上意识和比赛经验有关，是高度专项化的速度、灵敏素质。

目前，在一个大周期的训练中，高水平排球队的速度、灵敏素质训练主要安排在准备期后期和比赛期前期；在周训练计划中，速度、灵敏素质训练最好安排在小强度训练或调整训练后的第一天；在一天或一次课的训练中，速度、灵敏素质训练最好安排在运动员身心俱佳、精力充沛时进行。表 5-2-4 为排球运动员速度、灵敏素质训练实例，可供参考。

表 5-2-4 排球运动员速度、灵敏素质训练实例（训练课计划安排）

训练内容	绳梯纵横向跑跳组合	矮网原地连续扣抛球	十字跳	垫墙上反弹球	拦网退防扣球组合	垫上后滚翻+左右单肩前滚翻组合	30 米冲刺跑
时间 / 次数	25～30 秒	15～20 次	5～10 秒	20 次	5 次	1～2 次	1 次
练习组数	2～3	3～4	5～6	2～3	3～4	5～6	5～6
间歇时间	每个练习之间休息 30～60 秒，组间休息 3～5 分钟						

（三）速度、灵敏素质训练应注意的问题

1. 速度、灵敏素质训练的时机

由于速度、灵敏素质要求神经过程的灵活性高，兴奋与抑制迅速转换，肌肉收缩轻快协调，因此，训练应安排在队员中枢神经系统处于良性兴奋状态时进行，否则，动作的协调性将受到破坏，快速完成练习的能力也会降低。所以，应把速度、灵敏素质训练安排在课的前半部分。

2. 速度、灵敏素质训练的专项化特点

排球运动员速度、灵敏素质具有很强的专项化特点，训练中要充分考虑到排球技术动作的需要，如前扑、鱼跃、起跳、空中动作、转体等，尽可能与专项技术和比赛紧密结合。教练员要多采用视觉信号，给予运动员复杂的变换指令，由运动员作出合理的判断，来完成相应的快速反应动作，使速度、灵敏素质的提高能更直接地应用到实战中。

3. 速度、灵敏素质训练的练习间歇

速度、灵敏素质训练具体内容的安排原则是：短时高效、充分休息。即每个练习的持续时间很短，一般不超过 30 秒，练习间歇要使运动员达到相对完全恢复后再进行下一个练习。

4. 速度、灵敏素质训练的发展关键期

初中学龄段（13～14 岁）的队员，中枢神经系统的兴奋占优势，骨骼发育迅速，柔韧素质相应较好，这些都为提高频率、增大动作幅度提供了条件，这一时期应特别重视速度、灵敏素质训练；15～16 岁是身体的快速生长期，速度素质继续保持增长而灵敏素质增长较慢；到 18 岁以后，灵敏素质又以稳定的速度增长。因此，教练员要善于把握速度、灵敏素质发育的敏感期规律和时机，科学地安排训练，以获得更好的训练效果。

5. 速度训练与力量训练的组合性

速度素质训练可遵循超负荷原则安排在负重力量训练后，利用肌肉剩余兴奋的惯性动员更多的肌纤维参与运动。既可发展力量，又可发展速度，使神经始终处于灵活控制中，防止产生动作僵硬和不协调。因此，在排球运动员的体能训练中，要适当安排在力量训练后紧跟着进行速度训练的组合练习。

6. 灵敏素质训练与核心区力量训练相结合

身体的核心区是连接上、下肢的纽带，对身体的灵活性起着重要的作用。因此，灵敏素质训练要特别注重与腰、腹、背等核心区力量训练相结合。

四、排球运动员的功能性体能训练

随着排球运动竞技水平的极限化发展，训练和竞赛负荷不断向运动员身体和心理极限逼近。由于排球运动专项技术的特点，以及过度专项训练，会导致运动员肩、腰、膝、踝等关节薄弱组织伤病的发生率一直居高不下。如何有效地预防伤病和促进康复，成为当今排球运动训练领域关注的热点。由此，“功能性体能训练”理念被引入训练实践。功能性体能训练就是在运动训练中针对身体易伤部位和薄弱环节进行伤病预防，以及提高运动表现的体能训练方法。

（一）肩关节肌群的功能性训练

查看肩关节肌群功能性训练动作视频

肩关节肌群功能性训练的目的是：增加肩关节稳定性，预防及康复肩关节损伤。在练习中，哑铃重量和弹力带拉力应逐渐增加，每个动作练习 10～15 次为一组，做 3～5 组，见表 5-2-5。

表 5-2-5　排球运动员肩关节肌群功能性训练内容与方法

练习	体侧平拉弹力带	屈肘上拉弹力带	屈肘外展内收	直臂外展	直臂后抬
动作方法	弹力带固定脚下，双手体侧缠握，掌心向内，外展双臂侧平举稍停后回位	弹力带固定脚下，双手屈肘缠握，掌心向上，上举稍停后屈肘回位	仰卧屈膝，手持哑铃屈肘90° 内收外展	双臂下垂，掌心向后抓握哑铃，侧平举 30°，稍停后慢慢回位	双臂下垂，掌心相对抓握哑铃，大臂后屈上抬至最大幅度，稍停后慢慢回位
练习要求	大小臂伸直，躯干正直，动作缓慢	大小臂伸直，躯干正直，动作缓慢	大小臂保持90°，动作缓慢	大小臂伸直，动作速度缓慢	大小臂伸直，动作速度缓慢
动作图示					

（二）腰椎关节肌群的功能性训练

查看腰椎关节肌群功能性训练动作视频

腰椎关节肌群功能性训练的目的是：增强核心肌群的稳定性和控制能力，预防和康复腰椎关节损伤。在练习中，动力性练习要缓慢匀速进行，每个动作练习 10～15 次为一组，做 3～5 组；静力性练习持续时间 20～30 秒，也做 3～5 组，见表 5-2-6。

（三）膝关节肌群的功能性训练

查看膝关节肌群功能性训练动作视频

膝关节肌群功能性训练的目的是：增加膝关节稳定性，预防及康复膝关节损伤。在练习中，动力性练习应缓慢匀速进行，哑铃重量逐渐增加，每个动作练习 10～15 次为一组，做 3～5 组；静力性练习持续时间 30～45 秒，也做 3～5 组，见表 5-2-7。

（四）踝关节肌群的功能性训练

查看踝关节肌群功能性训练动作视频

踝关节肌群功能性训练的目的是：增加踝关节稳定性，预防及康复踝关节损伤。在练习中，动力性练习应缓慢匀速进行，每个动作练习 10～15 次为一组，做 3～5 组；静力性练习持续时间 15～30 秒，也做 3～5 组，见表 5-2-8。如果没有专业器械“半球”，可采用软垫替代。

（五）功能性体能训练应注意的问题

1. 将易伤部位列入功能性体能训练计划

排球运动员伤病的发生以膝关节最为常见，其次是肩部、腰部和踝关节，因此，要将这些易伤部位的功能性体能训练正式列入训练计划，高度重视，防患于未然。

2. 功能性体能训练的时间安排

要合理安排功能性体能训练的时间点。功能性体能训练最好安排在技战术训练课或快速力量训练课后进行，因为，功能性练习是以静力性稳定力量动员运动员深层肌群为主，如果安排在课前，会影响运动员快速力量的发挥。许多研究证实，核心稳定性力量训练的主要作用是发展肌肉的最大力量和稳定性力量，对快速力量效应不大，甚至可能会有一定的负向效应。

表 5-2-6 排球运动员腰椎关节肌群功能性训练内容与方法

练习	侧桥	单 / 双脚支撑仰桥	体前屈伸腰	仰卧球体收腹	俯卧球挺身静力
动作方法	侧卧屈肘单脚支撑，另一手叉腰，腿上抬	以单 / 双脚为支点，背部仰卧球上，两腿自然分开，髋部上顶	两腿前后站立，上体前倾，双手攥握弹力带，以髋为轴缓慢伸腰抬体	双腿撑地，腰髋处仰卧球上，两手抱头，缓慢收腹抬上体回位	俯卧球上，两臂屈肘外展手扶头后，使肩胛骨后缩，臀部和两腿绷紧，保持静力
练习要求	腿部高抬，身体挺直，核心区稳定	髋部尽力上顶，身体保持左右平衡	双臂伸直髋为轴，下肢稳定	保持腰髋触球，上体稳定	全身挺展，核心区稳定
动作图示					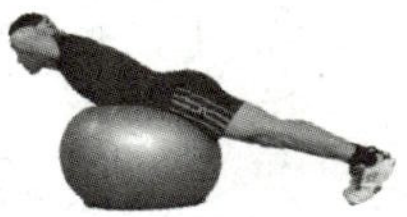

表 5-2-7　排球运动员膝关节肌群功能性训练内容与方法

练习	靠墙屈膝静蹲	弓步哑铃蹲起	前举腿哑铃蹲起	单腿屈膝四方位举腿
动作方法	两脚开立与肩同宽，背靠墙缓慢下蹲至大腿与地面平行	手持哑铃，弓步后腿架于高处，前腿膝关节缓慢屈伸，上下蹲起	手持哑铃单腿支撑，前腿可架于高处，后腿膝关节缓慢屈伸，上下蹲起	单腿支撑，上体保持正直，两臂自然维持平衡，支撑腿屈膝下蹲，另一腿向前、侧、后及后侧 4 个方向举腿，每个方向举 3~5 次为一组，做 3~5 组
练习要求	身体保持直立，上体、大腿、小腿、地面均保持 90°	身体保持直立，上体、大腿、小腿、地面均保持 90°	身体保持直立，下蹲大腿与地面平行	注意力集中在膝关节用力和动作速度与伸腿节奏的控制上，始终保持核心区的稳定
动作图示	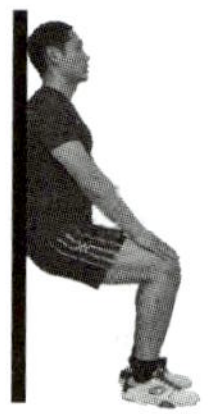			

表 5-2-8　排球运动员踝关节肌群功能性训练内容与方法

练习	半球跳上、跳下	半球单腿平衡站立	半球站立单腿侧摆	半球站立燕式平衡
动作方法	屈膝下蹲，双脚蹬地跳上半球，维持稳定 3 秒后跳下	单腿屈膝半蹲站立于半球上，保持身体平衡	单腿站立于半球上，上体正直，双腿交替侧向缓慢摆动	单腿微屈站立于半球上，上体正直，两臂侧平举维持身体平衡，另一腿后伸成燕式平衡
练习要求	注意踝关节用力和控制，保持核心区稳定	注意踝关节用力控制重心，保持核心区稳定	注意踝关节用力和摆腿速度节奏，保持核心区稳定	注意力集中在踝关节用力，控制身体重心平衡，保持核心区稳定
动作图示	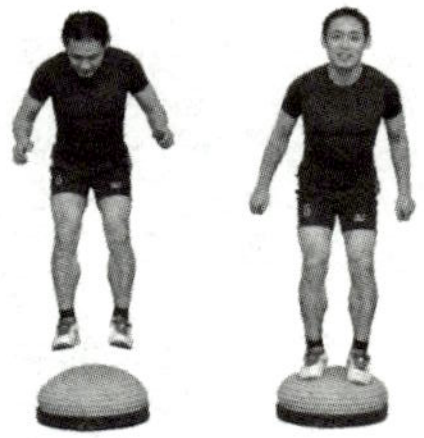			

（资料来源：王卫星．体能训练理论与实践［M］．北京：高等教育出版社，2012.）

3. 功能性体能训练中练习动作的规范性

功能性体能训练多为非稳定支撑下的动作，练习要求对单个动作应保持一定的持续时间，并要特别注意练习动作的规范性。功能性体能训练特别重视对关键性肌肉的练习，而这些肌肉或肌群往往是运动员的薄弱环节，只有规范的动作才能达到练习的效果。

4. 功能性体能训练中柔韧性练习的牵拉力度

功能性体能训练与柔韧性练习结合进行时，要注意柔韧牵拉的力度不能过大，否则，由于柔韧牵拉过度而造成肌肉张力过大，功能性训练效果会受到影响。

5. 功能性体能训练中练习动作与呼吸的配合

进行功能性练习时，要注意练习动作与呼吸的配合，因为功能性练习多为发展肌肉的稳定性力量，尤其能够刺激深层肌群的稳定力量，配合有节奏的呼吸，可以达到放松、提高肌肉力量的效果。

专栏 2：“魔鬼”大松锻造“东洋魔女”

20 世纪 60 年代，日本女排在大松博文教练的带领下取得了第 4 届、第 5 届世锦赛和第 18 届奥运会“三连冠”的辉煌战绩。大松教练以“大运动量与严格的极限训练”被称为“魔鬼教练”，而日本女排也被世界排坛誉为“东洋魔女”。1964 年底，日本女排出访我国，而大松教练的一次公开训练课震撼了我国排坛，其中对松村胜美（1964 年奥运会冠军队员）的单兵极限训练给观摩者留下了极其深刻的印象。只见大松用重磅扣球把球像连珠炮似的接连向底线左右两侧击出，而胜美时而侧向翻滚，时而鱼跃救球，已摔救了 100 多次。眼见她趴在地上，再也翻滚不起来，汗水与泪水已混在一起，全身都湿透了，可是大松仍毫不手软地继续用球一个一个地砸向她，并毫不怜悯地斥责着：“起来！给我爬起来！这样弱不禁风不如马上回家去！”而倒地的胜美在大松的刺激下，再次振作精神爬了起来，双眼圆睁地对着他仿佛在说：“这个令人憎恶的大松，我绝不能输给你！”于是，她又一次一次地顽强救起了各种险球，其他队员除了捡球外，也都在旁边为她加油鼓劲。事后有科研人员统计，这次极限训练，松村胜美共连续做了 400 多次滚翻救球动作，坚持了 40 多分钟，她的最高心率竟达到 230 次 / 分。这种残酷的训练方法，看似太过分了，但在训练的同时，我们也看到大松连续扣击、抛、掷共计 400 多次，无论从体力上还是心理上也都很难支撑。大松要求队员“战胜自我”，而自己身先士卒做出了“战胜自我”的榜样。后来，周恩来总理对大松给予高度评价：“大松的训练符合毛主席的实践论精神，符合我国从难、从严、从实战出发，大运动量训练的‘三从一大’训练原则。”

资料来源：黄济湘. 世界排坛百年风云［M］. 上海：上海教育出版社，1998.

第三节　排球运动员体能测试项目与方法

体能测试是指对运动员体能基本特征信息的获取过程，是体能训练计划制订的依据和起点，是推动体能训练科学化水平提高的前提和保障。体能测试也是体能训练的重要组成部分，是检查评定体能训练效果的重要手段。对排球运动员进行体能测试，有利于掌握运动员体能的实际状况，发现训练中存在的问题，为科学训练及客观评价运动员的体能训练水平提供参考依据。

运动员体能由运动员身体形态、机能和运动素质三个方面构成，因此，对排球运动员进行体能测试也包括这三个方面的内容。身体形态测试的指标主要有高度（身高、坐高、足弓高等）、长度（腿长、臂长、手长等）、围度（胸围、臂围、臀围等）、宽度（肩宽、髋宽等）和充实度（体重、皮脂厚度等）等。机能测试指标主要有心率、肺活量和最大通气量等。在构成体能的诸因素中，运动素质是体能的外在表现，在运动训练中主要是以发展各种运动素质作为体能训练的基本内容，因此，体能测试的重点是对运动员进行身体素质的测试。

一、我国排球运动员体能测试的内容与方法

从 1996 年开始，中国排球协会在每年全国排球联赛前对参赛的运动员设定了“助跑摸高”“20 秒连续 5 次助跑摸高”“6 米 ×16 次网下穿越移动”和“800 米跑”4 项身体素质测试项目，规定不达标准者不得参加比赛。这对提高运动员的体能训练起到了积极的促进作用，这 4 项身体素质测试持续到 2002 年。

2012 年 9 月，国家体育总局青少年体育司和排球运动管理中心修订了《中国青少年排球训练教学大纲》，规定了各年龄组排球运动员身体素质测试的内容，详见表 5-3-1。

表 5-3-1　各年龄组排球运动员身体素质测试内容

类别	U14	U16	U18、U19	自由人测试项目（U18、U19）
力量类	卧推 快速挺举 俯卧撑 引体向上 仰卧两头起 俯卧背起	卧推 快速挺举 俯卧撑 引体向上 仰卧两头起 俯卧背起	卧推 快速挺举 俯卧撑 引体向上 仰卧两头起 俯卧背起	卧推 快速挺举 俯卧撑 引体向上
弹跳类	助跑摸高 立定跳远 双摇跳绳 30 秒计数	助跑摸高 立定跳远 双摇跳绳 30 秒计数	助跑摸高 左右交叉步 连续摸高 立定三级蛙跳 双摇跳绳 30 秒计数	不进行
挥臂类	实心球掷远 （2 千克） 软式排球掷远	实心球掷远 （2 千克） 软式排球掷远	实心球掷远 （2 千克） 软式排球掷远	不进行
移动类	30 米跑 半“米”字移动	30 米跑 半“米”字移动 800、1 500 米跑	30 米跑 半“米”字移动 800、1 500 米跑	半“米”字移动 6 米往返鱼跃（男） 6 米往返滚翻（女） 800、1 500 米跑
灵敏协调类	灵敏测试 反复横跨 十字跳跃	灵敏测试 反复横跨 十字跳跃	灵敏测试 反复横跨 十字跳跃	1 分钟双摇跳绳 反复横跨 十字跳跃
柔韧类	体前屈 俯卧背伸 背触测试	体前屈 俯卧背伸 背触测试	体前屈 俯卧背伸 背触测试	体前屈 俯卧背伸 背触测试

目前在我国的排球训练实践中，成年专业排球队较少进行国家统一组织的体能测试，而青少年专业排球运动员在每年的集训期则进行 4 项形态指标测量和 4 项身体素质测试，具体方法介绍如下：

（一）青少年排球运动员 4 项形态指标测量

1. 身高

测量头顶点至地面的垂直距离。受测者赤脚，立正姿势（两臂自然下垂，脚跟并拢）站立，脚跟、骶骨和肩胛紧贴立柱，身体自然挺直，头部挺直，两眼平视，保持耳屏上缘与眼窝下缘呈水平。测试人员读数时两眼与水平板呈水平位。

2. 指间距

测量上肢向左右做水平伸展时两手中指指尖的直线距离。将测量尺固定在平台上，受测者上体伏在测量尺上，一手中指指尖在标尺零位，另一臂向侧伸展，两臂成直线。

3. 手高

测量单手上举顶点至地面的垂直距离。受测者赤脚，立正姿势站立，单手向上伸直，测试中指指尖与地面的垂直距离。

4. 体重

采用磅秤、体重计等测量工具测量运动员体重。

（二）青少年排球运动员 4 项身体素质测试

1. 助跑摸高

助跑方向和距离不限，双脚起跳，单手摸高。每人测两次，取最好成绩。

2. 30 米跑

排球场地丈量 30 米距离设标志线，采用站立式起跑，穿排球鞋测试。

3. 立定跳远

用胶带把卷尺粘在排球场边线或端线，从卷尺零点起跳，每人测两次，取最好成绩。

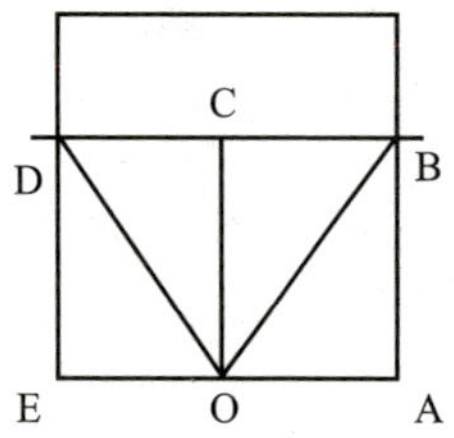

» 图 5-3-1　半“米”字移动

4. 半“米”字移动

在排球场端线中点 O 开始，按 OA—OB—OC—OD—OE 顺序依次往返推倒设置在各点上的饮料瓶，记录完成的时间。测试从推倒 O 点的瓶开表，最后于推倒 O 点的瓶停表，O 点设专人帮助扶起推倒的饮料瓶（图 5-3-1）。

二、国外排球运动员体能测试方法简介

在不同国家，排球运动员体能测试方法也不完全一样，下面将介绍国外一些具有代表性的体能测试方法。

（一）日本排协规定的素质测验（节选）

1. 背肌力

运动员站在拉力台上，两脚尖分开成 60°，臂腿伸直，上体前倾 30° 慢慢用力向上拉，测两次取最大值。

2. 滑步

在平坦的场地上画三条线，间隔 1.2 米，运动员跨中线站立，听哨声开始移动，先向左或先向右移动都行，但脚要踏上或者踏过外侧线，然后回到中线再向反方向移动，持续 20 秒记录移动次数，每人测两次取最大值。

3. 台阶测验

让男、女运动员分别在 50 厘米、40 厘米的踏台上连续上下 5 分钟，频率为每分钟 30 次，在运动后 1 分钟到 1 分 30 秒，2 分钟到 2 分 30 秒，3 分钟到 3 分 30 秒测得三次脉搏，代入下面公式求指数。

指数 = 运动持续时间（秒）× 100 / 2 ×（3 次测定脉搏总和）

4. 9 米往返跑 3 次

从排球场一侧边线听信号持球跑向另一侧边线，到对面边线后换球再返回，连续往返三次，最后要把球放到起跑线上，测定所需要的时间，每人测三次，取最好成绩。

5. 滚翻

运动员身体直立，当听到哨声时向前连续滚翻 5 次，然后马上再向后连续滚翻 5 次起立。测试从哨声开始到运动员身体直立所用的时间。

（二）伊文考夫测试

伊文考夫测试是一种无氧供能能力测试，是国际排联比较认可的一种测试方法。测试时，在排球网上设定两个间隔 5 米的标记，运动员站立在网前，听到口令后左右滑步移动，双手举起触摸设定的两个标记。先测出 1 分钟向两边移动触摸标记的次数，然后马上测出 10 秒钟的脉搏次数，休息 1 分钟，再重复一次，共进行三次，把测试到的脉搏次数代入下列公式中求 K 值，K 值越大越好，评价标准见表 5-3-2。

公式：
$$K=\frac{\text{3 次触标记平均数 }-\text{3 次 10 秒脉搏平均数}}{\text{第三次 10 秒脉搏数 / 第一次 10 秒脉搏数}}$$

表 5-3-2 伊文考夫无氧供能能力评价表

性别	差	较好	好	很好
女	<2.0	2.0~3.5	3.6~5.0	>5.0
男	<3.0	3.0~4.5	4.6~6.0	>6.0

（三）6 球测试

6 球测试是测试排球运动员速度耐力的常用方法，首见于捷克斯洛伐克队。运动员在端线中间准备，看到信号后跑去拿回放在边线上的球。6 个球的距离分别为 6 米、12 米、18 米。要求运动员按图 5-3-2 的顺序将 6 个球全部拿回。

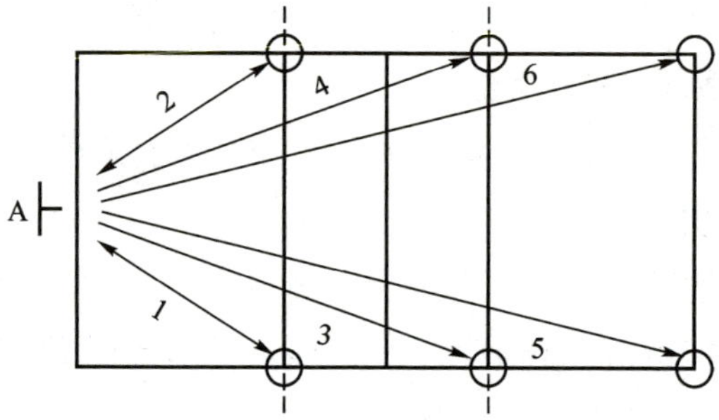

» 图 5-3-2 6球测试示意图

（四）目标心率测试

目标心率测试的目的是在进行训练时，用目标心率控制训练强度，主要用于有氧耐力训练。它是根据练习者的年龄推算出最高心率，再划定一个有效训练的心率范围，在此范围中的训练负荷强度有效而且安全。具体方法是根据运动员年龄，参考不同体能训练水平运动员的练习标准（表 5-3-3）计算出其进行训练的适宜心率。

表 5-3-3 不同体能训练水平运动员的练习标准

训练水平	低	中	高
最小应达到的心率	40% HRR	60% HRR	70% HRR
应达到的适宜心率	60% HRR	75% HRR	80% HRR
不宜超过的心率	75% HRR	85% HRR	90% HRR

注：目标心率 = 安静心率 + 应达到适宜的心率；最小目标心率 = 安静心率 + 最小应达到的心率；最大目标心率 = 安静心率 + 不宜超过的心率。

最大心率 = 220- 年龄

心率储备（HRR）= 最大心率 - 安静心率

此外，美国运动医学院给出了更简捷的推算方法，建议心率区间是 60%~90%。以 30 岁的人为例，计算方法如下：

220-30（年龄）= 190（推算出的每分钟最高心率）

190 × 60% = 114（目标心率下限）

190 × 90% = 171（目标心率上限）

根据这个计算，此人的目标心率区间是每分钟 114~171 次，如果训练时心率低于 114 次 / 分则表明效果较差，而高于 171 次 / 分则变成无氧代谢运动，不能持久。

思考与实践

1. 试述排球运动员体能训练的作用与意义。
2. 试述排球运动员快速力量训练应注意的问题。
3. 请举例说明下肢力量练习的方法。
4. 简述我国青少年排球运动员身体素质测试常用内容与方法。
5. 试述核心区力量训练应注意的问题，并设计一堂青少年排球运动员核心区力量训练课计划。
6. 试述速度与灵敏素质的发展关键期特点，并设计一堂初中排球运动员速度与灵敏素质训练课计划。
7. 试述功能性体能训练的概念与作用，并设计一堂排球运动员膝关节肌群功能性训练课计划。

第六章 排球运动员心理技能训练

本章导言

排球运动是一项复杂多变、对抗性强、技术要求高的团体项目，需要运动员具有出色的体能、技术能力、战术能力、知识能力和心理能力。坚韧而稳定的心理技能是提升排球运动能力的关键因素。本章主要介绍排球运动过程中心理技能训练的基本概念、重要作用和发展趋势；详细论述排球运动员心理技能训练的方法及其应用；重点阐述排球运动中的行为干预法和认知干预法；深度探讨完整比赛周期心理技能训练方法，以及运动员心理技能训练的基本理论与注意事项。这些针对性训练对提高运动员心理素质和运动表现具有重要意义。

学习目标

知识目标：理解排球运动心理技能训练的概念、作用、发展趋势以及训练原则。

能力目标：初步掌握排球运动心理技能训练方法，熟悉心理训练基本理论与注意事项。

价值目标：深入体验排球心理技能训练全过程，激发排球学习动机，培养顽强拼搏、永不言弃的体育精神。

第一节　排球运动员心理技能训练概述

心理技能训练的目的是提高运动员的心理能力，它影响和制约着运动员体能、技术能力、战术能力、知识能力的改善和提高，因此心理技能训练是现代竞技运动训练系统中不可缺少的一部分。

一、心理技能训练概述

（一）心理技能训练的概念

广义的心理技能训练是指有目的、有计划地对受训者的心理过程和个性心理特征施加影响的过程。

狭义的心理技能训练是指采用特殊的方法和手段，使受训者学会调节和控制自身的心理状态，进而调节和控制自身行为的过程。

综上所述，心理技能训练就是采用一定的方法和手段对受训者的心理施加影响，对其大脑进行专门化训练，以达到强化心理技能、培养特殊心理能力的目的。简言之，心理技能训练就是系统的、持续的心智技能练习。

（二）运动心理技能训练的概念

体育运动中的心理技能训练简称为运动心理训练。

广义的运动心理技能训练是指在体育运动中，对运动员进行有意识、有目的地施加影响的过程，使其心理状态发生变化，达到最适宜的程度，以满足提高运动技术水平和增进身心健康的需要。

狭义的运动心理技能训练是指采用专门而具体的训练方法，改变运动员的某一具体心理因素，以适应体育教学、训练和比赛的需要。

在实际应用中，两种运动心理训练既有差别（表 6-1-1），又紧密联系、相辅相成。作为统一的心理训练概念，不应人为地将两者割裂开来。

表 6-1-1　广义、狭义运动心理训练对比

对比维度	广义的运动心理训练	狭义的运动心理训练
方法	采用各种方法对运动员的心理施加影响	采用心理调节专门技术手段进行训练
范围	着眼于心理状态的普遍适应和改善	要求提高具体的心理素质或克服某种心理障碍
效果	涉及问题较多，一般短期内不易看到直接效果	要求具有明显而较快的心理训练效果

二、心理技能训练的重要作用

实施运动心理训练的理想目标是培养运动员积极而乐观的个性、强烈而主动的需求、独立而创新的思维、坚韧而果断的意志、丰富而自控的情绪、集中而稳定的注意、清晰而敏锐的感觉、自信而清醒的意识、快速而主动的应激、高昂而互动的士气。

总之，要保持正常行为，能出现超常行为、调节行为障碍，都需要进行一定的心理技能训练。心理技能训练的重要作用主要表现在以下几个方面：

（一）提高心理活动水平

运动竞赛实践证明，优异运动成绩的创造和激烈比赛的获胜取决于多种因素，其中，身体素质是保证运动质量的生理物质基础，运动技术是基本条件，而心理素质是两者能够发挥作用的内部动力。平时若没有良好的心理训练，不具备一定的心理素质，即使具有较好的身体和技术训练水平，在比赛中也未必能取得理想的成绩。因此，平时训练中要重视心理训练，提高心理素质，在比赛中才能表现出最佳竞技状态。

运动实践表明，心理因素是运动员或学生在学习、训练和比赛中控制并调节自己的生理活动和技术动作的主导因素，这是因为：① 心理活动水平太低，不能对生理活动和技术动作进行有效的控制和调节，在这种情况下，尽管具有较好的身体素质和技术水平，也不能使其充分发挥作用。② 心理活动水平过高，充足的生理活动能量会冲击心理状态，使其产生紧张，进而冲击肌肉动作，使其用力过大，动作变形，造成比赛或训练的失误。

为此，必须用心理训练的方法，提高心理活动的强度（激活水平），使其达到能进行自我控制、调节的水平，以适应教学、训练和比赛的需要。

（二）掌握和改进动作技能

在体育教学和运动训练中，运动员学习运动技术，不只是对肌肉活动的训练，而且也是对心理机能的训练，运动技术的学习过程实际是智力和体力活动结合的过程。因此，心理训练和技术训练同等重要，并且是相互联系的，如念动训练就体现了两者的密切关系。念动训练是指运动员有意识地、积极地利用头脑中已形成的运动表象进行训练的方法。头脑里有了运动表象才能去做动作。在念动训练中，运动员的注意力要集中，当在头脑里详细“描绘”出将要做的动作时，就会在头脑中“看见”这个动作，而且也对完成这个动作所使用的力量有所体会，即产生完成该动作的动作表象。通过多种感知相结合的动作表象的回忆，能达到巩固和改进动作的目的。

（三）消除疲劳、恢复体力

在教学、训练和比赛中，运动员承受着较大的运动负荷，在紧张的比赛活动和大运动量训练时，往往会出现疲劳和体力不佳的状况。心理训练有助于帮助他们消除疲劳和恢复体力。研究表明，大运动量训练后，进行 5 分钟心理自我调整训练，其身心恢复情况几乎和 1 小时的自然睡眠或传统的恢复手段相同。这些方法早已在运动实践中被人们所采用。心理自我调整训练之所以有如此显著的效果，在于它是借助于神经与肌肉之间相互适应的现象，对心理施加影响而产生积极作用的结果。

（四）有助于运动员克服心理障碍，建立积极的态度定势，形成良好的训练和比赛心态

心理训练可以帮助运动员改变消极的思维方式，用积极的思维和对成功的引导反复进行表象练习，进而能够使之重新增强信心，系统脱敏，克服紧张情绪，达到有利于比赛的心理状态。

此外，心理训练还能帮助运动员克服恐惧、消除紧张。例如，生物反馈训练对消除过度紧张、恐惧和焦虑情绪有很大作用，对治疗一些疾病也有好处；通过“脱敏”训练，可使运动员比较冷静地对待比赛等。心理训练对集中或转移人的注意力、调节和培养人良好的活动动机、发展人的意志品质等都有积极的作用。

三、运动心理训练的发展趋势

伴随着科学技术的发展和排球竞技水平的提升，为达到提高运动员运动成绩的需要，人们对运动心理技能训练的需求也随之增加，当今运动心理训练的发展趋势主要表现为以下几个方面：

1. 研究对象不断扩展，研究体系不断完善

随着科技和社会的发展，传统的运动领域正在经历深刻的转变。新兴的电竞、虚拟运动以及众多的健身活动等，都为运动心理学带来了新的研究对象，因此需要对更多类型的运动员群体进行研究。与此同时，为了应对这些新的挑战，研究体系应持续完善和调整，使之更具有针对性和前瞻性，以满足现代运动员的多元化需求。

2. 注重优秀运动员的个性化培养与比赛发挥的引导

每个运动员都有其独特的性格和天赋，只有真正理解运动员的内心世界和需求，才能为其提供最合适的训练和指导，因此个性化培养成为一种趋势。同时，通过对运动员的个性进行深入了解，也可以更好地在比赛中引导其发挥出最佳竞技状态。

3. 更加强调运动员心理技能的增强，而不只局限于心理障碍的克服

传统的运动心理训练很多时候都是在帮助运动员克服心理障碍，如焦虑、压力等。然而，现代的运动心理训练更多地注重运动员心理技能的增强，比如自信、专注力、自我激励、决策能力等，这些心理技能有助于运动员更好地理解自己的心理状态，并学会如何自我控制和调整。

4. 更多地培养运动员的自我意识和心理自助能力

自我意识是运动员对自己各种身心状态的认知和理解，强调培养自我意识可以帮助运动员更好地了解自己的长处和短处，并据此调整训练方法；同时，可以培养运动员的心理自助能力，使他们能够在面对困难和挑战时，独立地调整自己的心态，减少对外部帮助的依赖。

5. 更多地采用现代化仪器增强心理训练的科学性和实效性

随着科技的进步，现代化仪器和设备逐渐应用于运动心理训练中。例如，使用脑电图来监测运动员的注意力和情绪状态，或使用虚拟现实技术进行情境模拟。这些技术不仅提高了心理训练的科学性，而且使得训练效果更加直观和实用。

6. 人工智能逐渐应用于运动心理训练之中，更多地强调跨学科协同发展

随着人工智能技术的快速发展，它在运动心理训练中的应用也越来越广泛。人工智能可以对大量数据进行分析，为教练和运动员提供个性化的建议。同时人工智能与其他学科的结合，如生物学、医学等，可以实现跨学科协同发展，为运动员提供更全面、更高效的心理支持。

专栏 1：心理是影响高水平排球比赛胜负的重要因素

在 1981 年世界杯女排比赛中，中国队最后一场对日本队进行冠亚军决赛，前两局中国队取胜，按照比赛规程规定，此时中国女排因获胜局数领先已获得冠军。但接下来却连丢两局，袁伟民指导在关键时刻对运动员进行心理调整。他说，这场球拿不下来世界冠军就贬值了，你们以这样的成绩向全国人民交代，会后悔一辈子的！此后女排姑娘奋起一拼，终于战胜日本女排，以全胜的战绩第一次夺得了世界冠军。这里，袁指导主要采用激将法，解决心理问题，鼓励队员勇往直前，敢打敢拼，并不过多谈论技术、战术问题。

第二节　排球运动中的心理干预方法

在体育运动中，对运动员进行心理干预的方法很多。通过心理干预可以改善排球运动员的心理状态、发掘心理潜力，从而使其发挥最佳竞技水平。排球运动的心理干预方法主要有行为干预法和认知干预法。

一、行为干预法

在排球运动中，实施行为干预训练，如放松训练、生物反馈训练、脱敏训练等，可以降低排球运动员的应激反应。

（一）放松训练

放松是一项最基本的心理训练技术，是各种心理训练的基础。放松训练是一种专心使自己身心放松的方法。排球运动员、排球专项学生进行一次大运动量的身体、技术、战术训练和比赛之后，他们的体力、脑力消耗很大，在一般情况下，这种体力和脑力的恢复可以自然完成。但是，在大强度的训练和剧烈的比赛之后，有时单靠自然休息还不能很好地恢复体力和脑力，其产生的疲劳现象（主要是精神疲劳）对提高训练水平和参加比赛、取得优异成绩影响极大。实践证明，进行良好的放松训练，对有效地减缓和消除疲劳有重要作用。

1. 放松训练的作用

（1）放松与暗示效应。放松练习后，大脑呈现一种特殊的松静状态。这种状态有别于日常的清醒状态、做梦状态或无梦睡眠状态，可以通俗地称它为半醒的意识状态。此时，人的受暗示性很强，对言语及其相应形象特别敏感，容易产生符合言语暗示内容的行为意向。

（2）身体放松与心理放松。我们在平时的日常生活中常有这样的体验，心理紧张时，骨骼肌也不由自主地紧张，如肌肉发抖僵硬、说话哆嗦、全身有发冷的感觉等，而当心理放松时骨骼肌也自然放松。由此可见，大脑与骨骼肌具有双向联系。因此，肌肉活动越积极，从肌肉往大脑传递的冲动就越多，大脑就越容易兴奋，准备活动就起到这种作用。反之，肌肉越放松，向大脑传递的冲动就越少，大脑兴奋性就会降低，心理上便感到不紧张了。

2. 放松训练的方法

放松训练的具体方法很多，如沉思放松、渐进放松、自律训练等。放松训练可以有效地消除排球运动员的紧张情绪和神经系统的疲劳。这是一种调节身心、控制情绪的好方法，但必须坚持系统地反复训练，才能达到预期的效果，并不是短时期内能够马上奏效的。

放松包括精神放松和肌肉放松两个方面，两者是相互联系、互相影响的。因为人体是一个统一的有机体，精神（心理）和肌肉的联系是双向传导的，信号不仅从大脑传至肌肉，也从肌肉传至大脑，肌肉越紧张，大脑则越兴奋，精神（心理）也越紧张；反之，肌肉越放松，精神（心理）也越安静、越放松。根据这一原理，放松训练可由两个渠道进行。第一个渠道是通过精神（心理）放松而达到肌肉的放松，以顺利完成技术动作和解除疲劳；第二个渠道是通过肌肉的放松而达到精神（心理）上的放松，以保持良好的心理状态，使运动员在比赛中获得最佳运动成绩。第一个渠道是美国哈佛大学哈 · 本森博士提出的沉思放松法。其方法是选择一处安静的环境，采用一种舒适的身体姿势，反复默念一个词或短语，排除各种杂念，这样训练 20 分钟，即可以使人产生一种非常放松的感觉。第二个渠道的典型方法是美国芝加哥心理学家杰克布逊推崇的解紧法，也称为渐进放松法。杰克布逊研究发现，如果消除了肌肉紧张，则不安的心理因素也会减少。他教人们从头到脚依次收缩肌肉，这样保持高度紧张之后，再彻底地放松，肌肉就会比平时更放松。他还发现，如果经常保持这种训练，则可达到只要一“命令”，肌肉就可放松的效果。在进行放松训练时，一定要与自我暗示相结合，即利用语言对身体机制进行调节，自己对自己说话，发出“命令”，这样可以增加放松的效果。通过放松训练，不仅可使运动员消除赛前身心紧张状态，使其协调自如地参加训练和比赛，而且也可有效消除训练和比赛疲劳。

自律训练也是很有代表性的放松训练方法。在自律训练中，自我暗示常用下列语言公式。

放松的语言公式：

①“我安静了，很安静了。”

②“我的双手放松、暖和了。”

③“我的双手完全放松、暖和了，不能动了。”

④“我的两腿放松、暖和了。”

⑤“我的两腿完全放松、暖和了，不能动了。”

⑥“我的肩、背、腰都放松、暖和了。”

⑦“我的肩、背、腰完全放松、暖和了，不能动了。”

⑧“我的颈部完全放松、暖和了。”

⑨“我的颈部完全放松、暖和了，不能动了。”

⑩“我的脸部完全放松、暖和了，不能动了。”

运用公式说明：②④⑥⑧可连续做2~4次，要引起放松、暖和的感觉，否则再重复2~4次，一天可练习若干遍，每遍5~6分钟。③⑤⑦⑨⑩要引起三种感觉：放松、暖和及不能动；只有在双数公式成功时才能转入这些公式练习；最后达到只用双数公式默念一次或者只用第一句话就能成功。

放松后的启动语言公式：

①“我休息好了。”

②“我呼吸加快了。”

③“像有凉风吹过我的身体，很凉快。”

④“我的头脑现在很清醒，很舒服。”

⑤“我的胳膊、腿、肩、背、腰、颈、脸的肌肉都很轻松，有弹性了。”

⑥“我精力充沛，要去训练了。”

然后深吸一口气，呼气时睁开眼，慢慢站起来走2~3分钟，并做轻微的活动。以上练习最少重复两次，用逐渐提高和加快的声调连续默念两遍。如果在睡前练习放松，可不用启动公式，午睡时可在入睡前回想起床时的时钟指针表象，到时间就能按时醒过来，练习越熟练，误差越小。如放松后要进入积极状态，可在启动公式中加进身体各部分开始发凉的句子，最后还可以加上“我越来越振奋”“我就像压紧的弹簧……”

（二）生物反馈训练

生物反馈是指人的活动结果又成为信息反映在头脑中。生物反馈就是使人知道内脏活动的信息、了解内脏器官活动的效果，从而学会控制内脏器官的活动。生物反馈训练又称“内脏学习”“自主神经学习”或“教育自己的内脏”。它是利用现代化电子仪器把自身内脏活动的信息显示出来，使自己知道并了解自己行动的效果，从而有意识地去控制行动，加速运动技能的形成与完善。

1. 生物反馈训练的作用

生物反馈训练的作用可以归纳为三大效应系统：从属于运动系统的生物反馈，从属于自主神经系统的生物反馈以及从属于内分泌系统的生物反馈。第一种系统的生物反馈训练最容易引起反应，对自主神经系统的生物反馈训练可以引起中等程度的变化，但表现有极大的个体差异，对腺体的生物反馈训练多通过间接途径实现。

2. 生物反馈训练的方法

这种训练方法实际上是使训练者把生理功能变化的方向和自己的感觉联系起来，逐步学会在某种程度上调节自己的生理功能并向有利的方向转化。这种方法对消除过度紧张、恐惧和焦虑很有效果，对治疗一些疾病也有作用。排球运动员或排球专项学生在训练和比赛时，往往出现情绪紧张等现象，这种现象必然引起生理方面的反应，特别是自主神经系统控制的各部分发生变化，如心率加快、毛细血管扩张、血压升高等。通过生物反馈训练可使他们学会如何控制自己的这些反应，进而消除紧张，使肌肉放松到理想状态和最佳心理激活水平，同时也可以调节心率及血压，改善情绪状态。

生物反馈训练的一般程序为（以肌电反馈为例）：

（1）测定安静时的标准生物电（肌电）数值（或想象排球比赛时过度紧张的情境，使之出现生物电信号）。

（2）进行心理训练（自我暗示放松或振奋训练）。

（3）接受生物电（肌电）信号，检验训练效果。

（4）通过心理训练，进一步调整身心状态，使之向训练目标（放松或振奋）方向发展。

这种方法的效果要经过较长时间的训练才能显示出来，因为对运动系统、自主神经系统、内分泌系统进行调节和控制，时间太短是不行的。实践证明，这种训练方法不仅可以稳定排球运动员的情绪，消除紧张心理，而且能加速消除疲劳。

（三）脱敏训练

脱敏训练是一种克服焦虑的技术，主要是诱导训练者暴露出导致焦虑的情境，并通过心理放松状态来对抗这种焦虑情绪，从而达到消除焦虑的目的。

脱敏训练实际是一种模拟训练或适应性训练，是针对比赛中可能出现的情况或问题进行模拟实战的反复练习，能使运动员逐步适应比赛的特殊环境，有利于提高临场表演效能及比赛水平。同时，通过模拟训练，排除参加比赛时产生的不良心理状态。为了达到这个目的，必须对即将参加比赛的对手、场地、设备、照明、器材、观众、气候和时间等条件掌握得十分清楚，才能进行模拟训练。模拟时还要注意在生理、心理、环境等各方面尽量做到与实战类似。

1. 脱敏训练的作用

脱敏训练的作用可以归纳为 4 个方面：

（1）提高适应性。

（2）提高抗干扰能力。

（3）提高备战针对性。

（4）提高训练质量。

2. 脱敏训练的方法

脱敏训练的具体方法很多，如系统脱敏训练、快速脱敏训练、模拟训练等。下面主要介绍模拟训练的方法。

模拟有实战实景模拟和语言形象模拟两种。实战实景模拟就是创造与比赛实际相类似的条件进行训练，培养运动员的适应能力。语言形象模拟是利用语言来描绘竞赛时的情形、对手的行动和自己的行动，这种模拟要配合图表、图片、照片、录像、电影等，使之具体化。经过模拟训练，有利于技战术从运动训练场转移到比赛场上。模拟训练的具体方法可以分为 6 种：

（1）对手特点的模拟。

（2）裁判判罚的模拟。

（3）观众的模拟。

（4）比赛关键情境的模拟。

（5）地理和气候的模拟。

（6）时差的模拟。

二、认知干预法

认知干预法被引入排球运动员的心理训练后，取得了良好的效果，并受到了广泛的好评。根据认知理论的观点（人的认知因素与人的行为和情绪密切相关），对排球运动员的认知因素的干预和调节可以导致排球运动员的行为和情绪的改变。

（一）表象训练

表象训练也称为念动训练、回忆训练或想象训练，是美国科罗拉多州大学心理学家理查镕·苏因率先提倡的，其目的在于赛前让运动员在头脑里进行一次“身临其境”的比赛，想象比赛的技术和完成技术动作的典型条件，感受达到预期成绩的全部动作技术过程和情绪，进行反复的想象、体验和心理反应。

表象训练是排球教练员、排球运动员和体育运动心理学工作者运用得最为普遍的一种心理技能训练方法，被视为排球心理技能训练的核心环节。它是在暗示语的指导下在头脑中反复想象排球运动动作或运动情境，从而提高运动技能和情绪控制能力的方法。

1. 表象训练的依据

念动现象及心理神经肌肉理论认为，当产生一种动作表象时，总伴随着实现这种动作的神经冲动，大脑皮质的相应中枢会兴奋，原有的暂时联系会恢复，这种兴奋会引起相应肌肉进行难以觉察的动作。运动表象产生时引起的这种运动反应称作观念运动反应（或念动动作）。

2. 表象训练的作用

通过表象训练可加速提高掌握动作的质量，形成完整动作的准确性。经常进行表象训练，不仅可以增强运动员掌握和改进动作技术的熟练程度，而且对其如何巧妙地处理情绪的应激也有一定的作用。

表象训练有利于建立和巩固正确动作的动力定型，有助于加快动作的熟练度和加深动作的记忆。当运动员在进行表象训练时，他们的注意力完全集中在头脑里所“观察”的动作上，这样还有助于他们稳定情绪，排除各种不安情绪和杂念。赛前对成功动作表象的体验将起到动员作用，使排球运动员充满必胜的信心，达到最佳竞技状态。

3. 表象训练的方法

表象训练主要是运动员有意识地、积极地利用自己头脑中已形成的运动表象，并配合适当的语言暗示进行训练的一种方法。运动表象也称为动作表象，它是综合的表象，包括视觉表象（如动作的形态、过程）和动觉表象（如内部用力感觉、节奏）。表象训练时往往配合语言暗示（如关键要领），语言可制成“套语”，使之固定化、程序化。研究资料显示，进行表象训练时，只要运动员能准确地进行表象活动，这种训练就是行之有效的。表象训练时要注意以下几点：

（1）运动员在想象中所完成的技术动作必须是正确的、理想的、成功的动作技术。如果想象中出现错误或失败动作，那么在实际操作中也可能会出现。这就是所谓心理障碍的理论依据。运动表象越清晰准确，在实际操作中完成的动作就越准确。在头脑中准确地重现某个动作表象并不是一件容易的事情，排球运动员或排球专项学生要在这方面进行反复练习。

（2）运动员在想象过程中，完成动作技术应与克服消极情绪同步进行。也就是说，在进行表象训练时，如果出现胆怯、害怕等情绪时，应立即加以克服，要始终想象正确的动作技术和想象成功的比赛。

（3）运动表象必须是视觉和动觉相结合的综合表象。如果只呈现视觉表象，那么表象训练的效果就会受到影响。通过实际练习，排球运动员或排球专项学生可进行自我检查与对比，以提高运动表象。

运动表象的形成过程分为两个阶段，在建立阶段，运动员首先形成有关动作的大致轮廓，但动作的时间、空间、力量特点都不大清楚，主要成分是视觉表象；在相对准确化阶段，运动表象中反映的动作时间、空间、力量特点逐渐清晰，主要成分是动觉表象。

（二）认知调整训练

同样在排球比赛中失利，有些排球运动员沮丧绝望，一蹶不振，有些排球运动员却能积极面对，变压力为动力。这主要和排球运动员的认知方式（对排球比赛胜负的看法、解释和评价）有关。

一般来说，运动员情绪的调节与控制可以从两个方面着手：一是采用以生理调节为主的方法，如放松训练；二是采用以认知调整（思维控制）为主的方法。认知调整过程大致有 4 个阶段：第一个阶段是探查阶段，此时，心理专家要了解运动员各方面的情况，比如，他是如何看待周围世界的，是如何建立和组织自己的认知系统的。第二个阶段是教育阶段，此时，心理专家帮助运动员建立一种新的认知模式，把问题看作是可以解决的，并采取具体的方法解决问题。第三个阶段是巩固阶段，继续进行帮助。第四个阶段是评价阶段，评价帮助措施的效果以及运动员的行为变化对其生活的意义。当然，这 4 个阶段并无明显区分，新问题的产生或旧问题的解决都可能导致人们在这 4 个阶段之间不断跨越。

（三）暗示训练

暗示训练是利用言语等刺激对运动员的心理施加影响，并进而控制行为的过程。暗示是一种心理影响，通过语言、手势、表情以及其他刺激物，采用间接、含蓄的方式，把某种概念或结论输入某人的大脑，使之不加考虑地接受某种意见、出现相应的生理反应或做出行为。一旦接受了暗示，潜意识就会依据暗示的内容做出相应的回应，而对实际情况视而不见。相同的暗示，不同的人可能会做出不同的反应。暗示能否真正起作用取决于当事人的意志和信心。

暗示属于非语言第一信号系统。它包括身体动作（面部表情、手势、眼色、姿态）、说话方式（音质、音高、停顿次数和长短、清嗓子等非语言声音、正话反说）、近体距离（私密空间的保持、身体接触）。积极的暗示是精神的补药，而消极的暗示则是精神的毒药。暗示可以用来训练和调控自我，也可以用来约束与命令他人。运动心理学研究表明，自我暗示能够提高动作的稳定性并能增加成功率，有的运动员在训练日记中回忆说："为了消除赛前的惊慌，使大脑安静下来，我的暗示口诀是：镇静，镇静，镇静就是胜利；我相信我的力量，我一定能取得胜利。"

在排球教学与训练中，应注意有针对性、具体化地进行暗示训练。

（1）当排球运动员或排球专项学生学习难度较大的技术动作，产生紧张、焦虑和畏难情绪时，可以采用暗示语使他们逐渐放松和保持镇定。

（2）当排球运动员或排球专项学生出现错误动作且难于纠正时，可以用暗示语帮助他们纠正错误动作。

（3）当训练内容枯燥、乏味，排球运动员或排球专项学生缺乏兴趣、感觉厌烦时，可以用暗示训练鼓舞情绪，唤起他们的学习兴趣。

（4）当排球运动员或排球专项学生对训练感到疲劳、情绪低落时，可以采用暗示训练提高他们的情绪水平，并强化意志品质。

三、其他心理干预方法

（一）集中注意力训练

集中注意力就是把思想全神贯注于一个确定的目标，这时，各种与注意焦点无关的事物或杂念会暂时被排除，高度集中注意力是获取比赛优异成绩的关键因素。一般情况下，集中注意力的训练应当安排在掌握放松技术的基础上进行，每次训练前应当让运动员先放松，使其感到安静、舒适后再施以集中注意力的训练。

运动员注意力的集中是非常重要的，注意力稍有分散就会降低动作的成功率。根据实验研究，注意力集中的能力对排球运动员提高运动成绩十分重要。注意力集中的能力包含意愿的强度、意愿的延长、注意力集中的强度和注意力集中延长 4 个方面。研究指出，行之有效的集中注意力训练应注意以下几个方面：

（1）对从事的活动要有强烈的兴趣，来自内部的兴趣动机更能使人全神贯注。

（2）在日常生活中养成办事有头有尾的习惯，不要见异思迁。

（3）练习视觉守点、听觉守音的能力。
（4）在比赛中忘掉自己，用身体体会进入全神贯注的境界。
（5）在比赛中忘掉环境，不去想比赛和名次，而注重于如何敏捷地做动作。
（6）消除担心、害怕心理，究其原因，避免情绪波动。

（二）智力训练

在人们掌握和表现运动技能所必须具备的心理特征研究过程中，可以看出中国学者有三个研究特点：一是研究智力结构中的一般因素或一般智力发展水平；二是测量工具多为标准化的智力测验，如韦氏智力量表和瑞文标准推理测验；三是多数学者认为体育活动能够促进人的智力发展。根据国内外的研究结果，可归纳出如下一些趋势：

（1）高水平运动员具备中等或中等以上的智力水平。
（2）体育专业学生的智力发展水平与文理科学生的智力发展水平无显著差异。
（3）运动专项不同，取得优异成绩所要求的智力特征也不相同。
（4）运动技能的类型、水平不同，智力因素对技能获得的影响也不相同。
（5）运动技能学习阶段不同，智力因素对掌握运动技能的影响也不同。
（6）智力缺陷儿童的智商分数越低，技能操作成绩也越差，掌握运动技能也越困难。
（7）在所完成的操作任务难度和智商分数之间有中等程度到高等程度的相关。

上述定义强调我们应当在具体运动情境条件下来把握和理解运动智力，在加工过程中编码、储存、提取、决策问题有关的知觉、注意、记忆和思维等因素。

另外，正确理解运动员的智力水平具有重要的意义。它有助于消除某些人认为运动员“四肢发达，头脑简单”的错误观念，有利于运动员的选材工作。在选材工作中，不但应关心运动员是否具备成为高水平运动员所必须具备的中等以上的智力发展水平，而且更应关心运动员在具体运动情境中解决问题的能力。对运动员智力的正确理解还可以使我们正确认识体育运动与智力发展的关系。

（三）意志训练

人的意志品质是决定人心理的一个因素。良好的自制能力是运动员在训练中能充分发挥竞技能力的基础。因此，在训练中可以有意识地设置一些快速变化的困难状况，培养排球运动员当机立断、正确评估危险程度、毫不犹豫地完成决定的果断精神。一般来说，克服主观困难的方法可采用说服教育、榜样作用、自我命令等。克服客观困难的方法可采用改变负荷、练习难度，降低要求和改变环境条件等。通过在训练中锻炼并提高运动员的自制能力，使其能自如地控制自己的情感，养成坚定的意志品质，从而保证在比赛中能充分发挥出竞技能力。

（四）运动决策训练

在排球比赛中，各种技术的使用、战术的执行，都是对运动员专业意识要求较高的一个复杂的心理过程。运动员的各种技战术动作，无不与其心理活动密切相关。在某种意义上说，排球运动员的思维决策能力是比赛制胜的首要因素。

根据不同性质，运动决策可分为两种：一种是以逻辑思维为主导的，需经过缜密地分析，并且运用一定策略的认知决策；另一种是在时间压力下作出的直接、快速，带有猜测性的直觉决策。研究发现，排球运动员在进行运动决策的时候，通常伴随着特定的情绪状态。积极情绪能够提高运动员的决策正确率，并且降低反应时间，而消极情绪则相反。此外，还有研究证实，运动决策类型在排球运动决策中起调节作用，在积极情绪状态下，认知决策的正确率比直觉决策更高，而在消极情绪状态下，二者没有显著性的差别。由于运动决策是排球运动员在赛场上解决问题的关键过程，因此对运动决策的研究是相当有必要的。

（五）科技干预训练

科学技术的迅猛发展，给人类生活带来了巨大的变革，同时也对人的心理与行为产生了很大的影响。由于电脑、人工智能等科技的快速发展，很多以前需要人力完成的工作，现在都被计算机和机器人所替代，而一些需要更高水平的认知和社交能力的工作，则需要具有一定心理技能的人来完成。

1. 虚拟现实训练技术

虚拟现实是一种融合了视觉、听觉、触觉、嗅觉等感官信息，通过多种感官融合而成的虚拟现实，它能让人有类似于真实场景的认知行为和情感响应。虚拟现实能够营造出多变的模拟环境，解决了“生态效度”与“试验－训练”之间的矛盾，并为“高风险”或“高挑战”的运动场景营造良好的学习环境。针对社交恐惧症患者，利用虚拟现实技术对其进行脱敏培训，有助于改善其社交能力。同时，它还具有良好的适应性，尤其是在应对突发情况时，能够更好地进行调节。

2. 可穿戴设备生理反馈技术

生物反馈是一种将受试者的身心状态与脑电、肌电等特殊生理参数相关联的训练方法。由于生物反馈装置价格昂贵、体积大，近年来，此技术已逐渐向便携可穿戴式生理测量装置发展且具有广阔的应用前景。生物反馈与可穿戴式设备技术尤其适用于解决社交焦虑、缓解压力等生理反应，可以配合虚拟现实技术进行训练。

3. 脑－机接口反馈技术

脑－机接口，又称脑－计算机接口，是基于脑电信号实现人脑和计算机或其他电子设备信息交换的系统。目前，脑－机接口技术已经作为神经反馈应用于生物反馈系统中，从而达到矫正受试者心理的作用。在排球运动心理技能训练中，脑－机接口技术是作为科技干预方法对大脑直接进行训练的重要工具。

第三节　完整比赛周期心理技能训练方法

在现代排球比赛中，心理因素已经成为制约各排球队取胜的关键因素之一。采用正确的赛前、赛中及赛后心理训练方法，有助于运动员养成良好的心理习惯，调适心理状态更加适应训练和比赛的要求，为达到最佳竞技状态和创造优异成绩奠定良好的心理基础。

一、赛前心理状态的分析与调控

（一）排球运动员赛前心理状态分析

体育竞赛是一种特殊的体育活动形式，运动员身心处于高度紧张状态，这些都对运动员心理产生不同程度的影响，使其心理状态发生变化。随着比赛期的临近，这种变化和影响也日益显著，有时会出现在赛前几天或几小时，其表现形式也多种多样，根据排球运动员参赛的实际情况，一般可分为以下几种心理状态：

1. 振奋积极状态

振奋积极状态是一种有利于比赛的心理状态，运动员对比赛的目的、任务明确，有强烈的责任感。其表现为：劲头十足、精神饱满、积极性高、注意力集中，渴望发挥自己的力量，坚信自己在比赛中能够获胜或取得好成绩，同时也清楚地了解和评价自己技术上的优、缺点以及在比赛中如何应对各种变化。这种心理状态使运动员的生理、心理都达到高水平的战斗模式，兴奋和抑制状态趋于最佳水平，其兴奋状态正好达到比赛所需程度，而不超过能控制自己动作的界限。在比赛来临时，运动员能尽最大努力完成任务，比赛成绩往往能达到或超过预期的水平。这种心理状态特点对运动员来说，是一种享受，更是一种快乐的情感体验。

2. 赛前焦虑状态

赛前焦虑状态是一种不利于比赛的心理状态。运动员对即将到来的比赛表现出忐忑不安、过度兴奋、情绪急躁、不知所措、头脑昏沉、注意力不集中，对表现自己原有水平和战胜对手缺乏信心。生理方面也会出现呼吸急促、脉搏加快、血压升高、失眠厌食、手或腿发抖、浑身打颤、口渴等现象。运动员在比赛中能力水平下降，动作失常，比赛是在失控的状态下进行的，成绩往往大幅度下降。这种状态一般发生在技术水平低或缺乏大赛经验的新手运动员身上。此外还有其他因素，如重大比赛怕输后受领导或教练的训斥；观众与亲友来捧场，过多地考虑比赛的胜负和个人的得失，从而产生心理压力。生理机制方面的因素有：兴奋度低，大脑皮质信息传送不充分，或兴奋过度，信息传送过头。正确而合乎要求的心理状态应是大脑皮质机制表现在两者之间的兴奋度上。

3. 消极淡漠状态

消极淡漠状态是一种较差的心理状态。运动员对即将到来的比赛抱着消极逃避的态度，责任心不强，态度淡漠，不想参加比赛，注意力分散。从某种意义上说，就是处在丧失战斗意志或陷入意气消沉的状态中。运动员赛前感到全身无力、兴奋性低，进行准备活动后，仍没有竞赛的欲望，心理状态处于低水平。有这种状态的运动员，在比赛中反应迟缓，动作节奏慢，没有争取胜利的欲望，更谈不上以最大努力去完成任务，比赛成绩至多达到自己原有的一般水平。运动员产生这种状态，大多由于对比赛目的不明确，对自己失去信心或认为比赛无所谓，缺乏责任心，或因其他客观因素而造成。

4. 赛前盲目自信状态

赛前盲目自信状态是对即将到来的比赛困难估计不足，对自身实力估计过高，盲目自信，相信自己能轻易取胜，不认真对待比赛，导致在赛场上掉以轻心，不能充分地动员自身全部力量去克服困难。在比赛中注意力不集中，注意强度下降，知觉、思维迟钝，虽然情绪是饱满的，但属于消极盲目乐观。其产生的原因主要是指导思想不明确，情况掌握不全面，过低估计对手的实力，或是运动员自身目中无人所致。

通过对以上 4 种运动员赛前心理状态的分析得出，它们均会对运动员的比赛成绩产生不同程度的影响。针对以上几种表现，需要相应地采用一些心理训练方法来调整或使运动员形成赛前的优良心理状态，使其在比赛中能更出色地发挥自己的水平。

总之，由于运动员的情况不同，所以赛前会出现各种不同的状态。研究证明，约有 73% 的运动员在比赛前处于准备战斗状态，约有 21% 的运动员在比赛前出现过分激动状态。处于赛前淡漠状态和盲目自信状态的运动员占少数。还有相关研究表明，

37.1% 的运动员在赛前 1~2 小时出现赛前状态；38.4% 的运动员在赛前 10 分钟开始出现赛前状态；22% 的运动员在赛前一天至几天即出现赛前状态；2.5% 的运动员在赛前几个星期就出现赛前状态。赛前状态出现过早或过晚对竞赛成绩都不利。

专栏 2：郎平在比赛前的心理指导

2019 年女排世界杯第七个比赛日，中国女排迎来对阵美国的攻坚战，写作战方案时，郎平特别在“攻坚克难”四个字下面加了着重符号，她要求每个队员发球要有使命感：“在发球的时候要想着你的队友，你的球发不出性能，你的队友要用多大的努力去拦，去防！”除了“攻坚克难”，郎平还送给队员四个字：“智勇双全”。赖亚文引申说：“两强相遇勇者胜，两勇相遇智者胜。”女排姑娘们谨记郎平指导所说的“攻坚克难、智勇双全”八字宗旨，顺利战胜美国队，为中国女排在 2019 年女排世界杯取得十一连胜奠定重要基础。

（二）排球运动员赛前心理训练方法

排球运动员的心理训练是一个教育过程，一般不使用仪器和药品，其方法主要是利用语言或文字暗示，通过第二信号系统来调节中枢神经系统的兴奋性，在比赛前使用，效果甚佳。

1. 模拟训练

模拟训练是将训练放在与正式比赛条件相似的环境下所进行的一种心理训练方法。通过这种按实践要求进行训练的形式，可以有效地提高运动员临场比赛的适应能力。模拟训练通常有两种方法：第一是现实模拟，即运动员在比赛形式、比赛对手、比赛时间安排以及气候情况、场地器材设备等各种因素都与正式比赛相似的情况下进行训练；第二种是通过录像、电影、图片、录音、语言等手段进行模拟训练。通过模拟训练可以及时发现赛前运动员身体素质、技术水平和心理状态等方面的问题，从而及时加以弥补和改进，这对正式比赛时发挥应有的技术水平是很有益处的。同时，通过模拟训练可以增强运动员参加比赛的信心与斗志，改善运动员的自我控制能力，使运动员有与比赛任务相适应的神经兴奋过程，并反映出良好的心理过程，如感知觉的灵敏性提高，观察深刻，注意力集中，注意范围扩大，思维过程清楚、敏捷，具有稳定而深刻的增力情绪，动作反应迅速准确，体力和意志力都能得到最大限度的发挥。这是比赛之前最理想的赛前状态，是运动员长期科学训练和严格要求的结果，也是心理训练和运动员自我控制调整的有效表现。

2. 表情调节法

表情调节是有意识地改变自己的面部表情和姿态以调节情绪的方法。内心情绪状态与外部表情存在着密切的联系。情绪的产生会伴随一系列生理过程的变化，并引起面部、姿态等外部表情。如愉快时兴高采烈、笑容满面、手舞足蹈；愤怒时横眉竖眼、咬牙切齿、紧握双拳；沮丧时垂头丧气、肌肉松弛、萎靡无力等。由于内心情绪状态与外部表情存在着密切的双向联系，因此可以通过改变外部表情的方法相应地改变情绪状态。如感到紧张焦虑时，可以有意识地放松面部肌肉，不要咬牙或者用手轻搓面部，使面部肌肉有一种放松感。当心情沉重、情绪低落时，可以有意识地做出笑脸，强迫自己微笑，假使做不到，可以看看别人的笑脸，或者想一想自己过去最高兴的某件事，也可以想一想自己过去最得心应手的比赛情境。

3. 活动调节法

活动调节法是通过调节身体活动方式控制情绪的方法。大脑与肌肉的信息是双向传导的，神经兴奋可以从大脑传至肌肉，也可以从肌肉传至大脑。肌肉活动积极，从肌肉向大脑传递的冲动就多，大脑兴奋水平就高，情绪就会高涨。反之，肌肉越放松，从肌肉向大脑传递的冲动就越少，大脑的兴奋性就降低，高涨的情绪也会得到适度缓解。鉴于此，活动调节利用不同速度、强度、幅度、方向和节奏的动作练习，从而控制运动员的临场情绪状态。例如，情绪过分紧张时，采用一些强度小、幅度大、速度和节奏慢的动作练习，可以降低情绪的兴奋性，消除过度紧张状态。情绪低沉时，可采用幅度小、强度大、速度快和节奏快的变向动作练习，提高情绪的兴奋性。

4. 音乐调节法

通过情绪色彩鲜明的音乐控制情绪状态的方法叫作音乐调节法。音乐能够影响人的身心健康，这一概念早已为人们所接受。例如，人们可以听着催眠曲进入梦乡，唱着歌曲减轻繁重体力劳动造成的疲劳等。研究表明，音乐能使人产生兴奋、镇定、平衡三种情绪状态。音乐给予人的“声波信息”，可以用来消除大脑工作所带来的紧张，也可以帮助人们内在地集中注意力，促使大脑进入井然有序的冥想状态。因此，人们喜爱的曲子或具有特殊节奏的音乐，可使人身心放松，也可以使人身心愉悦，处于机敏状态。运动员赛前如果有异常的情绪表现，如过分紧张，听一段轻音乐或喜爱的歌曲，往往能达到调节情绪的良好效果。札斯皮罗夫曾做了一项研究，结果发现，音乐能间接地对运动员进行心理暗示，使他们有效地摆脱赛前的紧张状态，从而取得比赛的胜利。

5. 呼吸调节法

呼吸调节法是运用特殊的呼吸方式以控制呼吸的频率和深度，从而提高吸氧水平、增强身体活动能力、改善心理状态的一种自我心理治疗方法。通过深呼吸可使运动员的情绪波动稳定下来。情绪紧张时，运动员常有呼吸短促现象，特别是过于紧张时常有气不够喘或吸不上气来的感觉，这是呼气不完全造成的。这时可以采用缓慢的呼气和吸气练习使情绪的兴奋性下降。情绪低沉时，可采用长吸气与有力的呼气练习提高情绪的兴奋水平。这就是呼吸调节法。

6. 颜色调节法

颜色是视觉刺激物，可以同时引起其他感觉，使人感到冷暖、轻重、味道等方面的变化，称为联觉。在竞赛中也可以利用联觉现象，通过颜色调节运动员的心理状态，即颜色调节法。例如，过分紧张时，看绿、蓝、紫色，可以起到镇静作用，设法用绿毛巾擦汗，饮用绿色的饮料，到蓝色环境中休息一下，可使过度兴奋状态得到缓解。如果运动员临场精神状态不振，则应多给予红色或黄色刺激。排球比赛用球由原来的单一浅色改为现在的彩色球，除了适应电视转播和利于运动员判断球旋转方向外，也是为了调节运动员枯燥的训练，在视觉上增加色彩的刺激，从心理上起到振奋情绪的作用。排球运动员现在的比赛服与以往相比，也更加鲜艳，其中也存在用颜色调节心理的原理。

7. 语言调节法

语言调节法，或称为暗示调节法，是使用语言对心理活动施加影响的方法，也可用手势、表情或其他暗号来进行。暗示现象在日常生活中有着广泛的作用。暗示不仅对人的心理和行为产生影响，还可以改变人的生理变化。暗示有积极作用也有消极作用。

接受暗示并不是一种根据事实做出判断的品质。一般来说，小孩较成人易接受暗示，女性较男性易接受暗示，普通人易受权威暗示。

暗示可分为自我暗示和他人暗示。在竞赛之前和竞赛之中，教练员与运动员应尽量用积极语言分析对手情况，制定战术，树立信心。避免使用消极语言，如用“我很镇静”代替“我不紧张”，用“我充满力量”代替“我还没有疲劳”，用“我站得很稳”代替“千万别摔倒”等。教练员应十分注意自己的手势、姿态、面部表情和眼神，这些都是传递暗示信息的媒介，可能对运动员的心理产生重要影响。如原中国女排国家队总教练陈忠和指导就深谙此道，女排姑娘们比赛时，他在场外总是一副笑脸，及时地给予鼓励和安慰，不断调节队员的情绪，使她们始终处在积极向上、奋勇拼搏的状态当中。

二、赛中心理状态的分析与调控

在激烈的比赛过程中，运动员的心理状态会随着竞技形式的改变而发生变化。从排球运动员参与临场比赛的过程和从对手实力强弱及暂时面临的形势来看，运动员心理状态的变化有以下几种情况：斗志旺盛，可以充分控制自己的行为，并能全力以赴投入战斗。当争夺激烈、胜负难分难解时，运动员的心理状态也随之出现一定程度的紧张，有的运动员能及时进行自我调整，始终保持适宜的激活水平，充分发挥出技术水平；有的运动员，则易陷入紧张情绪，畏错更出错，或行动犹豫，最终贻误战机。此时，需要教练员及时地给予指导，以摆脱思想上的顾虑。

专栏 3：微笑教练陈忠和与中国女排

北京时间2004年8月29日凌晨1点，雅典奥运会女子排球决赛中国队对战俄罗斯队的比赛拉开战幕，第一局比赛和第二局比赛就像两个冠军在摔跤一般难解难分，但俄罗斯队却以30∶28和27∶25的比分险胜中国队。在此逆境下，陈忠和指导叫到每个队员的名字，一两句话就把任务和注意点交代完毕，反复鼓励球员：“我们能赢、想赢，但不怕输！”第三局比赛开始前陈忠和指导冷静地说：“记得那天的发球训练吗？拿出你们打不倒的坚韧精神，只要扛过这一局，我们就能反败为胜！”与此同时，陈忠和换上了老将张越红，他笑着对姑娘们说了一句：“刚刚我们只是让二追三。”女排姑娘们听到这句话，内心想要夺冠的热情再次被点燃。是啊，离冠军只有一步之遥，哪里有放弃的理由？正是陈忠和指导在赛中及时对女排姑娘们进行鼓励和心理指导，让女排姑娘们稳定了情绪连扳三局，最终以3∶2的总比分创造了大逆转的奇迹，这是中国女排在洛杉矶奥运会夺冠之后时隔20年再圆奥运冠军梦。

（一）优势比赛形势下运动员的心理调控

当比赛处于领先优势时，运动员的心理状态也会出现不同的变化，其主要表现为：全体队员充满信心，士气高涨，思维敏捷，情绪稳定而适度紧张，斗志旺盛；运动技术发挥得心应手，不断扩大战果，力争取得全胜。但也有运动员因一时的优势而产生“松”的情绪，满足于暂时的胜利，对可能产生的变化局面准备不足，当对方逐渐从落后状态急起追上来时，往往又产生急躁情绪。当比赛形势产生变化时，有的运动员因觉察到变化的原因，自尊心受到了影响，而表现出一种激愤情绪，立即动员自己的全部力量，奋力拼搏，克服一切困难，压倒对方，保持领先的优势。但有的运动员，则表现出紧张、急躁和低落的情绪，缺乏反攻的坚强意志，甚至无力扭转战局，最后出现意想不到的败局。

比赛领先时，运动员往往欲继续扩大领先优势，以便确保最终的胜局，此时，运动员应努力做到以下几点：

（1）认识到比赛中的领先优势往往是暂时的，时刻提醒自己应当从零开始，完成好当前技术动作，坚持原定比赛方案。

（2）正确理解过程与结果的关系。比赛中只有关注技术和运动过程，认真完成每一个技战术环节，才有可能得到预期的比赛结果。

（3）面对领先的局面，一些运动员会存在想赢怕输的想法。此时应努力将“想赢怕输”转化为“敢于胜利，不怕失败”，而保守怕输常会使优势退化为劣势。

（4）领先时，许多运动员会担心出现失误，害怕对手有超水平发挥，缩小或逆转比赛局势。此时积极的做法是把包袱甩给对手，抱定不怕失败的决心完成比赛。

（二）劣势比赛形势下运动员的心理调控

赛前的充分准备往往无法穷尽比赛中所有的影响因素，当比赛处于落后被动地位时，有的运动员并未丧失斗志，保持头脑清醒，全队及时调整阵势，果断运用积极的策略措施，振奋精神，提高士气，全力以赴地拼搏，积极发挥技术特长，情绪饱满，不断提高战绩，扩大战果。但有的运动员面对落后被动的形势时，失去了比赛取胜的信心，情绪低落，缺乏应有的主动性、积极性和拼搏的斗志，手足无措，处处被动挨打而失败。当比分从落后向上明显转化时，运动员往往斗志增强，积极性较高，全身力量倍增，情绪高涨，技术、战术不但得到充分发挥，而且具有一定的威力，此时顽强的意志品质等起到了巨大作用。

比赛落后时，如果此时运动员不能稳定心态，控制情绪，抑制住消极想法，则会陷入被动的局面。根据大量运动员成功的实战经验，这种情况下运动员通常应做好以下几点：

（1）清醒认识，理智面对。意外情况发生时，首要的是接受现实，避免不良情绪持续激烈地存在，尽快让自己恢复平静。

（2）专注比赛任务，回想比赛预案。开局不利可能是自己的某一失误造成的，可能是对手超常发挥所致，也可能是由于某种（或某些）偶然因素。此时运动员应在接受现实的基础上，专注于比赛形势分析，通过回想比赛方案或默念暗示语来调控自己的情绪和思维。

（3）注重比赛过程，专心执行动作。开局不利往往使运动员的注意长时间停留在已完成的比赛上，难以专心继续下面的比赛。此时运动员应及时提醒自己，借助暗示语、表象技术动作及回忆比赛方案等使自己的精力重新集中起来。

（4）坚定信心，不轻言放弃。暂时落后时，运动员更要坚信自己的技战术实力，坚信事先认真制订的比赛方案。只要比赛还在继续，落后局面就有扭转的机会。

（三）相持比赛形势下运动员的心理调控

如果与对手实力相当，当势均力敌时，运动员往往会产生想赢怕输的思想，其心理活动也会出现两种不同的状态：一种是心理准备充分，没有思想包袱，不怕困难，敢于拼搏，并能针对对方的缺点，采取恰当的战术策略，在正确的责任感推动下，运动员可以释放自己潜在的力量，以高涨情绪力争取胜。另一种情况是，在心理上有一定的压力，内心忐忑不安，情绪不稳定，怕发挥失常而影响全队，因而小心谨慎，放不开手脚，无法发挥自己的水平，被动受敌而败北。

比赛陷入相持阶段时，教练员要积极引导队员把思想集中于比赛过程，避免考虑比赛的结果，消除焦虑的心情，从而减缓和排除消极情绪。运动员应设法稳定情绪，调整心态，如深呼吸、自我暗示等，并借助于意志的力量进行调控。这种情况下运动员通常应做好以下几点：

（1）提高知觉敏锐性，思维判断要极其敏捷，头脑保持清醒，思想高度集中。

（2）保持情绪饱满，进行积极的想象。采用积极自我暗示，运用指导语来调节中枢神经系统的兴奋与抑制，从而形成一系列反射活动，使消极情绪得到控制。

（3）主动进行自我调节。依据赛场条件进行心理调控，如通过静坐、深呼吸、身体活动等，使自己快速放松；通过肯定性暗示语，如“放松”“镇静”“稳住”等，帮助自己排除干扰，稳定情绪。

专栏 4：定海神针郎平与中国女排

2016 年里约热内卢奥运会四分之一决赛中国女排对战巴西女排，巴西队占据天时地利人和，中国女排姑娘入场时，巴西球迷叫嚣：“go home”，中国队每一次发球全场都发出嘘声和口哨，而巴西队每一次得分却是震天响的欢呼和掌声。面对如此不利的环境、如此强大的对手，中国女排丝毫没有放弃。郎平对姑娘们说：“我们有上亿球迷在远方观战，我们不孤单，他们越干扰我，我越要发好，抛好球，狠狠地打！”正是郎平指导定海神针般的话语让姑娘们稳定情绪，在开局失利的情况下，通过调整策略奋力拼搏逆转了局面，最终以 3：2 战胜了巴西队，成功晋级四强。赛后郎平指导说道：“我们的球员面对困难没有放弃，今天我们赢在位置摆得低。赛前我告诉球员，不要去追求结果，我们可以接受任何结果，只要你们打出自己的水平。”显然，郎平指导用心理减压的方式，激发出了中国女排的战斗力，此战胜利为中国女排里约热内卢奥运会夺冠奠定了重要的基础。

三、赛后心理状态的分析及恢复

运动竞赛的成功或失败，都会影响运动员的心理活动，并伴随着各种情绪体验。重大比赛的成绩是运动员最强的心理刺激，它在大脑皮质中的痕迹作用可长达 1～3 个月。有的运动员会因一次失败而造成心理上的某些创伤，从此一蹶不振，甚至中断运动生涯。因此，如不重视比赛后运动员心理状态的及时分析和调整，不仅会影响其正常的生活和训练，甚至容易出现伤病事故。由于运动员具有不同的个性特点和意识倾向，比赛后产生的情绪体验、心理状态也存在差异，一般来说，无论是比赛的成功者还是失败者，其情绪体验都有积极和消极两个方面。

（一）胜利后的情绪体验

1. 积极的情绪体验特点

对取得胜利的优越感，对所获得成绩的满足感，出现愉快的心境与振奋感，对以后继续训练提高的迫切感和为今后参加比赛取得更好成绩的自信感等。

2. 消极的情绪体验特点

对取得成绩表现出自夸自大、盲目自信、骄傲自满的情绪，对自己的水平估计过高，轻视他人，无法看到自己的不足及缺点，对下一步的训练计划与技战术提高漠不关心，对以后的比赛不愿付出更大的努力，产生“到顶”的情绪体验。

（二）失败后的情绪体验

1. 积极的情绪体验特点

能正确认识比赛结果并找到比赛失利的原因，从失败中吸取教训，总结经验，有决心克服自己的缺点，学习别人的长处，努力提高自己的运动技术水平，下定决心积极刻苦训练，争取下次比赛获胜，表现出情绪稳定的迫切感、责任感。

2. 消极的情绪体验特点

对失败感到不满苦恼，极不愉快，体力衰竭，无精打采，丧失信心，情绪上表现出焦虑、恐惧、忧郁、悲伤及愤怒；认知上表现出绝望、怀疑、不信任；行为上表现出自闭、自责、沮丧、攻击、逃避，甚至出现患得患失、怨天尤人等不良情绪状态。

（三）赛后心理恢复

运动员在比赛中要承受较大的身体和心理负荷，赛后的心理调整显得尤为重要。目前常用按摩、理疗等手段，对机体各组织进行主动和被动的机械性恢复，但这只能反射性地改善和调节中枢神经系统的机能，而不能主动地对中枢神经系统产生直接影响。长期以来，人们对运动员训练和比赛后出现的生理疲劳进行了较为系统的研究，但对运动员由于心理紧张和心理压力而产生的心理疲劳却未引起足够的重视，也很少有人采用心理手段来消除。

1. 通过认知调整比赛所带来的消极心理反应

成功与失败是竞技体育中永恒的主题。研究表明，在运动竞赛中，运动员的身心处于高度紧张状态中，所有的心理过程都进行得异常迅速、激烈、活跃。高度紧张贯穿于运动竞赛的始终，但不论是运动员赛前所出现的紧张状态，还是赛后出现的心理异常，通常都是一种暂时的心理现象，是人的一种正常情绪状态，而且多是由于对比赛各种刺激因素及本人的参赛条件作出具有威胁性的自我评价并形成某种强大的心理压力而产生的，因此要教会运动员调整认知，正确看待比赛的胜负，以防胜利后的兴奋陶醉和失败后的沮丧失落对将来训练和比赛产生消极影响。

2. 运用语言暗示及时消除比赛后的心理疲劳

随着竞技体育的发展，比赛的激烈水平日益提高，使运动员长期承受较大的心理压力，导致其出现心理疲劳现象。心理疲劳表现为主观感觉乏力、意志减弱、情绪不安、烦躁易怒，对训练和比赛兴趣减退等。产生心理疲劳后，经过适当的调整，疲劳能够得到恢复。语言暗示对消除比赛后的心理疲劳起着非常重要的作用，可以采用自我暗示诱导放松，也可以采用他人暗示诱导放松，这样使运动员的精神和肌肉在语言的诱导和音乐的良性刺激下充分放松，并使大脑冷静，从而有序地进行工作。

3. 运用生物反馈训练法进行心理康复训练

生物反馈训练法是利用电子仪器把运动员内脏活动的信息显示出来，使其了解行动的效果。它是一种消除过度紧张的心理训练。运动员在比赛中或比赛后，心理状态有时出现波动，这从生理机制上可得到反映，如心率加快、毛细血管扩张、血压升高等。通过电子仪器显示的各种信号，使运动员了解自己在紧张情况下的一些主要生理反应，从而学会如何控制生理机能，进而消除精神紧张。目前，运动心理学界用遥测、皮肤电阻变化等信息进行反馈。如利用肌电反馈，当肌电信号明显减弱，训练者根据灯光渐灭、声音渐小或图像逐渐平稳就知道自己逐渐放松，努力体会放松的感觉。但须指出的是，运动员掌握这种方法需要经过长期的训练，因为它属于中枢神经系统对自主神经系统的调节和控制的过程，并非短期训练所能达到的，因此，生物反馈训练必须与其他康复训练结合进行，才能取得较好的训练效果。

4. 利用催眠术进行心理康复训练

催眠术是通过心理暗示的方法，使受术者的心理活动达到某种境界，呈现一种介于清醒和睡眠之间的特殊心理状态。在这种状态下，受术者思维狭窄、意识恍惚，能与施术者保持密切的感应关系，对施术者的每句话、每个字全部接收，绝对服从，对外界的干扰毫无反应。催眠主要是通过一些单调、重复、刻板的刺激和反复运用一些表明胜利睡眠的词语，使受术者的听觉、视觉或触觉产生疲劳，诱发其出现不同程度的催眠现象。用于消除心理疲劳的催眠施术，可以在运动间歇或运动后进行。催眠用于消除疲劳能起到令人惊奇的效果，无论是在训练后、比赛间歇还是比赛后使用自我催眠或他人催眠，都能迅速消除疲劳和继续保持充沛的体力。

5. 通过想象放松训练消除心理疲劳

想象放松是指运动员想象自己处在某种放松的环境之中，从而达到消除心理疲劳的效果。运动员采用仰卧位，四肢平伸，处于安静状态，闭上眼睛，注意力集中，治疗师用语言暗示某个场景，运动员按照提示的方向进行自由联想。若运动员没有按照治疗师指示的方向进行联想，这时候治疗师要跟随运动员的想象方向，并适当咨询想象的细节，细节越丰富，意味着运动员进入想象的世界越深入，同时还要恰当地询问运动员内心的情绪感受和躯体感受。这种技术的目的是改变人的心理环境。

6. 通过自我心理调整练习进行心理康复训练

自我心理调整是指借助语言暗示以及与语言一致的思维形象作用于人自身，改变情绪反应以及各器官和系统的机能状态，词语以肯定的方式影响人的自我感觉和活动能力，是心理自我调整方法的基础。自我心理调整有两个方面，即自我说服和自我暗示。首先要通过呼吸调整和语言暗示进入朦胧状态，在这种状态中，大脑对语言以及语言相联系的思维形象特别敏感。其次要学会高度集中注意力。通过自我心理调整训练，运动员可以达到很好的心理康复效果。

7. 通过音乐调节法进行心理康复训练

音乐能够影响人的大脑和身体，早已为人所知。研究表明，音乐能够使人产生兴奋、镇静、平衡等情绪状态。音乐给予运动员的声波信息可以调整神经系统的机能，改善注意力，增强记忆力，消除抑郁、焦虑、紧张等不良情绪，消除运动员比赛后的心理紧张和心理疲劳。所以，在运动员比赛后选择一些优美的轻音乐或运动员平时喜爱的音乐，使其专注于音乐的欣赏，给中枢神经系统以良性刺激，消除因紧张激烈的比赛在大脑皮质中的强痕迹作用，对功能恢复有积极的促进作用。

体育科学常用心理量表

第四节　排球运动员心理技能训练的基本理论与注意事项

排球运动员心理技能是决定比赛胜负的关键因素之一，具有独特的研究内容和应用价值。排球运动员心理技能训练是提升排球运动员心理技能水平、研究运动员意识和行为问题的过程。在实施排球运动员心理技能训练过程中，要严格遵循心理训练的注意事项，优化训练过程，最大限度实现训练效果。

一、排球运动员心理训练的原则

心理训练的原则：发展性原则、个性化原则、协调性原则和统一性原则。

（一）发展性原则

发展性是指排球运动员心理能力的发展。排球运动员心理训练的根本任务和目的就是发展其心理能力，并通过心理能力的发展，使排球运动员在竞赛中最大限度地发挥其已有的身体功能和技战术水平，从而使长期训练的结果在竞赛中得到应有的表现。

（二）个性化原则

个性化原则就是在进行心理训练时，要根据排球运动员不同的个性、不同的位置和任务、不同的身体素质和技术特点、不同的训练年限和比赛经验，甚至是不同的生活环境和习惯，制订出符合个人特点的训练计划。总之，要具体问题具体分析，有针对性地设计和实施心理训练。

（三）协调性原则

协调性指教练员与排球运动员之间、教练员与运动队之间、运动员与运动队之间，以及科研服务人员与教练员、运动员之间的相互协调，尤其是教练员与排球运动员之间的配合。

（四）统一性原则

排球运动员的心理训练应与排球运动员的身体素质训练和技战术训练相统一。这有两层含义，一是排球运动员的身体训练、技战术训练应符合运动员和训练比赛的心理规律，体现教练员的意图；二是心理训练的内容要结合身体训练和技战术训练的实际进行。

二、心理训练的课程内容

在排球竞赛中，由于竞技水平不断提高和心理因素的作用增大，对排球运动员的身体素质、技能，特别是心理素质提出了新要求。尤其是初次接触排球练习的学生，其在排球训练以及竞赛中，可能会因一次扣球失败，而对排球扣球产生心理阴影，自信心下降，从而引发对排球兴趣的减弱。这就需要教师对学生的心理状态进行引导，帮助学生进行心理建设。

心理因素在学生排球学习中占据着重要地位，也是学生排球技术提高的关键环节。围绕着提高学生排球兴趣这个主题，心理训练应该关注的内容主要是:

（1）培养对排球运动的爱好和兴趣。

（2）建立并发展正确的运动动机。

（3）培养健康的性格和健全的人格。

（4）发展专项感知能力。

（5）培养建立和谐人际关系的能力。

（6）形成辩证的思维方式。

三、排球运动员心理技能训练的程序

（一）一般心理训练的程序

排球运动员的个人心理档案案例

（1）要充实运动员心理学和体育心理学的理论知识，学习操作技能和评定手段。

（2）了解并探讨排球运动训练过程中和竞赛中可能出现的心理问题。

（3）对运动员进行心理咨询与诊断。

（4）通过心理测量评定，建立排球运动员个人心理档案。

（5）根据运动员的心理状况，制订切实可行的心理训练计划。

（6）在专项运动训练的同时进行一般心理训练和专项心理训练。

（7）定期与不定期结合进行各种心理诊断，检查与评定心理训练的效果，根据出现的问题不断修订心理训练计划。

（二）准备具体比赛时心理训练的程序

（1）对运动员进行赛前心理诊断。

（2）制订赛前心理训练计划，选择适当的训练方法与手段。

（3）实施心理训练计划，进行赛前心理调整。

（4）检查评定赛前心理训练的效果。

（5）预测比赛中可能出现的心理问题，商议解决对策。

（6）赛后进行心理恢复。

四、排球运动员心理训练中应注意的事项

1. 严格为主，诊断在先

进行心理训练时，要在理论上讲清道理，说明科学根据，使运动员树立信心。开始前最好请有经验的心理学专家对运动员进行心理咨询与诊断，以获得准确的第一手资料，从而得出正确的分析，待基本掌握要领之后，再严格遵循训练步骤，保证心理训练的效果。

2. 长期训练与及时调整相结合

心理训练要注意长期计划与即时心理调整相结合。同时在一般心理训练的基础上，进行备战心理训练，将二者有机结合。

3. 集体训练与个别训练相结合

集体训练解决一般的、共性的心理问题。个别训练要注意因人而异，根据运动员的个性特征（性格、气质等）、心理差异和心理变化动因的不同进行针对性训练。对排球运动员而言，要综合考虑不同位置运动员的心理需求，有针对性地制订训练计划。

4. 心理训练与技战术训练相结合

排球运动员心理训练应与技术训练、战术训练、体能训练以及比赛相结合，纳入整个训练计划之中，并在实践运用中检验心理训练的效果，根据具体情况灵活调整与

应用。

5. 教练员参与指导

教练员要躬身实践、善于观察，了解排球运动中存在的心理规律，能够注意到运动员心理的变化，特别是在重大比赛时，要能发现问题，及时解决问题。

6. 积极主动，自觉配合

排球运动员、教练员要与心理教练默契配合，互相合作，拉近科研与训练之间的关系，不断提高排球运动员的心理素质和心理训练水平。

总之，排球运动员坚韧的心理素质逐渐成为比赛关键制胜的重要一环。随着科学技术与训练理念的不断发展，为适应排球比赛的需要，对排球运动员的综合素质提出了更加高标准的要求。教练员要不断改进训练方法，提高心理训练在训练周期中的占比，提升排球运动员的心理技能水平，加强排球后备力量支撑，促进排球运动发展。

专栏 5：心理意志品质与女排精神

2014 年世界女排锦标赛中国女排对阵意大利的最后一次赛前准备会上，郎平指导对女排姑娘们说：“我们进了四强，不能算完成任务，心中应该有更大的目标。如果 2015 年世界杯和 2016 年奥运会想夺得奖牌的话，那目前遇到的队伍都是我们的主要对手。我们有这样的机会，在这么重要的场合和她们比赛，要敢于争胜，不应该背上任何包袱。另外，意大利队的主场我们也领教过了，心中应该有定力，就是坚定不移地相信自己。在场上只要有 1% 的希望，也要尽 100% 的努力。哪怕 0 比 3 输给她们，哪怕这一局还有一分，对手即将取胜，我们也要拼。如果说技术上出现问题，失误没关系，都算教练的。大家要开心比赛，遇到困难不能拉着脸，落后时要有微笑，相互给予支持，每个人心里都要装着集体。”

除了技战术以外，郎平指导还刻意向队员们讲了女排精神。郎平指导说：“心态决定状态，精神有时能帮我们渡过难关。比如和意大利队比，我们的实力只有她们的 70%，那么就发挥出这 70%。她们有压力，但我们必须打到一定程度，才能让她们心理起波动。不管如何，大家坚持到底，球可以输，但中国女排的士气不能丢。”果然，队员们轻装上阵，最终以 25 : 21、25 : 20、20 : 25、30 : 28，总比分 3 : 1 战胜意大利队。

思考与实践

1. 一般心理训练的方法有哪些?
2. 试述赛前模拟训练方法与排球运动员进行模拟训练的意义。
3. 在相持比赛形势下，运动员应如何保持稳定的竞技状态?
4. 排球运动员心理技能训练中有哪些注意事项?
5. 简述表象训练应着重关注哪些方面。
6. 结合自身排球训练与竞赛，分析影响个人心理状态的重要因素。

第七章 排球竞赛组织与编排工作

本章导言

竞赛是排球运动最精彩、最活跃的表现形式，也是引领排球运动不断发展的关键环节。在排球运动竞赛过程中，组织者追求的目标是在竞赛规律指导下竞赛组织的有序展开和对竞赛过程的有效管理。本章的主要内容包括排球竞赛的魅力与功能、排球竞赛组织工作的主要内容与方法、排球竞赛规程的制定；编排工作的一般知识与工作程序、排球竞赛制度选择及成绩计算方法；循环赛、淘汰赛以及混合赛的编排方法。

学习目标

知识目标：了解排球竞赛的魅力与功能，知晓排球竞赛组织者的工作内容，理解排球竞赛编排的基本知识与方法，掌握各种竞赛制度在排球竞赛中的运用方法与要求。

能力目标：学会排球竞赛的编排方法，熟悉排球竞赛规程的编写要求，掌握制定排球比赛竞赛规程的技能，具备完成各种排球比赛编排任务的能力。

价值目标：激发学生赛事组织与编排的学习兴趣，培养赛事组织的责任意识和服务意识，提高学生对排球竞赛组织与编排等内容学习的重视程度。

第一节　排球竞赛组织工作

排球竞赛是体育竞赛的重要组成部分，其不仅具有体育竞赛共有的魅力与功能，还拥有自身独特的魅力与功能。做好排球竞赛的组织工作不仅要学会赛事的策划与组织，还要懂得组织工作的具体操作与实施。

一、排球竞赛的魅力与功能

（一）排球竞赛的魅力

1. 排球竞赛的“一击成功”魅力

在排球竞赛过程中，扣球和大力发球最具观赏性也最能体现排球运动的魅力，扣球和大力发球是“一击成功”的主要表现形式。一次次精彩的扣球，那种舍我其谁的气势，是赢得比赛的法宝，关键时刻的大力跳发往往能起到一锤定音、瞬间燃爆全场的效果，使运动员和观众即刻感受到排球竞赛“一击成功”的魅力。

2. 排球竞赛的攻防对抗魅力

排球竞赛的攻防对抗是在双方运动员没有直接身体接触的环境下展开的。运动员的进攻和防守是在综合运用各种技术的基础上，利用与同伴之间的默契配合来实现教练的战术意图，这个过程要充分发挥本方特长，同时要最大限度地限制对方特长的发挥。排球比赛的攻防对抗，既有技术的抗衡，又有体力的考验，还有心智的较量，其精妙配合展现了排球运动独有的魅力，给人们带来了技能、体能与心理完美结合的观赛感受。

3. 排球竞赛的团结协作魅力

排球竞赛规则规定每队最多击球三次（拦网除外）将球击回对方场区，且一个队员不得连续击球两次，这就要求运动员之间必须通过团结协作，才有可能获得比赛的胜利。排球竞赛场上的运动员，作为团队的一员必须服从团队的整体战术安排，作为独立的个体又能彰显各自的魅力。运动员表现出来的技战术配合、随机应变的智慧以及沉着冷静的心理状态也无不散发着排球竞赛的团结协作魅力。

4. 排球竞赛的“动静有序”魅力

参与排球竞赛的双方可以根据场上比赛球所在位置分为进攻方和防守方，相比较而言，进攻方主“动”，防守方主“静”。进攻方根据队员在场上的不同位置以及不同进攻阶段依次有序地参与进攻，防守方同样根据不同位置以及不同阶段依次有序地参与防守，团队成员各司其职，竞赛过程环环相扣，充分展现了排球竞赛的“动静有序”魅力。

（二）排球竞赛的功能

1. 振奋民族精神，凝聚奋进力量

人民群众对中国女排的喜爱，不仅是因为女排夺得了冠军，更重要的是她们在赛场上展现了“祖国至上、团结协作、顽强拼搏、永不言败”的精神面貌。排球竞赛以“社会大课堂”的形式为观众提供了一个近距离学习女排精神的平台。在改革开放初期，中国女排的“五连冠”极大地振奋了民族精神，向世界证明了“中国人能行”。在实现中华民族伟大复兴的新征程上，历久弥新的“女排精神”依然能不断焕发出团结奋进的强大力量。

2. 丰富文化生活，推动经济发展

体育是人类共同创造的一种特殊的社会文化活动，排球运动因社会需要而产生和传播，排球赛事因排球项目独有的特征而展现出独特的魅力，这也极大丰富了人民群众的文化生活。同时，排球竞赛是体育竞赛的重要组成部分，随着排球运动的不断繁荣，排球竞赛的市场化、专业化水平日益提高，各类排球赛事的商业价值也逐渐提升，这为体育经济的健康可持续发展注入了新的活力。

3. 培养信息意识，提高应变能力

排球运动是一项需要快速反应并迅速对来球做出回应的集体球类运动，现代排球比赛的节奏越来越快，由于规则的限制，运动员必须在短时间内收集信息，处理信息并做出合理的选择。做出合理选择的基础是眼观六路，耳听八方，通过观察对方和同伴的动作、击球的声音、场上的布局等，预测将要发生的情况，从而迅速做出决策。因此，经常参加排球竞赛不仅能锻炼体魄、愉悦身心，还能培养信息意识、提高应变能力。

4. 增强团队意识，塑造完全人格

完全人格，首在体育。排球比赛是一项需要团队紧密配合才能取胜的竞赛项目，因触球时间、触球次数等规则的限制，运动员更能深刻地领会到想要成功必须依靠团队，个人技战术的发挥离不开团队的全力保障。运动员只有在场上不断观察同伴的意图，不断弥补同伴的不足，全力为同伴创造更好的击球机会，才能获得最终的胜利。通过排球竞赛可以培养人人为我、我为人人的团队意识，帮助运动员完成完全人格的塑造。

二、排球竞赛组织工作的主要内容与方法

排球竞赛组织工作依主题和对象的不同分为两个层次的工作。第一个层次是对竞

赛的策划、组织与调控，这是竞赛组织者的主要工作之一。第二个层次是对竞赛组织工作的具体操作与实施，这是一次比赛中负责竞赛的业务部门的主要工作之一。

（一）排球竞赛组织者对比赛的策划、组织与调控

作为排球竞赛的策划组织者应对整个比赛的规模要求及要达到的目的非常明确。作为最高级管理者，应当对排球竞赛策划组织机构的主要工作内容和相互关系有清晰的认识，这样才能有效地对整个比赛的组织和运作过程实现有效管理和最佳调控，从而在策划组织竞赛时能恰如其分地使人力、物力与财力最大限度地发挥作用，使比赛以最低的成本收到最可观的回报。这些回报可能是形象、品牌的宣传，也可能是经济上的收益或运动水平的提高。

1. 排球竞赛组织机构

排球竞赛组织者在组织一次比赛时，首先要依据法律或有关规定成立组织委员会（简称组委会）（图 7-1-1），使之成为一次比赛的权力机构。在组委会的领导下，保证竞赛的各项工作正常进行。

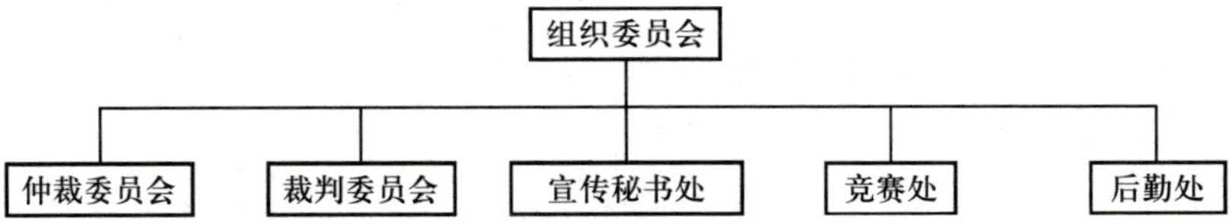

» 图 7-1-1　排球比赛组织机构的一般模式

2. 排球竞赛组织机构的主要工作内容

排球比赛最高级策划、组织者的工作主要内容如图 7-1-2 所示。在比赛的筹备阶段、比赛阶段、比赛结束阶段均有具体的工作安排与内容。

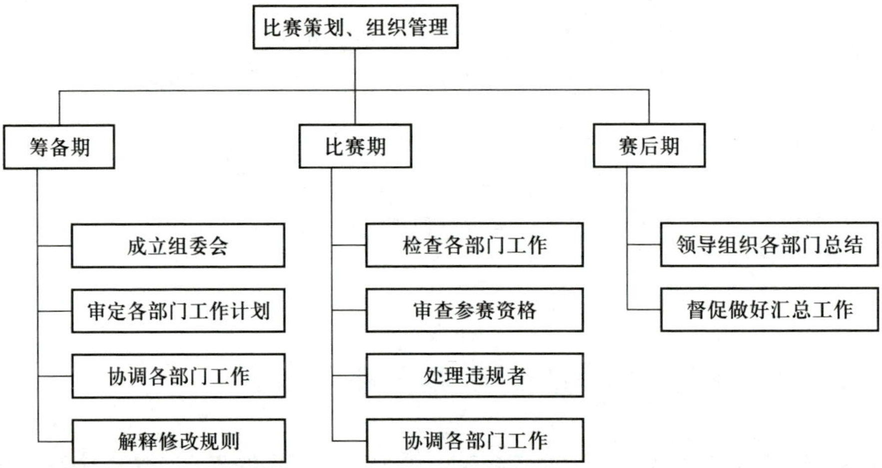

» 图 7-1-2　比赛策划及组织工作内容

（二）排球竞赛业务部门的主要工作内容

排球竞赛业务部门指的是在一次排球比赛中主管竞赛工作的业务部门，即竞赛处。它的主要工作是负责一次比赛的竞赛工作及相关事务，它是排球竞赛组织工作的调控者，也是竞赛工作的执行者。竞赛业务工作分为赛前、赛中、赛后三个阶段，各个阶段工作内容与任务均有重点（图 7-1-3）。

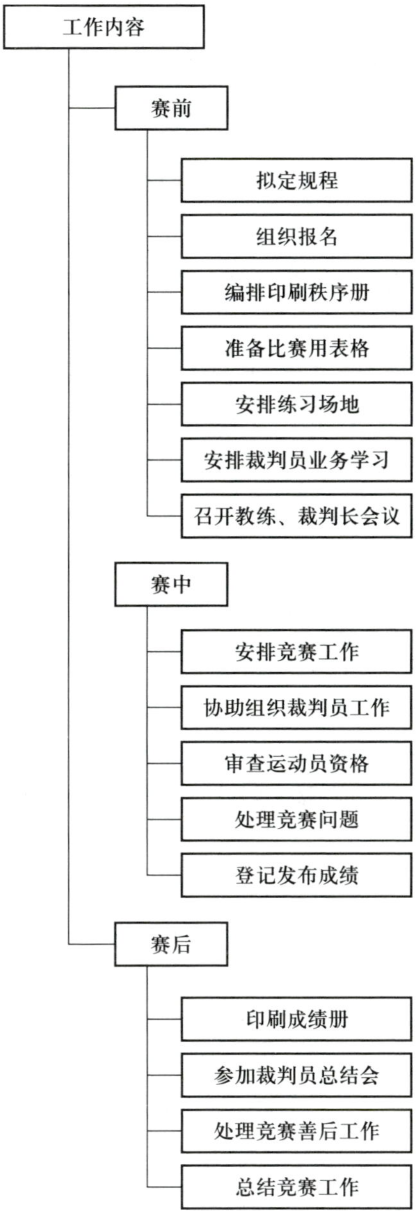

» 图 7-1-3　竞赛业务部门工作内容

三、排球竞赛规程的制定

（一）排球竞赛规程制定的要求

排球竞赛规程是竞赛组织者首先要完成的指导性文件，是一次竞赛工作的依据。竞赛规程的制定应根据有关竞赛计划结合竞赛规模、目的、任务和主办单位的具体条件进行。一般由负责竞赛的人员撰写，经有关人员讨论修改后，送主管领导审批确定。经审批确定后的竞赛规程，就是此次比赛的主要文件，是竞赛组织者和参加者必须共同遵守的章程。从这个意义上说，竞赛规程是一次比赛的法律文本。对规程的最终解释权属主办单位。

竞赛规程制定的总体要求：简明、准确、具体、严密。

（二）排球竞赛规程的主要内容

排球竞赛规程的主要内容包括：① 竞赛名称。② 目的任务。③ 比赛日期与地点。④ 参赛单位、组别等。⑤ 审查参赛者资格。⑥ 报名办法、报名日期与地点。⑦ 竞赛办法、赛制、确定名次办法。⑧ 采用何种竞赛规则。⑨ 奖励办法。⑩ 抽签办法、日期与地点。⑪ 仲裁委员会组成。⑫ 裁判委员会组成。⑬ 其他有关事项：服装、经费、报到地点等。⑭ 本规则解释权。

（三）排球竞赛规程范例

2023 年第十一届全国体育传统项目学校
联赛排球项目（高中组）竞赛规程

一、组织机构

主办单位：××××××××

承办单位：××××××××

二、时间、地点

（一）时间：××××××××

（二）地点：××××××××

三、参赛资格

（一）男女各 32 支队伍参加。

（二）参赛队伍产生办法：

1. 2023 年第十一届中国中学生排球联赛（高中组）前 20 名队伍。如前 20 名学校中有不能参赛的，则按顺序递补。

2. 2022 年第十届全国体育传统项目学校联赛排球项目（高中组）前 8 名队伍。如前 8 名学校中有不能参赛的，则按顺序递补。

3. 如上述第 1、2 项赛事有队伍重合，从 2023 年第十一届中国中学生排球联赛（高中组）按照成绩递补。

4. 其余 4 支队伍产生办法：

由国家体育总局排球运动管理中心和中国中学生体育协会共同商议，确定 4 支持外卡参赛队伍。外卡确定程序：

（1）队伍申请，申请截止日期 ××。

（2）国家体育总局排球运动管理中心和中国中学生体育协会排球分会根据申请队伍排球开展状况、竞技水平等确定 4 支持外卡参赛队伍。

（三）参赛队伍必须为排球项目传统校、特色校。

（四）参赛运动员年龄：×× 年 × 月之后出生。

（五）参赛运动员必须具有同一所学校学籍。

四、竞赛办法

（一）执行中国排球协会最新审定的《排球竞赛规则》。

（二）赛制：采用分组单循环和交叉赛两个阶段。

（三）积分与决定名次的办法：

1. 本次比赛采取五局三胜制。小组赛比分为 3：0 或 3：1 时，胜方积 3 分，负方积 0 分；小组赛比分为 3：2 时，胜方积 2 分，负方积 1 分。

2. 比赛网高：男子组 2.43 米；女子组 2.24 米。

五、比赛服装、用球

（一）比赛服装

1. 运动员服装：各队运动员必须备有两套（深色及浅色）以上的统一样式比赛服；比赛服的号码和队长标志应明显，并符合规则规定的位置和尺寸，比赛服号码为 1—20 号。

2. 教练员、医生服装：主教练、教练员及队医比赛时必须穿着统一服装，不符合者不能上场参加比赛。

（二）比赛用球：×× 型号。

六、报名与报到

（一）报名要求

1. 参赛单位于 × 年 × 月 × 日 12:00 前，将报名表（附件 1）加盖参赛学校公章以电子邮件形式发送至中国排球学院邮箱 ××××××。

2. 参赛单位于 × 年 × 月 × 日自行到承办单位报到。接站、送站须缴纳相关费用，如各队需要，可提前与承办单位联系，组委会将提供费用标准。

3. 队伍构成：每队 17 人，含 1 名领队，2 名教练员（或 1 名教练员和 1 名队医），首次可报名 20 名运动员，赛区报到确认 14 名运动员。

（二）报到要求

1. 各参加单位必须为参加本次活动的所有成员办理人身意外伤害保险。

2. 各参赛队报到时，须交验本人学籍卡原件或教育行政部门出具的学籍证明、二代居民身份证原件、保险单据、健康证明。组委会将统一验证，若证件不全或不符合要求者将不允许参加比赛。

3. 随队医生应持有专业医疗合法证件，管委会资格审核时确认资格。

七、经费

（一）参赛运动队食宿费每人每天缴纳 × 元。承办单位收缴并开具发票。

（二）参赛队伍差旅费、保险费、比赛期间医疗费等自理。

八、奖励办法

全国运动会排球项目竞赛规程

（一）获得前三名的运动队颁发奖杯、奖牌。

（二）所有运动队颁发成绩证书。

（三）评选各位置最佳单项奖、最有价值球员、最佳拼搏奖，并颁发奖杯。

（四）评选体育道德风尚奖（运动队、运动员、教练员、裁判员）并颁发荣誉证书。

中国大学生气排球锦标赛竞赛规程

九、资格审查及纪律监督

（一）对运动员参赛资格有异议的单位，须向组委会提交申诉报告并提供相应的材料，组委会只受理申诉，待比赛结束后进行审核及处理。

（二）比赛期间，每场比赛都将由当值仲裁核对每名参赛运动员的身份证。

全国体育传统项目排球初中组竞赛规程

十、处罚

（一）对违反赛风赛纪及反兴奋剂相关规定的队伍，将按照国家体育总局相关规定严厉处罚。

（二）对比赛中出现的其他违纪行为将按照《全国学生体育竞赛纪律处罚条例》进行处理。

全国小排球锦标赛暨夏令营规程

十一、联系方式

中国排球协会

十二、网站

……

十三、本规程的解释权归中国排球协会和中国中学生体育协会。

十四、未尽事宜，另行通知。

第二节　排球竞赛编排知识与成绩计算

竞赛编排与成绩计算是竞赛组织过程中的重要环节。科学合理的排球竞赛编排与成绩计算不仅可以吸引更多队伍的参加，还能激发参赛运动员的竞技热情，提高排球赛事的竞争性和观赏性。

一、编排工作的一般知识与工作程序

（一）编排工作的基本知识

（1）竞赛编排。是根据参赛队和竞赛规则，按一定的方法编排各队的比赛场次及日程。

（2）轮次。是控制比赛负担量和估算比赛时间的重要参数之一。一般认为，参赛队都相应地赛完一场球，即比赛进行一轮。

（3）场数。估计比赛时间和比赛场地的重要参数之一。比赛场数即一次赛事总计比赛场数。

（4）节数。比赛时间的计算单位，一般将一天时间分为上午、下午、晚上三节，是估计场地、时间的重要参数之一。

（5）场地容量。场地容量即一块场地在一节时间里可以安排的比赛场数，这是编排工作中的基本量度概念。

（6）抽签。是编排工作中必须采用的一种机遇性手段，也是确定运动队在比赛中所处位置号的一种重要手段。

（7）种子队。种子队的编排方法在淘汰赛中经常运用。为了克服淘汰赛的不合理性，采用种子队编排方法，以保证水平高的队（人）有较大的机会进入下一轮比赛。

（8）位置号。运动员在竞赛秩序表中所处的位置号码叫位置号。如：单循环编排时，1—2、3—4……

（9）竞赛负担量。指一个队（人）根据规则在一定时间内的比赛场数（次）。这是控制比赛运动量和保证比赛进行的主要依据。

（二）编排工作的基本程序

（1）编制比赛的每一轮比赛秩序。根据特定方法，编制出淘汰或循环制的比赛秩序。

（2）抽签进入自己的位置号。通过抽签等方法，确定运动队所处的比赛秩序中的数字位置，从而明确自己每一轮比赛的对手。

（3）编排竞赛日程。根据公开、合理原则，在准确掌握竞赛的轮数、场数、天数和场地使用情况及运动员运动负荷量等因素后，将比赛秩序日程化，最终形成竞赛日程。

（4）编印秩序册。秩序册是竞赛工作的指南。秩序册一般包括比赛的竞赛规程、组织委员会名单、办事机构名单、仲裁委员会和裁判委员会名单、运动队名单、活动日程表、竞赛日程表和成绩表等。

二、排球竞赛制度选择及成绩计算方法

排球竞赛常用的赛制有循环制和混合制。沙滩排球和气排球比赛常用淘汰制。

（一）如何选择赛制

在组织一次比赛时，要权衡利弊，选择最佳的竞赛制度。一般要考虑 5 个要素或 5 个重要的变量。

2024巴黎奥运会排球赛制简介

（1）完成全部比赛的比赛场次。

（2）完成全部比赛所需的时间。

（3）完成全部比赛所需的场地。

（4）比赛组织的公平性体现。

（5）比赛编排的可操作性或客观性体现。

（二）成绩计算办法

排球比赛的成绩计算一般根据排球比赛的规程规定，淘汰赛成绩按照每一轮胜负成绩计算，胜队晋级，负队降级或淘汰。循环赛成绩按照比赛的胜负取得的积分

计算。

1. 循环制成绩计算方法

（1）目前，正式举行的国际与国内排球比赛采用以每个队的比赛胜场数决定名次，在同组比赛中获胜的比赛场次数量，胜场多者排名在前。当两队或两队以上胜场相等时，比赛积分多者排名在前，积分办法如下：3：0 或 3：1 胜积 3 分；3：2 胜积 2 分；2：3 负积 1 分；1：3 或 0：3 负积 0 分。当两队或两队以上比赛积分仍相等时，全部比赛胜局数与负局数比值（C 值）大者排名在前。当两队或两队以上 C 值仍相等时，全部比赛得分值与失分值比值（Z 值）大者排名在前。当两队 Z 值仍相等时，两队之间最近一场比赛胜者排名在前。当三队或三队以上 Z 值仍相等时，则仅在该几队之间的比赛采用前述胜场和积分的标准确定排名。

（2）C 值 = A（胜局总数）/B（负局总数）。

（3）Z 值 = X（总得分数）/Y（总失分数）。

专栏 1：排球竞赛成绩计算方法的演变

排球比赛的成绩计算办法是根据竞赛规律和排球运动发展要求不断变化改进的。在 2002 年世界排球锦标赛之前，排球比赛单循环的成绩计算办法是计算比赛总积分：胜一场得 2 分，负一场得 1 分，弃权得 0 分，总积分高者名次列前；如果两队或两队以上积分相等，则比较 C 值大小，C 值高者名次列前；如果 C 值相等，则比较 Z 值大小，Z 值高者名次列前。

随后，排球竞赛组织者在成绩计算方法上进行了改革，结果是计算比赛总积分：胜一场得 2 分，负一场得 1 分，弃权得 0 分，总积分高者名次列前；如果两队或两队以上积分相等，则先比较 Z 值大小，Z 值高者名次列前，如果 Z 值相等，则计算 C 值大小，C 值高者名次列前。

2011 年在日本举行的伦敦奥运会资格赛上，为了增加比赛的观赏性和竞争程度，鼓励运动队在比赛中发挥水准，多赢比赛的局数，又制定了新的排球比赛单循环比赛成绩计算办法：先以每个队的比赛总积分高低决定各队名次，积分高者名次列前。当比分结果为 3∶0、3∶1 时，胜队积 3 分，负队积 0 分；比分结果为 3∶2 时，胜队积 2 分，负队积 1 分；积分高者名次列前；积分相等时，决定名次顺序为：① 胜场多者，② C 值，③ Z 值，④ 两队比赛结果，胜队排名靠前。

该种比赛成绩计算办法在排球比赛中的运用实践证明，该方法对排球比赛的竞争性与观赏性均有较好的促进作用。

2015年6月，根据国际排联行政理事会会议关于修改单循环比赛/比赛阶段成绩排名办法的决定，经国家体育总局排球运动管理中心研究决定，在全国排球比赛中采用单循环赛制的比赛/比赛阶段，按照以下顺序的标准确定排名：在同组比赛中获胜的比赛场次数量，胜场多者排名在前；当两队或两队以上胜场相等时，比赛积分多者排名在前；当两队或两队以上比赛积分仍相等时，C值大者排名在前；当两队或两队以上C值仍相等时，Z值大者排名在前；当两队Z值仍相等时，两队之间最近一场比赛胜者排名在前；当三队或三队以上Z值仍相等时，则仅在该几队之间的比赛采用前述胜场和积分的标准确定排名。

2. 淘汰赛成绩计算

淘汰赛又可分为单淘汰赛、双淘汰赛等。单淘汰的冠亚军赛采取胜队晋级、负队淘汰的办法，直至最后决出冠亚军；单淘汰赛如果要决出3、4名以后的名次，则须进行淘汰附加赛，通过一定轮次的比赛赛出名次；双败淘汰赛则须在第一次失败的队中进行比赛，连续失败两次被淘汰，胜队进入下一轮比赛。

第三节　排球循环赛、淘汰赛及混合赛的编排方法

竞赛编排的方法多种多样，不同赛事可以根据不同的比赛时长、场地数量、参赛者数量等选择不同编排方法或者方法的组合。下面主要介绍国内外排球竞赛的主要编排方法，分别是循环赛、淘汰赛和混合赛。

一、循环赛的编排方法

（一）单循环赛与循环赛制特点

（1）单循环赛。参加比赛的各队之间均相互比赛一次，即为单循环赛。

（2）循环赛制特点。各队比赛场次相同，公平竞争，机会均等，决定名次办法

合理，能客观反映队伍成绩；循环制由于比赛场次多，因此比赛周期长，对人力、财力、物力均有一定要求。

（二）单循环赛场数、轮数的计算

（1）单循环赛的比赛场数计算公式。场数 = 队数（队数 -1）/ 2

（2）单循环赛的比赛轮数计算方法。参赛队为奇数时，比赛轮数等于队数，参赛队为偶数时，比赛轮数等于队数减 1。

（三）单循环赛的编排方法

1.“贝格尔”编排方法

第一轮同传统方法，第二轮开始的编排同传统方法大不相同。首先，最大号数（或 0 数）左右规则移动摆放在第一行的左或右边位置上，如第一轮该数位于右边，第二轮则摆动到左边，第三轮又移动到右边，如此反复。第二步，将上一轮右下角数字提到该轮第一行同最大数（或 0 数）相对应。第三步，将其他数字按数字从右下角提到第一行的这个数字的前后顺序关系进入位置。编排后的检查口诀为：“贝格尔”编排方法从 1 开始，以 1 结束。表 7-3-1 是 8 个队比赛的编排秩序。

表 7-3-1　8 个队单循环比赛贝格尔编排秩序

第一轮	第二轮	第三轮	第四轮	第五轮	第六轮	第七轮
1—（8）	（8）—5	2—（8）	（8）—6	3—（8）	（8）—7	4—（8）
2—7	6—4	3—1	7—5	4—2	1—6	5—3
3—6	7—3	4—7	1—4	5—1	2—5	6—2
4—5	1—2	5—6	2—3	6—7	3—4	7—1

2. 一般编排方法

采用“逆时针轮转方法”编排（表 7-3-2），先以阿拉伯数字为代号，代替队名进行编排。把队数按 U 型走向分成均等两边，如遇奇数队，最后一位数字为 0。第一轮只要在 U 型相对队数之间画横线，即为第一轮比赛秩序。第二轮开始，固定在左上角数字不动，其余数字均按逆时针方向移动一个位置，即为该轮比赛秩序。如遇 0 队即为该轮轮空。

表 7-3-2　逆时针轮转表

第一轮	第二轮	第三轮	第四轮	第五轮
1—6	1—5	1—4	1—3	1—2
2—5	6—4	5—3	4—2	3—6
3—4	2—3	6—2	5—6	4—5

在奇数队参加比赛时，将出现因轮空休息带来的不合理现象。所以，在奇数队参赛时，可采用固定 0 数字的方法进行轮转编排，也可以采用顺时针旋转法进行编排（表 7-3-3）。

表 7-3-3　顺时针轮转表

第一轮	第二轮	第三轮	第四轮	第五轮
1—0	2—0	3—0	4—0	5—0
2—5	3—1	4—2	5—3	1—4
3—4	4—5	5—1	1—2	2—3

上述逆时针轮转编排方法在奇数队时，抽签抽到倒数第二的位置队，如 7 个队，抽到 6 位置的队，从第四轮开始，遇到的对手都是上一轮轮空休息的队，形成竞赛条件的不公平现象。为了解决这一问题，往往采用一些编排方法进行补救，最大限度降低不合理的后果，如在数字的移动方法上进行变化等，而其中“贝格尔”编排方法常常被采用。

（四）双循环赛

参加比赛的各队之间均相互比赛两次，即为双循环赛。双循环赛通常分为两个阶段，由两个单循环赛组成。第二循环比赛方法可与第一循环完全相同，也可根据第一循环比赛的成绩，采用抽签重新确定各参赛队在第二循环中的比赛序号，然后进行编排。双循环比赛秩序编排方法与单循环比赛秩序编排方法相同。

（五）分组循环赛

在参赛队伍比较多的时候经常采用分组循环赛编排方法。分组循环赛通常分预赛和决赛两个阶段，预赛是把比较多的参赛队伍先分成若干个小组进行比赛，赛出小组名次，决赛是预赛中各个小组按产生的名次进行相应的比赛，决出最后名次。

1. 预赛阶段

预赛的分组循环赛竞赛秩序编排方法一般采用单循环编排方法。为了保护各个小组参赛队伍的水平相对平均，最大限度避免分组的队伍实力不公平现象，通常要设立种子队进行编排。分组循环赛一般按分组数或分组数的 2 倍数确定种子队。

（1）设立种子队抽签分组方法。种子队先抽签，确定各种子队的组别，然后其他各队再抽签进入各个组别。

（2）不设立种子队的抽签分组方法。可根据上届比赛名次进行“蛇形”编排，如 16 个队参赛分成 A、B、C、D 4 个组，进行“蛇形”编排分组（表 7-3-4）。

（3）如遇没有往届比赛名次，也没有种子队的情况，则采取单纯抽签分组方法。

表 7-3-4 “蛇形”排列法分组表

第一组	第二组	第三组	第四组
1	2	3	4
8	7	6	5
9	10	11	12
16	15	14	13

2. 决赛阶段

决赛阶段比赛可以有多种不同的编排方法，包括同名决赛、循环赛、淘汰赛及淘汰附加赛（具体详见混合制编排方法）。

（六）循环赛制比赛日程的编排

依据排好的比赛秩序表，再按规程规定的方法将数字换成队名，然后填于秩序表中，最后编好比赛日程表（表 7-3-5）。

表 7-3-5 比赛日程表示例

<table>
<tr><th>日期</th><th>时间</th><th>组别</th><th>比赛队</th><th>场地</th></tr>
<tr><td rowspan="4">9月13日</td><td>19：30</td><td>女</td><td>福建—八一</td><td>室内一</td></tr>
<tr><td>21：00</td><td>男</td><td>北京—八一</td><td>室内一</td></tr>
<tr><td>19：30</td><td>女</td><td>上海—江苏</td><td>室内二</td></tr>
<tr><td>21：00</td><td>男</td><td>上海—江苏</td><td>室内二</td></tr>
</table>

（七）循环赛编排注意事项

（1）当参赛队是奇数时，不宜采用 1 号队固定的逆时针旋转法来编排比赛顺序，改为顺时针旋转法，或是固定右上角“0”号队不转动。

（2）循环赛必须以轮次逐轮进行编排，如需调整某个轮次比赛的次序，则要把这个轮次的所有场次与其他所有轮次进行调整。

（3）编排时首先应贯彻机会均等、公平竞赛的原则，在场地（大馆或小馆）、地区（本地或外地）、时间（白天或晚上）及赛间的休息时间等方面达到各队相对平衡。

二、淘汰赛的编排方法

6 人制排球比赛采用淘汰赛制的机会不多，但沙滩排球比赛和气排球比赛及公园排球比赛常常采用淘汰赛制进行编排。

（一）淘汰赛制的特点

淘汰赛制又称为淘汰赛，即通过比赛逐步淘汰成绩差的，最后决出优胜者。其特点是比赛的容量大且具有强烈的对抗性。淘汰赛主要是在参赛队数较多、比赛时间较短时采用，通常分为单淘汰和双淘汰两种。

在使用淘汰赛制时，应注意运用“种子”分区、抽签和定位等方法，使强者或同一单位参赛者之间避免过早相遇。也可采用补赛法（又称为附加赛），以帮助确定第 2 名以后的名次。

（二）单淘汰赛的编排方法

参加比赛的运动员（队），按编排的秩序表进行比赛，胜者进入下一轮，负者被淘汰，直到淘汰至最后一名运动员（队），比赛结束。这种比赛办法称为单淘汰赛。单淘汰赛制适用于那些参赛者数量很多、时间很短且比赛场地不足的赛事。就所有的赛制而言，这种赛制需要的比赛场次和时间最少。

1. 单淘汰赛对阵秩序表

淘汰赛可以采用冠亚军单淘汰赛，只决出参赛的冠亚军队伍，比赛秩序的编排如图 7-3-1 所示。在排球比赛中，常常需要决出冠亚军之后的名次，可以采用淘汰附加赛的办法进行（图 7-3-2）。

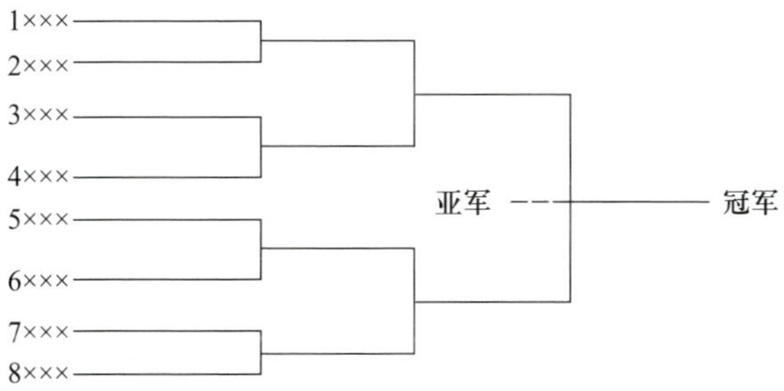

» 图 7-3-1　8个队单淘汰赛编排对阵秩序

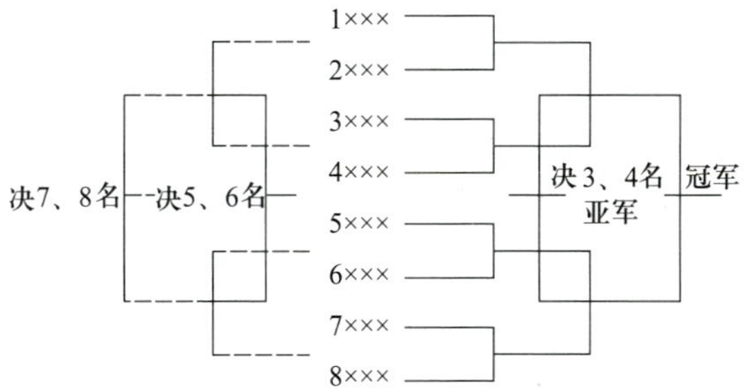

» 图 7-3-2　8个队单淘汰附加赛对阵秩序

2. 单淘汰赛比赛场数

比赛场数等于参赛队数减 1。如 16 个队参赛则比赛场数等于 15 场。

3. 单淘汰赛轮数计算方法

计算方法为 2 的乘方数即比赛轮数（通常选择参赛队数最接近的 2 的乘方数）。如 16 个队参赛为：$16=2^4$，即比赛 4 轮；如 30 个队参赛为：$32=2^5$，即比赛 5 轮；14 个队参赛为：$16=2^4$，即比赛 4 轮。

4. 单淘汰赛种子队设定方法

单淘汰赛固然有对抗性强、容量大、节约时间等优点，但在理论和实践上却表现为一系列不合理性，最突出的是比赛偶然性大，因此，比赛中常用设立种子队的方法来保证一些队不在前几轮中遇到淘汰。种子队一般由排名在前的队担任，种子队的数目一般是参赛队队数的 1/6 或 1/12。种子队在编排中的具体位置可以通过查找“种子队位置表”获得。

5. 单淘汰赛“轮空”队位置的确定

当参赛队不是 2 的乘方数时，则须安排一部分位置“轮空”，目的是使第一轮比赛正好是 2 的乘方数，以克服单淘汰赛比赛秩序的不完整性。

轮空数目等于编排采用的数字位置减去参赛队数。如 14 个队比赛则 16−14=2，即有 2 个轮空数。轮空队在编排秩序中所占的具体数字位置可以通过查找“轮空位置表”获得。

例：14 个队比赛编排方法

首先设立 2 个种子队，通过查表，获得编排秩序中具体数字 1、16 分别是种子队所处位置。其次确定轮空数为 2 个，通过查表，分别获得秩序表中具体数字 2、15 是轮空位置，具体编排秩序见图 7-3-3。

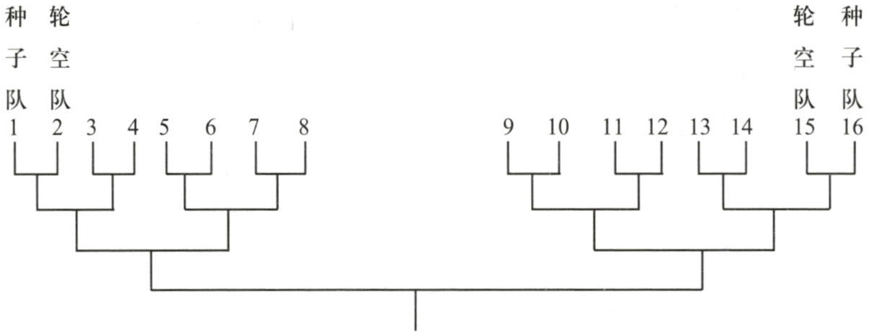

» 图 7-3-3　14个队单淘汰赛编排秩序

（三）双淘汰赛的编排方法

运动队按照排定的秩序进行比赛，失败两次才被淘汰，即为双淘汰赛。

1. 双淘汰赛的场数计算

比赛总场数 = $2x-3$（x 为参赛队数）

2. 双淘汰赛轮数计算

（1）总轮数。胜方轮数 + 负方轮数 = $n+(n-1)\times 2=3n-2$

（2）胜方轮数 = n（即单淘汰赛轮数）；负方轮数 =$(n-1)\times 2$。

例如，8 个参赛队进行双淘汰赛，需 7 轮、13 场比赛。

3. 双淘汰赛编排的两种方法

图 7-3-4 是不交叉编排表，不交叉便于解决同单位的队伍过早相遇问题，编排时把同一队伍的运动队采用抽签方法抽到不同的区中即可以避免同单位的队伍过早相遇。图 7-3-5 是交叉编排表，交叉法主要是解决两队重复比赛问题。

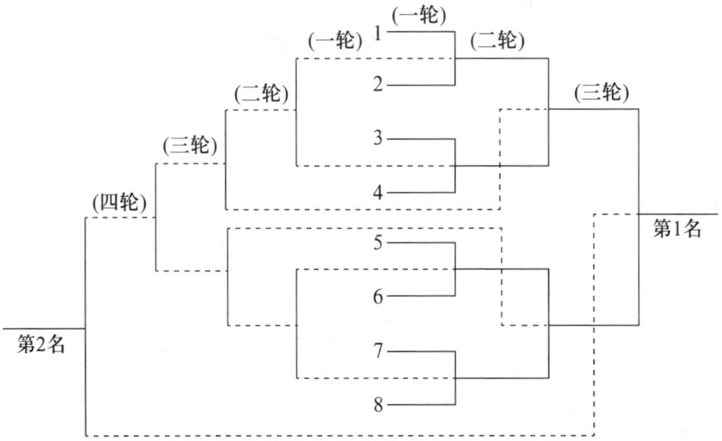

» 图 7-3-4　双淘汰不交叉表

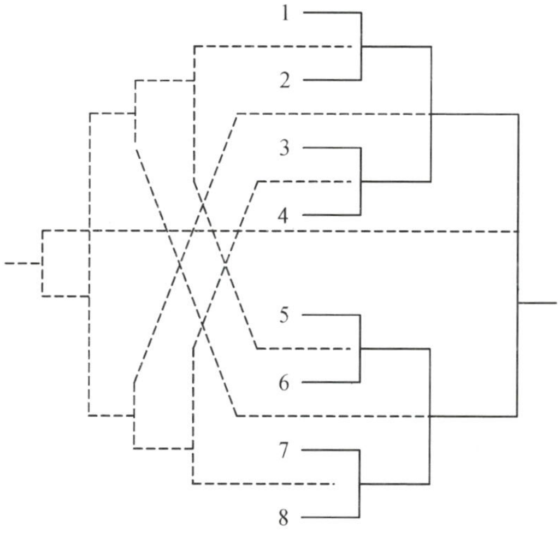

» 图 7-3-5 双淘汰交叉排表

（四）淘汰赛制编排的注意事项

（1）在淘汰赛中，由于各组别和场次多，而且交叉进行，编排时容易出现重场、漏场和连场等问题，因此在编排中要注意全面检查、反复核对以避免差错。

（2）无论是单淘汰赛还是双淘汰赛，比赛都应逐轮进行，以保持比赛进度一致。

（3）由于淘汰赛的特点，编排要特别安排好各组别比赛的“决赛”。

（4）编排方案应立足于假设选手在任何一场比赛中都有望取胜，以此来编排每个选手可能出现的最大比赛强度和极限量。

三、混合赛的编排方法

（一）混合赛制含义

在一次竞赛中，同时采用多种赛制的竞赛办法叫混合赛制。在比赛参加队数较多时（通常达数十支队伍），可以采用先淘汰、后循环的比赛方法。在国内和基层排球比赛中，当队数超出 10 个队时（通常队数为 10～20 支），经常在第一阶段采用分组循环，第二阶段采用同名决赛或小循环赛、淘汰赛决出具体名次。即第一阶段先分组进行单循环比赛，将参赛队分为若干个组，进行单循环赛，决出各个小组名次；第二阶段决赛采用同名决赛、小循环赛或交叉淘汰附加赛决出名次。

（二）混合赛制决赛阶段比赛办法

（1）同名次赛。例如第一阶段将 16 个队分成 4 个小组比赛，决赛时把预赛 4 个组的第 1 名编成一组进行单循环赛，决出 1—4 名，各小组的第 2 名编在一起决出 5—8 名，其余类推。

（2）交叉赛。例如第一阶段将 16 个队分成两个小组比赛，决赛时把各组的前两名进行交叉比赛，两场胜者进行决赛争夺 1、2 名，两场负者再相互比赛决出 3、4 名，各组 3、4 名用同样方法决出 5—8 名，其余类推。

（3）淘汰附加赛。各个小组进入前 16 名或前 8 名的队进行再一轮的淘汰附加赛，决出 1—8 或 1—16 名，具体方法参见上述淘汰赛内容。

（三）决赛阶段采用的两种编排办法

（1）交叉赛编排办法。第一阶段各个小组前 2 名交叉决出 1—4 名，3、4 名决出 5—8 名，以后名次决赛办法依此类推。第一天先进行交叉赛，第二天胜者同胜者、负者同负者决赛，具体编排方法见图 7-3-6。

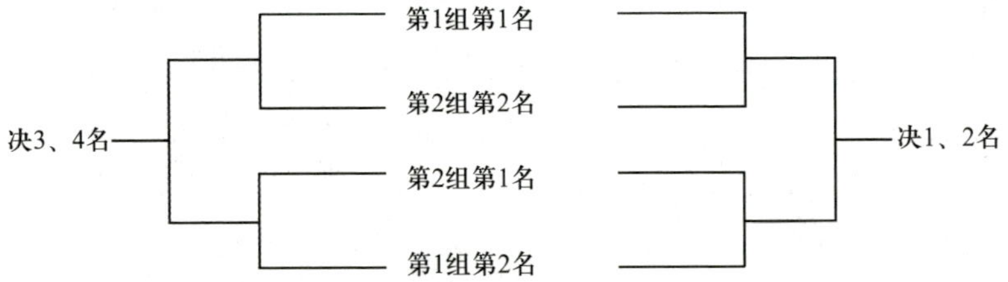

» 图 7-3-6　交叉决赛编排方法

（2）佩奇制赛编排办法。在第一阶段各小组名次基础上的第二阶段的一种决赛办法，具体比赛秩序编排见图 7-3-7。

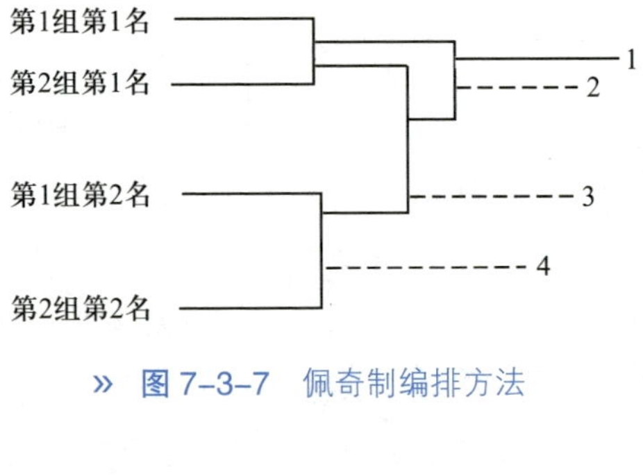

» 图 7-3-7　佩奇制编排方法

专栏 2：新积分办法助中国女排迈向伦敦奥运会

北京时间2011年11月18日，中国女排以3∶0零封德国女排，从而获得本届世界杯最后一张直通2012年伦敦奥运门票。本场比赛，中国女排气势如虹，上佳的比赛斗志和必胜的信念令姑娘们取得了一场完美战果。

中国女排取得世界杯赛的前三名，一方面是女排姑娘们在比赛中上佳的水平发挥，另一方面则要得益于本次世界杯比赛规则新的积分办法。

按照本次世界杯比赛规则规定，比赛分为4个阶段，每个阶段都分成A、B两组进行比赛。比赛采用单循环赛制，在4个阶段里，每支球队和其他11支球队先后碰面进行11轮比赛。比赛结果为3∶0或者3∶1时，获胜的球队积3分，负队积0分；比赛结果为3∶2时，获胜的球队积2分，负队积1分。最后以积分多少进行名次的排列，积分最多的球队即为冠军。

在前10轮比赛后，中国队同日本队都是胜7场，负3场，但是中国队积23分排名第3，日本队积21分排名第4，同样的胜负场次，为何中国队与日本队的积分不同呢？主要是中国队在3个负场中都是以2∶3告负（中国2∶3意大利、中国2∶3巴西、中国2∶3美国），从而拿到了宝贵的3个积分。因此在前10轮的比赛结束后，中国队积分领先日本队。在最后一场比赛中，中国与日本队都以3∶0完胜对手，最终中国队积26分，日本队积24分，中国女排获世界杯前三名，取得了2012年伦敦奥运会的参赛资格，而日本队则须参加奥运会附加赛再争取参赛资格。

思考与实践

1. 排球竞赛有哪些独特的魅力与功能？
2. 排球竞赛业务部门的主要工作内容有哪些？
3. 排球竞赛常用的赛制有哪些？在选择赛制时需要考虑哪些因素？
4. 根据学校排球比赛特点，制定一份学校排球竞赛规程。
5. 请用“贝格尔”编排方法编出11个队参加排球比赛的日程表。

第八章　排球竞赛规则与裁判工作

本章导言

排球竞赛规则与裁判工作是排球运动必不可少的部分。本章系统介绍了排球比赛最新规则及裁判法，主要内容包括排球竞赛规则与裁判工作概述、排球比赛场地与器材设施、主要规则与裁判方法、裁判员主要工作职责与工作方法。通过本章的学习，有助于学生掌握规则的基本概念，理解规则的精神，从而更好地为教学训练服务，推进技战术发展。学习排球竞赛规则不仅能够使学生培养公平公正的体育精神，养成良好的体育道德行为，还能使其合理合法地运用规则，维护本队正当权益。

学习目标

知识目标：掌握并理解排球标准场地画法及测量方法，竞赛主要规则的相关概念以及了解裁判员的职责。

能力目标：熟悉裁判员的工作方法和程序，初步具备排球比赛执裁工作的能力。

价值目标：积极培养公平公正的体育精神，养成良好的体育道德行为。

第一节　排球竞赛规则与裁判工作概述

近年来，排球规则在不断变化，从实践中也可以看出，规则的修改提高了比赛的精彩程度。然而，不同的群体对规则的理解和认知也不尽相同。通过学习，使学生对排球规则有一个基本认识。

一、排球竞赛规则的作用

排球竞赛规则（以下简称规则）是对排球运动技术的统一规范，是排球竞赛的主要法律文件。我国排球竞赛规则由中国排球协会审定颁布，目前全国排球比赛执行的比赛规则是《排球竞赛规则（2021—2024）》。

（一）规则具有公平性

规则保证了比赛的公平进行，体现在比赛条件均等、参赛人数相等、比赛机会均等等方面。

（二）规则具有适应性和发展性

规则促进了运动技术水平的提高和合理发展，体现在规则的制定要符合技术与战术的发展规律和运动特点，规则的修改要促进技术与战术的发展等方面。

（三）规则具有同一性和统一性

具体包括：比赛条件规格化、比赛方法与形式的一致性、比赛尺度一致性。

（四）规则具有权威性和严肃性

体现在文字准确、文本有高度的概括性、指导性等方面。

二、对技战术发展有重大影响的规则修改条文

自 20 世纪 50 年代至今，规则一直不断地修改，旨在促进排球运动的技战术发展，其中对排球运动影响较大的有：

1965 年规则修改为：允许伸手过网进行阻拦，但在对方扣球前，拦网队员不得越过球网垂直平面触球。

1968 年增加了标志杆，标志杆安装在标志带外 20 厘米处，从而使过网区域限定在一定范围内。

1977 年标志杆内移 20 厘米，与标志带重叠。规定拦网触手不算一次击球，还可再打三次。采用三球制比赛。这些规定使排球防反战术得以发展，并加快了比赛节奏。

1984 年规则取消了拦发球，取消了第一次击球时，用一个动作的连击（上手传球除外）。这些规定促进了防守技术的发展，发球技术也得以发展。

1992 年规则规定了膝关节以上为合法触球部位，使防守技术得到进一步发展。

1994 年规则将持球概念修改为球必须被击出，不得接住或抛出，第一次击球时用一个动作击球无连击犯规。这些规定大大减少了比赛的击球犯规次数，使攻防争夺更加激烈。

1995 年发球区扩大为端线后 9 米的地区，球可触及身体的任何部分。规则促使发球技术、防守技术有了新的发展。

1997 年对手过中线和将球从过网区外击向对方无障碍区还可救回继续比赛的规则作出新规定，使防守起球机会增多，增加了攻守回合。

1999 年执行了每球得分制、自由防守队员的规则，使排球比赛竞争更加激烈，攻防对抗加剧，对队员的技术水平和战术素养提出更高要求。

2000 年执行了发球 8 秒和发球触网落入对方场内算好球，比赛可继续进行的规则，并修改了触网犯规的规则，刺激了排球发球技术和攻防技术的发展，使排球技术不断向着准确、实效的方向发展。

2005 年进一步明确了触网犯规的规定，并对教练员的活动范围作了限定。

2009 年规则主要对过中线规则、对干扰比赛的触网犯规、对场上两名自由人的使用和对快速换人做了新的规定。

2013 年规则对上一版关于过中线、触网、自由人、换人等条文进行了更为明确细致的规定，并对不良行为的判罚做了修改。

2015 年规则修改内容主要包括缩小发球区、击球过程中的触网为犯规、界内球、自由人、裁判员手势等方面。

2023 年对准备活动区、对队员位置错误的判定重新进行表述，增加挑战裁判员

及替补裁判员职责，同时自由人可以担任队长，取消技术暂停，取消判罚区等。

三、裁判员的作用

（一）裁判员是竞赛的组织者之一

裁判员是比赛的参加者亦是比赛的组织者，他必须熟悉规则和规程，才能使比赛过程有序进行。

（二）裁判员使比赛公正地进行

比赛条件与机会是均等的。裁判员为使比赛公平公正地进行，必须正确理解和准确执行规则精神，使比赛结果成为运动队水平的客观反映。

竞技比赛中优秀裁判员的立足点是执法的公正一致：对所有参赛者的公正一致；被观众认可的公正一致。

裁判员要具备如下素质才能获得运动员的充分信任，使他们满怀信心，毫无拘束地投入比赛之中：

（1）准确的判断。

（2）对规则精神的了解。

（3）有效的组织能力。

（4）把握比赛的流畅进行。

（5）教育不文明和处罚违背公正的行为。

（6）促进排球运动的发展，让观众融入比赛，参与互动；让运动员更好地发挥水平，娱乐大众。

总之，一名优秀的裁判员会通过排球竞赛规则的执行，使比赛给所有参与者带来美好的体验。

（三）裁判员对推动排球运动发展具有促进作用

裁判员要熟悉技术与战术的发展趋势，在执行裁判任务时，明确鼓励什么、限制什么，从而在技术规范上对排球技术发展起到促进作用。

（四）裁判员是比赛场上体育道德行为规范的实践者和教育者

排球比赛除比赛条件外，还应有良好的竞赛环境。无论是参加比赛的运动员、教练员还是裁判员，都应努力实践，做一名比赛场上体育道德行为规范的倡导者。

专栏 1：裁判员工作指南

裁判员应努力践行中国排球协会一贯倡导的“德才兼备、业务精湛、形象优良、风清气正”的工作要求，积极为比赛和运动员服务。一名优秀裁判员的本质在于公平、公正和一致性（裁判位置设在双方比赛场区的中间即是平衡的象征）。这些本质特征使运动员能够信任裁判员的判罚。然而，裁判员必须是辅助者而不是控制者，是乐团指挥家而不是独裁者，是有效的推动者而不是“高效”的惩罚者。

资料来源：2023—2024 中国排球超级联赛技术手册（裁判工作指南）

第二节　排球比赛场地与器材设施

在对排球规则有了基本认识之后，与排球运动密不可分的便是比赛场地及相关器材设施。通过学习，使学生能够明确场地和器材的标准，从而更好地开展排球运动。

一、排球比赛场地和规格

排球比赛场地为对称的长方形，包括比赛场区和无障碍区（图 8-2-1 至图 8-2-3）。

（一）面积

比赛场区为长 18 米、宽 9 米的长方形，其四周至少有 3 米宽的无障碍区。比赛场区上空的无障碍空间从地面量起至少高 7 米，其间不得有任何障碍物。国际排联比

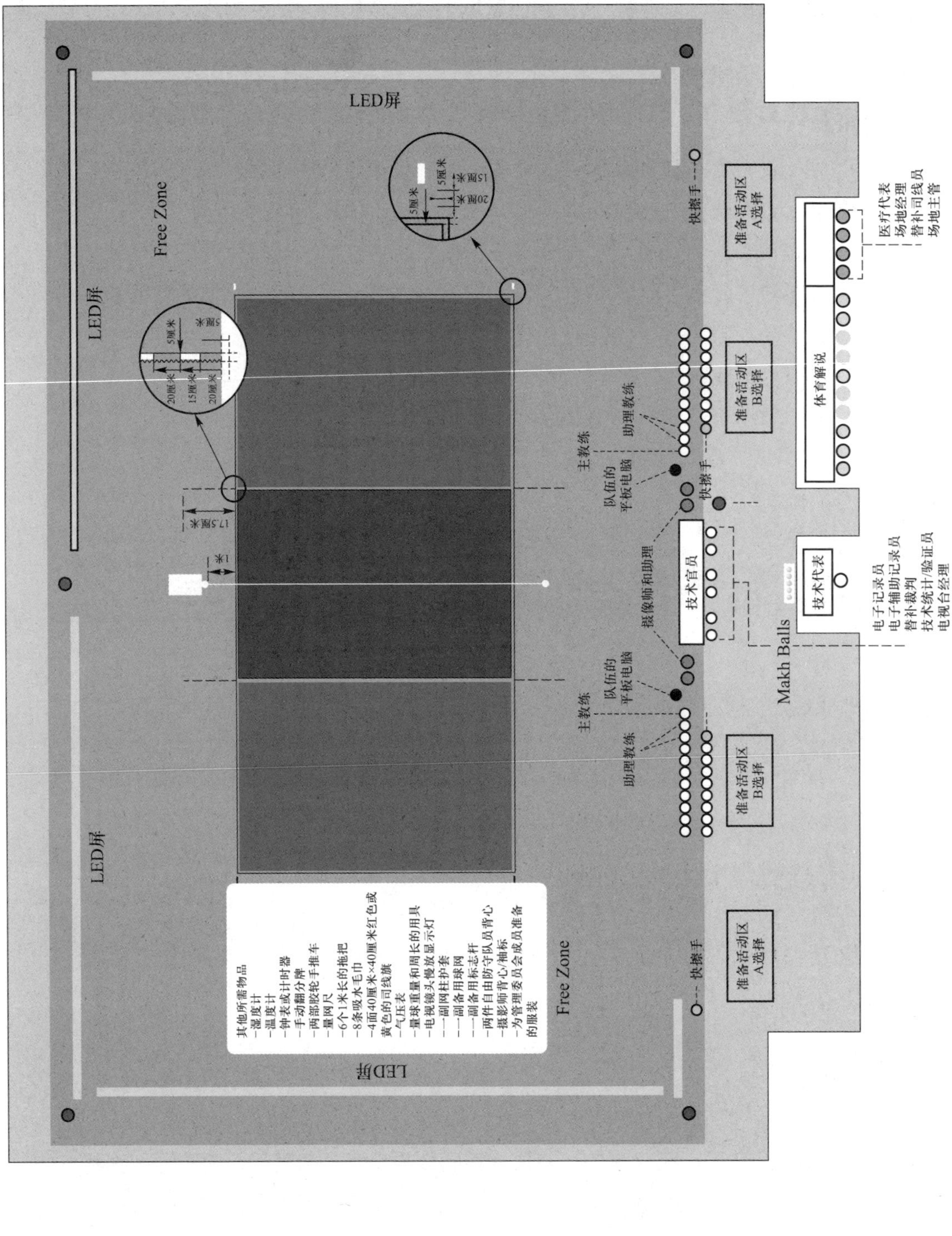
LED屏
LED屏
LED屏
LED屏
Free Zone
Free Zone
准备活动区 A选择
准备活动区 B选择
准备活动区 B选择
准备活动区 A选择
快擦手
快擦手
快擦手
主教练
助理教练
队伍的平板电脑
主教练
助理教练
队伍的平板电脑
摄像师和助理
技术官员
技术代表
体育解说
Makh Balls
17.5厘米
1米
医疗代表
场地经理
替补司线员
场地主管
电子记录员
电子辅助记录员
替补裁判
技术统计/验证员
电视台经理
后备手动记分员
其他所需物品
-湿度计
-温度计
-钟表或计时器
-手动翻分牌
-两部胶轮手推车
-量网尺
-6个1米长的拖把
-8条吸水毛巾
-4面40厘米×40厘米红色或黄色的司线旗
-气压表
-量球重量和周长的用具
-电视镜头慢放显示灯
-一副网柱护套
-一副备用球网
-一副备用标志杆
-两件自由防守队员背心
-摄影师背心/袖标
-为管理委员会成员准备的服装

» 图 8-2-1 竞赛控制区

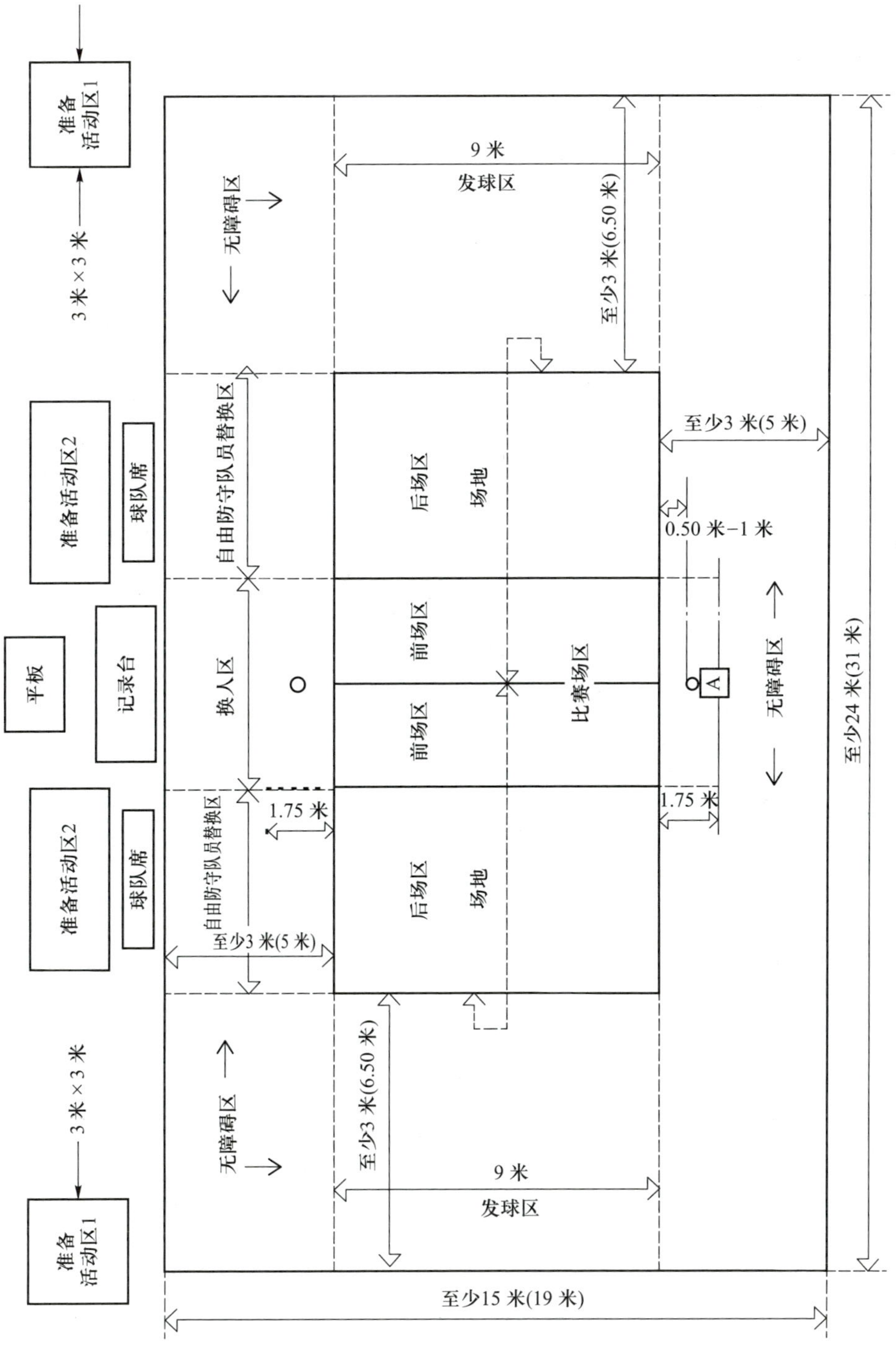
准备活动区1
3 米 × 3 米
无障碍区
9 米
发球区
至少3 米(6.50 米)
自由防守队员替换区
准备活动区2
球队席
至少3 米(5 米)
后场区
场地
0.50 米-1 米
平板
记录台
换人区
前场区
比赛场区
无障碍区
A
1.75 米
至少24 米(31 米)
至少15 米(19 米)

» 图 8-2-2 比赛场地

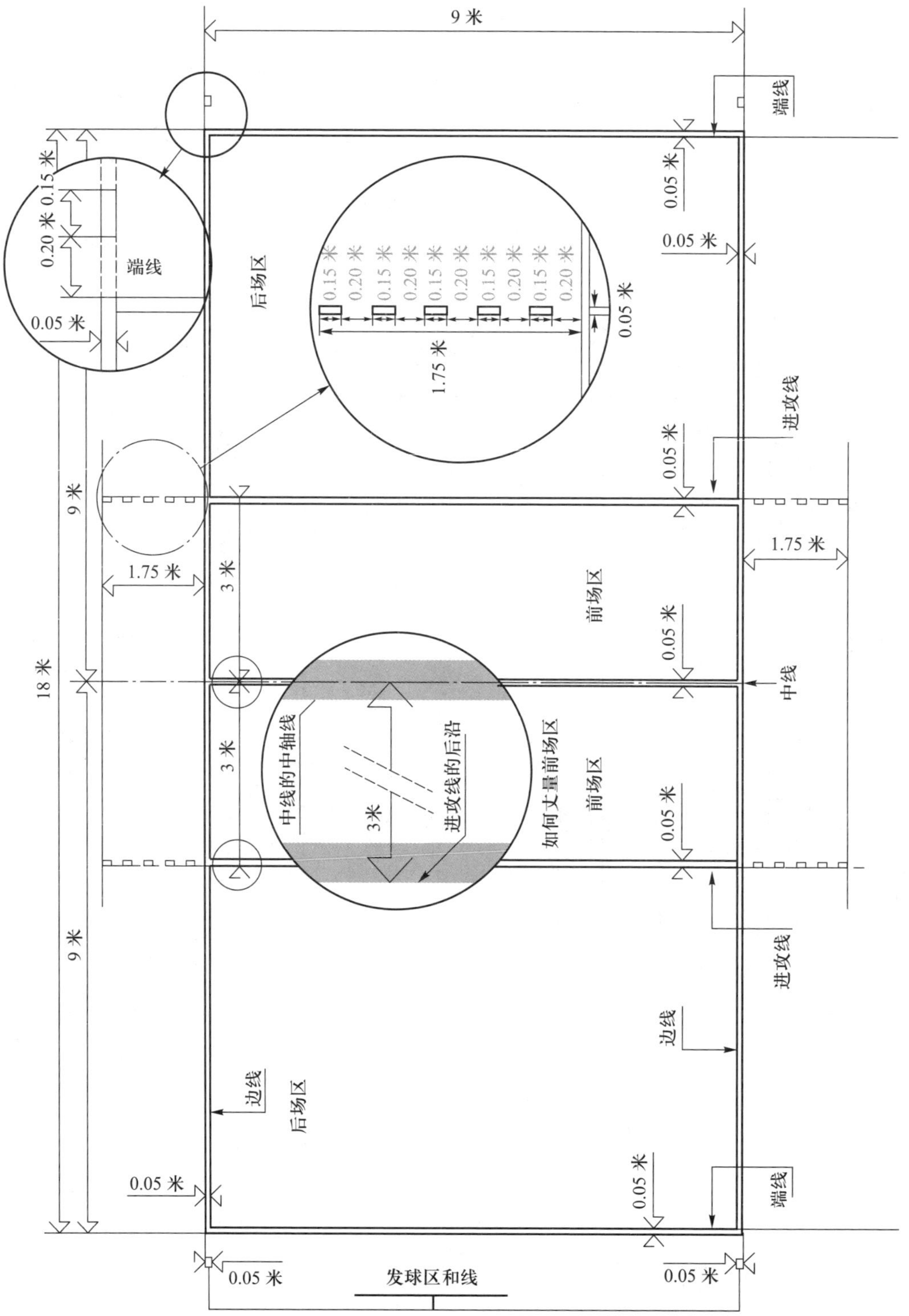
9 米
端线
0.05 米
0.20 米
0.15 米
后场区
1.75 米
进攻线
9 米
3 米
前场区
18 米
中线
中线的中轴线
进攻线的后沿
如何丈量前场区
边线
发球区和线

》 图 8-2-3 比赛场区

赛、世界性比赛和正式比赛中，比赛场区边线外无障碍区的宽度应为 5 米，端线外无障碍区的宽度应为 6.5 米。比赛场地上空的无障碍空间至少高 12.5 米。

（二）比赛场地地面

比赛场地的地面必须平坦、水平、划一，不得有任何可能伤害队员的隐患，不得在粗糙、湿滑的场地上进行比赛。国际排联比赛、世界性比赛和正式比赛中的场地地面只能是木制的或合成物质的，任何地面都必须事先经国际排联验准。

室内比赛场区的地面必须为浅色。国际排联比赛、世界性比赛和正式比赛中的场地界线为白色，比赛场区和无障碍区分别为另外的、彼此不同的颜色，比赛场区的前场区和后场区可使用不同颜色进行区分。

室外场地为了排水，每米可以有 5 毫米的坡度。禁止用任何坚硬的物体作为场地界线。

（三）场地上的画线

1. 规格

所有的线宽 5 厘米，其颜色应该是与地面以及其他画线不同的浅色。

2. 界线

两条边线和两条端线划定了比赛场区。边线和端线都包括在比赛场区的面积之内。

3. 中线

中线在球网下方连接两条边线的中点。中线的宽度须平均分配，其中心线将比赛场区分为长 9 米、宽 9 米的两个相等场区。

4. 进攻线

每个场区各画一条距离中心线 3 米的进攻线，标出前场区。国际排联比赛、世界性比赛和正式比赛时，进攻线是被无限延长的，在每条进攻线两端向无障碍区各画 5 段长 15 厘米、宽 5 厘米、间隔 20 厘米的虚线，虚线总长 1.75 米。

（四）区与区域

1. 前场区

每片场区里，中心线与进攻线之间的区域为前场区。前场区被认为是向边线外延长的，直至无障碍区的边界。

2. 发球区

发球区宽 9 米，位置在端线后。端线后两条边线的延长线各画一条长 15 厘米、垂直于端线并距离端线 20 厘米的短线，两条短线之间的区域为发球区，短线的宽度包括在发球区之内。发球区的深度延至无障碍区的终端。

3. 换人区

两条进攻线的延长线之间、记录台一侧边线外的范围为换人区。

4. 自由防守队员替换区

自由防守队员替换区是无障碍区的一部分，在替补席一侧的进攻线延长线和端线延长线之间。

5. 准备活动区

国际排联比赛、世界性比赛和正式比赛中，位于双方无障碍区外的球队席远端角落应各画有 3 米 ×3 米的准备活动区，但不可阻挡观众的视线；如果观众看台的高度高于场地表面 2.5 米以上时，也可把准备活动区设置在球队席后面。

（五）温度

最低温度不得低于 10 °C（50 °F）。国际排联比赛、世界性比赛和正式比赛的室内最高温度由该场比赛的技术代表决定。

（六）照明

光照强度应不低于 300 勒克斯。国际排联比赛、世界性比赛和正式比赛中，场地的光照强度在距离场地地面 1 米处进行测量，其数值应不得低于 2 000 勒克斯。

二、球网与网柱（图 8-2-4）

（一）球网高度

球网架设在中线上空，高度为男子 2.43 米，女子 2.24 米。

球网的高度应从场地中间丈量，球网两端（边线上空）的高度必须相等，并不得超过规定网高 2 厘米。

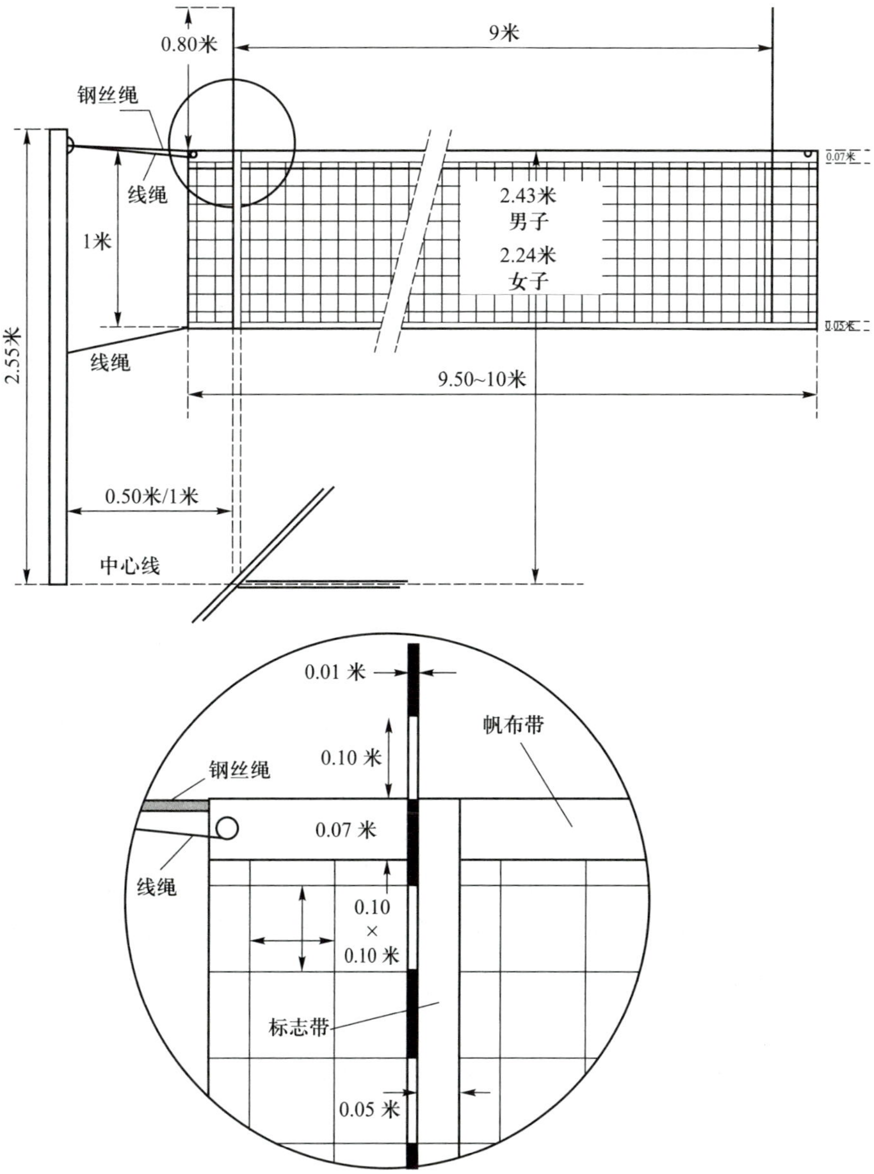

» 图 8-2-4　球网的规格

（二）构造

球网宽 1 米（±3 厘米），长 9.50～10 米（含每侧标志带外 25～50 厘米的部分），由 10 厘米见方的黑色网格编织而成。

在国际排联比赛、世界性比赛和正式比赛中，可根据赛事商业开发协议调整网格大小以适应广告放置的需求，其变化应在竞赛规程中说明。

球网上沿的全长缝有一条 7 厘米宽的双层白帆布带。帆布带的两端各留有一个孔，用绳索穿过孔系在网柱上使球网上沿被拉紧。在帆布带内，一根柔韧的绳索将球网固定在网柱上并使其顶部绷紧。

沿球网下沿全长缝有另外一条构造与球网上沿相同的 5 厘米宽的帆布带，同样用一根绳索穿过，系在网柱上使球网下沿绷紧。

（三）标志带

两条宽 5 厘米、长 1 米的白色带子为标志带，分别系在球网的两端，垂直于边线。标志带被认为是球网的一部分。

（四）标志杆

标志杆是有韧性的杆子，长 1.8 米，直径 10 毫米，由玻璃纤维或类似的材料制成。两根标志杆分别设置在标志带外沿球网的不同侧面。

标志杆高出球网 80 厘米。高出部分每 10 厘米应涂有明显对比的颜色，最好为红白相间。

标志杆被认为是球网的一部分，并视为过网区的边界。

（五）网柱

两根网柱分别架设在两条边线外 0.5～1 米处，高 2.55 米，最好可以调节高度。

在国际排联比赛、世界性比赛和正式比赛中，网柱应架设在边线外 1 米处，其外部必须进行柔软包裹。

网柱应为光滑的圆形且无拉链，一切危险设施和障碍物都必须清除。

（六）附加设备

一切附加设备都必须符合国际排联的规定。

三、球

（一）标准

球是圆形的，由柔软皮革或合成革制成外壳，内装橡胶或类似材料制成的球胆。

颜色可以是单一的浅色或彩色。

正式国际比赛使用的合成革和彩色球必须符合 FIVB 标准。

球的周长为 65~67 厘米，重量为 260~280 克。

球的气压应为 0.30~0.325 千克 / 平方厘米（294.3~318.82 百帕）。

（二）统一性

在同一次比赛中所用的球，其周长、重量、气压、牌号及颜色等都必须是统一标准的。除非国际排联同意，否则国际排联比赛、世界性比赛和正式比赛以及国家锦标赛、国家联赛一样，都必须使用国际排联批准的用球。

（三）五球制

国际排联比赛、世界性比赛和正式比赛采用 5 球制。这种情况下，应设 6 名捡球员：无障碍区的 4 个角各 1 名，第 1、2 裁判员后面各 1 名。

四、场地的画法与测量方法

（一）场地的丈量画法（图 8-2-5）

先在场地中间画一条 9 米长的线 MN，取中点 O 为圆心，以 10.06 米为半径，向 4 个场角画弧，再分别以 M、N 为圆心，以 9 米为半径画弧，分别同前面 4 个弧线相交，成 A、B、C、D 4 个点，连接 4 个点便形成了场区的边线和端线。再分别

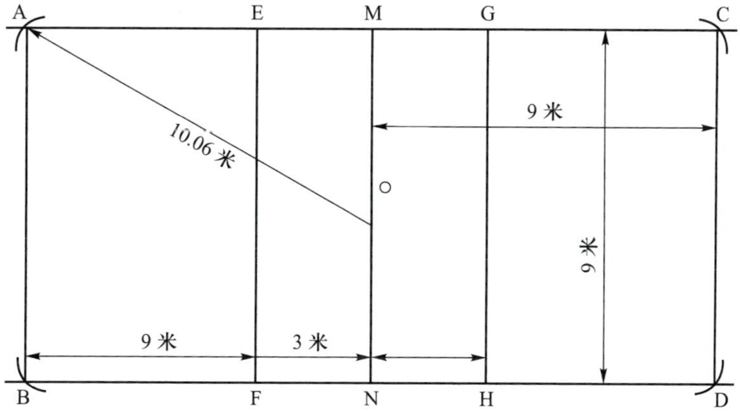

» 图 8-2-5　排球场地绘制示意图

以M、N为圆心，以3米为半径，在边线上截取E、F、G、H 4个点，连接EF、GH形成进攻线。发球区分别画在4个角边线的延长线上，距端线20厘米，长15厘米。

（二）场地的检测

主要对场地线宽度、长度及场地的区域是否呈长方形等进行丈量检查。一般采用三角形勾股定理进行计算。可将场地的长方形分割成几个三角形，而后进行丈量。

检查的方法：可将钢尺一端固定在场地的一角，然后向各个长方形的对角线进行丈量（图8-2-6）。例如，边线距本方进攻线的斜线距离为10.81米（丈量要求：从边线顶点至本方进攻线外沿）；边线距中线斜线距离为12.73米（丈量要求：从边线顶点至中线中点）；边线距对方进攻线的斜线距离为15米（丈量要求：从边线顶点至对方进攻线外沿）；排球场整个场地的对角线距离为20.12米（丈量要求：从边线顶点至对方边线外沿顶点）。

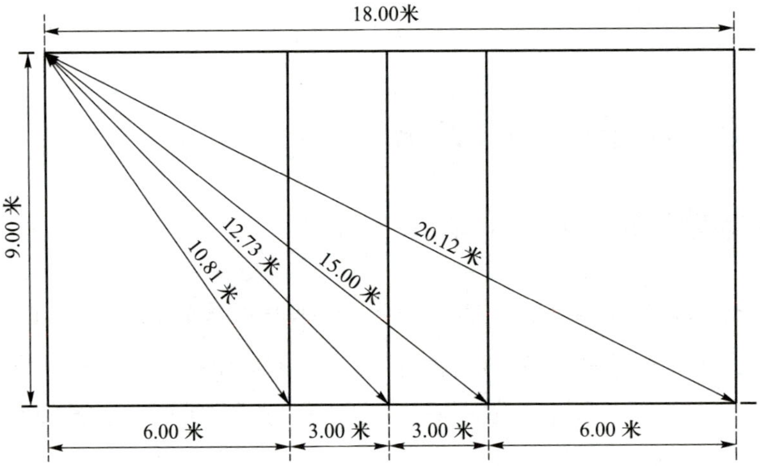

» 图8-2-6　排球比赛场地尺寸示意图

第三节　排球竞赛主要规则与裁判方法

在完成前两节内容学习的基础上，通过学习本节内容，可以更好地把握规则变化的实质与内涵，夯实理论功底，从而在实践中熟练地运用规则，以适应排球竞赛和排球运动发展的需求。

一、比赛特性与方法

（一）比赛特性

排球比赛是两队队员在由球网分开的场地上进行的集体比赛项目。它有多种比赛方式，以适应各种不同性质比赛的需求。

比赛的目的，是对抗的两队遵照规则将球击过球网，使其落在对方场区的地面上而防止球落在本队场区的地面上。每队可击球 3 次（拦网触球除外）将球击回对方场区。

比赛由发球开始，发球队员击球使球从网上飞至对方场区，比赛由此连续进行，直至球落地、出界或某一队不能合法将球击回。

排球比赛中某队胜 1 球，即得 1 分（每球得分制）。接发球队胜 1 球时得 1 分，同时获得发球权，队员按顺时针方向轮转 1 个位置。

（二）比赛计分方法

1. 得 1 分

（1）以下情况球队得 1 分：球成功落在对方场区；对方犯规；对方受到处罚。

（2）犯规：当队员的比赛行为违背规则（或其他方式的犯规）时，裁判员按以下规则做出判定：如果两个或更多个犯规先后发生，只判第 1 个犯规；如果双方队员同时犯规，判为“双方犯规”，该球重新进行。

（3）比赛过程和完整比赛过程：比赛过程是指从发球击球起至该球成死球的比赛行为。完整比赛过程是造成得分结果的比赛行为。包括：判罚得分；因发球超时犯规而失去发球权。如果发球队获胜，得 1 分并继续发球；如果接发球队获胜，得 1 分并获得发球权。

2. 胜 1 局

每局（决胜的第 5 局除外）先得 25 分，同时至少超过对方 2 分的队胜 1 局。当比分 24∶24 时，比赛继续进行至某队领先 2 分（26∶24、27∶25……）为止。

3. 胜 1 场

（1）胜 3 局的队胜 1 场。

（2）如果 2∶2 平局时，决胜的第 5 局打 15 分并至少领先对方 2 分的球队获胜。

4. 弃权与阵容不完整

（1）某队被召唤后拒绝比赛，则宣布该队为弃权。对方以每局 25∶0 的比分和 3∶0 的局分获胜。

（2）某队无正当理由而未准时到达比赛场地，则宣布该队为弃权。

（3）某队被宣布 1 局或 1 场比赛阵容不完整时，则输掉该局或该场比赛，判给对方胜该局或该场比赛所必需的分数和局数。保留阵容不完整队所得的分数和局数。

（三）比赛方法

1. 比赛开始

裁判员鸣哨允许发球，发球队员击球时比赛开始。

2. 比赛中断

裁判员鸣哨终止比赛，比赛中断。

二、比赛参加者的义务和权利

（一）球队的组成

一支队伍最多有 12 名队员，另加 1 名教练员，最多 2 名助理教练员，1 名理疗师和 1 名医生。

只有登记在记录表上的运动队成员才可以进入比赛控制区，参加赛前的正式准备活动和比赛。国际排联比赛、世界性比赛和正式比赛中的成年比赛，一场比赛记录表中最多可以登记 14 名运动员上场参赛。经主教练指定，最多 5 名官员（包括主教练）可以坐在球队席上，不允许领队和随队记者坐在球队席或球队席后面的控制区。

队长和教练员都应对全队成员的行为和纪律负责。

自由防守队员可以担任队长和场上队长。

（二）队长

1. 比赛前

队长在记录表上签字，并代表本队抽签。

2. 比赛中

当队长在场上时，他就是场上队长。当队长不在场上时，教练员或队长必须指定另一名场上队员担任场上队长并代行其职责，直至该队员被替换下场，或队长返回场上，或至该局结束。

当比赛成死球时，只有场上队长有权与裁判员对话：

（1）请求对规则和规则的执行进行解释，转达本队成员提出的问题或请求。如果对解释不满意，可以选择抗议并立即向第 1 裁判员声明，保留其在比赛结束时将正式抗议写在记录表上的权利。

（2）请求允许：① 更换全部或部分装备。② 核对双方队员的位置。③ 检查地板、球网和球等。④ 在教练员缺席且没有助理教练员代行其职责时，请求暂停和换人。

3. 比赛结束时

（1）队长感谢裁判员，并在记录表上签字承认比赛结果。

（2）如果队长曾向第 1 裁判员提出过声明，在经过进一步确认后可在记录表上记录关于对裁判员规则执行或解释的正式抗议。

（三）教练员

教练员应自始至终在比赛场区之外进行指挥，与第 2 裁判员联系填写位置表、请求暂停或换人。

比赛前，教练员在记录表上登记和检查队员姓名、号码并签字。

比赛中，教练员：

（1）每局开始前填写位置表，签字后交给第 2 裁判员或记录员。如果是使用电子设备的比赛，则该位置表的电子传送过程将自动被视为正式提交。

（2）坐在靠近记录员一端的球队席上，但可以暂时离开。

（3）请求暂停或换人。

（4）与球队的其他成员一样，都可以在场上对队员进行指导。教练员进行指导时，如果准备活动区位于比赛控制区的角落，教练员可以在本方球队席前自进攻线延长线至准备活动区的无障碍区内站立或行走，但不得干扰或延误比赛。如果准备活动区位于球队席后面，教练员的活动范围可以延至本方场地的边界，但不得阻挡司线员的视线。

（四）助理教练员

助理教练员坐在球队席上，但无任何权力干预比赛。

如果教练员除作为队员上场外的任何原因，包括被处罚必须离开球队时，1 名助理教练员可以在此期间承担教练员的职责，但必须经场上队长向裁判员确认。

专栏 2：裁判法案例分析——比赛参加者

问题：在排球比赛中某队有两名队员分别佩戴戒指和项链参加比赛。第 1 裁判员发现后要求她们摘掉，项链摘掉了，但戒指摘不下来。这种情况下，第 1 裁判员允许她戴着戒指参赛吗?

裁定：规则规定是不允许佩戴饰物参加比赛的。所以第 1 裁判员要注意检查运动员的饰物，原则上必须摘掉，如果确实摘不下来，要求运动员必须用胶布或胶带将饰物缠好，以避免自己受伤或伤及队友。裁判员必须明确告诉这名队员和教练员，她已经违背了规则精神，必须对由戒指引发的伤害后果负责。

三、发球

后排右侧的队员在发球区内将球击出并进入比赛的行为是发球。

（一）首先发球

第 1 局和第 5 局由抽签选定发球权的队首先发球。其他各局由前一局未首先发球的队首先发球。

（二）发球的次序

队员发球的次序按位置表上的顺序进行。

在每一局的第一次发球后，队员按下列规定进行发球：

（1）当发球队胜 1 球时，原发球队员（或其替补队员）继续发球。

（2）当接发球队胜 1 球时，该队获得发球权并在下一次发球前进行轮转，由前排右侧轮转至后排右侧的队员发球。

（三）发球的允许

第 1 裁判员检查发球队员已持球在手，并且双方队员已经做好比赛准备时，允许发球。

（四）发球的执行

球被抛起或持球手撤离后，必须在球落地前，用一只手或手臂的任何部分将球击出。

球只能被抛起或撤离 1 次，但拍球或在手中摆弄球是允许的。

发球队员在击球时或发球起跳时，不得踏及场区（包括端线）和发球区以外的地面。击球后可以踏及或落在场区内或发球区以外。

发球队员必须在第 1 裁判员鸣哨允许发球后的 8 秒之内将球击出。

裁判员鸣哨允许发球前的发球无效，应重发。

（五）发球掩护

发球方的队员不得通过个人或集体掩护行为，阻挡对方观察发球队员的击球行为和球的飞行路线。

发球击球直至球飞过球网垂直面的过程中，发球方队员个人或集体挥臂、跳跃、侧向移动，或密集站立遮挡发球击球行为和球的飞行路线，构成发球掩护。但如果这些行为发生时没有导致遮挡，就不是掩护（图 8-3-1）。

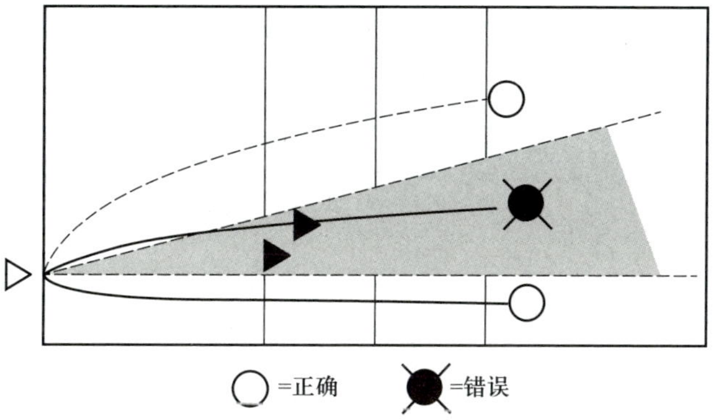

» 图 8-3-1　发球时的集体掩护

（六）发球时的犯规

1. 发球犯规

下列犯规应判为发球犯规，即使对方位置错误。发球方队员：

（1）发球次序错误。

（2）没有遵守“发球的执行”的规定。

2. 发球击球后的犯规

球被发出后，出现以下情况仍为发球犯规（除非位置错误）：

（1）球触及发球方队员或球的整体没有从过网区通过球网垂直平面。

（2）界外球。

（3）球越过构成发球掩护的队员。

（七）发球犯规与位置错误

如果发球犯规（不符合“发球的执行”、发球次序错误等）与对方位置错误同时发生，则判发球犯规。

相反，如果发球击球后的犯规（界外、发球掩护等）与对方位置错误同时发生，则判位置错误犯规。

专栏 3：发球区扩大后的作用

1984 年规则修改条文中关于取消拦发球的犯规以及 1995 年扩大发球区为 9 米宽的区域的规定，极大地刺激了发球技术的发展。目前，威力极大的跳发球技术已经在世界男、女排球强队中广泛运用。男子跳发球速度达到 25 米 / 秒以上。发球已经成为真正意义上的排球进攻的开始。2015 年规则修改将发球区端线的无障碍区从 8 米缩短至 6.5 米，对个别男子运动员的发球水平发挥可能产生影响。

四、场上队员位置

发球队员击球时，双方队员（发球队员除外）必须在本场区内按轮转次序站位。

（一）队员的场上位置

靠近球网的 3 名队员是前排队员，其位置为 4 号位（左）、3 号位（中）和 2 号位（右）。另外 3 名队员是后排队员，其位置为 5 号位（左）、6 号位（中）和 1 号位（右）。

（二）队员相互间的位置关系

每一名后排队员的位置必须比其相应的前排队员距离中线更远；前排和后排队员左右之间的位置必须按以上规则规定的顺序左右站位。

（三）队员的位置应根据其脚最后与地面接触的部位进行判定

每一名后排队员要与同列前排队员的前脚平齐，或者至少有 1 只脚的一部分距离中线更远；每一名右（左）边队员要与同排其他队员距右（左）侧边线的距离相同，或者至少有 1 只脚的一部分距右（左）侧边线更近（图 8-3-2）。

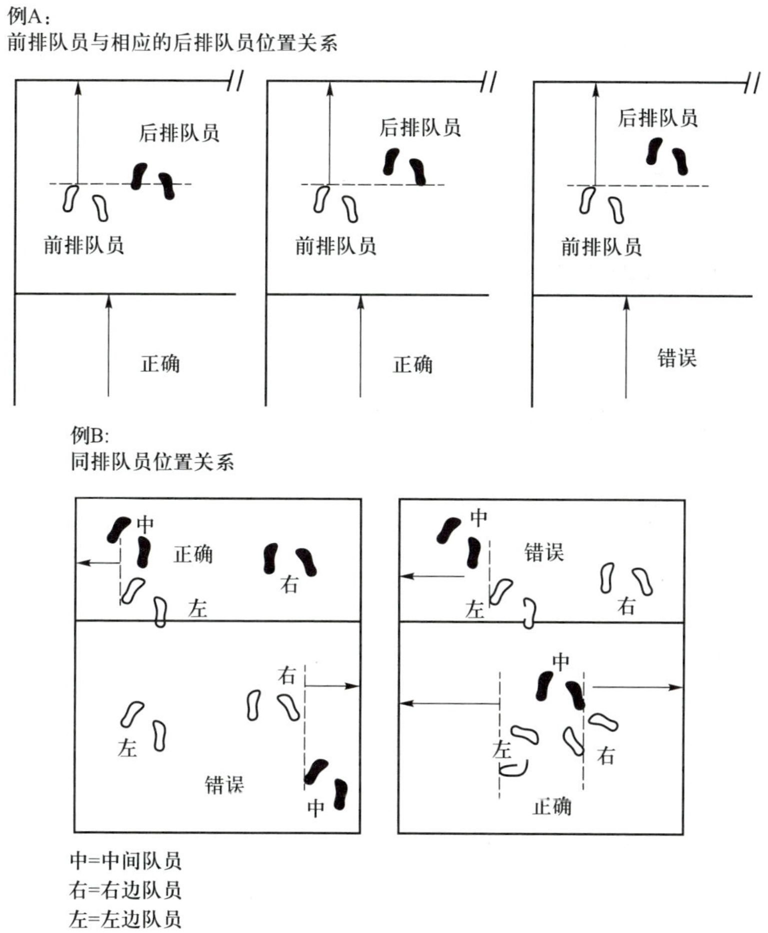

» 图 8-3-2　队员的位置

（四）发球击球后，队员可以在本方场区和无障碍区的任何位置活动

（五）位置错误犯规

当发球队员击球时，如果队员不在其正确位置上则该队构成位置错误犯规，当一名队员经不合法换人程序进入场内且比赛重新开始时，这将被视为位置错误，并承担不合法换人程序导致的后果。

当发球队员击球时的犯规与对方位置错误的犯规同时发生时，则发球队员的犯规被认为在先。

如果发球队员击球后的犯规与对方位置错误的犯规同时发生时，则对方的位置错误犯规在先。

位置错误按如下步骤处理：

（1）该队被判失去 1 分，由对方发球。

（2）队员的位置必须被纠正。

（六）轮转错误犯规

1. 轮转

（1）一局比赛中，轮转次序、发球次序以及队员位置的确定，均以位置表为依据。

（2）接发球队获得发球权后，该队队员必须按顺时针方向轮转 1 个位置：2 号位队员转至 1 号位发球，1 号位队员转至 6 号位等。

2. 轮转错误

没有按照轮转次序进行发球为轮转错误，将依照程序进行如下处理：

（1）记录员按响蜂鸣器停止比赛，对方得 1 分并获得发球权；如果因为轮转次序错误造成比赛过程中止，不管当时比赛状况如何，对方只能从这个比赛过程中得到 1 分。

（2）队员的错误轮转次序必须被纠正。

记录员应准确地确定其犯规发生的时间，从而取消该队自犯规发生后的所有得分，对方得分仍然有效。如果不能确定该犯规发生的时间，则不取消该队所得分数，只判对方得 1 分并获得发球权。

五、比赛中的击球

每支球队必须在其场地及空间内击球，但可以越出本方无障碍区和越过记录台及记录台的延长线将球救回。

（一）球队的击球

比赛中，队员与球的任何触及都被视为击球。每队最多可击球 3 次（拦网除外）将球击回对方场区。如果超过 3 次，则该队被判为 4 次击球。

1. 连续击球

1 名队员不得连续击球 2 次。

2. 同时击球

2 名或 3 名队员可以同时触球。

（1）同队的 2 名（或 3 名）队员同时触到球时，被记为 2 次（或 3 次）击球（拦网除外）。如果只有其中 1 名队员触球，则只记 1 次。队员之间的碰撞不算犯规。

（2）2 名不同球队的队员在网上同时触球时，比赛继续进行，获球一方可再击球 3 次。如果该球落在某方场区之外，则判对方击球出界。

（3）如果 2 名不同球队的队员在网上同时触球并造成短暂停顿，则比赛继续进行。

3. 借助击球

队员不得在比赛场地之内借助同伴或任何物体的支持进行击球。但是队员可以挡住或拉住另一名即将犯规（如触网、过中线等）的同队队员。

4. 以下三种情况视为运动队的第一次击球

（1）接发球。

（2）接对方进攻性击球。

（3）接对方拦回的球。

（二）击球的性质

球可以触及身体的任何部位。

球不能被接住或抛出。球可以向任何方向弹出。

球可以触及身体的不同部位，但必须是同时。下列情况除外：

（1）拦网时，1 名或多名队员可以在一个动作中连续触球。

（2）在第 1 次击球时，允许身体不同部位在一个动作中连续触球。

（三）击球时的犯规

4 次击球：一支球队连续击球 4 次。

借助击球：队员在比赛场地内借助于同伴或任何物体的支持进行击球。

持球：球被接住或抛出，而不是被弹击出。

连击：1 名队员连续击球 2 次，或球连续触及 1 名队员身体的不同部位。

专栏 4：裁判法案例分析——同时击球

问题：比赛进行中，3 号拦网队员在下落中自我保护与同队跟进保护的 8 号队员同时触到该球，球飞向无障碍区。3 号队员迅速跑动将球救回，裁判员没有判罚，正确吗?

裁定：错误。在保护时 8 号与 3 号队员同时击球，这两名队员均不得再次击球。可是该球保护起来后，又被 3 号队员救回，3 号队员明显已造成连击犯规，应判对方得分。

六、球网附近的球

（一）球通过球网（图 8-3-3、图 8-3-4）

球必须通过球网上空的过网区进入对方场区。过网区是球网垂直平面的一部分，其范围如下：下至球网上沿；两侧至标志杆及其延长线；上至天花板。

球的整体或部分从非过网区进入对方无障碍区，可以在下列情况下将球击回：

（1）队员不得触及对方场区。

（2）球被击回时，球的整体或部分必须从同侧非过网区通过。对方队员不得阻碍此击球。

（3）球从网下飞向对方场区时，球的整体越过网下垂直平面之前比赛继续进行。

（二）球触球网

球通过球网时可以触及球网。

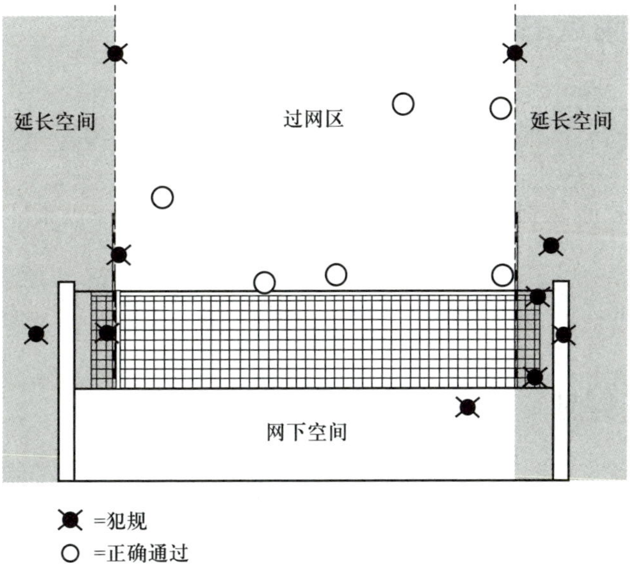

» 图 8-3-3　球通过球网垂直平面进入对方场区

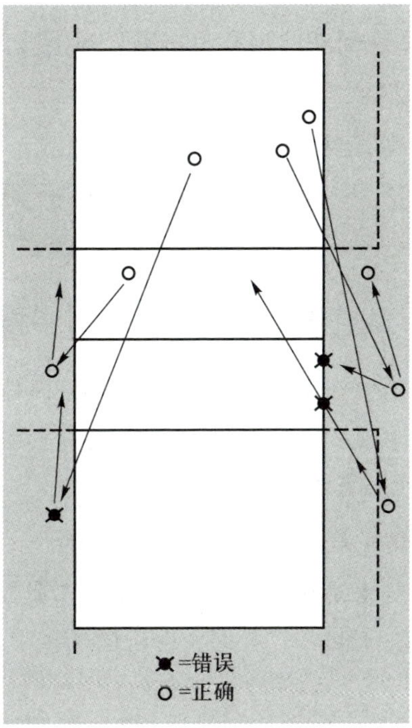

» 图 8-3-4　球通过球网垂直平面进入对方无障碍区

（三）球入球网

球入球网后，在该队 3 次击球的范围内可以再次被击出。

如果球击破球网或使球网坠落，该球取消并重新进行。

七、球网附近的队员

（一）越过球网

拦网时允许拦网队员越过球网触球，但不得在对方进攻性击球前或击球时干扰对方。

进攻性击球后允许手过网，但击球时必须在本场区空间。

（二）网下穿越

在不干扰对方比赛的情况下，允许队员在网下穿越进入对方空间。

穿越中线进入对方场区：

（1）1只（2只）脚触及对方场区的同时，其余部分接触中线或置于中线上空是被允许的，但此行为不得干扰对方队员击球。

（2）队员脚以上的身体任何部位触及对方场区都是被允许的，但前提是不得干扰对方比赛。

比赛成死球后，队员可以进入对方场区。

在不干扰对方比赛的情况下，队员可以进入对方的无障碍区。

专栏5：裁判法案例分析——过中线犯规

问题：比赛中一名队员鱼跃救险球，因惯性所致该队员髋关节以上身体均越过中线到对方场区，但并未影响对方球员，裁判立即鸣哨判过中线犯规，这个判罚正确吗？

裁定：错误。规则规定身体的任何部位越过中线触及对方场区不影响没有干扰对方是允许的。本例虽然队员上半身过了中线但未影响对方击球且脚没过中线，因此不应判犯规。

（三）触网

队员的击球行为触及标志杆以内球网的部分为犯规。

击球行为包括（但不限于）起跳、击球（或试图击球）、落地至准备下一个动作。

队员可以触及网柱、网绳或标志杆外侧的其他任何物体，包括球网本身，但不得干扰比赛（借助击球情况除外）。

由于球被击入球网而造成的球网触及队员的情况不算犯规。

专栏 6：裁判法案例分析——触网犯规

问题：排球比赛中快攻掩护队员在起跳后没有扣到球，下落时身体触网，裁判员未判罚，正确吗？

裁定：不正确。规则规定比赛时在击球过程中的触网是犯规。击球过程包括起跳、击球、落地等环节。

（四）队员在球网附近的犯规

（1）对方进攻性击球前或击球时，在对方空间触及球或对方队员。

（2）从球网下方穿越进入对方空间并干扰对方比赛。

（3）队员的双脚（单脚）全部越过中线进入对方场区。

（4）队员干扰比赛有下列情况（但不限于）：

① 击球行为触及标志杆及标志杆以内球网任何部分。

② 利用球网进行支撑或稳定身体。

③ 通过触网造成对本方有利。

④ 妨碍了对方合法的击球试图。

⑤ 拉网或抓住球网。

任何运动员靠近球击球或准备击球，不管是否击到球都被视作击球行为。但是，队员身体触及标志杆以外的球网不算犯规（借助击球除外）。

八、进攻性击球

（一）进攻性击球的特性

除发球和拦网外，所有直接朝向对方的击球都是进攻性击球。

进攻性击球时，只有当球被明确地击出，吊球才被允许，同时不得接住或抛出球。

球的整体通过球网垂直平面或触及对方队员，被认为完成进攻性击球。

（二）进攻性击球的限制

前排队员可以对任何高度的球完成进攻性击球，但触球时必须在本场区空间内。

后排队员可以在前场区后对任何高度的球完成进攻性击球，但是：

（1）起跳时脚不得踏及或越过进攻线。

（2）击球后可以落在前场区。

后排队员也可以在前场区完成进攻性击球，但触球时球的一部分必须低于球网上沿。

接发球队的队员不得在前场区内对高于球网上沿的对方发球进行进攻性击球。

（三）进攻性击球的犯规

（1）队员在对方空间内击球。

（2）队员击球出界。

（3）后排队员在前场区完成进攻性击球，并且击球时球的整体高于球网上沿（图8-3-5）。

（4）队员在前场区内对高于球网上沿的对方发球完成进攻性击球。

（5）自由防守队员对高于球网上沿的球完成进攻性击球。

（6）当自由防守球员在前场区用上手传出球后，本方队员在高于球网处完成进攻性击球。

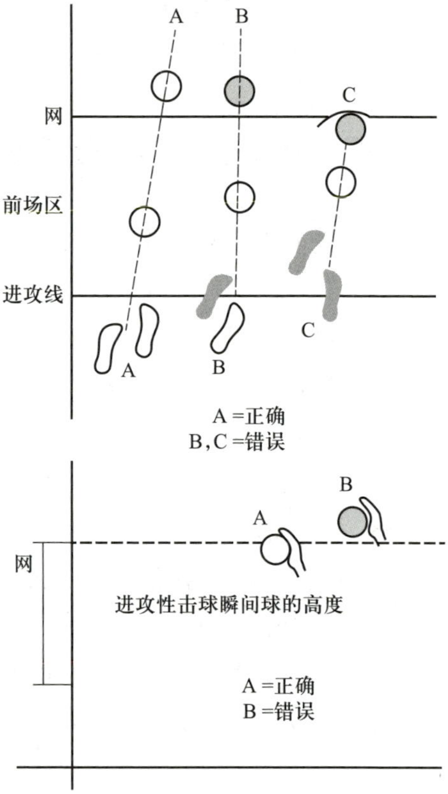

» 图 8-3-5　后排队员进攻性击球

专栏 7：裁判法案例分析——进攻性击球犯规

问题：甲方后排 7 号队员在扣球起跳时踏及进攻线，但是扣出的球未过网，也未触及对方拦网队员，而是扣入球网中，此时乙方前排 8 号队员未触及球拦网触网，裁判立即鸣哨判 7 号队员进攻性击球犯规。正确吗？

裁定：错误。后排队员进攻性击球犯规条件有三个：① 队员踏及进攻线。② 球整体高于球网。③ 球触拦网队员的手或过网垂直面。本例中7号队员扣出的球并未过网，也未触及拦网队员的手，不能构成犯规。乙方8号队员触网，应判触网犯规。

九、拦网

（一）拦网行为

拦网行为是队员靠近球网，在高于球网处阻挡对方来球的行动，与触球点的高度无关。只有前排队员被允许完成拦网，但在触球时，其身体必须有一部分高于球网上沿。

1. 拦网试图

没有触及球的拦网行动为拦网试图。

2. 完成拦网

触及球的拦网行动为完成拦网（图8-3-6）。

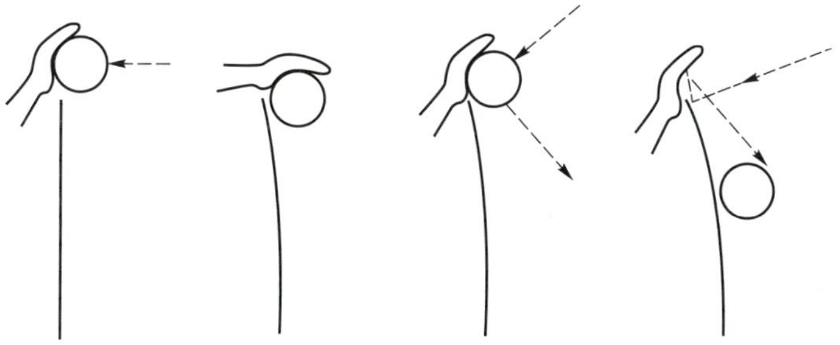

» 图8-3-6 完成拦网

3. 集体拦网

2名或3名队员彼此靠近进行拦网的行动为集体拦网，其中1人触球即为完成拦网。

（二）拦网触球

在一个动作中，球可以连续（迅速而连贯地）触及1名或更多名拦网队员。

（三）在对方空间内拦网

拦网时，队员可以将手或手臂伸过球网，但不得干扰对方击球。不允许在对方进攻性击球之前进行过网拦网的触球。

（四）拦网与球队的击球

拦网的触球不算作球队 3 次击球的 1 次。因此，拦网触球后该队还可以击球 3 次。

拦网后可以由任何一名队员进行第 1 次击球，包括拦网时已经触球的队员。

（五）拦发球

拦对方的发球是被禁止的。

（六）拦网犯规

（1）拦网队员于对方进攻性击球前在对方场地空间内触球。

（2）后排队员或自由防守队员完成拦网或参与了拦网的完成。

（3）拦对方的发球。

（4）拦网出界。

（5）从标志杆外侧伸入对方空间拦网。

（6）自由防守队员试图进行个人拦网或参加集体拦网。

专栏 8：裁判法案例分析——拦网犯规

问题：在比赛中，甲队一名队员跳起手伸过网去拦乙队二传出手后的传球。裁判员没有鸣哨，是否正确？

裁定：要根据二传传球的方向与效果进行具体分析。首先裁判员必须确定二传传出的球的方向，二传传出的球是与球网平行飞行还是朝对方方向飞行。如果朝对方方向传球就是进攻性击球，拦网队员拦的球是朝对方方向飞行的传球，属于拦进攻性击球，可以进行正常拦网。拦网队员拦的球如果是与球网平行飞行的传球，则构成拦网犯规。所以，裁判员必须区分二传是“传球”还是“进攻性击球”。

十、自由防守队员

（一）自由防守队员的有关规定

（1）一个队可以报自由防守队员 1~2 人。但在场上只能保持 1 名自由防守队员。

国际排联比赛、世界性比赛和正式比赛中的成年比赛，如果记录表中登记的队员人数超过 12 人，则名单中必须有 2 名自由防守队员。

（2）自由防守队员服装的主体颜色（或为新指定自由防守队员准备的背心）必须与其他队员服装主体颜色形成鲜明对比，两名自由防守队员的服装颜色也可不同。

（3）每局比赛开始时，自由防守队员在第 2 裁判员核对场上位置后才能进场进行替换，此后自由防守队员的替换必须在死球之后与裁判员鸣哨发球之前进行。自由防守队员可以替换后排的任何一名队员，教练员可随时将第二自由防守队员替换场上首发自由防守队员。

若替换发生在鸣哨之后与击球之前可以不予拒绝，但此行为不属合法程序，在该轮次结束时必须提醒场上队长，若再次发生则给予延误处罚。

（4）自由防守队员换人不受裁判及换人次数限制，换人区域为球队席前的进攻线至端线延长线的无障碍区内。自由防守队员换人后必须经过一次比赛过程方可再次换人（一次处罚造成自由防守队员轮转到 4 号位或场上自由防守队员受伤使得比赛过程不完整的情况除外）。

（5）所有涉及自由防守队员的替换都必须在自由防守队员管理表上做记录或登记在电子记录表（如果使用）上。

（6）自由防守队员仅作为后排队员参加比赛。在任何地区（包括比赛场区和无障碍区）都不得将高于球网的球直接击入对方场区，完成进攻性击球。自由防守队员不得发球、拦网或试图拦网。

（7）自由防守队员在前场区传球时，当所传球的整体高于球网时，其他人不得进行进攻性击球。

（二）指定新自由防守队员

（1）当自由防守队员因受伤、生病、被判罚出场或被取消比赛资格等原因不能继续比赛时，自由防守队员可以由教练员、助理教练员或由场上队长（当教练员不在场时）以任何原因宣布不能继续比赛。

（2）一支球队只有 1 名自由防守队员时，应遵守下列规定：① 一支球队只有 1 名自由防守队员时，当出现以上所述状况宣布不能比赛时，教练员（教练员不在场时由场上队长）可以重新指定 1 名不在场上的队员（被自由防守队员替换的原场上队员除外）为新自由防守队员。② 如果场上自由防守队员宣布不能继续比赛时，可由原队员替换上场，或立即进行重新指定自由防守队员的替换。但是，这名自由防守队员不能参与该场后续的比赛。③ 教练员（教练员不在场时，由助理教练员或场上队长）联系第 2 裁判员进行重新指定，重新指定不受次数限制。

（3）一支球队有 2 名自由防守队员时，应遵守下列规定：一支球队在记录表上登记了 2 名自由防守队员，当其中 1 名自由防守队员不能继续比赛时，该队有权只使用 1 名自由防守队员比赛，该队不得再指定新的自由防守队员，除非另一名自由防守队员也不能继续比赛。

十一、界内、界外球的规定与裁判方法

（一）界内、界外球的规定

1. 界内球

球的任何部分在任何时间触及比赛场区的地面（包括界线）为界内球。

2. 界外球

下列情况为界外球：

（1）球接触地面的所有部分完全在界线以外。

（2）球触及场外物体、天花板或非场上比赛队员。

（3）球触及标志杆、网绳、网柱或球网标志带外侧的部分。

（4）球的部分或整体从过网区垂直平面以外过网（进入对方无障碍区可以将球击回的情况除外）。

（5）球的整体从网下空间穿过。

（二）对界内、界外球的裁判方法

（1）对界内、界外球，裁判员根据自己的位置和职责作出相应的判断。

（2）司线员对界内、界外球应作出判断并出示相应的旗示。

（3）击球时，球的整体或部分从过网区外进入对方无障碍区，队员可以将球从同侧非过网区击回，对方队员不得阻碍击球，击球队员不得进入对方场区。

十二、比赛间断与延误比赛

（一）间断

间断是在一个完整的比赛过程结束后至下一次第 1 裁判员鸣哨发球之前的时间。合法比赛间断只有“暂停”和“换人”。

1. 合法比赛间断的次数

每局比赛中，每支球队最多可以请求 2 次暂停和 6 人次换人。

2. 合法比赛间断的次序

（1）在同一次比赛间断中，可以请求 1 或 2 次暂停，一支球队请求换人后，另一支球队也可以请求换人。

（2）在同一次比赛间断中，同一支球队不得连续提出换人请求。但在同一次换人请求中，可以同时替换 2 名或多名队员。

（3）同一支球队再次请求换人时，必须经过一次完整的比赛过程（因受伤或被判罚出场或被取消比赛资格的被迫替换除外）。

（4）在同一次比赛间断中（即在下一个完整比赛过程结束前），当一次请求被拒绝并受到延误警告判罚后，不允许再次请求比赛间断。

3. 请求合法比赛间断

（1）只有教练员可以请求合法的比赛间断，当教练员缺席时，则只能由该队助理教练员或场上队长提出。

（2）每局开始前请求换人是被允许的，但应计算在该局正常换人的次数之内。

4. 暂停

（1）请求暂停必须在比赛成死球后至裁判员鸣哨允许发球前进行，并使用相应手势。所有被请求的暂停时间均为 30 秒。在国际排联比赛、世界性比赛和正式比赛中，暂停时长可以根据组委会的请求并经国际排联批准后进行调整。在国际排联比赛、世界性比赛和正式比赛中，必须使用蜂鸣器然后做出手势请求暂停。

（2）所有暂停期间，比赛队员必须前往该队球队席附近的无障碍区。

5. 换人

（1）一名队员离开比赛场地，而由另一名队员经记录员登记后占据其位置的行为称换人（自由防守队员的替换除外）。

（2）当一名受伤队员被进行特殊换人时，教练员（或场上队长）须做出换人手势。

6. 换人的限制

（1）每局首发阵容中的队员，在同一局中可以退出比赛和再上场比赛各 1 次，而且只能回到原阵容的位置。

（2）替补队员每局只能上场比赛 1 次替换首发阵容中的队员，而且只能由被替换下场的队员来替换。

7. 特殊换人

一名队员（自由防守队员除外）因受伤、生病或被判罚出场、被取消比赛资格而不能继续比赛时，应当进行合法换人。如不能进行该换人，球队可采用超出规则换人限制的“特殊换人”。

特殊换人是指受伤、生病、被判罚出场、被取消比赛资格发生时，不在场上的队员（自由防守队员、第 2 自由防守队员或由他们替换的队员除外）可以替换受伤、生病、被判罚出场、被取消比赛资格的队员。通过特殊换人被换下场的受伤、生病、被判罚出场的队员不得重新上场比赛。

在任何情况下，特殊换人都不作为换人的次数计算，但应登记在记录表上作为本局和本场比赛换人总数的一部分。

8. 被判罚出场或被取消比赛资格的换人

队员被“判罚出场”或“取消比赛资格”时，须立即进行合法换人。如不能进行该换人，该队可申请进行特殊换人。如特殊换人也不能进行，则该队被宣布为“阵容不完整”。

9. 不合法的换人

（1）不合法的换人是超出规则限制（特殊换人情况除外）或涉及没有进行登记的队员的换人。

（2）一支球队进行了不合法的换人，而且比赛已重新开始，应按如下步骤进行处理：① 判该队失一分，由对方发球。② 对不合法的换人给予纠正。③ 取消该队在此犯规中所得的分数，对方得分仍然保留。

10. 换人的程序

（1）换人必须在换人区内进行。

（2）换人时所持续的时间仅限记录员登记和队员进出场必需的时间。

（3）场外队员在比赛间断时只要进入了换人区，并且做好了上场的一切准备，就是提出了换人的请求。此时，除队员受伤或局前的替换之外，教练员不必做出换人手势。

（4）提出换人请求时，如队员没有做好准备，则该请求应被拒绝并判为一次延误。

（5）记录员或第 2 裁判员分别使用蜂鸣器或哨声确认和宣告换人的请求，由第 2 裁判员负责换人的程序。在国际排联比赛、世界性比赛和正式比赛中，队员换人时须使用换人牌（提供电子设备用于换人请求的情况除外）。

（6）如果一支球队在同一间断中想替换一名以上的队员，则所有请求上场的队员都必须进入换人区。替换时，队员一对对相继进行。如其中有不合法的替换，必须予以拒绝并给予延误处罚。

11. 不符合规定的请求

（1）下列情况为不符合规定的比赛间断请求：① 在比赛进行中或在裁判员鸣哨允许发球之时提出请求。② 无请求权的成员提出请求。③ 同一支球队在同一个比赛间断中（即在下一完整比赛过程结束前）再次请求换人，除非是队员受伤、生病、被判罚出场、被取消比赛资格。④ 超过规定的正常暂停和换人次数的请求。

（2）球队比赛中第 1 次出现不影响和延误比赛的不符合规定的请求时，应给予拒绝而不进行处罚，但必须登记在记录表中。

（3）同一支球队在比赛中再次提出不符合规定的请求都应被判为延误犯规。

（二）延误比赛

1. 延误比赛的类型

一支球队拖延比赛继续进行的不当行为是延误比赛，这包括（但不限于）:

（1）拖延正常比赛间断。

（2）在裁判员鸣哨恢复比赛后拖延间断时间。

（3）请求不合法的换人。

（4）再次提出不符合规定的请求。

（5）球队成员拖延比赛继续进行。

2. 对延误比赛的处罚

（1）“延误警告”和“延误判罚”是对全队延误比赛行为的处罚：① 延误比赛的处罚对全场比赛有效。② 所有延误比赛的处罚都应被登记在记录表上。

（2）在一场比赛中，对一支球队成员的第 1 次延误比赛行为给予“延误警告”。

（3）在一场比赛中，同一队的任何成员造成不论任何类型的第 2 次及其后的延误比赛行为，都给予“延误判罚”，失 1 分并由对方发球。

（4）局前和局间的延误比赛处罚记录在下一局比赛中。

（三）例外的比赛中断

1. 受伤或生病

（1）比赛中出现严重伤害事故，裁判员应该立即中断比赛，允许医务人员进入场地，该球重新进行。

（2）如果受伤或生病的队员已不能进行合法换人和特殊换人，则给予该队员 3 分钟的恢复时间。在一场比赛中，同一名队员只能给予 1 次可供恢复的时间。如果该队员不能恢复，则该队被宣布为阵容不完整。

2. 外因造成的比赛中断

比赛中出现任何外界干扰，都应停止比赛，该球重新进行。

3. 被拖延的间断

（1）任何意外情况阻碍比赛继续进行时，第 1 裁判员、比赛组织者和管委会成员（如有）应负责采取措施恢复比赛。

（2）1 次或数次间断的时间累计不超过 4 小时：① 如果比赛仍在原场地进行，则间断的一局应保持原比分、原队员（被判罚出场和取消比赛资格者除外）和原场上位置，已结束的各局比分均保留。② 如果比赛改在其他场地进行，则间断的一局应取消，但保持该局开始时的队员阵容（被判罚出场和取消比赛资格者除外）重新比赛，已登记的所有警告与处罚均有效，已结束的各局比分均保留。

（3）1 次或数次间断的时间累计超过 4 小时，则全场比赛应重新进行。

（四）局间休息与交换场区

1. 局间休息

局间休息是两局比赛之间的时间。所有局间休息的时间均为 3 分钟。局间休息用于交换场区和在记录表上登记球队的阵容。应比赛主办者或组织者的要求，第 2、3 局之间的休息时间可延长至 10 分钟。

2. 交换场区

（1）每局结束后，两支比赛球队交换场区，决胜局除外。

（2）决胜局中一支球队获得 8 分时两队交换场区，不休息，队员保持交换前的位置继续比赛。如果未能及时交换场区，则应在发现此错误时立即交换，保留交换场区时两队已得比分。

十三、不良行为犯规与裁判方法

（一）行为要求

1. 体育道德

（1）参赛者必须了解并遵守官方发布的排球竞赛规则。

（2）参赛者必须以良好的体育道德行为服从裁判员的裁定，不允许进行争辩。如有疑问，可以并只能通过场上队长提请解释。

（3）参赛者不得有任何以影响裁判员判断或掩盖本队犯规为目的的动作或行为态度。

2. 公正竞赛

（1）参赛者的行为必须符合“公正竞赛”的精神，这不仅指对裁判员，也包括对其他工作人员、对手、队友以及观众都要尊重、有礼貌。

（2）比赛中，本队成员之间的交流是被允许的。

（二）不良行为及其处罚（表 8-3-1）

1. 轻微的不良行为

对轻微的不良行为不进行处罚，但第 1 裁判员有责任防止球队出现接近被处罚程度的行为。这里分两个步骤完成：

（1）通过场上队长进行口头警告。

（2）向相关球队的成员出示黄牌，虽然没有处罚，但要登记在记录表上，警告该队其行为已接近被处罚的程度。

2. 给予处罚的不良行为

球队的成员对裁判员、对手、队友或观众存在不良行为时，按严重程度分为 3 类。

（1）粗鲁行为：违背道德准则和文明举止的行为。

（2）冒犯行为：诽谤或侮辱性的言语、形态以及任何轻蔑的表示。

（3）侵犯行为：人身攻击、侵犯或威吓行为。

3. 处罚等级

第 1 裁判员根据不良行为的程度，分别给予判罚、判罚出场或取消比赛资格的处罚，并登记在记录表上。

（1）判罚：用于全场比赛中任何成员的第 1 次粗鲁行为，判对方得分并发球。

（2）判罚出场：① 球队任何成员被判罚出场后不得继续参加该局剩余比赛，同时须到球队更衣室直至该局比赛结束，无其他判处。教练员被判罚出场后失去其在本局指导比赛的权利，同时须到球队更衣室直至该局比赛结束。② 球队任何成员第 1 次出现冒犯行为时，判罚其出场，无其他判处。③ 同一成员在一场比赛中出现第 2 次粗鲁行为时，判罚其出场，无其他判处。

（3）取消比赛资格：① 球队任何成员被取消比赛资格后必须立刻进行合法替换或特殊替换（如果在场上），同时须到球队更衣室直至本场比赛结束，无其他判处。

② 球队任何成员第 1 次出现侵犯行为时，取消其比赛资格，无其他判处。③ 同一成员在一场比赛中出现第 2 次冒犯行为时，取消其比赛资格，无其他判处。④ 同一成员在一场比赛中出现第 3 次粗鲁行为时，取消其比赛资格，无其他判处。

4. 处罚的实施

（1）不良行为的判处是针对个人的，且对全场比赛有效，并应记录在记录表上。

（2）同一成员在同一场比赛中重犯不良行为时，按处罚等级加一级处罚（该成员接受的处罚要重于前一次）。

（3）对冒犯行为或侵犯行为予以判罚出场或取消比赛资格时，无须有先一次的判处。

5. 局前与局间的不良行为

任何局前与局间的不良行为，都应按规则进行处置，并在下一局中判罚。

6. 不良行为的种类与红黄牌的使用

（1）警告：没有处罚。

步骤 1：口头警告。步骤 2：出示黄牌。

（2）判罚：出示红牌。

（3）判罚出场：单手出示红牌 + 黄牌。

（4）取消比赛资格：双手分别出示红牌 + 黄牌。

专栏 9：裁判法案例分析——不良行为判罚

问题：比赛中甲方 9 号队员扣球，乙方双人拦网，保护队员喊“拦死他”，甲方 9 号队员扣球后落地，非常兴奋，手握拳头，对着对方拦网队员呐喊刺激对方，出现这种不良现象，裁判应如何管理与判罚？

裁定：在该案例的比赛片段中，乙方保护拦网的队员喊“拦死他”无形中刺激了甲方 9 号队员，造成他举止不文明，此时第 1 裁判员应将甲、乙双方这两名队员叫到裁判台前进行教育并给予口头警告，以杜绝此类事件的再次发生。对于此类不良行为应在其萌芽阶段进行管理，甲方 9 号和乙方队员在初犯时就应受到教育和警告，如再犯时应按处罚等级加一级处罚，这才是裁判员正确的管理与判罚程序。

表 8-3-1　不良行为的警告与处罚等级表

种类	发生次数	违反者	处罚	牌	结果
轻微的不良行为	形式一	任一成员	不进行判罚	无	警示以预防
	形式二			黄牌	
	任何重复		判罚	同下	同下
粗鲁行为	第一次	任一成员	判罚	红牌	失一球由对方发球
	第二次	同一成员	判罚出场	单手红 + 黄	该局比赛结束前必须前往球队休息室等待
	第三次	同一成员	取消比赛资格	双手分持红 + 黄	该场比赛结束前必须前往球队休息室等待
冒犯行为	第一次	任一成员	判罚出场	单手红 + 黄	该局比赛结束前必须前往球队休息室等待
	第二次	同一成员	取消比赛资格	双手分持红 + 黄	该场比赛结束前必须前往球队休息室等待
侵犯行为	第一次	任一成员	取消比赛资格	双手分持红 + 黄	该场比赛结束前必须前往球队休息室等待

第四节　裁判员的主要工作职责与工作方法

裁判员是规则的执行者，通过学习了解裁判员的分工配合和工作机制，提升裁判员对比赛的组织和管理水平，从而保证比赛的流畅进行。

一、裁判员

（一）裁判团队与工作程序

1. 组成

一场比赛的裁判团队由以下人员组成：第 1 裁判员、第 2 裁判员、挑战裁判员、替补裁判员、记录员、司线员 4 名（2 名）。

他们的位置如图 8-4-1 所示。国际排联比赛、世界性比赛和正式比赛应设一名挑战裁判员（如使用鹰眼设备）、一名替补裁判员和一名辅助记录员。

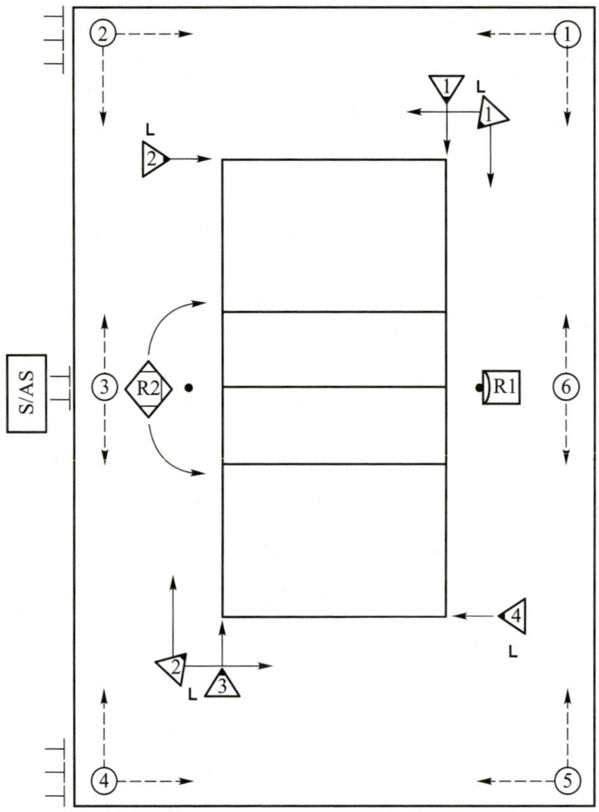

R1 =第1裁判员

R2 =第2裁判员

S/AS =记录员/助理记录员

2 =司线员(1号–4号或1号–2号)

④ =捡球员(1号–6号)

⊣ =擦地员

» 图 8-4-1　裁判员与辅助人员位置

2. 工作程序

（1）比赛进行中只有第 1 裁判员和第 2 裁判员可以鸣哨。

① 第 1 裁判员鸣哨发球开始比赛。

② 第 1 裁判员和第 2 裁判员确认犯规发生并判明其性质，鸣哨中止比赛。

（2）在比赛中断期间，可以鸣哨表示同意或拒绝一支球队的请求。

（3）裁判员鸣哨中止比赛后，应立即以法定手势表明。

① 如果是第 1 裁判员鸣哨中止比赛，他应指出：发球的队；犯规的性质；犯规的队员（必要时）。

② 如果是第 2 裁判员鸣哨中止比赛，他应指出：犯规的性质；犯规的队员（必要时）；跟随第 1 裁判员指出发球的队。

第 1 裁判员不用同时再出示犯规性质和犯规队员的手势，只指出发球队。

③ 如果后排队员或自由防守队员进攻性击球犯规，则两名裁判员都应根据规则做出手势。

④ 如果是双方犯规，两名裁判员都要按顺序指出：犯规的性质；犯规的队员（必要时）；

应发球的球队由第 1 裁判员指出。

（二）第1裁判员

1. 位置

第 1 裁判员坐或站在记录台对面的球网一端的裁判台上执行其职责，视线水平位置应高出球网上沿约 50 厘米。

2. 权力

（1）第 1 裁判员自始至终领导该场比赛，对所有裁判员和球队成员行使权力。在比赛中，其判定是最终判定。如果发现其他裁判员的判断有误，第 1 裁判员有权改判，甚至可以撤换一名不称职的裁判员。

（2）同样掌管捡球员和快擦员的工作。

（3）有权决定涉及比赛的问题，包括规则中没有规定的问题。

（4）不允许对其判定进行任何讨论。

但当场上队长提出请求时，他应对该判定所依据的规则和规则的执行给予解释。如果场上队长表示不同意解释，并立即声明保留比赛结束后将抗议写在记录表上的要求时，第 1 裁判员必须准许。

（5）在比赛前和比赛中，第 1 裁判员负责决定赛场条件是否符合比赛要求。

3. 职责

（1）在比赛前，第 1 裁判员：

① 检查场地、比赛用球和器材。

② 主持双方队长的抽签。

③ 掌握两队的准备活动。

（2）在比赛中，第 1 裁判员有权：

① 向球队提出警告。

② 对不良行为和延误比赛进行处置。

③ 判定：a. 发球犯规和发球队位置错误，包括发球掩护；b. 比赛中击球的犯规；c. 主要（但不限于）在进攻一方的高于球网的犯规和队员触网的犯规；d. 自由防守队员和后排队员的进攻性击球犯规；e. 自由防守队员在前场区及延长区进行上手传球后，本方队员在球高于球网处完成进攻性击球的犯规行为；f. 球的整体从球网下方空间穿越；g. 后排队员完成拦网或自由防守队员试图拦网；h. 球的整体或部分从他一侧的过网区以外进入对方场地或触及标志杆；i. 发球或第三次击球时，球从他一侧的标志杆上方或外侧通过。

（3）比赛结束后，检查记录表并签字。

（三）第 2 裁判员

1. 位置

第 2 裁判员站在第 1 裁判员对面、比赛场区外的网柱附近，面对第 1 裁判员执行其职责。

2. 权力

（1）第 2 裁判员是第 1 裁判员的助手，但是也有自己的权限。当第 1 裁判员不能继续工作时，第 2 裁判员可以代替其执行职责。

（2）可以用手势指出其权限以外的犯规，但不得鸣哨，也不得向第 1 裁判员坚持自己的判断。

（3）掌管记录员的工作。

（4）监督坐在球队席上的球队成员，并将他们的不良行为报告给第 1 裁判员。

（5）掌管准备活动区域中的队员。

（6）允许合法比赛间断的请求，掌握间断时间和拒绝不符合规定的请求。

（7）掌握各队暂停和换人的次数，并将第 2 次暂停和第 5、6 次换人告诉第 1 裁判员和有关教练员。

（8）发现队员受伤时，可以允许特殊换人，或给予 3 分钟的恢复时间。

（9）检查比赛场地的条件，主要是前场区。比赛中还要检查球是否符合比赛要求。

（10）在国际排联比赛、世界性比赛和正式比赛中，准备活动区域中的队员由替补裁判员掌管。

3. 职责

（1）在每局开始和决胜局交换场区时，以及任何必要的时候，检查场上队员的实际位置是否与位置表相符。

（2）在比赛中，第 2 裁判员对以下犯规做出判断、鸣哨并做出手势：

① 从球网下穿越进入对方场区和空间。

② 接发球队位置错误。

③ 主要（但不限于）在拦网一方的队员触网犯规，以及触及第 2 裁判员一侧标志杆的犯规。

④ 后排队员完成拦网和自由防守队员试图拦网的犯规，或后排队员和自由防守队员进攻性击球的犯规。

⑤ 球触及场外物体。

⑥ 当球接触地面时，第 1 裁判员处于难以观察的位置。

⑦ 球的整体或部分从过网区以外过网、飞入对方场区或触及他一侧的标志杆。

⑧ 发球或者第三次击球时，球从他一侧的标志杆上方或外侧通过。

（3）比赛结束后，检查记录表并签字。

（四）挑战裁判员

国际排联比赛、世界性比赛和正式比赛如果使用鹰眼挑战系统，则必须设置一名挑战裁判员。

1. 位置

挑战裁判员在一个独立的工作区内执行其职责，该位置由临场技术代表决定。

2. 职责

（1）负责监督挑战过程并确保该过程遵照现行的挑战规则进行。

（2）在工作时应穿着正式裁判服。

（3）经挑战过程认定后，将犯规性质告知第 1 裁判员。

（4）比赛结束后，在记录表上签字。

（五）替补裁判员

国际排联比赛、世界性比赛和正式比赛必须设置一名替补裁判员。

1. 位置

替补裁判员根据国际排联场地布局图标定的工作位置执行其职责。

2. 职责

（1）在工作时应穿着正式裁判服。

（2）当第 2 裁判员缺席或因故不能继续工作时，或者当第 2 裁判员变为第 1 裁判员后，接替第 2 裁判员的工作。

（3）在赛前和局间管理换人牌（如果使用）。

（4）如果球队席所配电子设备在每局前和每局进行中出现问题，应检查其运行情况。

（5）协助第 2 裁判员维护无障碍区的整洁。

（6）协助第 2 裁判员引导被判罚出场和被取消比赛资格的队员离开场地前往球队更衣室。

（7）管理在准备活动区及球队席的替补队员。

（8）在比赛开始介绍首发队员后，立即向第 2 裁判员递交 4 个比赛用球，并在第 2 裁判员核对站位后再向其递交 1 个比赛用球。

（9）协助第 1 裁判员指导擦地员的工作。

（六）记录员

1. 位置

记录员坐在第 1 裁判员对面的记录台处，面对第 1 裁判员执行其职责。

2. 职责

根据规则与第 2 裁判员合作填写记录表，通过蜂鸣器或其他声响设备通知裁判员不符合规则的行为或发出信号。

（1）记录员在比赛前和每局前：

① 按照规定程序登记有关比赛和比赛队的情况，包括自由防守队员的姓名、号码，并获取双方队长和教练员的签字。

② 根据位置表登记各队的首发阵容（或者检查电子系统提供的数据）。如果没有按时收到位置表，应立即通知第 2 裁判员。

（2）记录员在比赛中：

① 记录得分。

② 掌握各队的发球次序，发现发球次序错误时，应在发球击球后立即通知裁判员。

③ 以蜂鸣器认可并宣告换人请求，掌握并登记暂停、换人次数和暂停，并通知第 2 裁判员。

④ 对违背规则的正常比赛间断请求要通知裁判员。

⑤ 每局结束及决胜局第 8 分时，向裁判员宣布。

⑥ 记录警告、处罚的情况和不符合规定的请求。

⑦ 在第 2 裁判员的指导下登记其他事件，如特殊换人、恢复时间、被拖延的间断、由外因造成的间断、重新指定等。

⑧ 掌握局间休息。

（3）记录员在比赛结束后：

① 登记最终结果。

② 如果有提出抗议的情况并得到第 1 裁判员同意后，记录或允许队长将有关抗议的内容写在记录表上。

③ 自己在记录表上签字后，取得双方队长和裁判员的签字。

（七）辅助记录员

1. 位置

辅助记录员坐在记录员的身旁执行其职责。国际排联比赛、世界性比赛和正式比赛必须设置一名辅助记录员。

2. 职责

记录有关自由防守队员的替换，协助记录员工作。记录员不能继续工作时，代替其工作。

（1）在比赛前和每局前辅助记录员：

① 准备好自由防守队员管理表。

② 准备好备用记录表。

（2）在比赛中辅助记录员：

① 详细记录自由防守队员正常的和特殊的替换。

② 发现任何有关自由防守队员替换的犯规时，用蜂鸣器通知裁判员。

③ 操作记录台上的手动记分牌。

④ 监督记分牌的正确显示。

⑤ 必要时填写好备用记录表的有关内容，交给记录员。

（3）比赛结束后，辅助记录员：

① 在自由防守队员管理表上签字备查。

② 在记录表上签字。

国际排联比赛、世界性比赛和正式比赛使用电子记录表，辅助记录员协助记录员担任换人时的比分宣告，通知第 2 裁判员球队在比赛间断时的请求，以及鉴别自由防守队员的替换。

（八）司线员

1. 位置

如果只使用 2 名司线员，应分别站在第 1、2 裁判员右手一侧场区角端，斜向位于场角 1 至 2 米处，各自负责自己一侧的端线和边线。在国际排联比赛、世界性比赛和正式比赛中，如果使用 4 名司线员，应分别站在无障碍区内距每个场角 1 至 3 米处，即位于各自负责界线的假想延伸线上。

2. 职责

（1）司线员通过运用旗帜（40 厘米 ×40 厘米）执行其职责，在下列情况下出示旗示：

① 当球落在所负责的界线附近时，示意球“界内”或“界外”。

② 触及接球队员身体后出界的球，示意“触手出界”。

③ 示意球触及标志杆，示意发出的球和球队第三次击出的球从过网区外侧越过球网等。

④ 示意发球击球时队员的脚踏出场区（发球队员除外）。

⑤ 发球队员脚的犯规。

⑥ 队员击球时或干扰比赛的情况下，球触及其一侧标志杆高于球网上沿 80 厘米的部分。

⑦ 球从标志杆外侧越过球网，并进入对方场区或触及其一侧的标志杆。

（2）在第 1 裁判员询问时，必须重复旗示。

（九）法定手势

1. 裁判员的手势

裁判员必须以法定手势指出鸣哨的原因（犯规的性质或准许的比赛间断目的）。手势应有短时间的展示。如果是单手做手势，应使用与犯规队或请求队同侧的手表示。

2. 司线员的旗示

司线员必须用法定的旗示表明犯规的性质，并有短时间的展示。

（十）电子记录员

1. 位置

与记录员、辅助记录员共同坐在记录台。

2. 作用

电子记录已经被国际排联广泛应用于国际排联比赛、世界性比赛和正式比赛中，其数据具有一一对应的特性。电子记录表与排球规则环环相扣，不仅避免了记录员在记录过程中可能出现的疏忽，同时也提高了记录员操作的准确性和规范性。

3. 职责

（1）电子记录员在比赛前：

① 到达赛场第一时间检查所需的软硬件设备是否正常，电源是否稳定。

② 赛前核对所有比赛信息，在技术代表处取得运动队的第一信息，如有变动及时更改。一旦点击进入比赛，要离开重新建立比赛才能改动运动队相关的信息。

③ 和裁判员一起参与挑边过程，核实确保挑边结果的准确性。

④ 输入首发后，及时点击确认，了解裁判员的平板上是否读取首发阵容数据。

（2）电子记录员在比赛中：

① 每局比赛开始时与第 2 裁判员核对首发阵容，赛中核对每 1 分、每 1 轮，确保分、人不出错。

② 第一局比赛开始时，第 1 裁判员鸣哨发球时再点击相应按键，确保比赛开始时间准确。

③ 每一回合第 1 裁判员鸣哨后，第一时间点击“发球”键，成死球后第 1 裁判员做出判断指出发球方后，点击“得分”方，该回合结束。

④ 换人要看清换人号码，同时看清电脑上显示合法换人号码。自由人的替换要确保被其换下的运动员上场，如果自由人替换和换人同时发生，必须先进行自由人替换。

⑤ 在运动队提出挑战时，要与第 2 裁判员沟通确定挑战内容，挑战前的电子显示、翻分牌和电脑上的分数一致，挑战后根据结果调整比分，再次确认电子显示、翻分牌和电脑上的分数一致。

（3）电子记录员在比赛结束后：

① 快速打印表格，确认结果栏胜队后，给双方队长签字。

② 保存赛前教练员、运动员签字的运动队名单，打印挑战表和自由人管理表。

4. 电子记录员相关注意事项

（1）理解按键含义，系统要熟悉。

（2）掌握程序步骤，配合需默契。

（3）问题及时纠正，错误不累积。

二、裁判员的工作方法及其配合

（一）裁判员的哨声、手势与旗示

1. 第 1 裁判员的哨声、手势

第 1 裁判员的哨声要求：哨声要及时、果断、响亮，做到一成死球，即闻哨声。

在开局和关键比分下的哨声要加长、加重；在一般情况下，哨声可稍轻、短促；在有争议或来回球较多的情况下，哨声要加长、加重。

手势要求：手势要大方、清楚、正确，并有短暂的展示时间。

2. 第 2 裁判员的哨声、手势

第 2 裁判员的哨声除了及时、响亮外，还要求在第 2 裁判员职权范围内的判罚哨声要加长、加重。

3. 司线员的旗示

司线员的旗示要求：出旗果断、准确、大方、有力。司线员应一手持旗，在指定区域内。旗示后应有片刻停留与第 1 裁判员对视后再自然收旗。

（二）裁判员的临场操作方法与工作程序

在比赛过程中，裁判员除履行规定的主要职责外，还要遵循有关操作方式与工作程序。

1. 第 1 裁判员的临场操作方法与工作程序

（1）赛前。第 1 裁判员开赛前的主要工作是在规定时间召集双方队长到记录台前进行挑选场地 / 发球权工作。挑场地 / 发球权分为两类：一类是挑选发球或接发球，另一类是挑选场区。先选者在这两类中先任选一项，后选者再选另一类中的一项。挑选工作完毕后，双方队长在记分表上签字。裁判员将挑选结果通知记录员。随后，第 1 裁判员对场地、器材、设备进行检查，包括球的气压、网高、场地画线、运动员席、记录台、裁判椅等。

（2）赛中。准备开赛时，待第 2 裁判员将第一个球递给发球队员，发球队员准备好后开始鸣哨。第 1 裁判员要面向发球一方，观察发球方有无犯规行为。在比赛进行中，裁判员要随时注视球、队员及其与网的关系。

（3）第 1 裁判员同其他裁判员的分工配合。在发、接球时，第 1 裁判员主要看发球一方，第 2 裁判员看接发球一方。在网上扣、拦球时，第 1 裁判员主要看扣球一方，第 2 裁判员看拦网一方。第 1 裁判员要经常用目光同第 2 裁判员、司线员、记录员联系，要注意记录员、第 2 裁判员出示的提醒手势。

（4）赛后。第 1 裁判员主持退场式，并详细检查记分表，确认无误后，在其他裁判员签字后，最后在记分表上签字。

2. 第 2 裁判员的临场操作方法与工作程序

（1）赛前。协助第 1 裁判员进行有关检查与准备工作，并参与挑选场地 / 发球权工作。

（2）赛中。队员接发球时，第 2 裁判员要观察、判断场上队员是否存在位置错误犯规。网上扣、拦球时，第 2 裁判员主要看拦网一方从起跳到落地是否存在过中线、触网等犯规。第 2 裁判员的位置要根据球和队员的位置做前后左右移动，以便对自己职权范围内的犯规作出准确判断。

（3）第 2 裁判员在暂停时的操作方法。当教练员或场上队长在死球时用相应手势提出请求后，第 2 裁判员首先应鸣哨，然后看表掌握暂停时间，并且观察场上情况，双方有无其他犯规行为，同记录台进行工作联系，必要时将暂停次数通知第 1 裁判员和教练员。暂停时间到，第 2 裁判员鸣哨恢复比赛。

（4）第 2 裁判员在换人时的操作方法。换人执行的是快速换人方法。在记录员按响蜂鸣器认可换人的请求后，第 2 裁判员的主要工作是监督换人行为，在多人次换人时，控制换人的节奏。待记录员举双手示意记录完毕后，第 2 裁判员向第 1 裁判员高举双手，以示可以进行比赛。

（5）赛后。第 2 裁判员在双方队长签字后在记分表上签字。

3. 挑战裁判员工作方法及挑战规则

（1）挑战内容

① 界内球 / 界外球：界定边线和端线附近的球。

② 拦网触手：球通过球网时是否触及拦网队员。

③ 触网：队员的击球行为触及标志杆以内球网的部分。

④ 触及标志杆：击球过程中队员或球触及标志杆。

⑤ 踏线违例：a. 队员发球时踏及端线或发球区以外区域；b. 后排队员对整体高于球网上沿的球完成进攻性击球时踏及进攻线及其延长线；c. 队员单脚或双脚完全越过中线。

（2）挑战请求

① 每支运动队每局拥有两次挑战权利：a. 挑战成功，保留挑战权利；b. 挑战失败，失去一次挑战权利。

② 请求挑战时，教练员按响蜂鸣器，主教练向第 2 裁判员做出挑战手势，并说明挑战的内容。

③ 在一个回合结束后，主教练可以在裁判员做出判定后（8 秒内），对最后一个回合中允许挑战的内容提出挑战。

④ 在一个回合过程中，主教练可以在允许挑战的内容出现后的当前回合提出挑战。

⑤ 挑战请求优先于暂停或换人请求。

⑥ 每支运动队在一次比赛间断时只能提出一次挑战。

⑦ 场上球员在视频回放时必须留在本方比赛场区内。此时，场下其他成员不得进入比赛场区。

（3）挑战程序

① 第 1 裁判员在一个回合过程中或回合结束后，看到主教练提出挑战的请求（蜂鸣器 + 手势），应鸣哨终止比赛。第 2 裁判员询问该队的挑战内容，在记录台前的位置使用无线通信设备告知第 1 裁判员以及广播员挑战的内容。第 1 裁判员允许后，广播员向观众播报挑战的内容。若第 1 裁判员不允许运动队挑战，则给予判罚，广播员向观众解释该队受到判罚的原因和结果。

② 第 1 裁判员同意挑战后，立即鸣哨并做出挑战手势，随后指出提出挑战的运动队，挑战裁判员查看视频挑战系统画面。

③ 挑战裁判员在挑战系统操作员的协助下，以最快速度对视频挑战系统画面进行回放查看，但判罚的准确性必须优先于速度。随后将挑战结果告知第 1、2 裁判员。挑战系统操作员将视频回放和挑战结果显示在场馆的电子屏幕上，第 1 裁判员随后做出判定，示意得分一方并指出下一个应发球的队。

④ 挑战结束后至比赛继续进行前，第 2 裁判员必须确认记录表和场馆内所有记分牌上的分数正确显示，以及场上运动员的轮次与记录表次序无误。

⑤ 第 2 裁判员必须在第 1 裁判员做出判定并示意发球方后，才能移动到失分运动队一侧。

⑥ 记录员必须在第 1 裁判员做出判定并示意发球方后再更正比分，并确认记分牌和电子屏幕比分及场上位置无误后，向第 2 裁判员示意比赛恢复，随后第 2 裁判员向第 1 裁判员举手示意恢复比赛。

（4）挑战判罚

① 三种情况：对不允许挑战的内容进行挑战；超过规定次数的挑战；同一运动队在一次比赛间断时提出第二次挑战。

若以上三种情况发生在一个回合结束后，裁判员应判该队为不符合规定的请求，并依据不符合规定的请求 / 延误比赛的等级决定下一个应发球的队。

若前两种情况发生在一个回合过程中并造成比赛中断，则该队失 1 分、失去一次挑战权利并由对方发球，裁判员可以按照规则决定是否需要进行下一步判罚处理。

② 若在一个回合结束后，运动队对非当前最后一个回合中允许挑战的犯规内容提出挑战，挑战将予以拒绝，裁判员可以按照规则决定是否需要进行下一步判罚处理。

③ 若回合的得分方提出挑战，将予以拒绝（无其他判罚）。

④ 若在查看视频挑战系统画面过程中，同一画面中发现早于挑战内容的另外一个犯规动作，第 1 裁判员应对这个更早的犯规进行判罚，但保留本次挑战权利（例：A 队提出挑战 B 队触网，视频挑战系统显示 A 队先于 B 队触网，则应判罚 A 队触网犯规在先，但保留本次 A 队挑战权利）。

（5）其他注意事项

① 挑战界内 / 外球时，球因受力变形而触及了界线，应被判定为“界内球”；如未触及界线，应判定为“界外球”。

② 在查看视频挑战系统画面过程中，不能做出清晰的回放（例：运动队提出挑战的犯规内容画面，或技术原因导致画面不存在），则应维持原判，但保留本次挑战权利。

③ 如果挑战系统出现故障，第 2 裁判员应在回合结束后立即告知双方主教练，比赛按照没有挑战系统的排球规则继续进行，直至挑战系统恢复正常。

④ 因客观原因，造成第 1 裁判员无法做出最终判断的特殊情况，而该情况属于可进行挑战的内容，第 1 裁判员有权进行“裁判员自我挑战”。

4. 司线员的临场操作方法与工作程序

（1）司线员看线的操作方法：加强预判、抢好角度、看线等球、出旗果断。

（2）司线员站立姿势：两脚开立、身体自然、重心居中、手持旗自然下垂。

（3）司线员对犯规的判断以相应的旗示向第 1 裁判员示意，但当第 1 裁判员未注意、比赛继续进行时，司线员应收回旗示，不得坚持。

5. 记录员工作方法要点

（1）记录表的填写方法。记录表的填写工作主要分为以下几方面的内容（图 8-4-2）：

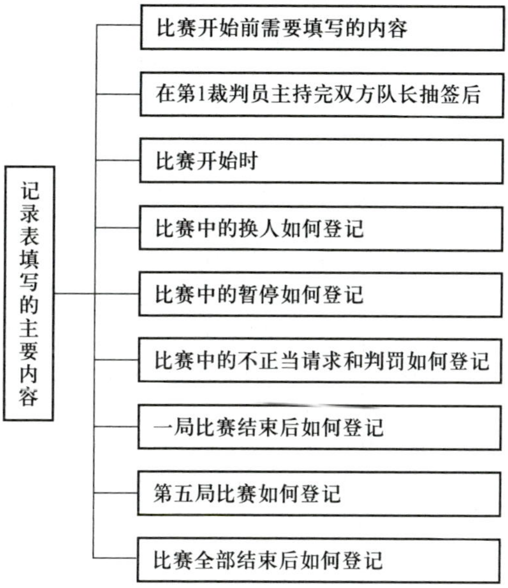

» 图 8-4-2　记录表填写的主要内容

① 比赛开始前需要填写的内容（表 8-4-1 至表 8-4-3）

表 8-4-1　赛前需要填写的内容一

记录表表头有以下 1—10，共计 10 部分内容：

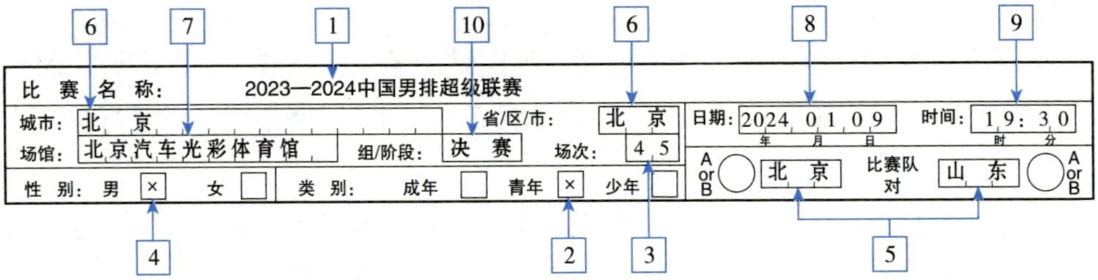

1：赛事名称

2：类别——在相应的比赛类别方框中用 X 填写

3：比赛场次

4：性别——在相应的方框中用 X 填写

5：队名——填写队名的缩写

6：城市和省 / 区 / 市——填写组织比赛的城市名称

7：场馆——填写进行比赛的场馆名称

8：日期——填写格式为年 / 月 / 日

9：时间——填写赛事安排的时间

10：组 / 阶段——填写赛事的轮次

注→队名前的空白圆圈处先留作空白，完成抽签后再进行填写

表 8-4-2　赛前需要填写的内容二

记录表右下方需要赛前填写的内容有以下几点：

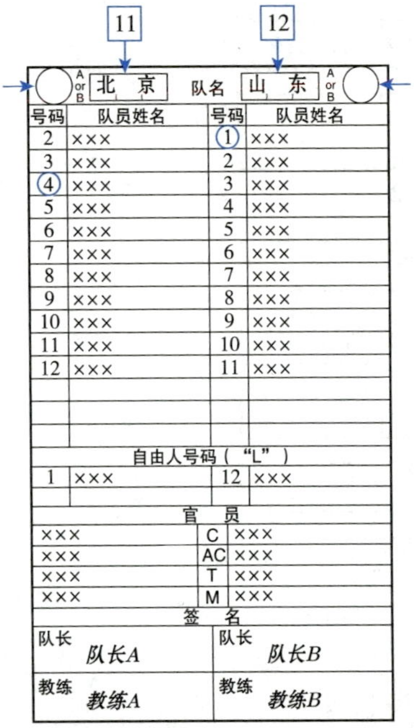

11—12：按照官方程序填写队名

填写队员的姓名和号码（按照递增的顺序）

队长的号码用圆圈标注

填写自由人的姓名和号码

注：自由人的姓名和号码在上面第一栏中也应按照规定填写

C——填写教练员姓名

AC——填写助理教练员姓名

T——填写训练师姓名

M——填写医生和治疗师姓名

标注 A 或 B 的圆圈空白处不填写

在完成抽签后，队长和教练员要签字

表 8-4-3　赛前需要填写的内容三

记录表中下方需要赛前填写的内容有以下几点：

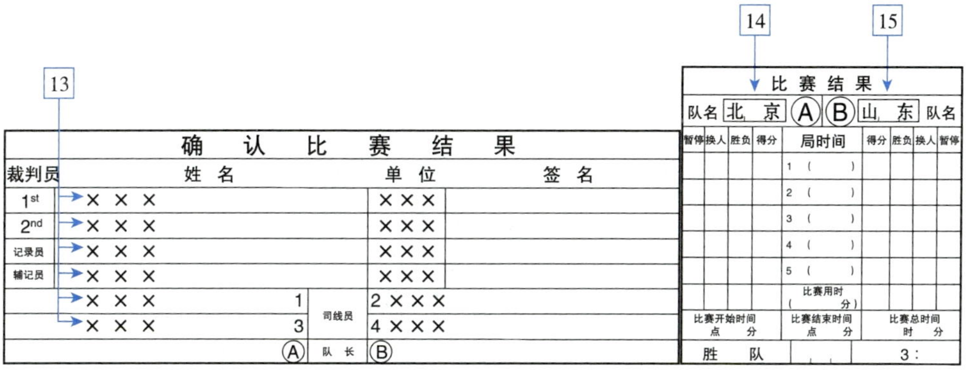

13：填写第 1 裁判员、第 2 裁判员、记录员、辅记员的姓名和国籍以及裁判等级。同时，填写四名司线员的姓名

14—15：在比赛结果栏中，在 A 或 B 处填写相对应的队名（这部分在抽签完成后再进行填写）

② 在第 1 裁判员主持完双方队长抽签后需要填写的内容（表 8-4-4）

表 8-4-4　抽签后需要填写的内容

在完成抽签后，记录员要从第一裁判员处得到以下信息：

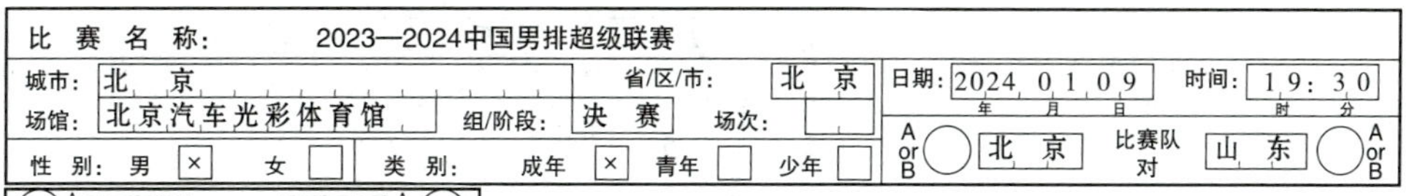

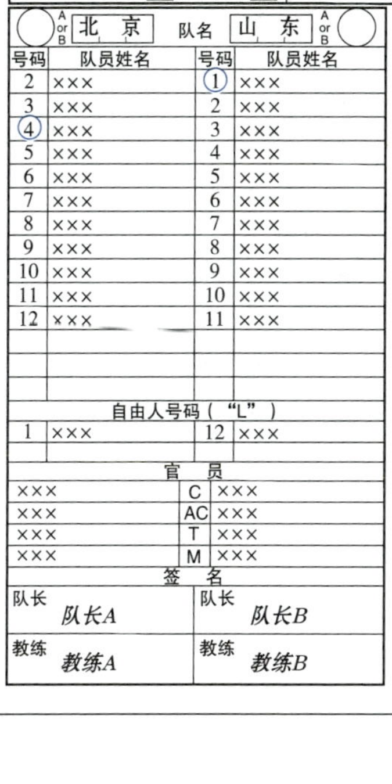

A 队或 B 队的比赛场区
（记录员的左侧为 A 场区）
哪支球队获得发球权
在抽签完成后，在相应的位置填写 A 或 B

③ 比赛开始需要填写的内容（表 8-4-5 至表 8-4-8）

表 8-4-5　比赛开始需要填写的内容一

Ⓐ 队为北京用 × 填写到 Ⓢ 表示发球队

Ⓑ 队为山东用 × 填写到 Ⓡ 表示接发球队

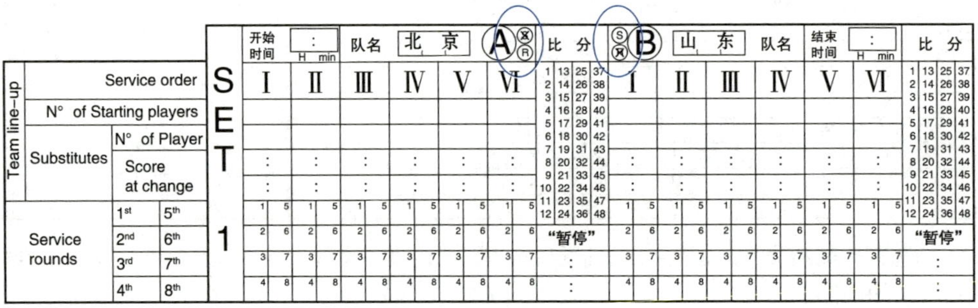

			开始时间 : H min		队名 北京		Ⓐ ⓢ ⓡ	比 分	ⓢ ⓡ Ⓑ	山东		队名	结束时间 : H min		比 分
Team line-up	Service order	SET 1	I	II	III	IV	V	VI	1 13 25 37 2 14 26 38 3 15 27 39 4 16 28 40 5 17 29 41 6 18 30 42 7 19 31 43 8 20 32 44 9 21 33 45 10 22 34 46 11 23 35 47 12 24 36 48	I	II	III	IV	V	VI	1 13 25 37 2 14 26 38 3 15 27 39 4 16 28 40 5 17 29 41 6 18 30 42 7 19 31 43 8 20 32 44 9 21 33 45 10 22 34 46 11 23 35 47 12 24 36 48
	N° of Starting players															
Substitutes	N° of Player															
	Score at change		:	:	:	:	:	:		:	:	:	:	:	:	
			:	:	:	:	:	:		:	:	:	:	:	:	
Service rounds	1st 5th		1 5	1 5	1 5	1 5	1 5	1 5		1 5	1 5	1 5	1 5	1 5	1 5	
	2nd 6th		2 6	2 6	2 6	2 6	2 6	2 6	“暂停”	2 6	2 6	2 6	2 6	2 6	2 6	“暂停”
	3rd 7th		3 7	3 7	3 7	3 7	3 7	3 7	:	3 7	3 7	3 7	3 7	3 7	3 7	:
	4th 8th		4 8	4 8	4 8	4 8	4 8	4 8	:	4 8	4 8	4 8	4 8	4 8	4 8	:

提示：为了避免发生错误和工作方便，可以提前在同一边填写第二局和第三局的发球队和接发球队

表 8-4-6　比赛开始需要填写的内容二

根据位置表，在相应的 I — VI 处填写首发队员的号码

位置 I 是在场区右后方的队员

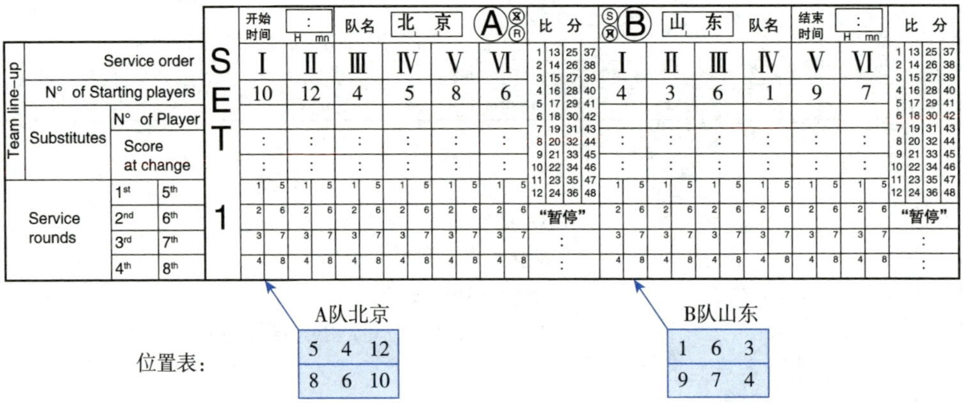

			开始时间 : H mn		队名 北京		Ⓐ ⓢ ⓡ	比 分	ⓢ ⓡ Ⓑ	山东		队名	结束时间 : H mn		比 分
Team line-up	Service order	SET 1	I	II	III	IV	V	VI	1 13 25 37 2 14 26 38 3 15 27 39 4 16 28 40 5 17 29 41 6 18 30 42 7 19 31 43 8 20 32 44 9 21 33 45 10 22 34 46 11 23 35 47 12 24 36 48	I	II	III	IV	V	VI	1 13 25 37 2 14 26 38 3 15 27 39 4 16 28 40 5 17 29 41 6 18 30 42 7 19 31 43 8 20 32 44 9 21 33 45 10 22 34 46 11 23 35 47 12 24 36 48
	N° of Starting players		10	12	4	5	8	6		4	3	6	1	9	7	
Substitutes	N° of Player															
	Score at change		:	:	:	:	:	:		:	:	:	:	:	:	
			:	:	:	:	:	:		:	:	:	:	:	:	
Service rounds	1st 5th		1 5	1 5	1 5	1 5	1 5	1 5		1 5	1 5	1 5	1 5	1 5	1 5	
	2nd 6th		2 6	2 6	2 6	2 6	2 6	2 6	“暂停”	2 6	2 6	2 6	2 6	2 6	2 6	“暂停”
	3rd 7th		3 7	3 7	3 7	3 7	3 7	3 7	:	3 7	3 7	3 7	3 7	3 7	3 7	:
	4th 8th		4 8	4 8	4 8	4 8	4 8	4 8	:	4 8	4 8	4 8	4 8	4 8	4 8	:

位置表：

A队北京

5	4	12
8	6	10

B队山东

1	6	3
9	7	4

表 8-4-7　比赛开始需要填写的内容三

1：以 A 队为例，A 队为发球队，在此处小数字处填写√表示发球队，该位置队员首先发球

2：以 B 队为例，B 队为接发球队，在此处填写 X 表示接发球队，该位置队员在本轮没有发球

3：在此处填写第一局比赛正式开始的时间

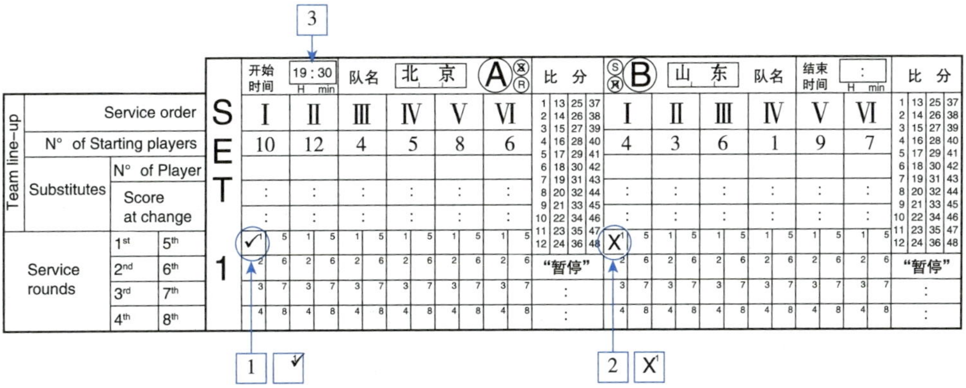

表 8-4-8　比赛开始需要填写的内容四

1：以得 1 分为例，在数字 1 处，自左下往右上方画斜杠，表示该队此时得分数

2：当发球队得分为 1 分、丢失发球权时，在此处填写数字 1，表示该发球轮次此队得 1 分，交换发球权

3：此时接发球队得 1 分，先按第一步所示，在得分 1 处画斜杠，然后在位置 Ⅱ 填写 P，表示该位置队员将要进行发球

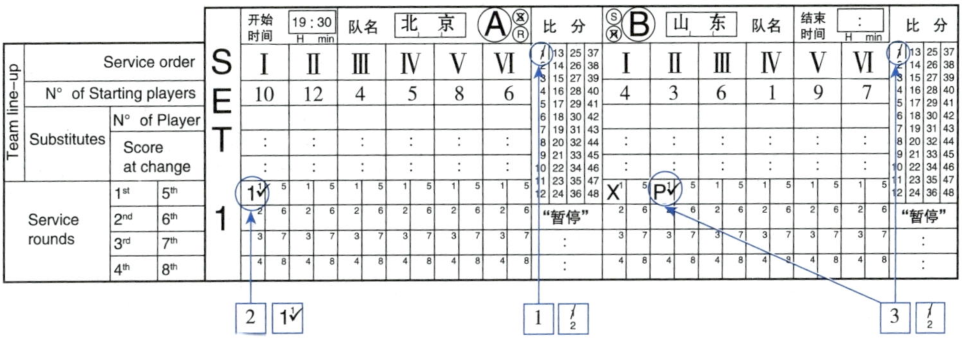

④ 比赛中换人的登记方法（表 8-4-9、表 8-4-10）

表 8-4-9　换人的登记方法一

例 1：
在比分进行到 7：10 时，A 队请求用 7 号队员替换场上的 12 号队员

在场上 12 号队员的下方，填写上场的 7 号，同时记录此时两队的比分（请求换人的队伍比分写在前面）

SET 1　开始时间 19：30（H min）　队名 北京　A

Team line-up	I	II	III	IV	V	VI
Service order / N° of Starting players	10	12	4	5	8	6
Substitutes: N° of Player		7				
Score at change	:	7：10	:	:	:	:
Score at change	:	:	:	:	:	:
Service rounds (1st–8th)	1✓	5✓	7✓			

B 山东 队名　结束时间 ：（H min）

Team line-up	I	II	III	IV	V	VI
N° of Starting players	4	3	6	1	9	7
Substitutes: N° of Player						
Score at change	:	:	:	:	:	:
Score at change	:	:	:	:	:	:
Service rounds (1st–8th)	X	4✓	8✓	✓		

比分　“暂停”

表 8-4-10　换人的登记方法二

例 2：
当比分进行到 8：14 时，A 队请求 12 号队员重新回到场上

如果首发的 12 号队员请求回到场上，则在 7 号上用圆圈标注，表示两人的替换，同时记录当时的比分（请求换人的队伍比分写在前面）

SET 1　开始时间 19：30（H min）　队名 北京　A

Team line-up	I	II	III	IV	V	VI
Service order / N° of Starting players	10	12	4	5	8	6
Substitutes: N° of Player		⑦				
Score at change	:	7：10	:	:	:	:
Score at change	:	8：14	:	:	:	:
Service rounds (1st–8th)	1✓	5✓	7✓	8✓		

B 山东 队名　结束时间 ：（H min）

Team line-up	I	II	III	IV	V	VI
N° of Starting players	4	3	6	1	9	7
Substitutes: N° of Player						
Score at change	:	:	:	:	:	:
Score at change	:	:	:	:	:	:
Service rounds (1st–8th)	X	4✓	8✓	10✓	✓	

比分　“暂停”

注：如果重新回到场上的首发队员在之后的比赛中受伤，他／她要进行特殊替换，这种情况要登记在记录表的备注处（队伍名称、队员名、局和比分）

⑤ 比赛中暂停的登记方法（表 8-4-11）

表 8-4-11　暂停的登记方法

在记录表下图标注的位置处，登记该队请求暂停时的比分（请求暂停的队伍比分写在前面）

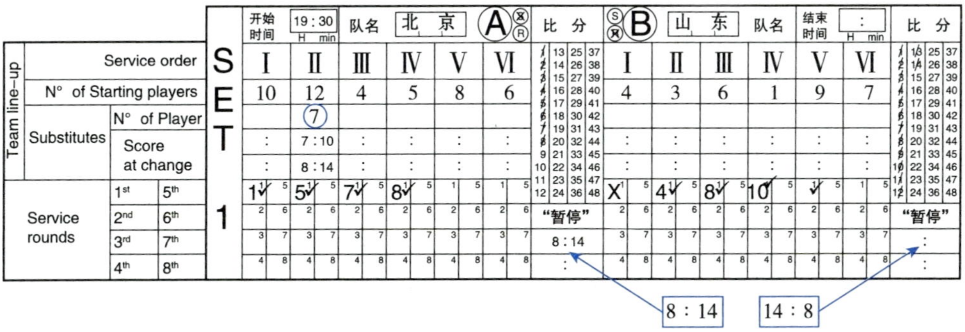

如果 A 队请求暂停，应按照表中样式填写

如果 B 队请求暂停，应按照表中样式填写

⑥ 比赛中不正当请求与判罚的登记方法（表 8-4-12、表 8-4-13）

表 8-4-12　不正当请求的登记方法

如果某队第一次发生不正当请求，在箭头标注的 A 或 B 处，用 × 填写

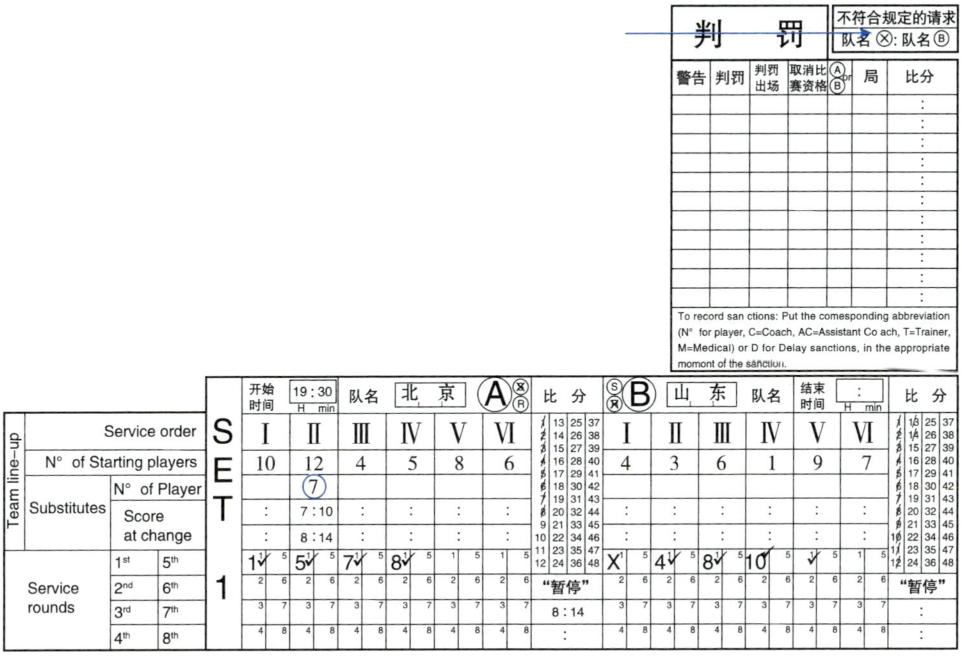

表 8-4-13　判罚的登记方法

判罚的登记：

判罚的情况登记在记录表相应的位置上

例：

A 队 5 号队员在第一局比赛中，当比分进行到 8：14 时，被判罚延误

B 队在第一局比赛中，当比分进行到 15：8 时，被判罚延误警告

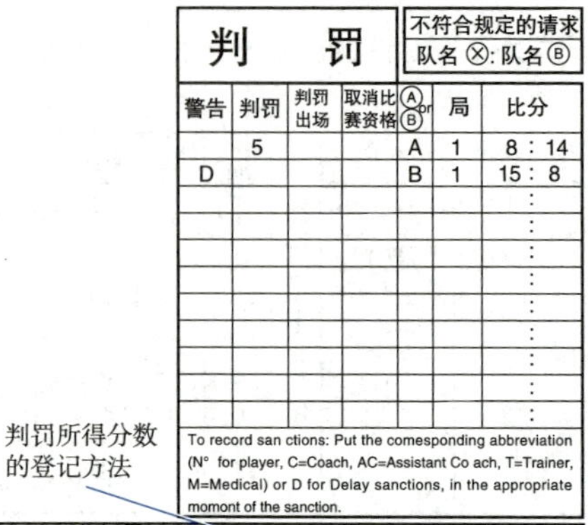

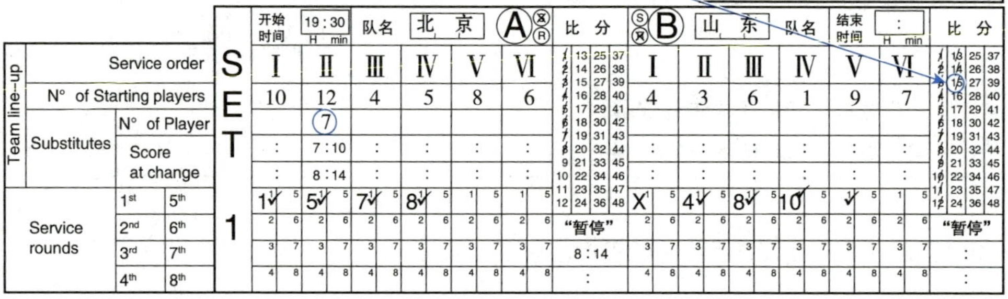

⑦ 一局比赛结束后的登记方法（表 8-4-14）

表 8-4-14　一局比赛结束后的登记方法

在箭头标注处，填写该局比赛准确的结束时间

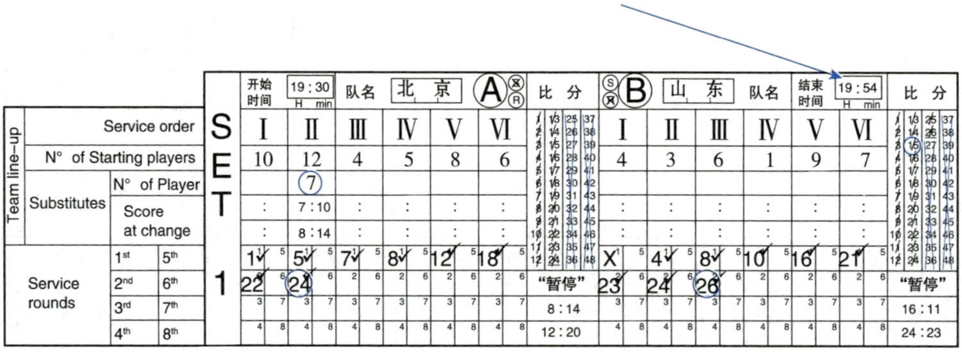

将本局比赛两队的最终得分，分别填写在各队相应的最后一个位置处，并用圆圈标注

对本局比赛两队得分处未划掉的比分进行封分

⑧ 第五局比赛的登记方法（表 8-4-15、表 8-4-16）

表 8-4-15　第五局比赛的登记方法一

在重新抽签后，记录员需要知道的信息有：

1. 队伍相应的场区
2. 获得发球权的队伍

例：

A 队（北京）在记录员的右侧场区并获得发球权

B 队（山东）在记录员的左侧场区接发球

在登记完首发队员的号码后，将左侧场区的首发队员号码，同样地填写到最右侧的相应位置上

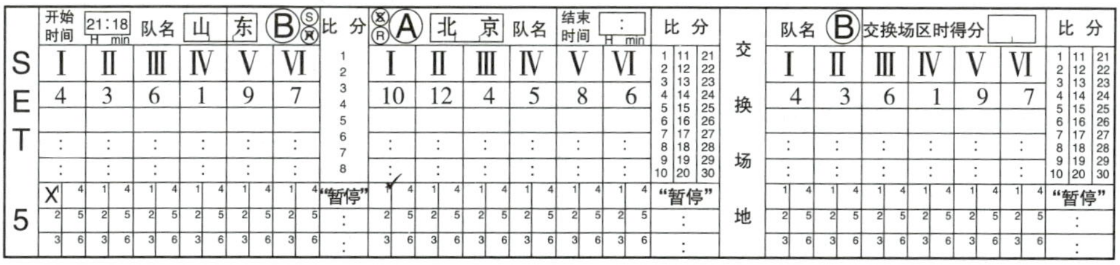

表 8-4-16　第五局比赛的登记方法二

当比分领先的球队得到 8 分时：

此时双方须交换场区，将左侧场区队伍此时所得的分数填写到箭头指向的位置（若该队之前有过换人或暂停，一并抄写到最右侧的表格中）

在交换场区后，将右侧场区队伍之前所得的分数用竖线封分

随后比赛发生的得分、暂停、换人均登记到最右侧的表格中，直到比赛结束

最后登记比赛结束的准确时间

注：如果在交换场区时，左侧场区队伍为发球轮，在交换到右侧场区后，发球队员不变，登记到相应的位置上，其他队员的位置也不变

⑨ 比赛结束后的登记方法（表 8-4-17 至表 8-4-19）

表 8-4-17　比赛结束后的登记方法一

将比赛双方完整的信息登记到比赛结果栏里：

暂停：将每局比赛各队暂停的次数登记在此处

换人：将每局比赛各队换人的次数登记在此处

胜负：每局比赛获胜的队伍在此处登记“1”，另一支球队登记“0”

得分：将每局比赛各队的得分登记在此处

局时间：计算每局比赛进行的时间并登记在此处

注：局时间是每局比赛的开始时间到结束时间的净时间

比赛结果								
队名	北京		Ⓐ		Ⓑ	山东		队名
“暂停”	换人	胜负 W	得分	局时间	得分	胜负 W	换人	“暂停”
2	2	0	24	1（24）	26	1	0	2
2	2	0	24	2（26）	26	1	2	2
2	3	1	25	3（21）	21	0	1	2
2	6	1	25	4（25）	23	0	4	2
2	2	1	15	5（12）	13	0	2	2
				比赛用时（　分）				
比赛开始时间 __点__分				比赛结束时间 __点__分		比赛总时间 __时__分		
胜队						3：__		

表 8-4-18　比赛结束后的登记方法二

计算所有数据的总和并登记到最后一排处

登记比赛的开始时间、结束时间以及总比赛时间

登记获胜队伍队名

比赛结果								
队名	北京		Ⓐ		Ⓑ	山东		队名
“暂停”	换人	胜负 W	得分	局时间	得分	胜负 W	换人	“暂停”
2	2	0	24	1（24）	26	1	0	2
2	2	0	24	2（26）	26	1	2	2
2	3	1	25	3（21）	21	0	1	2
2	6	1	25	4（25）	23	0	4	2
2	2	1	15	5（12）	13	0	2	2
10	15	3	113	比赛用时（108 分）	109	2	9	10
比赛开始时间 19 点 30 分				比赛结束时间 21 点 30 分		比赛总时间 2 时 00 分		
胜队				北京		3：2		

表 8-4-19 比赛结束后的登记方法三

完成的比赛记录表需要有以下几位成员签字：
助理记录员
记录员
队长
第 2 裁判员
第 1 裁判员

<table>
<tr><td>备注</td><td></td></tr>
<tr><td colspan="2"></td></tr>
<tr><td colspan="2"></td></tr>
<tr><td colspan="2"></td></tr>
<tr><td colspan="2"></td></tr>
<tr><td colspan="2"></td></tr>
</table>

<table>
<tr><th colspan="6">确 认 比 赛 结 果</th></tr>
<tr><th>裁判员</th><th colspan="2">姓 名</th><th>省 / 市</th><th colspan="2">签 名</th></tr>
<tr><td>1st</td><td colspan="2">×××</td><td>××</td><td colspan="2">×××</td></tr>
<tr><td>2nd</td><td colspan="2">×××</td><td>××</td><td colspan="2">×××</td></tr>
<tr><td>记录员</td><td colspan="2">×××</td><td>××</td><td colspan="2">×××</td></tr>
<tr><td>辅记员</td><td colspan="2">×××</td><td>××</td><td colspan="2">×××</td></tr>
<tr><td colspan="2">××× 1</td><td rowspan="2">司线员</td><td>2</td><td colspan="2">×××</td></tr>
<tr><td colspan="2">××× 3</td><td>4</td><td colspan="2">×××</td></tr>
<tr><td colspan="2">队长A Ⓐ</td><td>队 长</td><td>Ⓑ</td><td colspan="2">队长B</td></tr>
</table>

如果赛后有队长提出抗议或申诉，必须登记在备注栏中

（2）记录员工作方法要求

① 记录员必须认真、细致，并且按照一定程序和工作规范做好临场记录工作。

② 记录员登记完上场阵容表后，要注意保管和保密。

③ 记录员在对换人的暂停及判罚有关条文登录完毕后，应举双手示意，表示登记完毕，可以开始比赛。

④ 记录员有权提醒裁判员不符合规定的判罚。记录员应对场上发球队员、次序错误鸣哨并通知裁判员。

⑤ 正式比赛中设辅助记录员，负责登记自由防守队员上下场的比分、号码和局间休息时间。

6. 电子记录员工作方法要点（本部分介绍的电子记录内容为亚排联版本）

（1）系统

① 电脑需安装 Windows 系统才可以运行此版电子记录程序，并且兼容 Windows7、8、10 或更高版本。

② 启动电子记录程序，了解顶部菜单的功能，同时须将 IP 地址与平板进行连接。

（2）比赛开始前

① 创建相关比赛信息：创建参赛队伍名称，创建官员、运动员名单，创建技术代表名单，创建裁判员名单等（完成后如图 8-4-3 所示）。

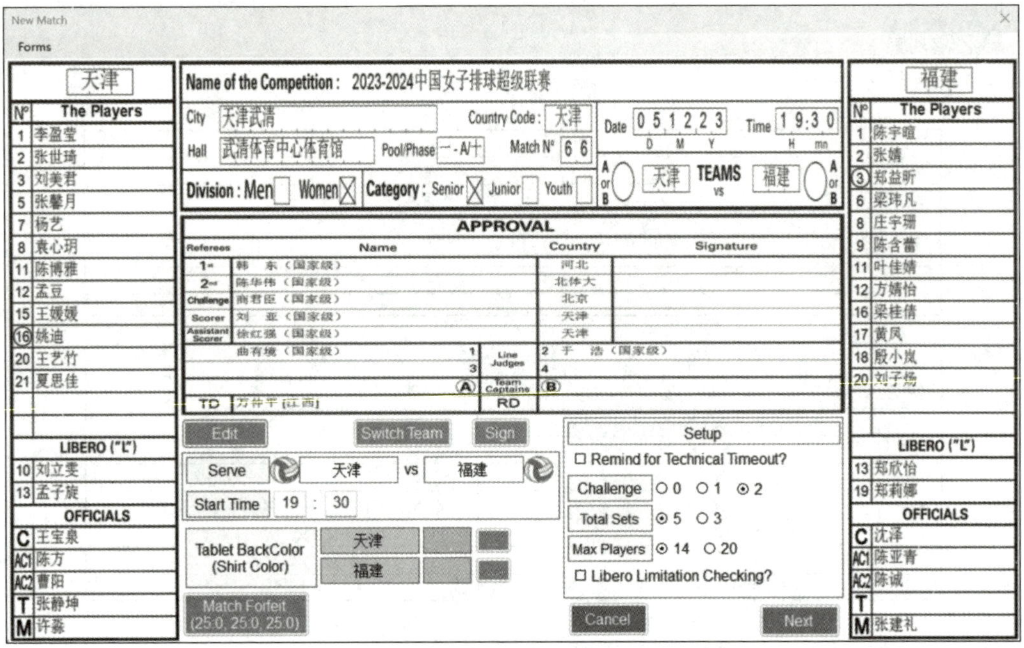

» 图 8-4-3 创建比赛信息

② 赛前所需准备的表格：从系统“表格”中打印“名单”，赛前再次核对运动队信息，核对无误挑边后，队长、教练员签字。

③ 比赛开始界面常用菜单功能：使用“返回键”可操作返回功能，如得分、暂停、换人、判罚、挑战。

自由人替换：如果一支球队只有一名自由防守队员，点击后排队员让自由防守队员进入场地后，系统将自动进行号码替换；如果有两名自由防守队员，点击后排队员选择首发自由防守队员进入场地，点击第二自由防守队员可进行自由人之间的替换。

队长和场上队长：当队长在场上时，系统默认为场上队长；当队长不在场上时，点击“队长”键可以重新指定场上队长。

（3）比赛正式开始（图 8-4-4）

① 当第 1 裁判员鸣哨允许发球时，点击“发球”键比赛开始。如果出现了争球、受伤间断等情况，点击“不计数”键，该球重新开始。

② 得分：根据裁判员的最终判决，得分队点击“得分”键即为得分。

③ 暂停：某队提出暂停请求时，点击“暂停”键。当暂停即将结束时，屏幕上会显示 5 秒倒计时。

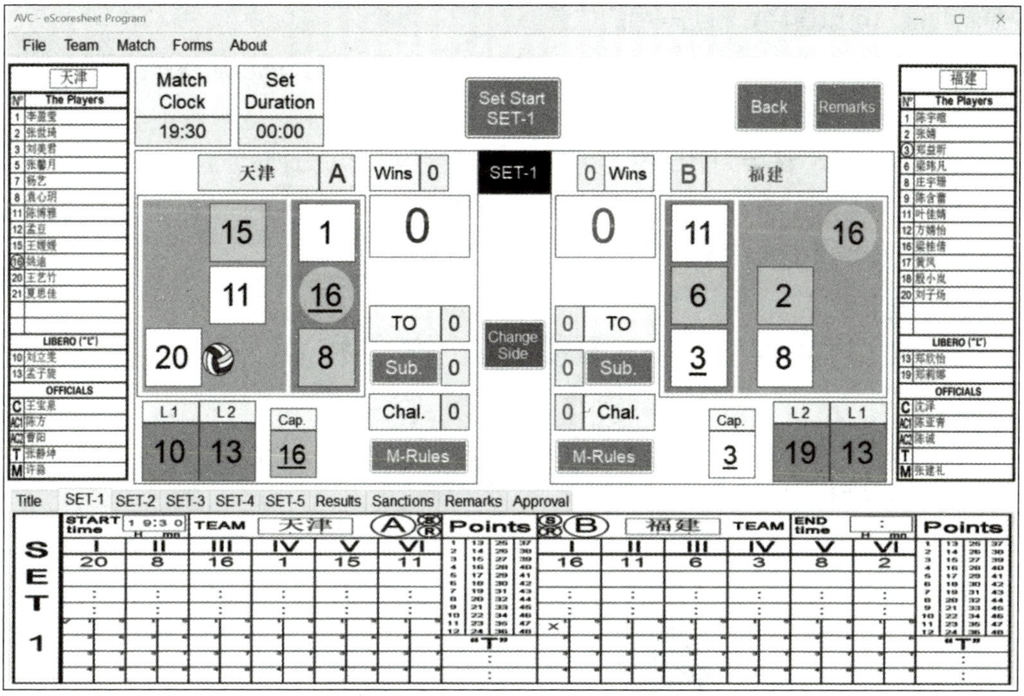

» 图 8–4–4　比赛正式开始界面

④ 换人：某队提出换人请求时，点击“换人”键，换人窗口会显示合法换人队员。多人次换人按照同样步骤操作，完成后点击“确认”键。

⑤ 挑战：

a. 死球后的挑战：根据挑战请求，点击“挑战”键进行挑战。首先，选择裁判员对该球原来判定的内容；然后，正确选择挑战内容；最后，根据挑战的结果，在“结果”区选择“成功”或“失败”。当选择“成功”时，根据实际情况选择最终分数变化的类型。点击“OK”后，得分、发球和相对位置自动修改。当选择“失败”时，维持原来分数，并且提出挑战请求的球队会失去一次挑战机会。

b. 比赛过程中提出的挑战：在比赛过程中提出挑战时，须注意先不上分，其他与上述操作步骤相同。

c. 裁判员的自我挑战：裁判员的自我挑战只能在未得分的情况下进行，须按“第 1 裁判员挑战”键，弹出窗口后其余与上述操作步骤相同。

⑥ 不符合规定的请求和判罚：在回合结束时点击队伍一侧的“×”标记，此记录显示在底部的计分表和平板电脑上。或者选择队伍“处罚”键，选择不符合规定的请求。按“处罚”键进入窗口，选择判罚类型，选取判罚对象，判罚处置针对个人。

⑦ 一局比赛的结束与下一局比赛的开始：一局比赛结束后，点击“局结束”键，结束该局。点击下一局“局开始”键时，可以填写下一局的位置表，此时会显示一个

“复制”键，可以直接复制上一局的位置。

⑧ 第五局：当比赛进入决胜局时，按下“决胜局”键，挑边后系统可再次选择获得发球权的队伍。

⑨ 交换场区：按中间区域的“交换场区”键可手动更改球队场区。

⑩ 备注栏的填写：按右上角的“备注”键进入窗口，所有在此处登记的内容均须在第 1 裁判员的指导下填写。

（4）比赛结束

当比赛达到赛点后，系统将结束整场比赛。随后会弹出窗口，可以选择要打印的页面。

7. 裁判员手势

（1）允许发球（图 8-4-5）

» 图 8-4-5 允许发球

（2）发球队（图 8-4-6）

（3）交换场区（图 8-4-7）

» 图 8-4-6 发球队

» 图 8-4-7 交换场区

（4）暂停（图 8-4-8）

（5）换人（图 8-4-9）

（6）不良行为的警告（图 8-4-10）

（7）不良行为的判罚（图 8-4-11）

（8）判罚出场（图 8-4-12）

（9）取消比赛资格（图 8-4-13）

» 图 8-4-8　暂停

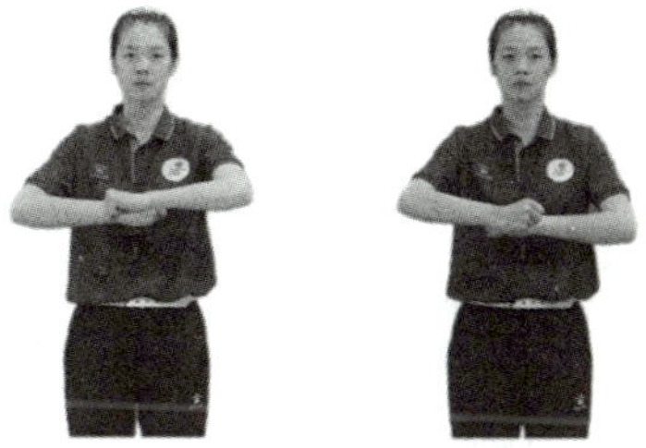

» 图 8-4-9　换人

» 图 8-4-10　不良行为的警告

» 图 8-4-11　不良行为的判罚

» 图 8-4-12　判罚出场

» 图 8-4-13　取消比赛资格

（10）一局（场）比赛结束（图 8-4-14）

（11）发球时未抛起（图 8-4-15）

» 图 8-4-14　一局（场）比赛结束

» 图 8-4-15　发球时未抛起

（12）发球延误（图 8-4-16）

（13）发球掩护或拦网犯规（图 8-4-17）

（14）位置或轮转错误（图 8-4-18）

（15）界内球（图 8-4-19）

» 图 8-4-16　发球延误

» 图 8-4-17　发球掩护或拦网犯规

» 图 8-4-18　位置或轮转错误

» 图 8-4-19　界内球

（16）界外球（图 8-4-20）

（17）持球（图 8-4-21）

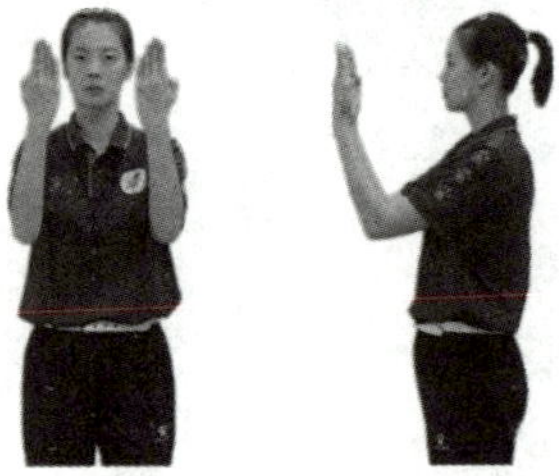

» 图 8-4-20　界外球

» 图 8-4-21　持球

（18）连击（图 8-4-22）

（19）4 次击球（图 8-4-23）

» 图 8-4-22　连击

» 图 8-4-23　4次击球

（20）队员触网或发球没有过网（图 8-4-24）

（21）过网犯规（图 8-4-25）

» 图 8-4-24　队员触网或发球没有过网

» 图 8-4-25　过网犯规

（22）进攻性击球犯规（图 8-4-26）

（23）进入对方场区或球从网下通过或发球时脚的犯规或发球一刻队员不在场区之内（图 8-4-27）

» 图 8-4-26　进攻性击球犯规

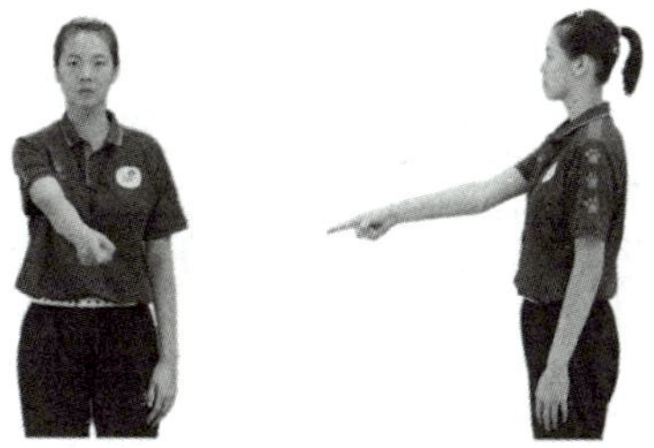

» 图 8-4-27　进入对方场区或球从网下通过或发球时脚的犯规或发球一刻队员不在场区之内

（24）双方犯规和重新比赛（图 8-4-28）

（25）触手出界（图 8-4-29）

（26）延误警告和判罚（图 8-4-30）

» 图 8-4-28　双方犯规和重新比赛

» 图 8-4-29　触手出界

» 图 8-4-30　延误警告和判罚

8. 司线员旗示

（1）界内球（图 8-4-31）

（2）界外球（图 8-4-32）

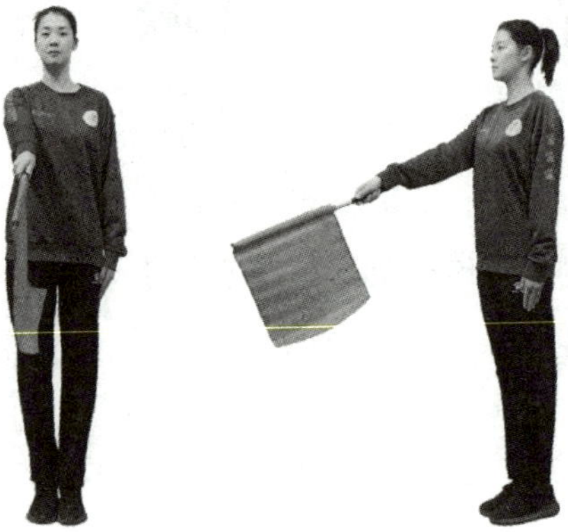

» 图 8-4-31　界内球

» 图 8-4-32　界外球

（3）触手出界（图 8-4-33）

（4）发球时脚的犯规或球通过球网时的犯规、球触及场外物体的犯规等（图 8-4-34）

» 图 8-4-33　触手出界

» 图 8-4-34　发球时脚的犯规或球通过球网时的犯规、球触及场外物体的犯规等

（5）无法判断（图 8-4-35）

» 图 8-4-35　无法判断

思考与实践

❶ 举例说明排球规则修改对排球技战术发展的影响。

❷ 在排球竞赛规则的教学过程中，如何融入思政内容来培养学生公平公正的体育精神？

❸ 组织一场学生比赛，对第 1 裁判员和第 2 裁判员临场操作方法进行实践。

第九章 学校排球队工作

本章导言

组织学校排球队并进行经常性的训练，是学校体育工作的重要内容，也是普及与提高相结合的一项重要措施。通过这项工作，学校可提高青少年排球运动水平，培养输送高水平排球人才。本章着重介绍了学校排球队的组建、青少年排球运动员的选材、学校排球队的管理以及排球比赛的指导等。在学校排球队工作中积极开展相关教育和训练活动，不仅可以提高学生对体育锻炼的积极性，还可以指导他们进行科学合理的身体锻炼，促进青年体质的健康发展。

学习目标

知识目标：学习学校排球队的组建、青少年排球运动员的选材、学校排球队的管理以及排球比赛的指导。明确组建学校排球队的目的、任务和方式，了解青少年排球运动员选材的基本内容和步骤。

能力目标：掌握青少年排球运动员的选材方法，学会管理学校排球队和组织指导球队进行比赛。

价值目标：体验管理排球队和带队比赛的过程，更好地理解组建排球队的重、难点，提高专业素质和技能水平，组建一支优秀的学校排球队。

第一节　学校排球队的组建与选材

组建学校排球队工作是学校体育工作的重要组成部分，这项工作的成效直接关系到学校体育教育与基层排球发展的各个方面。选材是学校排球队组建中非常重要的环节。本节将介绍学校排球队的组建方法及排球选材的途径、方式和测试手段。

一、组建学校排球队的目的和任务

（一）主要目的

组建学校排球队并进行经常性的训练，是学校体育工作的重要组成部分，也是普及与提高相结合的一项重要措施。组建学校排球队，有利于学校排球运动的全面开展，有利于丰富学校体育文化生活，有利于在学生中培养排球运动骨干。

高水平的学校排球运动队，通过竞赛可提高学校在社会上的知名度，为学校争得荣誉，也可以不断提高排球运动的技术水平；高等学校排球运动队通过与国外大学进行校际排球运动交流，还可以提高学校在国际上的知名度。

（二）具体任务

（1）促进学生身体素质的进一步平衡发展，提高学生的体育素质，推动排球运动的普及。

（2）选择有发展潜力的青少年学生，进行科学有效的专项及基础训练，使他们具备基本的排球技能、战术能力和体能基础，并能在比赛中运用和体现。

（3）以排球的文化内涵营造育人氛围，培养学生正确的体育道德行为规范。通过排球运动特点和活动规律，培养学生的团队意识和拼搏精神，使他们能吃苦耐劳、敢竞争、懂合作、讲文明、守纪律，树立为集体、为学校，乃至为国家争光的荣誉感。

（4）为国家培养输送高水平排球运动后备人才。

二、学校排球队选材与组建方法

（一）选材的作用和意义

排球运动员选材的重要意义在于选好材是培养优秀运动员的基础。因此，选材是学校排球队训练中非常重要的环节。

学校排球队选材除了要考虑运动员的神经类型，更多地还要考虑运动员的身高和体型。要想选好材，必须了解现代高水平排球运动制胜规律对所需人才的形体要求。攻势排球是现代高水平排球的时代特征，要取得进攻优势，占据网上高度无疑是首要因素。因此，运动员的身材高度、身体形态（包括手长、肩宽、上下肢比例等）都是身材选择的重要指标，动态运动能力、弹跳高度、奔跑速度、反应时间与四肢协调能力也应当被重点参考。此外，教练还应该评估球员的个性特点、情绪稳定性和毅力。

（二）科学预测

我国排球运动员选材的途径、方式和测试手段多种多样。就中小学而言，科学预测是选材工作中极其重要的一个环节。所谓科学预测，就是运用各有关学科的知识和手段预测被选对象未来各方面（指主要选材因素）的发展情况，从而为选材做出准确的判断，以最大限度地减少淘汰率，提高选材的成功率。

选材是从少年儿童中挑选出体育运动人才。少年儿童处在生长发育时期，一般来说，女子 18 岁、男子 20 岁发育基本完成。但在此之前，他们各方面情况如何，是否能符合运动项目对运动员的要求，在开始选材时是很难判断的，而且在生长发育阶段，受各种因素的影响，变化是很大的，如遗传、生活环境、营养等，个体之间有很大的差异。在选材时，所测定的一些内容和指标虽然当时符合要求，但日后的发展却很难预料。因此，需要进行科学预测，尽可能准确地判断未来的发展趋势。

（三）青少年排球运动员选材的重要参数

（1）从近期我国多数省市排球运动员的选材来看，这些运动员的青少年阶段身高都超过同年龄人的身高 5～15 厘米不等，这些数据为选材提供了参考依据。

（2）从选出的不同时期的优秀运动员的身高长势观察，在 13～17 岁成长最快时段，每人长高 10～18 厘米。在选材时，针对缺少技术训练基础的小队员，尤其要重视基础身高。根据一般规律，女孩长身高年龄较早，后期长幅在 10～15 厘米，随着经济、文化、生活水平的提高，青少年长势提早，基础身高更高，因此，更要重视选拔时的基础身高。

（3）优秀排球运动员都有一个共同点——身材匀称、高挑、协调。没有一名排球运动员是过瘦或超重型的身材。

（4）主攻、接应二传手的身材需要具备身高、臂长和肩宽等因素的综合素质。肩宽能够帮助球员更好地发挥扣球的力量，是扣球需要的力量型身材之一。身高和臂长能够让球员更好地借力和跳跃，有利于表现出更出色的技术水平。与主攻、接应二传手不同，女排副攻手身材以瘦高型为主。这与扣快球的动作有关，长期的快球小臂动作中，肩部运动轨迹大多是垂直于网的立面运动，而不像主攻手需要展胸拉臂，躯干和肩部带动大臂动作。因此，较为纤瘦的身材会更加有利于副攻手的运动表现。

（5）二传手的身材高度低于攻手，优秀的二传手不仅身材长得匀称、协调，而且肩往往宽于擅长扣快球的副攻手，呈上肩宽、下腰细的倒三角形，这主要是由于二传手传球的力量需求并不小，而且需要肩带动上肢乃至全身用力，肩宽型的选手更适合传球的需要。因此，二传手的选材不仅需要看身高，更需要考虑肩宽和上肢力量等身体素质。同时，二传手的注意力集中要好于攻手、自由人两个位置，主要是因为在攻防转换、瞬息万变的比赛过程中，场上局面变化多端，这就要求二传手根据场上己方队员的技战术打法，用较为隐蔽的传球方式创造性地运用战术，给己方创造更有利的进攻方式。

二传手是排球比赛中组织进攻战术的核心，是实现教练员的战术意图和实施有效进攻的组织者，其技术的发挥与稳定，决定着全队进攻战术的数量与质量。所以选拔二传手须满足以下条件：要有顽强的意志、高度的责任心、协作的精神、冷静的头脑，同时要脚步灵活、技术全面，有较好的传球手法，有一定的身材高度和进攻水平，具备较好的临场判断和组织能力。主要二传手最好同时又是场上队长，这样便于传达意图，指挥全局，团结全队，打好比赛。

专栏 1：接应二传的分析

接应二传运动员进攻战术打法多以强攻为主，进攻速度也越来越快，从进攻的区域分布统计看，接应二传运动员的进攻大都集中在 2 号位区的前排进攻和 1 号位区的后排进攻。由于接应二传运动员后排进攻的运用，使进攻点分布更加均衡，不仅提高了强攻能力，也有效地弥补了主二传运动员在前排时两点攻的不足，使进攻战术能够更有效地发挥作用。

资料来源：郭荣华. 2003 年世界杯男子排球赛优秀接应二传运动员进攻特点分析［J］. 中国体育科技，2005（3）.

（6）自由人的主要职责是在比赛中专职于接发球和后排防守，在一定程度上改变了排球攻守不平衡的状况。由于自由人在接发球与防守保护几个环节上优于其他运动员，因此自由人通常具有全队最快的反应速度和最好的一传技术。且由于自由人不需要在网前进攻或防守，所以场上自由人的身高普遍低于二传和攻手，可以由一传技术好的矮个子运动员担任。

综上所述，从学校排球运动员选材角度来说，排球基础训练开始的时间在小学二、三年级为好，因为排球是三大球中技术要求最高的，入门时间也较长。各国培养一名优秀排球选手往往需要 8～10 年的时间，我国排球界在长期实践中也摸索出了“三年成形、五年成才、八年成器”的基本经验，据此，排球运动员的初选年龄一般在少儿时期 8～12 岁较为合适。实践证明，女子排球运动员在 20～26 岁、男子排球运动员在 22～28 岁可达到运动的最高水平。

（四）学校排球队选材的步骤

步骤 1：对小学一至三年级的孩子做初步的形态和素质测试，决定初选对象。

步骤 2：组织初选对象在小学进行一段时间的分级基础训练，主要进行基础的体能训练。

步骤 3：经过一定的短期训练，选择安排具有良好先天因素和接受能力强的学生，正式进入业余体校或传统中小学排球班，进行长期系统的训练。

步骤 4：经过三四年业余体校训练之后，再择优挑选身高和体能突出、有进一步发展潜力的学生向省市排球队和高校排球队输送。

专栏 2：青少年运动员的选材

从选出的江苏女排不同时期优秀运动员的身高长势来看，在 13 岁至 17 岁长得最快时段每人差不多长高 10～18 厘米，选材时应注意，尤其是选拔缺少技术训练基础的小队员时，要重视基础身高，根据一般规律，女孩长身高年龄较早，后期长幅在 10～15 厘米，随着经济、文化、生活水平的提高，青少年长势提早，基础身高更高，因此更要重视选拔时的基础身高。

根据现代女排身材高度需求的发展趋势，参照基础高度，注意身材形态，发现有潜质的运动员。

男排运动员最大的特点是：优秀运动员少年时期身高长幅就很大，有的早期身高就比同龄人高很多，而有的在 13～14 岁时身高并不很突出，但成年后身高达两米以上。这提示我们有些少年男运动员发育晚，儿时和同龄人身高差不多，并不代表以后不能长很高，所以我们经常看到，有的超高队员在孩提时期并不太高，但在成年后突飞猛长，因此男排选材既要重视基础高度，同样要从其他遗传要素判断其发展高度，包括有些晚长的小孩，这样才不会疏漏人材。

资料来源：束启华．对排球青少年运动员选材和早期训练的若干问题的探讨[J]．南京体育学院学报，2010（4）．

（五）学校排球队组建方法

组建学校排球队要在本校的场地、经费、师资和生源等客观条件基本具备的情况下进行。首先要赢得学校领导的认同，同时还应争取全校教师（特别是班主任）和学校各行政部门的支持，并力争将此工作纳入全校计划。具体操作方法与程序如下：

1. 制订工作计划

（1）拟定组队规划。规划的拟定要根据本队建队思想和校领导的指导意见，遵循排球运动规律，注意排球发展动态，考虑竞赛对手的情况以及学生中人才潜存的数量。对排球队的初步构建框架要做到"心中有数"。

（2）规定选拔条件。选拔条件除了年龄、身体形态与体能基础等基本要求外，还应考虑思想意志品质好、能完成学习任务、喜爱排球运动、具备一定排球运动基础等要求。

（3）确定选拔方式。选拔过程是对学生进行宣传和教育的过程，因此选拔时应得到学校领导的支持，从报名、推荐到测试、评选以及公布名单等都应在学生社团及班主任的支持、帮助和配合下进行。

（4）排定操作日程。日程安排要把握报名推荐、测试评价、比赛选拔、试训筛选及确定公布名单等各环节，按先后顺序确定时间、地点、主持人、参与对象，以便在选拔操作过程中井然有序。

2. 选拔学校排球队员的测试内容与方法

测试内容要符合排球专项需求，选择的测试项目要有涵盖意义，操作应简单易行。

（1）身体形态测量。选拔时要测量身高以及单、双臂极限上举高度与身高之差数，数值大者为佳。要选择个子高、手臂长、臀围小、手掌大、足弓深和足趾长的学生。躯干长度稍低于下肢、小腿长度稍长于大腿为佳。

（2）身体机能测定。可采用听、看信号，或凭触觉反应做规定动作，测定反应功能；可用台阶试验法测定最大吸氧量了解心肺功能。选择看、听、触觉灵敏，反应迅速、氧代谢能力好以及髋、肩、踝、腕关节和腰部灵活性好的学生。

（3）基本素质测验。全面的身体素质是排球运动的基础。选择队员时，尽量选择身体素质好、身材高大的学生。排球运动员的身体素质主要表现在反应速度、起动速度、腰腹力量、肌肉爆发力和弹跳力等方面。身体素质测试项目可设 1.5 千克实心球、30 米跑（站立式）、立定跳远、助跑摸高、3 米移动等。各校还可以根据实际情况来决定。测试标准应按不同性别、年龄组别确定指标。队员入队前的身体素质作为其入队前的基本素质材料，应作资料保存，待训练一定时间后可作对比检查使用。

（4）基本技术测定。可选择发球、垫球、传球、扣球等基本技术，进行技评和达标的测定，从而了解学生对排球基本技术掌握的熟练程度和手控球能力。

（5）比赛能力观察。通过比赛观察学生的场上意识、技术运用、比赛作风和临场经验等表现。

上述测试内容与方法，可根据不同条件与对象选择使用。

3. 组队步骤

组队工作的重要环节是选材，然后是成立球队、选举队长、聘任领队和教练、制定规章制度等工作。具体可分为以下步骤：

（1）初选阶段。初选阶段是以最基本的条件，较广泛地挑选应选者的过程。即在报名推荐的基础上，通过目测首先剔除诸如高度近视、体质较差、身材较矮且弹跳不高等基本标准不够的对象。

（2）复选阶段。复选阶段是通过规定方法的测试，在充分预测、分析测试结果的基础上进一步的选材过程。复选的关键是预测性，分析要科学、准确、全面，要有长远的眼光，不要只看一时的专项成绩。

（3）试训筛选阶段。试训筛选阶段是通过短期试训，对稍多于规定组队人数的应选对象再进行筛选的过程。试训期排球队一般由 14～18 名队员组成，在选拔队员时，要考虑到本队的阵容配备（不同位置队员的名额），如二传队员 2～3 名、主攻队员 3～4 名、副攻队员 3～4 名、接应二传队员 2～3 名、自由人 2 名等，还要考虑到各年级参加排球队成员的比例，使球队前后衔接，避免中断脱节。

试训期间应重点观察这些学生的运动能力、从事专项的潜力以及身体素质提高的幅度等情况。除此之外，还可以通过班主任的介绍，了解学生的品行、文化学习、兴趣爱好、习惯和个性等方面的情况。通过家庭访问，全面了解学生在家中的表现和身体健康状况以及父母运动史、家族遗传等情况。

（4）正式组队阶段。选拔工作结束后，要核定队员名单。在校领导审批并以学校名义张榜公布以后，应立即召开全体队员会议，请校领导宣布球队的成立与教练、领队的任职。由教练明确建队目的、任务与训练要求，组织队员讨论制定队规、选举排球队干部。队长一般由学习、思想作风和排球技术等都比较好的高年级学生担任。

第二节　学校排球队的管理

学校排球队的管理，是学校办队方针体现在平时的具体措施和保证。管理工作能促进球队学生的全面发展，使他们在文化学习、思想品德、运动训练和比赛成绩各方面都得到提高，保证排球队各项工作的落实和执行。

一、学校排球队管理的目的和任务

学校排球队的管理目的是使球队在良好的氛围和有序的环境中展开训练与比赛，促进球队学生的全面发展，从而实现学校体育教育的目标。

学校排球队管理的任务是根据学校体育事业发展的需要以及学校领导提出的任务，科学地组织运动训练工作，提高训练效益，正确处理运动训练与学生其他学习任务之间的各种矛盾和冲突，充分发挥教师和队员的积极性，加强学生的思想素质教育，督促学生的文化学习，建立健全各项规章制度，保证排球队各项工作的落实和执行。

二、学校排球队管理的内容和方法

学校排球队管理的主要内容可分为以下三个部分：

（一）思想品德教育工作管理

现阶段学生运动员的年龄、知识层次，决定了他们的生理—心理联动效应。中小学生反应敏锐，求知欲强，思维方式、人生态度可塑性强，学校排球队的思想政治教育应注重班团组织建设，以班级或团队为单位开展集体活动，强化集体意识和责任意识，促进学生的成长和健康发展。此外，还应注重加强学生的家庭教育和身心健康教育等，抓好学生的思想教育工作，对其一生的发展都将产生积极的影响。我国排球界历来重视思想教育，在国家体育总局青少年体育司和国家体育总局排球运动管理中心编写的《中国青少年排球训练教学大纲》（2012）中，对不同年龄阶段的学生提出了明确的思想教育重点任务（表 9-2-1）。

表 9-2-1　各年龄组思想教育重点

组别	具体任务、内容
儿童组	培养对体育活动的兴趣与团结互助精神，注意诚实教育
少年乙组	培养集体观念和吃苦耐劳的精神，培养诚实品质
少年甲组	培养事业心、责任感和顽强训练的作风
青年组	培养集体荣誉感和进取精神
成年组	培养勇于拼搏和为排球事业献身的精神

对学生运动员的作风提出如下要求：

训练作风：兢兢业业，每球必争，不怕困难，能吃苦，不怕累，善于开动脑筋想问题，能从全队的利益出发处理问题。

比赛作风：勇猛顽强，不畏强手，斗志旺盛，胜不骄、败不馁，重视经验教训的总结。

生活作风：遵守纪律，尊敬师长，团结互助，关心集体。

排球比赛是属于集体项目的体育比赛，除了比技术外，很重要的一条是团结与和谐。集体的力量并非完全取决于个体的素质和技术，而是在很大程度上取决于集体内人与人之间的关系和谐与否。这就需要教练员在平时的训练中细致了解队员的思想动向，发现有不团结、不和谐的因素和苗头要及时做好工作，防止不团结、不和谐的因素蔓延，以免影响正常训练和比赛。排球训练课也是思想品德具体化、形象化的实践课，排球队运动员的思想政治教育，应该贯穿于日常训练和比赛的方方面面。教练员应该充分发挥自身的榜样作用，注重对队员的成长和心理健康进行关注和引导。同时，在教育内容的选择和形式的设计方面，应该符合队员的实际情况和需要，切实提高教育工作的针对性和实效性。

1. 坚决落实立德树人根本任务

进入新时代，学校领导及教师、教练员角色更显多元，任务更加繁杂，然而其核心使命当数立德树人。立德树人本质上就是全面贯彻党的教育方针，坚持实施素质教育，在教书过程中育人，在育人过程中将德放在首位，努力培养担当民族复兴大任的时代新人，培养德智体美劳全面发展的社会主义建设者和接班人。有底气、有信念地从事思想政治工作，做社会主义核心价值观的坚定信仰者，努力成为学生理想、信念和道德的表率，更好担当起学生健康成长的引路人和指导者重任。

要积极探讨运动队思想素质教育的维度构建及实践路线的选择，将思想素质教育与马克思主义关于人的全面发展理论紧密地结合起来，使学生初步形成道德素养，树立正确的价值观和人生观，进而养成良好的道德意识，能够在学校训练及学习生活中自觉地将自己的奋斗目标与国家、民族的命运联系起来，在体育训练中弘扬民族精神，发挥自身价值。

2. 将中国女排精神融入思想品德教育

习近平总书记在中国女排获得里约热内卢奥运会女子排球冠军后，有过以下的论述："中国女排不畏强手、英勇顽强，打出了风格、打出了水平，时隔 12 年再夺奥运金牌，充分展现了女排精神，全国人民都很振奋。"女排精神如同一面旗帜，让世人看到中国人的爱国精神，能达到怎样的高度、创造怎样的奇迹。

学校排球队教练员应根据排球训练计划，围绕技术教学内容，将"祖国至上、团结协作、顽强拼搏、永不言败"的女排精神，深刻融入各教学训练环节。围绕"祖国至上"精神，教练员应在训练中向队员强调，我国女排运动员为了祖国的荣誉和利益，无论在比赛中遇到什么困难和挑战，都坚定地为祖国而战的精神品质。同时，教练员可以组织一些团队活动和游戏，加强队员之间的交流和信任，培养团队合作精神，并且借鉴女排的战术训练方式，让队员更好地理解团队合作的重要性。为培养队员"顽强拼搏""永不言败"的精神品质，教练员可以在训练中设置一些长时间、高强度、高难度的训练科目和任务，要求队员们不断挑战自我、突破极限。同时，还可以组织一些模拟比赛，让队员在压力下锻炼，培养他们应对失败和挫折的能力。跨入新时代，学校体育教师应根据排球训练计划，围绕技术教学内容，将思想品德教育深刻融入各教学训练环节，从而培养队员自强不息、刻苦钻研、勇攀高峰的训练意志，促进其全面发展。

（二）运动训练工作管理

就中小学而言，运动训练工作管理主要指对运动训练过程计划与执行的控制。中小学排球队训练工作管理主要包括对运动训练计划的制订和实施过程的组织与监控两部分。

1. 计划管理

运动训练计划管理是教师根据全队的基本状况、领导的要求以及所要完成的任务科学制订切实可行的计划和有效措施的过程。其中训练课计划管理根据全年计划方案，详细、具体地把训练内容细化在课次中，包括课的任务、内容、负荷、分量、步骤、方法、时间、要求（包括训练作风、心理）等。

排球训练计划根据时间周期可以分为多年训练计划和全年、学期、月及课时训练计划。

（1）全年训练计划。全（学）年训练计划（表 9-2-2）从属于多年训练计划，它指导学期（阶段）训练计划的制订。学年计划的重点是训练目标和训练内容与重点的确定。

表 9-2-2　××—×× 学年训练计划参考示例

队名

		上周期			下周期		
		基本期	调整期	集中期	基本期	调整期	集中期
		9—12 月	1 月	2 月	3—6 月	7 月	8 月
训练比例	身体	30%	50%	35%	30%	40%	20%
训练比例	技、战术	70% 技术:战术:比赛 =6.5∶2∶1.5	50%	65%	70% 技术:战术:比赛 =6∶2∶2	60%	80%
训练重点	身体	速度力量	移动速度 腿部力量	力量 耐力	弹跳 挥臂速度	移动 速度 灵敏	灵敏 柔韧
训练重点	技、战术	后排防守 个人进攻变化	拦网 判断移动	远网扣球 防重扣球 防守战术	二传调整 调整扣球 进攻战术配合	发球 一传	发球 一传 攻防 战术配合

注：表中百分数为训练的所占比例

示例：×× 中学女子排球队全年训练计划

计划说明：

本计划是以参加 2023 年 7 月在 ×× 举行的全市中学生排球联赛为主要任务而制订的。训练时间从 2022 年 7 月至 2023 年 7 月，共 12 个月（全年训练计划）。

一、本队基本情况

（一）队员

全队 12 人来自 ×× 第 × 中学的女子排球队，平均年龄 16.5 岁，平均身高 1.70 米。

（二）全队现状

1. 经过一个学期的训练，人员基本确定，目前的训练作风有了很大好转，有很强烈地为学校集体争光的愿望。

2. 经过去年全市中学生排球比赛的锻炼，大部分队员掌握了一定的专项基本功，并具备了一定的比赛经验。

3. 主力队员配合较熟练，有一定的得分能力。

4. 全队防守、拦网及反击能力较差，替补能力不足。

5. 学生学习负担重，保持训练的高强度、大运动量有一定困难。

二、比赛对象情况

1. 参加全市同级别同年龄组比赛的女队共24支。其中，×× 中学等5支校队水平较强，×× 中学、×× 中学等校队和我校水平相近，其他学校球队水平较弱。

2. 有3支参加市中学生排球联赛队的情况目前不太知晓。

三、对全队的要求

上届参加 × 市中学生排球联赛，我校女队是第三名，这次比赛的要求是：团结一致，严格训练，树立顽强作风，加强科学训练，采用先进技术、战术，发挥每个人的特长，备战12个月，打出风格，赛出水平，不仅要力争夺得冠军，还要获得精神文明奖。

四、建队思想

1. 尽量多学习通过努力我们能掌握的而对方不适应的技战术，尽量不采用或少采用别人已经适应的落后的技战术。

2. 尽量采用实效性、针对性强、新颖多样的先进训练方法。

3. 加强科学训练，落实具体指标要求，千方百计和对手比训练质量。

4. 技术上充分发挥个人特长，弥补缺点，减少失误。

5. 全队以快球掩护、结合强攻进攻、组织双人拦网和接发球为训练重点。

6. 根据个人情况，适当掌握2~3套新战术组合。

7. 加强心理训练，重视排球训练理论指导。

五、时期划分和运动量安排

本计划从2022年7月1日至2023年7月1日共48周，整个训练过程分为恢复期、准备期、竞赛期和调整期。

三段准备期共计45周，每周训练5天，每天训练3小时，共675小时。各项训练比例安排如表9-2-3所示。

表9-2-3　各项训练比例安排

项目	技术	战术	教学比赛	身体
学时	270	202.5	67.5	135
比例	40%	30%	10%	20%

六、训练重点

（一）作风

重点树立严格训练、严格要求的作风。

（二）技术

全队技术前段侧重点为防守、发球，后段重点为扣球、拦网。每项技术中的重点如下：

1. 防守

（1）提高适应接快速重扣球的能力，克服畏惧心理，突出一个“拼”字。

（2）采用前冲、鱼跃防守，保持重心前移，扩大防守范围。

（3）培养三名防守突出的替补队员。

2. 发球

（1）全队重点抓快速、多样发球和敢发心理。

（2）个人有不同的具体重点要求。

（3）培养三名发球突出的替补队员。

3. 扣球

（1）加快第一板进攻节奏，积极发展快抹技术。

（2）加快助跑步法变换灵活性，提高第二板及自我掩护跑动扣球的能力。

（3）个人有不同特点扣球技术。

4. 拦网

（1）提高判断对方进攻战术、扣球线路的能力。

（2）看准扣球人手臂动作，伸臂拦球，克服闭眼扑球习惯。

（3）加强双人拦网配合，适时训练三人拦网。

5. 一传

（1）改进动作，压低弧度，提高一传节奏和到位率。

（2）加强自信心的心理训练。

（3）培养三名一传突出的替补队员。

6. 二传

（1）提高脚步灵活性，适应低弧度一传。

（2）加强跳起变化战术二传技术。

（3）提高扣手的调传准确性。

7. 体能

（1）提高适合本队打法特点所需要的身体素质。

（2）提高移动速度、变向移动灵活性、起跳速率、挥抹速度。

（3）提高比赛专项耐力。

七、各准备时期训练比重、重点和要求（表 9-2-4）

表 9-2-4　各准备时期训练比重、重点和要求

时期	比重	重点和要求
第一准备期 （第 1—19 周）	身体 30% 技术 40% 战术 25% 比赛 5%	1. 重点提高防反（一攻 35%、防反 45%、保攻 15%、推攻 5%） 2. 改进防守动作，提高拦网意识，掌握跑动和错位扣球 3. 初步形成基本战术打法 4. 发展动作速率、爆发力和专项耐力
第二准备期 （第 20—38 周）	身体 20% 技术 35% 战术 30% 比赛 15%	1. 重点提高一攻（一攻 40%、防反 35%、保攻 15%、推攻 10%） 2. 提高发球、攻防转换，加快一板节奏、二板变化配合 3. 发展力量和专项耐力 4. 争取去市、区体校出访 1～2 次，提高战术配合意识
第三准备期 （第 39—45 周）	身体 20% 技术 35% 战术 35% 比赛 10%	1. 重点抓攻防配套串联 2. 突击发球一传 3. 保持耐力，适应热天气 4. 防伤病，做好赛前各种准备活动

八、完成计划的主要措施

（一）加强思想教育管理

1. 健全核心领导团队，由领队、教练、队长、团支书组成。经常研究队内的情况，分工解决问题。

2. 制定队务管理公约，每月对照开会检查。表扬批评的书面材料交办公室。

（二）训练工作

1. 集体讨论计划、打法，加强思考、交流。

2. 每月与技术核心小组研究训练，检查计划执行情况，每周教练员小结一周的训练问题，提出改进办法。

3. 主动请教体育组老师评价训练工作，征求意见。

4. 准备期末检查，测定有关技术和素质指标。

附：排球队务管理公约

一、严格训练、严格要求，训练中做到：

1. 课中自始至终积极投入训练，杜绝坐下休息、攀谈、踢球、投篮等涣散的训练行为。

2. 课中不声明不得离开场地。

3. 主动积极捡球，大家跑步进行。

4. 听哨声集合时，要跑步，不能拿球、扶住拉网、看别处，注意听讲。

二、迟到、早退、伤、病、事假均按校规办理。

三、每月开一次生活会，总结一个月的训练成果。对受到表扬和批评的队员写成书面材料通知班里。

针对以上示例总结得出以下几点制订全年训练计划的具体要求。

① 提出任务及指标。任务包括思想教育、身体素质、技术战术和心理素质训练的具体要求以及比赛所要争取达到的成绩。指标是用数据、名次来说明训练所要达到的具体要求。

② 确定训练内容和比例。根据多年计划的要求，确定全年训练的内容和训练重点；各项素质、技术动作、战术配合所需的时间及训练的比重。

③ 做好运动负荷的调节工作。要合理安排运动负荷，使学生尽快提高运动能力，避免因过度疲劳而引起的运动性损伤，同时也应注意不要使学生因运动负荷过小而难以提高运动能力。

④ 训练周期和阶段的划分。中学的训练不仅是按学年来制订全年计划，而且是按春秋两季来划分两个周期，周期还要根据期中考试来划分训练的阶段。在学校，一般把训练的阶段划分为：基本期、调整期、集中期。基本期训练时期长、内容也丰富，因此，可划分为身体素质训练阶段、技术训练阶段、战术训练阶段和综合训练阶段。整个基本期的任务是培养学生勤学苦练的作风，全面发展身体素质及专项素质，掌握基本技术，练习简单的战术配合，提高排球比赛的实战能力。调整期一般安排在学校的复习、考试阶段，时间很短。这一时期，不要过分强调训练的质和量，主要任务是要求学生保持体力，不因为复习考试而导致体力下降。集中训练期安排在寒暑假，主要任务是培养学生的拼搏精神，发展专项素质，提高攻防能力，加强攻防系统训练，集中精力打好比赛，培养学生比赛的良好意识和良好风格。这个时期训练的强度更大些，相应地运动负荷也要大些。

⑤ 具体措施。包括强化代表队的管理，建立健全队员的考勤、考绩、评比和奖惩制度；强化代表队的训练，加强思想道德教育，培养学生良好的作风。

（2）学期训练计划。学期训练计划（表 9-2-5）是学年训练计划的分解。在制订学期训练计划时，应将训练身体素质、技术、战术内容分类，并按比例、计划次数制定出训练的顺序，排入课次之中。

表 9-2-5　学期训练计划参考示例

队名：　　　　　　　　　　　　　　　　　　　　　　　　　　　年　　月　　日

			基本期……调整期……																集中期……
			一				二				三……	……十				十九	廿	廿一	廿二……
			1	2	3	4	5	6	7	8	……	69	70	71	72				
身体素质		速度	√																
身体素质		力量		√															
身体素质		灵敏																	
身体素质		耐力																	
身体素质		弹跳																	
技术		准备姿势	√																
技术		移动	√																
技术		起跳		√															
技术		发球	√																
技术		垫球		√															
技术		传球		√															
技术		扣球																	
技术		拦网																	
战术	个人	发球																	
战术	个人	一传																	
战术	个人	二传																	
战术	个人	扣球																	
战术	个人	拦网																	
战术	个人	防守																	
战术	集体	接发球																	
战术	集体	接扣球																	
战术	集体	接拦回球																	
战术	集体	接传垫球																	
教学比赛																			
备　注			凡在空格中划√者，为本课时出现的内容 每周训练 4 次																

（3）周训练计划。周训练计划（表 9-2-6）是把训练的周期及阶段计划安排在周训练课中。在安排周训练计划时，要注意运动负荷的合理安排，注意运动负荷大、中、小结合。

表 9-2-6　周训练计划参考示例

任务		
课次	运动负荷	训练重点
一	中	
二	中	
三	大	
四	中	
小结		
备注	每周训练 4 次；大运动负荷训练一般安排在下午时间段进行	

（4）课时训练计划。课时训练计划（表 9-2-7）是训练工作文件的最基本文本。课时训练计划应根据周训练计划，详细、具体地把训练内容安排在课次中。要求认真填写课的任务、内容、训练步骤、训练方法、时间分配和训练要求。

训练效果是在具体的课时训练计划中体现出来的。制订课时计划要切实可行，注重效果，注重训练过程中运动员的信息反馈，做到及时修订，达到训练目的。

表 9-2-7　课时训练计划参考示例

任务	1. 学习并初步掌握近体快球技术 2. 提高后排防守判断和移动能力 3. 发展速度和下肢力量 4. 培养勇敢顽强的作风		运动负荷为中等 90 分钟
部分	时间	训练内容	教法与目的要求
准备部分	15 分钟	集合整队布置任务 1. 准备活动：徒手行进操 2. 绕排球场拍球跑 3 圈 3. 看手势移动，急停练习	1. 由慢到快，由上肢到下肢，各关节都得到充分的活动 2. 拍球时要弯腰，球不要离地太高 3. 看教师手势向各方向移动急停 30 秒 ×2
基本部分	70 分钟	1. 两人对传（4 分钟） 2. 两人移动传球（8 分钟） 3. 两人扣球练习（10 分钟） 4. 学习扣近体快球（18 分钟） 5. 攻防练习（20 分钟） 6. 身体训练（10 分钟） （1）6 米网下移动 （2）背人接力赛	1. 相距 4 米，逐渐加至 6 米 2. 一人定点，另一人前后左右移动传球，4 分钟互换。要求移动快，传球前站稳，并面向同伴 3. 要求防守的人移动快，起球要稳 4. 要求 （1）教师讲解、示范 （2）队员做徒手助跑起跳动作 （3）教师抛球，队员在 3 号位扣近体快球

续表

部分	时间	训练内容	教法与目的要求
基本部分	70分钟		5. 队员分两组进行攻防练习，不发球，由教师抛球，哪方胜就把球往哪方抛 6. 6米网下移动来回6次。分两组站在端线，一人背一人，听口令从一端线背到另一端线，两人互换背回来，一次进行接力赛
结束部分	5分钟	1. 整理活动 2. 小结	1. 放松操 2. 总结训练课的情况，布置课外作业

2. 过程管理

训练实施过程的管理是以训练计划为依据，对训练实施过程不断进行公开透明的检查、反馈、修正的推进过程，通过训练过程中计划规则的制定，以及各种完善的检验与科学的控制，可强有力地跟进了解训练效果，同时也可对计划不切实际的部分进行修改更正。要不断总结训练工作中出现的问题，完善科学评价的奖惩制度，公正合理地管理分配队内资源，并及时有针对性地给予学生评价。同时，要注意训练过程中的控制与实施，科学合理地安排训练时间，探讨新的训练方法、手段，安排合适的训练内容。要根据中学生生理、心理等特点，创设积极向上的训练环境，加强过程目标的设立分解，以不影响学生的健康成长、不影响第二天的文化学习为前提，有计划、循序渐进地提高学生的运动负荷，稳定提升学生的训练效果。

3. 组织管理

运动训练工作的组织管理含义和范围相当广泛，这里主要是指以稳定训练秩序、提高训练水平为保证的组织措施管理。

（1）建立健全各项规章制度并严格执行，建立稳定的训练秩序，保证运动训练工作的顺利进行。

（2）做好运动训练器材设备、场馆等管理，不断完善运动训练的物质条件，为提高运动训练水平服务。例如，当前影响学校排球队伍建设的主要问题之一是经费问题，组建一支排球队需要有固定的训练场地和齐备的训练器材，参加比赛需要统一的服装、鞋和报名费等。那么经费问题怎么解决？教练员可以申请学校拨款，也可以主动找社会企业赞助，只要不断地摸索和实践，经费问题是可以解决的。

（3）不断总结训练工作中出现的问题，科学合理地安排训练时间与负荷强度，探讨新的训练方法、训练手段和措施，提高运动训练管理水平。

（4）训练时要严格要求，根据中学生的生理、心理等特点，有计划、有步骤、循序渐进地提高其运动负荷和训练水平，以不影响学生的健康成长、不影响第二天的文化学习为前提，切实加强学生的业余运动训练工作。所以，学校业余排球训练工作只有在严密科学、具体的训练计划管理中加强对排球队的组织管理，才能提高运动训练技术水平，从而达到运动训练工作的管理目标。

（三）文化学习管理

中学排球队训练作为一种课余性质的运动训练，可以帮助学生增强体质，提高协调性和反应能力，同时也可以培养学生的团队协作和竞技精神。然而，课余体育训练这一过程毕竟属于“课余”的性质，因此，它不同于职业型的优秀运动员训练。教师应该认识到业余训练的地位，不能片面强调运动训练而忽视学生文化学习的重要性。教师应当正确引导和教育学生，使学生在保证运动训练的同时，合理安排时间，不仅仅是围绕“提高运动成绩”这一目标进行，同时还要进行文化课的学习。具体应做到：

（1）每周的训练次数不宜过多，时间不宜过长。中学生每周训练以 3~4 次，每次 1~1.5 小时为宜，以免精力投放过多，影响文化学习。

（2）组织优秀教师给队员进行有针对性、重点的辅导或安排补课，可以起到事半功倍的效果。为了防止片面强调运动训练而忽视队员文化学习的倾向，教师应该经常关注队员的文化学习情况，与班主任、任课教师和家长保持联系，及时发现和解决问题。有条件的学校还可以安排队员住校，晚上组织有经验的教师进行辅导、复习功课。这样既便于队伍的管理，又可以保证队员的学习。

（3）教师不仅要关心队员的训练，还应经常关心其文化课学习，定期与班主任、其他任课老师、家长联系，了解队员的学习态度、思想作风以及学习成绩，发现问题，互相配合，及时进行教育。

（4）学校要有一定的监督机制，对队员起到督促作用，例如，对期中考试成绩不好的队员给予警告，期末考试如果成绩仍不能提高就要停训，保留队籍一年；一年后学习成绩提高了还可以归队训练，若不能提高就要开除队籍。这样就可以给队员以压力，使他们重视文化课的学习。

第三节　比赛的指导工作

排球比赛的指导工作是指在教练员的主导作用下，启发引导队员根据双方技战术、体能、心理、智能、经验等状况和比赛环境条件，按照竞赛规程、比赛规律与要求以及本队目标，讨论拟定比赛方案，把握实施比赛过程，总结提高比赛水平的活动过程。比赛指导的目的在于能临场适时有效地组织指挥本队抢占先机抑制对方，不失时机地充分发挥本队应有水平，取得比赛的胜利。比赛指导工作主要包括赛前准备工作、临场指导和赛后总结三个部分。

一、赛前准备工作

做好赛前准备工作是顺利完成比赛任务的重要环节，对比赛的胜负起着重要作用。它主要包括对信息的收集和分析、制订方案、开准备会和赛前训练 4 个方面。

（一）信息的收集和分析

掌握全面准确的信息，是有针对性地安排赛前训练的重要依据。教师要注意收集有关资料，详细记录和统计处理，获得准确数据，进行深入细致的分析研究。

1. 对本队的分析

对本队情况的分析主要靠平时训练中各方面资料的积累，再结合赛前每个运动员的身体条件、机能状态、身体素质、技术水平、心理素质、比赛动机、比赛经验和应变能力等现状进行全面分析和综合比较，做到心中有数。

2. 对比赛对手的调查

对比赛对手的调查可根据上届比赛的成绩、相互间的访问比赛、观看对手的比赛录像、调查访问和查阅资料等方法，重点了解目前对手的实际情况。在调查中主要应了解以下几方面的情况：

（1）主力队员和主要替补队员的名单、身材、年龄、身体素质、心理特征、技术特点、伤病情况、比赛经验、参加重大比赛的场次数和取得的名次等。

（2）阵容配备和各轮次的主要进攻战术配合、个人习惯打法和二传分配球的规律。

（3）防守阵型和拦网特点。

（4）上场队员个人及全队的优势和薄弱环节。

（5）全队的比赛作风和教练员的指挥特点。

3. 对异地参赛环境的调整

要尽早了解比赛地点的地理环境、气候、饮食、观众以及有无时差等与比赛有关的工作条件，及早做好适应性的准备。

（二）制订方案

比赛方案是全队比赛中的行动指南，它关系着比赛的成败与否。因此，制订方案应深思熟虑，切不可草率行事。制订比赛方案时，要对我方和对手作客观、全面、辩证的分析，找出双方的长处和短处，优势和劣势，以己之长克彼之短，以优势弥补劣势。比赛方案的内容有：确定比赛的指导思想、上场阵容、主力队员人选、各轮次攻防打法、替补队员的使用等。

（三）开准备会

每场比赛前都应开好准备会。准备会的主要内容是赛前思想动员和部署具体比赛方案。思想动员的主要任务是统一认识、鼓舞士气、树立信心、解决技战术的打法问题。开准备会一般应注意以下几点：

（1）开会时间要合适，过早易淡忘，过晚易草率，一般在比赛前半天开会为宜。

（2）开准备会时间不宜过长或过短。过长，在会上谈得面面俱到，不利于抓住重点；过短，易走过场而对问题理解不深不透。会上应抓住主要问题，个人问题在会下解决。

（3）开会气氛要活跃，队员要畅所欲言，切忌呆板和浮躁。

（4）开会应既严肃又活泼，使队员明确任务又心情舒畅，真正达到开会的目的。

（四）赛前训练

赛前训练是为了全面适应比赛而进行的针对性训练。赛前训练的主要任务是保持队员的身体机能和素质水平，强化个人技术，熟练战术配合，解决薄弱环节，提高技战术质量，调整情绪，增强信心，保证在赛前达到最佳竞技状态。赛前训练要做好以下几方面的工作：

1. 合理安排训练内容

适当减少体能训练的比重，体能训练应以专项素质训练为主。技术训练要因人而异，区别对待，加强针对个人薄弱技术的练习。加大战术训练比重，使每个轮次的主要战术配合更加熟练，提高战术质量。主力队员与替补队员都应熟悉本队各轮次的战术打法。

2. 合理安排运动负荷

赛前训练的运动负荷安排要符合比赛的特点。排球比赛具有一攻和防反对抗持续时间较短、强度大及较多间歇交替活动等特点，因此，赛前训练的运动负荷应逐渐降低，不宜过多延长训练时间。应使平时训练积累的疲劳逐步得到消除，并不再产生新的疲劳。

3. 合理安排训练方法和手段

赛前训练一般采用以下方法和手段：

（1）对抗性练习。技战术训练应多在对抗条件下进行，可以增加练习强度，增强练习的实战性，提高队员的应变能力。

（2）增加模拟比赛对手的练习。选择与比赛对手特点相似的队员，模拟其打法，进行对抗性练习，提高训练的针对性。

（3）模拟比赛环境条件下的练习。模拟比赛日程、场地条件、观众条件等，必要时还要考虑时差的调整，以提高运动员的适应能力。

（4）适当安排教学比赛。安排一定的教学比赛和访问比赛，并在公开条件下进行。通过比赛检查训练效果，及时发现问题和制定对策，同时使队员适应裁判、观众和比赛节奏，积累比赛经验，提高实战能力。

4. 重视心理准备状态的培养

越是重大的比赛，队员的心理因素就越为重要。良好的心理准备是比赛中技战术正常发挥的重要保证。心理状态的培养主要包括以下几个方面：

（1）明确比赛任务，正确认识自己和比赛对手的实力，端正比赛动机，增强信心。

（2）培养队员掌握一定的自我心理训练方法，提高心理过程的控制能力和自我调节能力，保持稳定的情绪，防止出现焦虑和紧张，主动排除一切干扰，将注意力集中到比赛的准备上来。

（3）培养队员克服困难、顽强拼搏的意志品质，提高其比赛欲望。

（4）加强生活管理和医务监督。赛前训练阶段要加强休息、营养、卫生等方面的管理和医务监督，保证良好的健康状态，防止伤病的发生。

二、临场指导

临场指导是比赛指导工作的重要环节，组织合理，指挥得当，在双方势均力敌的对抗中往往起着决定胜负的作用。在比赛的指导上，教练员不单单是带领队伍获得比赛的胜利，更多的是在心理方面指导队员如何战胜自我，实现技战术的配合，实现最大限度地把所学运用到实战。

临场指导包括以下 6 方面工作：

（一）组织准备活动

（1）提前进入比赛场地，适应比赛场馆环境和观众气氛。

（2）准备活动做得充分适量，使队员一上场便表现出良好的竞技状态。准备活动可由教练员亲自带领做，也可由队长领做。

（二）指导临场比赛

1. 把握良好开局

冷静观察首局比赛开始阶段双方在对决中的技战术效果，在场上队员心理状态没有大的波动之前，及时对技战术方案做出继续、调整或改变的决定。争取在开局先发制人，拿下第一局，增强全队取胜信心。

2. 保持全场主动

全场指挥从始至终要神态自若，沉着稳重，保持清醒的头脑。要能在双方场上队员起伏高低反复对抗的争夺中，用心记住得失的次数和原因，细致观察对方技战术变化的趋势，正确分析场上形势，准确判断对方意图。根据场上变化，及时提醒队员随机应变。碰到全局性问题要及时暂停，以简洁明了、不刺激队员自尊心的表达方式指出问题，提出对策。必要时须抓住关键问题，重点进行调整和布置，时刻保持比赛的主动权。

3. 稳定全队心理

时刻观察场上队员的心理变化，不断解除队员不利于技战术发挥的心理状态，引导他们以正常的心态运用技战术，使整个比赛朝着有利于本方的方向发展。

青少年比赛场上一般容易出现的问题是：当比赛顺利、局数和分数领先时，特别是当对手比本方实力弱时，会产生轻敌麻痹、行动散漫、态度不认真、注意力不集中的表现。当比分落后时，可能会出现互相埋怨、急躁蛮干或消极泄气，甚至不服从裁判等不良情绪。当比分接近，比赛处于关键时刻，又容易出现思想紧张、急于求成等情况。教练员应了解自己的队伍，及时掌握队员场上心理的细微变化。

4. 掌握比分变化

（1）比分领先。按原定比赛方案进行，坚持前一局或前一时期已经考验成功的进攻战术和防守战术，不宜调整阵容。当对方改变战术时，要当机立断，提示本队场上队员。该阶段本队应尽量减少暂停，不给对方喘息的机会。如要传达教练员的意图，可以换人，或以暗号提示。

（2）比分落后。首先要鼓舞士气，顽强奋战，增强由被动转为主动的自信心。其次要找出战术失误的主要原因，改变战术，采取有效的对策，加强薄弱环节，减少失误，尽力发挥个人和全队的特长，要求队长或核心队员起好带头作用，保持旺盛的斗志。通过暂停和换人调整阵容，稳住阵脚，重新组织力量，以新的对策来扭转被动局面。

（3）比分相持。持续的拉锯战，比分交替上升，说明双方水平接近。此时应主动改变进攻策略，转移主攻方向，采取灵活机动措施，抓住战机，攻击对方薄弱环节，防止急于求成而造成的连连失误。

（4）关键时刻。决定一局胜利的最后两分和全场胜负的决胜局的最后几分，即是比赛的关键时刻。这时，应强调相信自己的实力，不能怕输，不能紧张手软，不能失掉战机，要稳、准、狠，尽力发挥特长技术。

5. 及时暂停和换人

暂停要及时有效，换人要得当稳妥，这样可以随机应变调整战术打法，改变场上形势，扭转不利局面，调动全队的积极性。

6. 注意临场统计

通过现场统计，当场分析，可及时发现问题，避免盲目指挥和主观臆断。

（三）暂停的运用

在每局比赛中，每队可请求两次暂停，每次 30 秒。一般在以下情况时应请求暂停：

（1）场上出现士气低落、情绪急躁时。

（2）技术上连续失误、战术配合失调时。

（3）分数落后时。

（4）需要改变本队战术打法、提出新的任务时。

（5）双方相持不下或关键时刻、要采取新的措施时。

（6）体力不好、需要稍加休息时。

除考虑到以上各种情况还要考虑到对方的情况和所持的比分情况等，然后再做出请求暂停的决定。

（四）布置局间工作

（1）总结上一局的经验教训，发扬优点，做好思想工作，要求全队团结一致，互相鼓励，发扬拼搏精神。

（2）提出下一局的主要对策，确定阵容和调换后的轮次。

（五）做好决胜动员

（1）总结前 4 局的优缺点，提出决胜局的比赛方案，宣布上场阵容。

（2）互相鼓励，加强团结，增强信心，教练员还可以与主要队员个别交谈。

（六）及时果断换人

换人要根据比赛中临场的情况，充分发挥每个队员的特长，合理使用队员，正确组织好力量。有时也可通过换人来进行临场指挥。但换人应经过慎重考虑，一旦需要，换人就要果断。对准备上场的队员应交代任务，并让其做好准备活动。

1. 主动换人

一般有以下几种情况应该主动换人：

（1）为了发挥特长或弥补弱点。如前排换上扣球、拦网技术好的队员；后排换上发球、接发球、防守好的队员以及自由防守队员，以达到加强力量的目的。

（2）培养新队员或锻炼刚组成的新阵容。

（3）出其不意、主动改变战术时，可以换上不同特点的队员。

（4）需要保持队员体力，利用换人轮流休息。

2. 被动换人

很多情况是被动换人，主要有以下几种情况：

（1）某个队员场上作风表现不好时。

（2）队员比赛失常、头脑不够冷静、一时无法扭转时。

（3）队员技术连连失误、战术配合不好时。

（4）队员特点不能发挥、弱点充分暴露时。

（5）原定方案不合适、需换人改变战术时。

（6）出现伤员或队员体力不支、需要换下场时。

（7）队员被罚下场时。

三、赛后总结

每场比赛之后，都应召开总结会进行总结。其目的是找出比赛胜利或失败的原因，发扬优点，克服缺点，鼓舞斗志，准备下一场比赛。不能单纯以胜负来评价一场比赛，应该以客观的态度，既肯定成绩，又看到不足。对表现好的队员要给予表扬，对不足之处要提醒队员注意并改正。另外，教练员对自己的指挥工作，也应进行实事求是的总结，要勇于剖析自己，勇于承担责任，以便充分调动队员的积极性，得到队员的信任，共同努力争取下一场比赛的胜利。

总结会一般在比赛的次日召开比较合适。因为比赛的当天队员处于兴奋状态，较难冷静地考虑问题。但也不能间隔时间过长，否则又会把比赛中的许多细节遗忘。如连续比赛，可将本场的总结会和下场比赛的准备会结合起来召开。

整个赛事结束后，还应进行全面总结，找出训练和比赛中成功的经验和失败的教训，这对青少年运动员今后的比赛、训练与学习有着重大影响，不仅对提高他们的思想觉悟、认知水平、学习态度有着积极作用，还对改进和提高训练工作、积累比赛经验有着重要的意义。

青少年运动员的赛后总结实践证明，赛后反思是比赛实践、比赛探究、比赛总结的过程，是比赛训练的升华。它要求教练员与运动员在认真比赛训练后，对比赛训练的各个环节再思考再创造，为下一次比赛训练做准备，通过在总结中找问题，在比赛训练的实践中解决问题，进而提高比赛成绩，实现运动员的理想目标。

思考与实践

1. 组建学校排球队的方法与程序有哪些？
2. 学校排球队管理的内容包括哪些？请描述对学校排球队管理的基本想法。
3. 你对学校排球队队规制定有哪些看法？
4. 如何制订一份中学排球队全年训练计划？
5. 选择一支你熟悉的学校排球队，对其比赛中常用的技战术进行分析，并对运动员的技战术能力进行评述。
6. 观看一场排球比赛，描述教练员比赛活动中是如何指导比赛的，并总结其典型特征。

第十章　排球游戏

本章导言

本章系统阐述了排球游戏的概念、作用和基本任务，论述了排球游戏的创编原则及步骤，介绍了排球游戏的运用时机、实施阶段与注意事项，按类列举了一些简单易操作的排球游戏的组织方法。排球游戏既能帮助学生在兴趣盎然、身心活跃的氛围中高效并快捷地掌握排球基本技战术，发展排球专项身体素质，同时又对发展学生的应变能力，培养学生团结协作、顽强拼搏等体育精神，遵守规则、公平竞争等体育道德及担当包容、责任意识等体育品格具有辅助和促进作用。

学习目标

知识目标：初步了解排球游戏的概念、作用及基本任务，理解排球游戏的创编原则。

能力目标：掌握排球游戏创编的方法与步骤，学会一些简单易操作的排球游戏组织方法，初步具备运用排球游戏进行排球教学训练实践的能力和素质。

价值目标：积极体悟祖国至上、团结协作、顽强拼搏、永不言弃的女排精神，主动养成遵守规则、公平竞争、坚韧不拔、担当包容、责任意识等良好的体育道德与品格。

第一节　排球游戏概述

排球游戏是排球教学训练的一种辅助手段，明确排球游戏的重要作用及基本任务，不仅有利于理解排球游戏的本质，还有利于教学训练实践中科学创编与合理运用排球游戏。

一、排球游戏的概念

排球游戏是指以排球运动基本技术、战术及排球专项素质等元素为素材，在排球场地内，利用排球器材，以游戏为构成形式组织的特殊排球教学训练活动。

与排球教学训练中一般的技术练习、战术练习、体能练习和心理练习相比，排球游戏生动有趣、寓教于乐、寓学于乐，它把排球运动的基本技术、战术、体能及心理教学训练内容，按一定目的、要求分解搭配成包含娱乐成分、竞争因素和学练目标的多样活动单元，在渐进的特定规则引导下，引导学生主动地进行由易到难的创造性学练活动，凸显了这种特殊教学训练形式的优越性。排球游戏已经成为现代排球教学训练中的一种有效辅助手段。

二、排球游戏的作用

（一）调动学生的学习兴趣，提高教学训练质量

在排球教学训练中，学生的学习兴趣是影响教学训练效果的重要因素，要想提高排球教学训练质量，就必须重视学生的主体作用，激发学生的学习热情。为使学生正确、熟练地掌握和运用排球技战术而进行的多次反复练习的过程，会由于机械的重复变得枯燥无味，使学生的学习兴趣降低，并影响其学习的积极性和主动性，从而影响教学训练质量。若把枯燥乏味的技术动作以游戏的方式表现出来，用生动活泼的形式、丰富多彩的内容将体育技能学习与娱乐融为一体，则能有效地改善学生对体育课的学习态度，提高学生参与运动的自主意识和兴趣，从而使学生在活泼的气氛中掌握排球运动知识和技能，有效发展排球专项素质，提高教学训练质量。

（二）提高学生的竞争意识，增强自信心

许多排球游戏是以胜负而告结束，具有一定的竞争性。喜欢接受挑战是青少年的心理特点，他们的很多积极情绪是在竞争与挑战中得到发展和完善的。教师根据学生的不同特点，有针对性地选择排球游戏内容，可通过比体力、比技巧、比智力等，让学生在不同的竞争中发现自己的优点，激发挑战欲望，提高战胜困难的信心，在成功的喜悦中体会到排球运动的乐趣。

（三）促进学生相互了解，加强合作与配合

运用排球集体游戏的方式，使参与游戏的学生沟通的渠道增多，学习互动的次数明显增加，交往范围扩大，学生之间产生亲近感，有利于促进相互之间的了解，建立良好的人际关系，形成团结的集体作风，增强集体凝聚力。

（四）启发学生的思维活动，促进智力发展

体育游戏过程对大脑皮质的综合分析能力提出了较高要求，在排球教学中融入游戏，对学生想象力、记忆力、观察力和判断力的综合运用都具有一定的挑战，对促进学生智力的发展具有积极作用。

三、排球游戏的基本任务

排球游戏在各类学校不同年级的教学与课外训练中，因教学训练对象的层次、类型和所要达到的目标、要求等不同，其所处的地位、所发挥的作用、所承担的任务也各不相同。

对于义务教育阶段，排球游戏可以加强学生对排球活动的体验，提高他们对参与排球活动的兴趣，引导他们了解简单的排球知识与练习方法，发展他们排球的基本活动能力和身体适应能力，增强体质，让他们在排球活动的嬉戏中接受排球知识与文化的熏陶，养成良好的操行品质。

对于高中阶段，排球游戏可以作为一种辅助和促进的练习手段，全面发展学生的身体适应能力和排球专项素质，使他们系统掌握和提高排球技术、技能和技巧，熟悉排球的基本战术形式和打法，培养良好的排球意识以及顽强拼搏、团结协作、公平竞争、担当包容等体育精神和品格。

第二节 排球游戏的创编及应用

科学创编排球游戏是排球教学训练中的一项重要工作。排球游戏需要基于一定的原则、按照一定的操作步骤进行创编与设计，并在实践中合理运用，才能实现独特功能和价值。

一、排球游戏的创编

由于排球游戏的独特价值以及体育课程资源开发理念的推广，越来越多的排球游戏被创编出来，成为排球教学训练的有力工具。但是，有不少创编的排球游戏由于缺乏科学合理性，导致不能发挥应有的作用。因此，正确理解体育游戏创编原则和体育游戏创编步骤是创编优秀排球游戏的重要理论基础。

（一）排球游戏的创编原则

1. 本体性原则

排球运动有别于其他运动项目，在技术、技能、技巧、体能等方面有着自身的规律和特点。因而，排球游戏要保持排球的特色，遵循排球内容、方法的要求，突出排球的内涵。当然，在创编排球游戏时，可以选择一些其他运动项目（特别是身体素质方面）的素材，但一定要与排球运动存在共性特征，而且必须适用于排球项目本身。表 10-2-1 是符合本体性原则和不符合本体性原则的排球游戏案例及分析。

查看“龙腾虎跃”摸高比快游戏视频

表 10-2-1　符合本体性原则和不符合本体性原则的排球游戏案例分析

符合本体性原则的排球游戏	不符合本体性原则的排球游戏
●“龙腾虎跃”摸高比快 （1）游戏目的。发展学生横向移动助跑起跳能力 （2）场地器材。排球网上沿间隔 3 米处设两个标志、秒表 （3）游戏方法。学生站在一侧标志处，开始后起跳用头触及标志，落地后迅速以双脚助跑	●“不要三球”赛 （1）游戏目的。增强场上基本比赛意识，发展判断、反应、攻防能力 （2）场地器材。排球场一块，排球 3 个 （3）游戏方法。将学生均分为两队，每队持一球或两球。听信号后双方都把球从网上抛向对方后场区，当一方场上同时有 3 个球时，即成

续表

符合本体性原则的排球游戏	不符合本体性原则的排球游戏
起跳方式移动到另一标志处，起跳用头触及标志，往返 5 次，用时最短者胜 （4）游戏规则。每次起跳后，头须触及标志，否则重做 （5）教学建议。可进行单人或小组计时赛，也可以双人或两组同时（设 4 个标志）比赛，往返次数可酌情增减 分析：本游戏发展的横向助跑起跳能力是排球的专项运动能力，游戏方法中要求学生做的动作与排球运动的技术结构相同，因此，符合本体性原则	死球，对方得 1 分。规定时间内得分多者或先达规定分数的队获胜 （4）游戏规则。界外球（包括前场区球）判失 1 分。球必须从网上抛至对方后场区 （5）教学建议。可酌情改为“不要两球”赛 分析：本游戏虽在排球场地进行，但所用动作“抛”并非排球规则所允许的动作，方法也并非排球的比赛方法，发展的比赛意识也主要是看谁的动作迅速，谁抛球的位置比较刁钻。因此，该游戏对发展学生的排球技战术和身体素质作用都不大，不符合本体性原则。适合热身阶段使用

2. 娱乐性原则

娱乐性不仅是排球游戏的目的，而且是手段，是寓教于乐的一种载体，因而必须坚持。排球游戏的娱乐性更多地表现在竞争性上，这种竞争能激发学生的活力，挖掘他们的潜力，往往有事半功倍的效果。此外，创编设计一些与常规习惯定势不同的动作，设定一些有趣的环境、情节，采用一些特定的规则也可以引起学生兴趣，激发他们跃跃欲试的心理，集中他们的精力，满足他们的操作感。

3. 针对性原则

创编排球游戏要从实际出发，既要考虑学生的生理、心理特点和对游戏的可接受程度，又要使所创编的游戏内容符合场地、器材、天气等客观条件，更要强调与教学训练内容和任务的一致性，使之与学生的实际能力相适应，针对性强，并与基本教材内容相关程度密切。在进行创编时，还要考虑给学生一些发挥主动性、创造性的余地和空间。表 10-2-2 是体现针对性原则的适于学生实际能力的游戏案例。

查看“隔网传球接力赛”游戏视频

表 10-2-2　符合针对性原则的与学生实际能力相适应的排球游戏案例

排球游戏案例	适用范围
● 隔网传球接力赛 （1）游戏目的。提高传球的熟练性 （2）游戏方法。在排球场的两个半场内，分别在距离中线 1 米处画一个长 6 米、宽 3 米的矩形框；将学生分成人数相等的两组，每组学生成纵队分别站在两个半场的矩形框后；游戏开始后，队首的学生先到框内隔网传球，传完后立即跑出框并回到本队队尾，下一个学生迅速进框接对方的回传球，直至	初学阶段的学生不适用。应在比较熟练地掌握传球技术，能接好各种方向、弧线的来球后使用

续表

排球游戏案例	适用范围
传球出现失误为止 （3）游戏规则。如果甲组失误，乙组得 1 分，反之则甲组得 1 分。甲组将球传出乙组框外，乙组未接球属甲组传球失误，持球、用手抛球、连击等均算失误，出框外接回传球成功不算失误；以 8 分为一局，采取三局两胜制	

4. 教育性原则

任何体育教学训练过程都是一个全面素质教育的过程。排球游戏是排球内容和游戏形式相结合而建立起来的一种寓教于乐的教育手段。除基本方法、技能的传授外，思想品德教育应占很重要的地位。从游戏的设计、命名、形式、方法到具体要求和建议，都要立足于它的教育价值，避免单一的趣味性。依据排球的项目特征，应将这种教育因素延伸到思想教育、品德教育和集体主义精神、团结协作、勇于争先精神的培养等。表 10-2-3 是体现该原则的游戏案例。

查看“发射神舟飞船”游戏视频

表 10-2-3　符合教育性原则的排球游戏案例与分析

符合教育性原则
● 发射神舟飞船 （1）游戏目的。提高传、垫球技术，激发学生的民族自豪感，培养团结协调能力 （2）游戏方法。以 8～10 人为一组，将学生分为若干组；各组学生面向内围成一个圆圈，开始传、垫球，球每传、垫一次，齐声高喊：“神舟一号！”“神舟二号！”……各组看谁连续传、垫发射得多 分析：普通的围圈传、垫球游戏，游戏的名字和计数方法发生了变化，思想教育性便体现出来

5. 公平性原则

排球游戏同其他游戏一样多带有竞争性，因此创编时应有严格的比赛规则和要求，使游戏者在平等的条件下进行公平竞争。

以上这些原则是紧密联系的，本体性原则和针对性原则是基础，是保证创编的排球游戏有效性的必要条件，没有这两个原则，就无法保证创编的排球游戏能很好地完成教学目标。娱乐性原则、教育性原则和公平性原则是保证创编的排球游戏有效性的充分条件，这三个原则体现得越好，排球游戏就越能在前两个原则基础上“锦上添花”。

（二）排球游戏的创编步骤

排球游戏的创编按先后递进关系可以分为以下几个步骤：

（1）明确游戏目的。排球游戏属专项性游戏，进行创编时，应在保持排球专项特征的基础上，清楚创编游戏与基本教材的关系，明确创编的目的和所要达到的教学训练目标。

（2）选择游戏素材。排球游戏素材要根据游戏的目的从排球运动本体内容中来选择。例如，学习或复习某项排球技术，可以该技术动作为素材；有时也可以把几项技术动作巧妙地糅合到一个游戏中进行，尤其是一些综合性、对抗性较强的排球动作或战术配合更应如此。

（3）确定游戏方法。排球游戏方法决定着游戏的娱乐、教育、身体活动和专项练习效果。它也应根据排球游戏的目标和任务选择确定。游戏方法通常包括游戏的准备、进行的形式、人数、队形及其变化，活动的范围、路线、更替方法和动作要求等。

（4）制定游戏规则。制定排球游戏规则要注意符合正式排球规则的基本精神，有利于排球技能、技巧的规范运用，并要注意明确合理与犯规、成功与失败的界限，明确对犯规者的处理办法，有利于游戏的安全进行，要有一定的灵活创造空间。

（5）提出游戏的教学建议。提出游戏适用范围、程度和对客观条件的要求，设想可能会出现的问题及预防解决的办法，明确游戏变化方法及其他注意事项。

（6）确定游戏名称。游戏命名要具有教育性、象征性、形象性、激励性，同时要简单易懂，能反映该游戏的主要特征。

二、排球游戏的应用

（一）时机

1. 排球游戏在准备活动中的运用

反复的“定位操—慢跑—行进操”式的准备活动容易使学生感到枯燥、厌倦，也使得课堂气氛呆板沉闷。准备活动是一节课的开始，它也是避免学生运动受伤的有效措施，排球游戏的介入无疑会使排球课的准备活动变得富有活力。常见的推地滚球接力、反向起动冲刺接力等移动速度素质游戏，“龙腾虎跃”摸高比快等跳跃类游戏，可以使学生在心理、生理上尽快达到学习排球的适宜状态。

2. 排球游戏在技术教学中的运用

在排球教学过程中，教师完全可以让体育游戏与体育活动真正相融，如传球中采用的对墙传高低球、两球循环对传、传球接力等游戏；垫球中采用的持球接力赛、对墙垫落地反弹球、钻网垫球淘汰赛等游戏。这些排球游戏恰到好处地被穿插在教学的过程中，使得排球技术游戏化。但此时教师需要注意：在课堂上，排球游戏只能起到辅助作用，而不能作为教学主体甚至是教学目标，游戏与课程结合的针对性要强，多用、误用都会造成本末倒置，难以起到有效的作用。

3. 排球游戏在提高身体素质中的运用

过于单一的排球身体素质训练显然会对学生的积极性产生不利影响，也难以达到良好的身体素质训练效果。采取排球游戏的办法，会极大地增加学生的训练热情，促使其以饱满的情绪状态完成训练内容。

4. 排球游戏在放松活动中的运用

放松活动的开始是体育课教学活动的结束，好的放松活动可以使人体更快地由紧张状态过渡到相对放松状态，还可以帮助消除疲劳，促进身体机能的尽快恢复。放松活动的游戏内容和形式应力求轻松、活泼、精彩、幽默，使学生的身心得到有效的放松。

（二）实施

每一个排球游戏在具体施教时都要经历准备、组织、指导和评价 4 个阶段。各个阶段的实施情况都关系到该排球游戏的运用效果、学生积极性的发挥、游戏过程中的安全、裁判工作的公正和学生间的和谐团结。

1. 准备

组织排球游戏的准备工作包括三个环节

（1）游戏的选择。游戏应有明确的目的，其内容的选择必须与本次课的主要教学内容紧密联系，应能为完成本次课的目标服务。另外，还应考虑所选游戏在学生人数、年龄阶段、兴趣爱好、心理特征、身体条件、训练程度以及环境条件、季节气候方面是否符合实际。如果不符合，应考虑是否可根据实际情况进行改编。

（2）设定游戏方案并进行演练。选择的排球游戏在正式施教前，应预先有一个设定的教学方案。方案主要包括教学步骤、时间安排、教学要求及注意问题。方案可以避免临时安排组织、随意指导实施、发生安全事故、浪费教学时间等问题的出现，提高游戏的实施效果，为完成教学目标服务。对于一些新的、从来没有进行过教学的游戏可以提前演练，针对出现的问题及时修改游戏方案。

（3）准备器材、布置场地。为了安全和课程目标的实现，要提前根据活动内容、参加人数来确定适宜的场地和器材的数量。布置场地要有各种界线和标志，以提高游戏的教学效果。

2. 组织

根据游戏特点、任务和实际情况，对学生、场地、器材进行合理安排，做好分组，确定主持人、游戏引导人或裁判员等工作。

3. 指导

指导运作不同于教法运用，主要是一种管理调控过程。除了讲解、示范等一些教法运作因素外，更重要的是要及时按规则处理违规现象，及时制止游戏中的争执现象，迅速消除安全隐患，适时地以灵活的规则变化，引导游戏的深入进行。

4. 评价

排球游戏往往带有竞争性和对抗性，符合儿童青少年向往胜利、重视游戏结果的心理需要。因此，游戏结束后，教师要及时宣布游戏的成绩，要对游戏中的经验和教训进行总结。能否对学生游戏的成绩进行客观、公正的总结和评价，会直接影响学生的学习积极性以及思想品德教育的效果。

（三）注意事项

排球游戏是学校排球教学与训练中的一个特殊的教与学、教与练的环节，为了有效地发挥排球游戏寓教于乐的教学训练功能，组织指导游戏活动时应注意：

（1）教育学生自觉遵守游戏规则。规则在游戏中除了起限制作用外，更重要的是鼓励学生勇敢、机智地克服困难，依靠集体的智慧，充分利用规则允许的条件，争取成功，感受快乐。对严格执行规则的学生要及时鼓励、表扬；对故意违反规则的行为要提出批评，但不宜采取停止游戏的处罚办法。

（2）适时调控游戏负荷。学生对有趣的排球游戏往往会不顾一切尽情参加，直到精疲力竭为止。而游戏的活动效果，并不是运动负荷越大越好。游戏的娱乐效果，也不是尽兴为佳。游戏时要注意观察学生身体状况的变化，掌握适宜的运动量和练习密度，根据具体的情况增加或减少运动量，有利于学生身心健康的良好发展。

（3）时刻把安全放在首位。游戏的娱乐本质容易使学生轻视安全问题、忽视纪律问题，以致身体遭受损伤。为了保证学生的安全，教师除了事先应对场地、器材等各种安全隐患进行排除外，在游戏教学的过程中还要始终穿插安全教育，发现安全隐患要及时消除。同时，须加强组织纪律教育，分队、分组后的学生应严格按教师要求组织好队形，严格按照游戏方法、规则及要求进行游戏，做到秩序井然，按步骤进行。教师既要为学生创造轻松愉快的学习气氛，又要严格要求学生遵守秩序。

（4）注重兴趣与学、练的统一。排球运动技术动作、战术配合往往易学难精，必须通过无数次的反复磨炼才能提高。青少年注意力不易持久集中，枯燥乏味的重复练习往往事倍功半。而把排球技术动作和战术配合作为素材，以游戏方式进行活动，往往会收到意想不到的效果。但学生在游戏活动中，由于兴奋性过高或求胜心切，经常会出现忽视动作技能本身的问题。因而，在排球游戏活动中，如果学生出现错误动作，应及时暂停并纠正，待学生的动作正确后再继续进行游戏。

（5）做好游戏的评价和总结。游戏过程中，发现学生有创意的做法或其他闪光点，可通过身体语言（点头、手势、表情等）及时予以肯定和简单评价。游戏结束后，要公正地评定游戏结果，对优缺点进行讲评、赏罚。要多从积极方面鼓励学生，优点找个人，不足找集体，以便鼓舞精神，激发兴趣，更加有利于今后的教学。

第三节　排球游戏示例

排球游戏方法多种多样，本节所介绍的排球游戏均选择在排球场、运用排球器材进行，并按照排球运动的规律和排球专项身体素质、排球基本技战术内容选择素材，在实际运用时，可举一反三，进一步丰富、发展和创新。

一、排球专项素质类游戏

（一）快速移动、灵敏游戏

1. 推地滚球接力

（1）游戏目的。发展下肢力量及低姿移动能力。

（2）场地器材。排球场一块，排球若干。

（3）游戏方法。将学生分成人数相等的若干组，成纵队站于端线后，每队第一人低蹲，左右两侧地面各置一球，两手分别持球后部。发令后，第一人两手分别将球推滚前进，滚至中场绕过障碍返回给第二人后即站到队尾。第二人同上方法进行，直至全队结束，先完成的队为胜。

查看“推地滚球接力”游戏视频

（4）游戏规则。① 滚球者两手不能离开球体，球不能离开地面。② 人和球都必须绕过障碍物，违者重做。③ 交接时，球不能离两人太远，不能抛接。接球人接球时两脚必须在端线后。

（5）教学建议。可根据学生的年龄等特点，选择双手推两球或者单手交替推或拨一球前进。

2. 抢球淘汰赛（图 10-3-1）

（1）游戏目的。发展快速移动、灵敏素质，培养学生及时反应的能力。

（2）场地器材。排球场一块，排球若干。

（3）游戏方法。把学生分成两组分别在两个场区，每人背向场地双手抱膝坐在场地线上，场区内放置排球若干（球数比人数少一个），听到发令后，学生立即起身进场地内抢球。

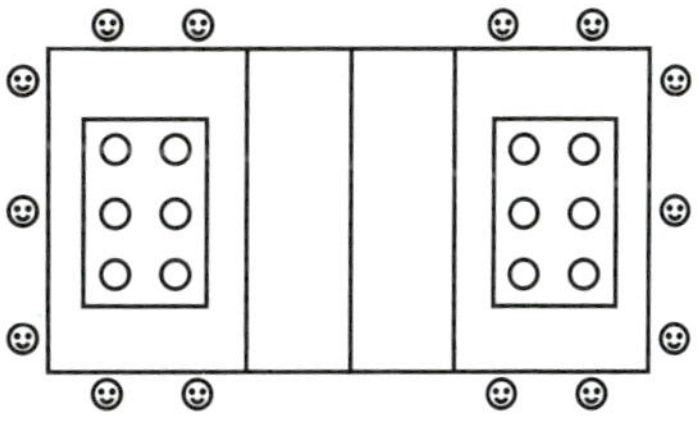

» 图 10-3-1　抢球淘汰赛

（4）游戏规则。没有抢到球的学生退出比赛，直到最后两组分别剩下一人。再由此人代表本队抢球，决出胜负。

查看“抢球淘汰赛”游戏视频

（5）组织要求。必须背向场地双手抱膝而坐，每次球的个数要比抢球人数少一个。

（6）教学建议。可以多次进行，并可根据学生的年龄等特点调整游戏的难度，采用俯卧撑、仰桥等各种抢球前的规定动作。

（二）弹跳爆发力游戏

1.“龙腾虎跃”摸高比快。

2. 单双脚跳跃接力赛（图 10-3-2）

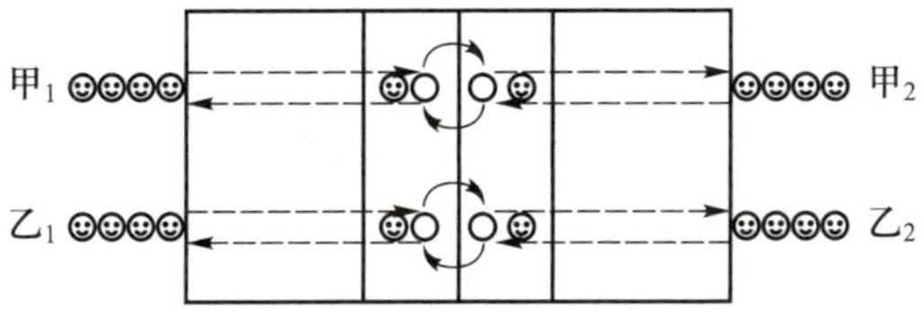

» 图 10-3-2　单双脚跳跃接力赛

（1）游戏目的。发展学生下肢力量，提高弹跳爆发力。

（2）场地器材。排球场一块，排球 4 个。

（3）游戏方法。将学生分成甲、乙两队 4 个小组，排头学生每人拿一球，分别站在排球场两边端线外，面向球网，发令后，4 个小组排头学生单脚跳至中线，与对面跳过来的同伴交换球，然后双脚跳回起点把球交给第二位同学，依次进行，先完成的队获胜。

查看“单双脚跳跃接力赛”游戏视频

（4）游戏规则。单脚跳左右腿至少各跳 2 次，中线交接时球如果掉地捡起继续做。

（5）组织要求。强调动作的连贯性，突出连续跳跃的速度。球必须相互移交，不能抛球交接。

（6）教学建议。根据学生的年龄等特点调整游戏的难度，既可以在跳进的线路上设置障碍增加练习难度，也可以变换采用各种跳跃的动作。

（三）快速反应游戏

1. 眼疾手快

（1）游戏目的。发展学生快速反应素质，提高反应能力。

（2）场地器材。排球场一块，排球若干。

（3）游戏方法。将学生分为两组，每组各派一名队员为另一组抛球，每位抛球队员将球从自身肩膀位置高度抛下，接球队员以正常站立姿态迅速做出反应接球。

查看“眼疾手快”游戏视频

（4）游戏规则。接到一次球得 1 分，未接到球不得分，累计每队接球所得总分。

（5）组织要求。强调接球的准确性，每次接球尽量一次性接稳。球必须以自由落体形式下落，不可向上或向下抛。

（6）教学建议。可根据学生的年龄等特点调整游戏的难度，采用背对、侧对抛球人等各种接球前的规定动作，可以多组同时进行。

2. 快速抢球

（1）游戏目的。发展学生快速反应和移动能力。

（2）场地器材。排球场一块，排球若干。

（3）游戏方法。将学生分为两组，成纵队面对面分别站立于相距 2 米的端线两侧，每两名学生中间放置一个排球，在听到老师发出“鼻子”“耳朵”“球”等指令后，快速做出摸鼻子、摸耳朵和抢球等动作。

查看“快速抢球”游戏视频

（4）游戏规则。抢到一次球得 1 分，未抢到球不得分，累计每队抢球所得总分。

（5）组织要求。提醒学生注意安全，防止抢球双方发生碰撞受伤。

（6）教学建议。可根据学生的年龄等特点灵活变换指令内容，调整游戏的难度，如采用背对、侧对等各种抢球前的规定动作。

二、排球技术类游戏

（一）发球游戏

1. 精准发球得分赛（图 10-3-3）

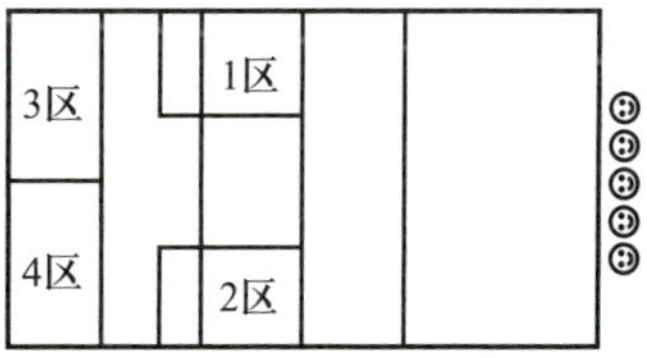

» 图 10-3-3　精准发球

（1）游戏目的。提高学生发球准确性。

（2）场地器材。画有不同得分区域的排球场一块，排球若干。

（3）游戏方法。个人或分组在排球场发球区发球，以发球落点计算得分，在规定的发球次数内，得分高者名次列前。

（4）游戏规则。以发球落点评判得分。

（5）组织要求。强调的是发球落点的准确性，按照发球有关规则执行，发球犯规不得分。

（6）教学建议。应在学生较熟练掌握发球技术后进行此游戏，场上区域可按照排球比赛多种接发球阵型规律划定，可规定采用各种发球动作，可进行多种形式的分组或个人比赛。

查看“精准发球得分赛”游戏视频

2. 穿越封锁线

（1）游戏目的。提高学生发球的攻击性。

（2）场地器材。排球场一块，球网上方设置一条弹力带（高度为距球网上沿约 30～40 厘米），排球若干。

（3）游戏方法。个人或分组在排球场发球区发球，以发球过网时的高度计算得分，在规定的发球次数内，得分高者名次列前。

（4）游戏规则。发球须发至界内，以球过网时的高度评判得分，球从弹力带上方过网得 1 分、弹力带下方过网得 2 分、下网不得分。

（5）组织要求。强调学生对发球速度和高度的控制，按照发球规则进行发球，犯规不得分。

（6）教学建议。应在学生熟练掌握发球技术后进行此游戏，可通过规定学生的发球动作来调整游戏的难度，可进行分组赛或个人赛。

查看“穿越封锁线”游戏视频

（二）垫球游戏

1. 齐心协力向前看（图 10-3-4）

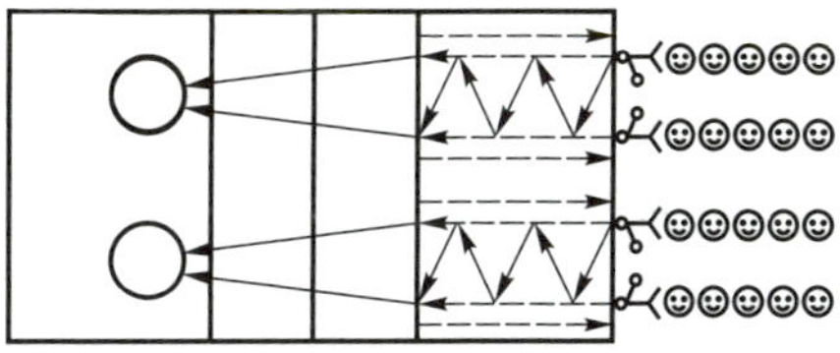
» 图 10-3-4　齐心协力向前看

（1）游戏目的。提高学生垫球准确性和相互配合能力。

（2）场地器材。排球场一块，排球若干（两人一球）。

（3）游戏方法。将学生分成两队，每队两人一组在端线后进行侧移动连续对垫球至进攻线附近，再由任意一人将球垫过网到对场设置的落点区（如球筐等），然后两人一起返回端线，全队依次进行，最后计算两队垫进落点区球的数量，多者获胜，若数量相等，则先完成的队获胜。

（4）游戏规则。必须用垫球技术，规定两人对垫次数不得少于 10 次。

查看“齐心协力向前看”游戏视频

（5）组织要求。提示学生注意相互配合，两个人对垫时合理控制球的力量、方向、弧度。两人相互用语言提示对方，由学生决定谁将球垫过网。垫过网的动作可以是侧垫或者提前将身体转成正面垫球。

（6）教学建议。应在学生比较熟练掌握垫球技术后进行此游戏，可以根据学生的技术水平规定两人间距。

2. 不落“红星”

（1）游戏目的。提高学生快速移动垫球控球的能力。

（2）场地器材。排球场一块，排球若干。

（3）游戏方法。对学生进行编号，随机抽中一名学生在规定区域内进行自垫球，并在垫球瞬间喊出下一名垫球学生的编号，被喊到编号的学生在区域内快速移动进行垫球，以此往复。

查看“不落‘红星’”游戏视频

（4）游戏规则。垫球失败的学生退出比赛，直到剩下最后一人。

（5）组织要求。垫球高度必须超过头顶 1.5 米以上，引导每一位学生都能参与垫球。

（6）教学建议。可根据学生对垫球技术的掌握程度，规定相应的垫球高度和场地区域范围。

（三）传球游戏

1. 勇“网”直前接力赛（图 10-3-5）

（1）游戏目的。提高学生传球控球和相互配合能力。

（2）场地器材。排球场一块，排球 2 个。

（3）游戏方法。将学生分成两队，每队分成两组，隔网在进攻线后成纵队站立。发令后，排头将球传过球网给对场同伴，然后快速穿越球网跑至对面排尾，依次循环进行。完成传球数量多者或后失误者获胜。

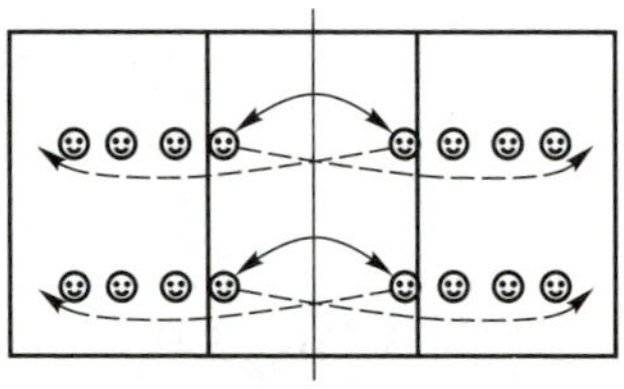

» 图 10-3-5 勇“网”直前接力赛

（4）游戏规则。必须用传球技术，出现持球、连击犯规即告负。

（5）组织要求。提示学生注意相互配合，合理控制传球过网的力量、速度、方向、弧度。

（6）教学建议。应在学生比较熟练掌握传球技术后进行此游戏，可以根据学生的技术水平规定先自传一次或采用跳传技术。

查看“勇‘网’直前接力赛”游戏视频

2.“S”形自传球接力

（1）游戏目的。提高学生传球控球和团队配合的能力。

（2）场地器材。排球场一块，排球若干。

（3）游戏方法。将学生分为两组，每组学生前后间距 1 米成纵队站立，由每组队尾的学生进行自传球，以“S”形路线穿过己方队伍，至排头后再将球传给队尾的学生，下一名学生依次照做。

（4）游戏规则。自传球落地则重新开始新一轮的接力，直至第一名学生再次成为队首。

（5）组织要求。传球高度必须高于头顶 50 厘米以上，积极引导学生相互鼓励、相互包容，增强团队凝聚力。

（6）教学建议。可根据学生对传球技术的掌握程度，以进一步规定学生站位的间距等方式调整游戏的难度。

查看“‘S’形自传球接力”游戏视频

（四）扣球游戏

1. 扣抛球积分赛（图 10-3-6）

（1）游戏目的。巩固提高扣球技术，提高扣球攻击性。

（2）场地器材。排球场一块，排球若干。

（3）游戏方法。将学生分成 3~4 人一组的若干队，依次循环扣教师抛球。在规定的扣球数量或时间内，得分多者获胜。

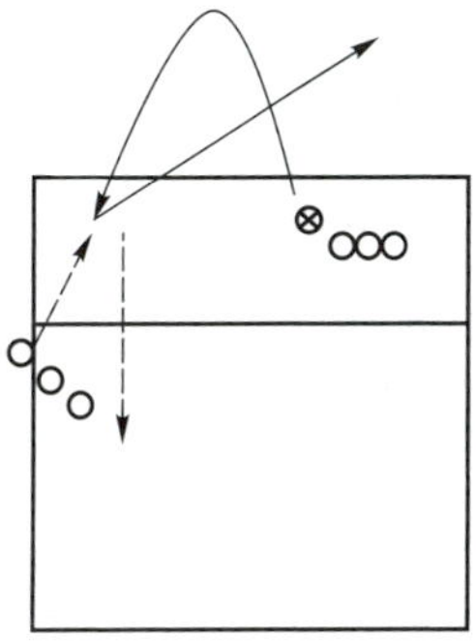

» 图 10-3-6　扣抛球积分赛

（4）游戏规则。根据扣球效果分为 2 分（攻击性强）、1 分（攻击性差但没有失误）和 0 分（扣球失误），累计 4 人扣球所得总分。

（5）组织要求。提示学生尽可能减少失误，抛球到位要发力重击，不到位也要尽可能得分。

（6）教学建议。应在学生比较熟练掌握扣球技术后进行此游戏，可以根据学生的技术水平掌握抛球的落点和节奏。

查看“扣抛球积分赛”游戏视频

2. 扣球准度大比拼

（1）游戏目的。提高学生扣球落点准确性和攻击性。

（2）场地器材。排球场一块，排球若干，方形垫一块（或划定方形区域）。

（3）游戏方法。个人或分组站在排球场一侧规定的扣球区域内，在排球场地另一侧合适位置放置方形垫（或划定方形区域），学生自抛球并将球扣向有方形垫（或方形区域）的一侧场地。

（4）游戏规则。扣到方形垫（或方形区域）得 2 分，扣到场地内其他区域得 1 分，扣出界或未过网得 0 分。

查看“扣球准度大比拼”游戏视频

（5）组织要求。强调扣球动作的连贯性、落点的准确性，提示学生抛球要到位、动作要协调、挥臂要充分。

（6）教学建议。应在学生较为熟练掌握扣球技术后进行此游戏，可根据学生的扣球技术水平，选择原地扣球或跳起扣球来调整游戏的难度。

（五）拦网游戏

1.“球来将挡”挑战赛

（1）游戏目的。提高拦网判断反应能力和拦网技术。

（2）场地器材。排球场一块（网高适当），排球若干。

（3）游戏方法。两人一组，隔网相对，一人离网 2 米左右将球掷向网口，另一人封堵拦球，在规定次数内拦网成功多者获胜。

查看“‘球来将挡’挑战赛”游戏视频

（4）游戏规则。拦网成功包括拦死、拦回、拦起。违背规则的拦网，无论其拦球效果如何均判失败。

（5）组织要求。掷球者应尽可能模仿扣球效果，注意掌握节奏，辅助捡球必须保障好连续供球。

（6）教学建议。掷球过网点要根据学生拦网实际弹跳高度确定，可以采用高台掷球或高台原地扣球的方式。

2. 快速移动拦网

（1）游戏目的。提高学生的拦网反应判断、快速移动能力，巩固提高拦网技术。

（2）场地器材。排球场一块，排球若干。

查看“快速移动拦网”游戏视频

（3）游戏方法。三人一组，一人站在场内向拦网另一侧传球，一人背对传球队员拦网，一人站场地另一侧准备扣球。传球队员传球前用手势向扣球队员传递传球方向信号，扣球队员根据信号指示快速移动扣球，拦网队员根据扣球队员移动情况快速反应移动拦网。

（4）游戏规则。拦网成功包括拦死、拦回、拦起，违反规则的拦网均为失败。

（5）组织要求。传球队员要给扣球队员明确的手势信号，传球要到位，高度要适宜，提示扣球队员注意调整扣球位置和起跳时机。

（6）教学建议。应在学生熟练掌握传球、扣球技术后进行此游戏，球网高度可根据学生扣球和拦网的实际弹跳高度进行适当调整。

（六）复合型游戏

1. 围抢传垫球

（1）游戏目的。提高学生快速移动和灵活运用传垫球技术的能力。

（2）场地器材。排球场一块，排球若干。

（3）游戏方法。学生围成圆圈，随机抽取一名学生进入圈内抢球，其余学生运用垫球或传球技术将球互相传递，被抢到球的学生要进入圈内替换抢球的学生，以此往复。

（4）游戏规则。游戏中不得持球或连击，抢球的学生不能与其他学生有身体接触。

（5）组织要求。提示学生相互配合，注意安全，根据抢球学生位置选择合适的接球学生，根据来球高度合理运用接球技术。

查看“围抢传垫球”游戏视频

（6）教学建议。应在学生比较熟练掌握传垫球技术后进行此游戏，可通过调整游戏的区域范围或抢球的学生人数，增加或降低游戏的难度。

2. 三米线对抗赛

（1）游戏目的。提高学生灵活运用排球基本技术和沟通协作能力，培养学生顽强拼搏、团结协作的精神。

（2）场地器材。排球场一块，排球若干。

（3）游戏方法。三人一组，将学生分成若干组，在排球场地两侧三米线以内组织对抗赛，得分多者获胜。

查看“三米线对抗赛”游戏视频

（4）游戏规则。除不能跳起传球和扣球、不进行轮转、界限为三米线以外，其余规则参照排球正式比赛规则。

（5）组织要求。引导学生积极配合、相互鼓励、担当包容，提示学生注意对排球落点的控制，合理运用技术得分。

（6）教学建议。应在学生比较熟练掌握排球基本技术后进行此游戏，可通过变换上场比赛的学生人数来调整游戏的难度。

思考与实践

1. 试述排球游戏在教学训练中的作用。
2. 试述排球游戏的创编原则。
3. 试述在教学训练中运用排球游戏的时机。
4. 运用排球垫球技术创编一个排球游戏。
5. 运用排球传球技术创编一个排球游戏。
6. 运用不少于三种排球技术创编一个集体对抗性排球游戏。

第十一章　其他形式的排球运动

本章导言

其他形式排球运动的快速发展，改变了以往竞技排球“少数人参与，多数人旁观”的现象。大众关心排球、看排球、打排球，这对促进全民健身运动的深入开展，增加我国“排球人口”，培养和激发青少年对排球运动的兴趣，起到了很大作用。沙滩排球、坐式排球、软式排球、9 人制排球、气排球、雪地排球、小排球等其他形式排球运动的兴起，不仅给人们提供了更多参与排球运动的机会，也使得排球成为一个更加多样化和包容性更强的运动。其他形式的排球运动也越来越趋向于与自然环境融合，这种亲近自然的外部环境，也让运动过程中的身体和心理状态得到了更好的调整，从而达到更好的健身效果，为人们的健康生活增添新的内容。

学习目标

知识目标：了解其他形式排球运动的简介、起源与发展；明确其他形式排球运动的比赛场地和所需要的器材。

能力目标：掌握其他形式排球运动的技巧，学会其他形式排球运动的比赛方法与规则。

价值目标：体验其他形式的排球运动，人们获得更多参与运动的机会，在享受其他形式排球运动的同时感受自然的魅力。

第一节　沙滩排球

沙滩排球作为一项风靡全球的休闲娱乐运动项目，集艺术性、竞技性、趣味性和观赏性于一体，已经成为“蓝天、碧海、阳光、沙滩”的专有代名词，沙滩排球也被誉为“21 世纪最杰出的运动”。沙滩排球作为第二个排球比赛项目被列为 1996 年亚特兰大奥运会的正式比赛项目，这是沙滩排球运动发展史上的一个里程碑。沙滩排球运动以其独特的魅力走进了神圣的奥运殿堂，这对整个沙滩排球运动的发展和壮大起到更加有力的推动作用。

一、沙滩排球运动的起源与发展

（一）起源

沙滩排球起源于 20 世纪 20 年代美国的加利福尼亚。初始阶段的沙滩排球纯粹是一种休闲娱乐活动。由于这种活动符合人们回归自然、崇尚健美的心理需求，所以沙滩排球受到越来越多不同年龄、性别、阶层人们的喜爱。约从 1940 年起，美国加利福尼亚海滨和巴西沿海地区便有了沙滩排球比赛。从 20 世纪 50 年代到 60 年代，沙滩排球运动渐渐在地中海沿岸、太平洋沿岸国家传播开来。这期间，借助于那些热爱沙滩排球运动的民间赞助商的大力支持，各种组织、各种规模、各种水平的非商业性沙滩排球比赛层出不穷。1965 年加利福尼亚沙滩排球协会成立，该协会第一次对沙滩排球的规则作了统一规定。当时的比赛有 2 人制、3 人制、4 人制和男女混合制等多种方式。

（二）发展

20 世纪 70—80 年代初是沙滩排球从单纯的休闲娱乐活动转型为集娱乐、竞技于一体的新型竞技体育活动的关键时期。由于初始阶段后期沙滩排球比赛水平不断提高，观赏性越来越强，观众人数也越来越多，1974 年首届商业化两人制沙滩排球巡回赛在圣地亚哥举办，这表明沙滩排球从此并入了商业运作轨道，拉开了沙滩排球商业化、竞技化、职业化的序幕。1976 年在美国加利福尼亚举办的设立奖金的沙滩排球比赛被称为“职业沙滩排球比赛的源头”。1979 年出现职业沙滩排球队伍，有了一批优秀的职业沙滩排球选手。1980 年商业赞助性的全美沙滩排球巡回赛和其他 7 项赛事第一次被列入美国官方体育日程计划。美国 1982 年成立职业沙滩排球联合会（AVP），这些都成为沙滩排球转型的标志。

20 世纪 80 年代是巴西沙滩排球崛起和国际排联在世界范围内开始宣传、普及沙滩排球的时期。1986 年在巴西里约热内卢海滩上举办的首届国际表演赛上，现场有 5 000 多名观众。1987 年在巴西举办了国际排联认可的第 1 届世界男子沙滩排球锦标赛，共有巴西、美国、意大利、阿根廷、智利、墨西哥和日本 7 个国家的代表参加了比赛，比赛奖金为 25 000 美金，在国际排坛引起巨大反响。从 20 世纪 90 年代开始，沙滩排球进入了一个快速发展的阶段。1991 年，在瑞士格桑的第 1 届国际排联世界理事大会上将原来的 3 个承办男子世界系列赛的国家扩大为包括法国在内的 4 个，1991 年至 1992 年，又增加了澳大利亚和西班牙两国。1992 年，沙滩排球成为巴塞罗那奥运会的表演项目，同年，首届世界女子沙滩排球锦标赛也在西班牙举行。经过国际排联的不懈努力，在 1993 年国际奥委会第 101 次代表大会上，沙滩排球被确定为 1996 年亚特兰大奥运会正式比赛项目。同年，世界女子沙滩排球锦标赛也在巴西、美国和智利这 3 个东道国进行。1994 年至 1995 年，美国第一次主办了拥有 6 站男子比赛和 6 站女子比赛的世界系列性沙滩排球比赛，俄罗斯、法国、日本、波多黎各、巴西和智利 6 国参加角逐。1995 年至 1996 年，沙滩排球风靡全球。国际排联世界性巡回赛扩大到 5 个洲的 29 个国际赛站，全球超过五千万观众通过电视欣赏比赛。1996 年，有 50 个国家的体育联合会建立了沙滩排球理事会来指导、组织并提高各自国家的沙滩排球水平。在 1996 年亚特兰大奥运会上，42 个国家的 600 多名运动员参加了资格选拔赛。决赛于同年 7 月 23 日至 28 日在美国亚特兰大萨瓦纳海滩上举行。至此，沙滩排球运动达到了一个新的发展高度。

第 1 届世界沙滩排球锦标赛于 1997 年在美国洛杉矶举行，巴西男女队获得各组的冠军。第 2 届世界沙滩排球锦标赛于 1999 年在法国马赛举行，巴西男女队再次获得冠军。第 3 届世界沙滩排球锦标赛于 2001 年在奥地利克拉根福举行，男子组阿根廷夺得冠军，女子组冠军仍被巴西队夺得。2003 年第 4 届世界沙滩排球锦标赛在巴西的里约热内卢举行，男子组冠军被巴西队夺得，女子组则由美国队夺魁。第 5 届世界沙滩排球锦标赛于 2005 年在德国的柏林举行，男子组冠军被巴西队获得，女子组冠军被美国队获得。第 6 届世界沙滩排球锦标赛于 2007 年在瑞士格施塔德举行，美国男女队均获冠军。第 7 届世界沙滩排球锦标赛于 2009 年在挪威斯塔万格举行，德国队获得男子组冠军，美国队获得女子组冠军。第 8 届世界沙滩排球锦标赛于 2011 年在意大利罗马举行，巴西男女队均获得冠军。第 9 届世界沙滩排球锦标赛于 2013 年在波兰举行，荷兰队获得男子组冠军，中国队获女子组冠军。第 10 届世界沙滩排球锦标赛于 2015 年在荷兰的海牙、阿姆斯特丹、鹿特丹和阿佩尔多恩举行，巴西队再次包揽男女组冠军。第 11 届世界沙滩排球锦标赛于 2017 年在奥地利维也纳举行，巴西队获得男子组冠军，德国队获得女子组冠军。第 12 届世界沙滩排球锦标赛于 2019 年在德国汉堡举行，俄罗斯队获得男子组冠军，加拿大队获得女子组冠军。第 13 届世界沙滩排球锦标赛于 2022 年在意大利罗马举行，男子组挪威获得冠军，女子组巴西获得冠军。第 14 届世界沙滩排球锦标赛于 2023 年在墨西哥的特拉斯卡拉城、阿皮萨科和乌阿曼特拉举行，捷克队获男子组冠军，美国队获得女子组冠军。

跨入新世纪，世界沙滩排球锦标赛的发展特征表现为：参赛国家逐渐增多，赛制不断完善，竞争愈发激烈；科技进步助力沙滩排球运动发展；沙滩排球技术全面化、战术多样化；对体能、心理要求更高。

（三）我国沙滩排球运动开展现状

沙滩排球运动在我国起步较晚。20 世纪 80 年代末至 90 年代初，《中国排球》杂志举办过几次民间的国内及国际沙滩排球邀请赛，有 4 人赛制也有 2 人赛制，可谓是中国沙滩排球的初级阶段。1993 年国际奥委会正式确认沙滩排球为奥运会正式比赛项目后，中国排球协会从 1994 年开始举办正式的全国沙滩排球比赛，每年举办全国女子沙滩排球巡回赛，至此沙滩排球赛事正式落户中国。第 8 届全运会上，沙滩排球被列为比赛项目，近 20 个省市和体协的 30 余支球队参加了该项比赛，沙滩排球赛事不断影响着我国的体育市场。随后几年，中国排球协会曾多次举办国际沙滩排球邀请赛，并先后派队参加了各种世界性的女子沙滩排球大赛，曾获得过亚洲锦标赛冠军和曼谷亚运会第 4 名的好成绩。1998 年 8 月，大连首次成功地承办了由国际排联主办的世界女子沙滩排球公开赛，国际排联技术代表哈里森 · 布莱尔称此次赛会的组织工作、比赛设施和环境都是一流的，并称中国有雄厚的室内排球基础，相信在不远的将来中国女子沙滩排球一定会成为世界强队。

1998 年 12 月在曼谷举行的 13 届亚运会上，中国男子沙滩排球获得了首枚国际比赛金牌，使中国向冲出亚洲、走向世界的目标迈进了一步。从 1998 年起，我国先后在大连、辽宁、广东等地承办亚洲沙滩排球巡回赛、锦标赛等国际国内赛事，加强了中国排协与国际排联、亚洲排联的合作关系，也使我国的运动员得到了更多的锻炼机会。国家沙滩排球队近几年参加国际排联举办的世界沙滩排球巡回比赛，水平也在不断地提高。2000 年悉尼奥运会获得女子第 9 名，2002 年亚运会上，包揽了女子冠亚军和男子季军。2002 年全国沙滩排球巡回赛在宁夏灵武市金水园旅游风景区举行。2003 年世界女子沙滩排球巡回赛中国站开赛。“花果山”杯比赛在江苏省连云港市举行，本次比赛也是 2004 年雅典奥运会沙滩排球的积分赛。2005 年，“浮来春”杯 2005 年全国沙滩排球冠军赛在山东日照市胜利闭幕。2006 年沙滩排球巡回赛田佳／王洁在年终排名世界第二位。我国沙滩排球于 2008 年北京奥运会首次摘得奖牌，取得一银一铜的好成绩，创造了我国沙排历史。2009 年第 8 届沙排亚锦赛，我国女子选手薛晨／张希获得冠军，季琳君／岳园获亚军。2010 年第 9 届沙排亚锦赛，我国女子选手薛晨／张希获得冠军。2011 年第 10 届沙排亚锦赛，我国女子选手薛晨／张希获得冠军，马圆圆／张常宁获亚军。2011 年沙滩排球世界锦标赛中国选手晋级八强。2012 年伦敦奥运会获得第 4 名。2012 年第 11 届沙排亚锦赛，我国女子选手薛晨／张希获得冠军，岳园／马园园获季军。2013 年第 9 届世界沙滩排球锦标赛，我国获女子组冠军。2013 年第 12 届沙排亚锦赛，我国女子选手岳园／马园园获得冠军。2014 年仁川亚运会，我国女子选手马园园／夏欣怡夺得女子组冠军，王凡／岳园获得季军，陈诚／李健获男子组亚军。2018 年雅加达亚运会，王凡／夏欣怡获得女子组冠军。2022 年杭州亚运会，我国女子选手薛晨／夏欣怡获得女子组冠军，王凡／董洁获得季军。

沙滩排球在我国开展时间虽短，但发展得很快。近年来，经过广大运动员、教练员以及科研人员的共同努力，在社会各界的大力支持下，参赛队伍越来越多，比赛规模越来越大，呈现一年高于一年的可喜态势。但是，从我国沙滩排球的发展形势来看，现阶段，男、女竞技水平的不均衡已成为我国沙滩排球运动发展过程中的一个典型特征。参加世界大赛的运动成绩表明，我国女子沙滩排球在国际上的竞技水平要远远高于男子。因此中国男子沙滩排球队应及时学习中国女子沙滩排球队的成功经验，依据男子项目自身的发展规律，尽快实现在以奥运会为最高层次的国际竞技体育大赛中取得优异成绩。

二、比赛场地与器材

（一）比赛场地

沙滩排球场地包括比赛场区和无障碍区。比赛场区为长 16 米、宽 8 米的长方形，其四周至少有 5 米宽的无障碍区。从地面向上至少有 12.5 米高的无障碍空间。比赛场区的地面是水平的沙滩，沙子至少 40 厘米深，其中没有石块、壳类及其他可能造成运动员损伤的杂物。比赛场区所有的界线宽 5～8 厘米，界线颜色必须与沙滩明显不同。场区界线应由抗拉力和耐盐腐蚀材料的带子平放在沙地上，并固定好。沙滩排球场地没有中线和进攻线。

（二）器材

1. 比赛用球

球必须是由 12 块或 18 块柔软和不吸水的皮革制成，以适合室外的自然条件。球的颜色为浅黄色或其他浅色，如橙色、粉红色、白色等。球的圆周为 66～68 厘米，重量为 260～280 克，气压为 0.175～0.225 千克 / 厘米^2（17.16～22.07 千帕）。

2. 球网

球网设在场地中央中心线的垂直上空，球网上有两条宽 5～8 厘米、长 1 米的深蓝色或颜色鲜艳的双层帆布带为标志带，分别系于球网两端，垂直于边线，标志带上允许设置广告。

标志杆是有韧性的两根杆子，由玻璃纤维制成，长 1.8 米，直径 10 厘米。两根标志杆分别设置在两侧的标志带外沿。

男子正式比赛网高为 2.43 米，女子为 2.24 米，网高可以根据不同年龄组有所区别：16 岁以下 2.24 米（男、女）；14 岁以下 2.12 米（男、女）；12 岁以下 2 米（男、女）。

3. 网柱的安装

由于沙滩排球比赛多在海滩地举行，因此网柱安装牢固尤为重要。沙滩排球规则规定：正式比赛沙体深为 40 厘米，在安装网柱时，应符合规则的要求。网柱固定在两条边线外 0.7～1.0 米的地方。禁止用拉链固定网柱，网柱本身要用海绵等柔软物体包起来，以防止运动员撞伤。

4. 裁判台的安置

在保证裁判员工作方便的前提下，裁判台不宜过宽过长。同时裁判台可以在 1.1～1.3 米的高度之间升降，使裁判员站在台上的水平视线高出网球 50 厘米为宜。

5. 其他附加设备

因为沙滩排球是在户外进行，经过长时间的太阳直射，场地上的沙子温度升高，会导致运动员和裁判员及工作人员体力的大量消耗。因此，在比赛场地外应有水源，便于在比赛间隙向场地上洒水，记录台一侧的上方应设置太阳伞，两边无障碍区应设置供运动员暂停和局间休息的太阳伞、椅子，以及保证比赛场内有饮水供应。

三、比赛方法与主要规则

（一）比赛方法

自 2001 年 1 月 1 日开始采用每球得分制。三局两胜制，胜两局的队为胜一场。

前两局为 21 分，决胜局为 15 分。先得 21 分，并同时超过对方 2 分的队为胜方。当比分 20：20 时，则某一队领先 2 分为胜。决胜局某队先得 15 分，并同时超过对方 2 分为胜队，当比分 14：14 时，某一队领先 2 分即为胜队。

（二）主要规则

（1）一个队由两名队员组成，分别为 1 号和 2 号。正式比赛中不允许教练员进行指导。

（2）除裁判员特许外，队员必须赤脚。队员可以戴眼镜或帽子进行比赛。

（3）在不影响对方的情况下可进入对方场区，如果与对方发生身体碰撞或干扰对方，则判由对方得分或得发球权。

（4）比赛开始后，不允许换人。如果一名队员不能继续比赛，则该队即输掉该场比赛。

（5）两名队员可以随意站位，场上没有固定位置，无位置错误，但必须依次发球，如发球次序错误，判失发球权。

（6）比赛中允许两名队员中的任何一名在成死球时请求裁判员对规则和规则的执行进行解释；请求裁判员允许换服装或器材，核对发球队员号码，检查球网、球，重新整理场地线成为一直线。

（7）每队在每局有 1 次暂停；只有队长可向裁判员提出暂停请求，每次暂停时间为 30 秒。前两局比赛，当双方比分累积为 21 分时，有 1 次 30 秒钟的技术暂停。

（8）三局两胜制比赛中，前两局当两队比分之和为 7 的倍数时，双方交换场地，此时可以有 30 秒的休息时间，第三局当两队比分之和为 5 的倍数时，交换场地，但没有休息。每局比赛之间休息 5 分钟。

（9）队员受伤可给予 5 分钟的恢复时间，但一局比赛中最多给予同一名队员两次恢复时间。队员 5 分钟内没有恢复或一局内同一名队员超过两次恢复时间，则宣布该队为阵容不完整。

（10）不允许张开手用手指吊球，允许手指戳球或指关节击球。

（11）在进攻性击球时，可以双手传球到对方场区，但传球时击球方向必须垂直于双肩连线，传给同伴的球除外。

（12）发球队员的同伴不许有意或无意地挡住接发球队员的视线，在对方的要求下必须让开。

注：2021 年 2 月 6 日国际排联对沙滩排球规则的修改。

（1）球员可以在计分台桌子上方将球救回，但只能在他们所在场地的那一半计分台区域上方进行救球。

（2）拦网者和进攻者将被允许同时在进攻方网面接触，这样也提高了比赛的流畅性。

第二节 坐式排球

坐式排球是为适应残疾人锻炼身体的需要和满足其参加排球活动的愿望而研制的，是残疾人排球活动的一种形式。残疾人排球活动的形式有立式排球、轮椅排球、坐式排球和盲人排球等。坐式排球是专为下肢残疾人设计的一种坐地而打的排球活动形式，也是残疾人奥运会的比赛项目之一。

一、坐式排球运动的起源与发展

（一）起源

坐式排球运动最早于 1956 年在荷兰出现。荷兰军队的伤员协会组织伤残军人进行体育活动时，将当时在其国内开展的拳球（fist ball）运动和排球运动巧妙地结合起来，发明了适合残疾人进行活动的体育项目——坐式排球。1975 年荷兰人第一次组织了坐式排球比赛，制定了简易的比赛规则，对原来排球场地、球网的高度等进行了缩小和降低，同时明确规定了上场比赛的人数，使之适合残疾人坐在地面上进行比赛。此后，经过不断的摸索和实验，逐渐完善了比赛规则，将坐式排球比赛发展成为适合残疾人进行的体育比赛。

（二）发展

1980 年，男子坐式排球第一次作为正式比赛项目进入残奥会。1994 年 9 月在我国北京举行的第 6 届远东及南太平洋地区残疾人运动会上，坐式排球列入了正式比赛项目，中国男队和女队参加了比赛。2004 年 9 月 17 日至 27 日，在希腊雅典举行的第 12 届残奥会上，首次将女子坐式排球列为正式比赛项目。中国坐式排球女队在雅典发扬自信自强、顽强拼搏的精神，以 7 战全胜的成绩赢得冠军，荣获了残奥会历史上第一枚女子坐式排球赛金牌。2006 年在世界三式排球锦标赛上，中国女子坐式排球队获得亚军，谈燕华被评为“最佳女球员”。第 7 届全国残疾人运动会坐式排球比赛于 2007 年 5 月 12 日至 20 日在云南师范大学举行。在 2008 年北京残奥会上，中国坐式排球女队获得冠军。在 2010 年世界坐式排球锦标赛中，中国女子坐式排球队以 8 战全胜的战绩夺得冠军，并获得 2012 年伦敦残奥会参赛资格。中国男队以 5 胜 3 负的成绩名列第 7。2011 年全国第 8 届残疾人运动会坐式排球赛在浙江举行。2013 年为期 5 天的全国坐式排球锦标赛在上海市残疾人体育训练中心举行，共有来自全国 9 个省市的 13 支队伍共 200 余人参赛。本次比赛是为第 9 届全国残运会坐式排球项目的一次练兵。近年来，上海涌现出了一大批优秀的坐式排球运动员。2012 年中国坐式女排在伦敦残奥会上实现残奥会“三连冠”，为祖国赢得了荣誉。2014 年韩国仁川残疾人亚运会，中国坐式男排获得坐式排球亚军，同时获得了巴西里约热内卢残奥会的参赛资格。全国第 9 届残疾人运动会于 2015 年 9 月 12 日至 19 日在四川省举行。2021 年 9 月 5 日，在东京残奥会坐式女排决赛较量中，中国坐式女排遗憾负于美国队，获本次残奥会银牌。

二、比赛场地与器材

（一）比赛场地

残奥会坐式排球比赛场地包括比赛场区和无障碍区，其场区为 10 米 ×6 米的长方形。比赛场地边线外无障碍区至少宽 4 米，端线外至少宽 6 米，比赛场地上空的无障碍空间至少高 10 米。比赛场地的地面只能是木质或合成物质的，地面必须事先经世界残疾人排球组织（WOVD，World Organization of Volleyball for Disabled）验准。场地的地面必须平坦，不得有任何可能伤害队员的隐患，不得在粗糙、湿或滑的场地上进行比赛。比赛场区和无障碍区分别为两种不同的颜色。场区上所有的界线为白色，宽为 5 厘米。

（二）器材

1. 比赛用球

坐式排球运动所使用的球是由柔软的皮革或合成革制成外壳，内装橡皮或类似质料制成的球胆，颜色是一色（浅色）或彩色。球的圆周为 65~67 厘米，重量为 260~280 克，气压为 0.300~0.325 千克 / 厘米^2（29.42~31.87 千帕）。

2. 球网

球网架设在中线上空，高度男子为 1.15 米，女子为 1.05 米。球网为黑色，宽 0.8 米，长 6.5~7.0 米，网眼直径 10 厘米。球网上有两条宽 56 厘米、长 0.8 米的白色带子为标志带，分别系在球网的两端，垂直于边线。标志杆是有韧性的两根杆子，长 1.8 米，直径 10 毫米，由玻璃纤维或类似质料制成，两根标志杆分别设置在标志带外沿球网的不同两侧。

3. 温度与照明

坐式排球比赛的室内温度最高不得高于 25 ℃，最低不得低于 16 ℃。比赛室内照明度在距比赛场区地面 1 米的高度进行测量，应为 1 000~1 500 勒克斯。

三、比赛方法与主要规则

（一）比赛方法

坐式排球比赛的方法与室内 6 人制排球比赛的方法相似。比赛时，双方各上场 6 名队员，分坐在一个长 10 米、宽 6 米的场区内，臀部不能离开地面，必须坐在地上运用发球、垫球、传球、扣球、拦网和防守等技战术进行集体对抗。

（二）主要规则

（1）比赛采用五局三胜制，胜三局的队胜一场。比赛中某队胜一球，即得 1 分（每球得分制）。接发球队胜一球时得 1 分，同时获得发球权，队员按顺时针方向轮转一个位置。每局比赛（决胜局第五局除外）先得 25 分并同时领先对手 2 分的队胜一局。当比分为 24∶24 时，比赛继续进行至某队领先 2 分为止。决胜局先得 15 分并同时领先对手 2 分的队获胜。当比分为 14∶14 时，比赛继续进行至某队领先 2 分为止。

（2）发球犯规包括发球击球时的犯规和发球击球后的犯规。发球击球时的犯规主要包括：发球次序错误；发球队员在击球时，其臀部触及场区（包括端线）或发球区以外的地面；发球队员在第一裁判员鸣哨 8 秒钟内未将球击出；击球时臀部抬起。发球击球后的犯规主要包括：球触及发球方队员或没有通过球网的垂直平面；球越过发球掩护的个人或集体（在发球时，发球方队员个人或集体挥臂或左右移动，或集体密集遮挡球的飞行路线，则构成掩护犯规）。

（3）当发球队员击球时，如果场上队员不在其正确位置上，则构成位置错误犯规，队员的位置应根据其臀部着地的部位来判定。

（4）队员击球时身体的臀部至肩部之间的部分离开球场的地面时成为“拾起”犯规。

（5）在比赛过程中，队员触网或触标志杆不算犯规，但队员在击球时或干扰比赛情况下的触网或触标志杆则为犯规。队员击球后可以触及网柱、全网长以外的网绳或其他任何物体，但不得影响比赛。

（6）在比赛过程中不妨碍比赛的情况下允许队员在网下穿越进入对方空间，但若进入对方空间的队员妨碍了对方比赛则为犯规。

（7）在对方进攻性击球前或击球时，在对方空间拦网触球为过网拦网犯规。判断过网拦网的依据是进攻队员与拦网队员触球时间的先后。

（8）当拦网队员完成拦网或参加完成了集体拦网时，其臀部离开场区地面为犯规。

（9）从标志杆外伸入对方空间拦网触球为犯规。

（10）后排队员在击球时，其臀部在前场区内或触及进攻线（或其延长线），将整体高于球网上沿的球，击过球网垂直面或触及对方拦网队员，则为后排队员进攻性击球犯规。

（11）在每局比赛中，每队最多可以请求 2 次暂停和 6 人次换人。暂停时间为 30 秒钟。第一至第四局，每局另外有两次时间各为 60 秒钟的技术暂停，每当领先队达到 8 分和 16 分时自动执行。决胜局（第五局）没有技术暂停，每队在该局中可请求两次 30 秒钟的普通暂停。

（12）比赛中，如果出现严重伤害事故，裁判员应立即中断比赛，允许医务人员进入场地救助，该球重新进行。

（13）各队可以在最后确认的 12 名队员中选择一名作为自由防守队员，自由防守队员身着区别于本队其他队员颜色的服装。比赛前，自由防守队员必须登记在记分表上，并在旁边注明“L”字样，其号码必须登记在第一局上场阵容位置表上。自由防守队员仅作为特殊的后排队员参加比赛，在任何位置上（包括比赛场区和无障碍区）都不得将高于球网上沿的球直接击入对方场区完成进攻性击球。自由防守队员不得进行发球、拦网和试图拦网。自由防守队员在前场区进行上手传球且所传球的整体高于球网上沿时，其同伴不得在高于球网处完成对该球的进攻性击球。

（三）其他规则特点

1. 运动员的参赛资格独特

运动员身体条件必须符合国际伤残人运动组织（ISOD，International Sports

Organization for the Disabled）手册中有关规定的最低伤残标准，参赛运动员必须持有排球竞赛医务部门颁发的个人伤残级别合格证。

2. 比赛的服装规定严格

运动员允许穿长短裤和使用绷带，但不允许使用经裁判员鉴别后认为有危险的尖锐物或对场上其他队员有危险的绷带，不允许穿特制的厚短裤，也不允许坐在厚度大的材料上比赛。

3. 对臀部的规定特殊

运动员必须是坐在场上比赛。因此，围绕臀部有一些严格规定，比如：臀部始终不能离开比赛场地；后排队员对高于球网的球进行进攻性击球时，臀部不得触及或超越进攻线；防守时，允许臀部暂时离开地面等。

（四）开展意义

体育活动，特别是大型体育活动，可以为残疾人提供一个向外界展示自己的平台。广大残疾人可以通过参与体育活动实现自己的个人价值。作为体育强国战略的重要组成部分，加强残疾人体育建设将助力体育文化繁荣、推动体育文化发展。同时，体育强国战略的实施也为残疾人体育事业的发展带来了契机。

通过参加坐式排球训练，残疾人运动员可以接触到更多的人，增强与社会的联系，易于感受社会与国家带来的温暖，从而感受到来自“大家庭”的和谐与友谊，增强对生活的乐观态度。在赛场上，运动员为救起一个高难度的球，甚至不惜摔倒在地然后又快速恢复状态继续比赛，这不仅是技术和战术的较量，同时也是勇气和意志之间的竞争。在竞争中展现出的意志力和克服身心障碍所需的信心，都表明了残疾人和健全人一样能够为社会的发展作出贡献，也理应获得大众的理解、尊重、赞美和支持。

第三节 软式排球

20 世纪 80 年代初，软式排球诞生于日本山梨县，并很快流传到日本各地，成为日本中老年人和家庭成员健身、娱乐的一项体育活动。1995 年 8 月北京体育大学举办了我国首届软式排球比赛。1996 年国家体委（现为国家体育总局）举办了首届软式排球学习班。随后，在国家体育总局、教育部的大力倡导下，软式排球在我国发展迅速，软式排球已成为全民健身的一个新亮点活跃在中国体坛。

一、软式排球运动的起源与发展

（一）起源

1988 年 10 月，在日本山梨县举行了“全日本家庭软式排球比赛”，1989 年第一本《软式排球竞赛规则》在日本正式出版。同年 4 月，在日本全国各都、道、府、县分别举行了软式排球赛。1992 年 3 月，日本文部省支持将软式排球引入小学课堂，1993 年 4 月，日本沙滩软式排球协会成立，并由此开始向国外推广软式排球。由于软式排球质地软、难度小，易于推广，很快在世界各地传播开来。欧美一些国家，如美国、意大利、加拿大以及亚洲的韩国、新加坡等相继开展了软式排球活动。但是，各国都有各自的竞赛形式和比赛用球。

（二）发展

1995 年 8 月，北京体育大学利用从日本购回的软式排球在全校教职工中举办了我国首届软式排球比赛。1996 年 5 月又举办了有 32 支球队参加的全校非排球专项学生软式排球赛。同年 6 月，国家体委在天津体育学院举办了首届软式排球学习班，12 月又在成都体育学院组织了表演赛。1996 年，国家体委在《中国排球事业 2001 计划纲要》中规定，5 年内要通过开展软式排球运动激发青少年对排球运动的兴趣，并要求把软式排球发展成为全民健身和文化娱乐的基本构成单元，在全国开展和普及这项运动。1998 年 1 月，国家体委审订出版了我国第一本《软式排球竞赛规则》。1999 年 10 月，国家体育总局成立了“全国软式排球推广领导小组”，我国软式排球运动进入了有组织、有计划的发展阶段。2000 年 11 月，教育部为加强素质教育，正式将软式排球列入新修订的九年义务教育全日制中、小学体育与健康教学大纲中，软式排球作为限制性选修的教学内容首次被列入体育与健康教学大纲。

二、比赛场地与器材

（一）比赛场地

A 赛制为 16 米 ×9 米，B 赛制为 18 米 ×9 米。四周至少有 3 米宽的无障碍区。

（二）器材

1. 比赛用球

球从 2 米高处自由落体反弹不低于 50 厘米。球周长：成人组，65～67 厘米；青少年组，63～65 厘米。球重量：成人组，220～240 克；青少年组，200～220 克。

2. 球网高度

男子 2.35 米，女子 2.20 米，青少年组网高可适当降低。

三、比赛方法与主要规则

（一）比赛方法

比赛采用每球得分制，即胜一球得 1 分；比赛为三局两胜，胜两局的队胜一场。当比分为 24∶24 时，比赛继续进行至某队领先对方 2 分为止，没有最高分限。决胜局先得 15 分并同时超过对方 2 分的队胜该局，当比分 14∶14 时，比赛继续进行至某队领先 2 分为止，没有最高分限。比分到 8 分时交换场区。

名次计算方法为胜一场得 2 分，负一场得 1 分，弃权得 0 分，积分多者名次列前。裁判员应在比赛开始前 15 分钟和决胜局开始前召集双方队长抽签，获胜队优先选择发球、接发球或场区，失利的队从余项中选择。比赛开始前，如另有副场供比赛队进行活动，则每队可独立上网活动 5 分钟；如没有副场，则两队共同上网活动 10 分钟。

比赛开始前，教练员必须及时将上场阵容登记在位置表上，签字后交给裁判员或记录员。A 赛制场上队员位置：1 号位为后排队员，2、3、4 号位为前排队员；B 赛制场上队员位置：5、6、1 号位为后排队员，2、3、4 号位为前排队员。发球时须按填写位置顺序进行，前、后排队员的行为规范按室内 6 人制排球规则要求执行。

（二）主要规则

1. 球队的组成

每队由 8 名队员组成，其中设队长一人（应在记分表上注明，并有明显标志）。A 赛制上场比赛的为 4 名队员；B 赛制上场比赛的为 6 名队员。可另设领队、教练员各一人。

2. 换人

A 赛制和 B 赛制比赛每局有 4 人次换人。在规定的换人次数内可随意换人。

3. 队员的场上位置

A 赛制 4 人比赛站位为 1、2、3、4 号位，1 号位队员为后排队员。B 赛制 6 人比赛 2、3、4 号位为前排队员，1、6、5 号位为后排队员。其他规则与 6 人制排球竞赛规则相同。

四、中小学软式排球教学应注意的问题

（一）要让学生充分体验软式排球运动的乐趣

要使学生在整个软式排球学习活动中保持新鲜感和浓厚的兴趣，并能不断获得快乐的运动体验与技能提高的成功感，以兴趣引发学习热情，利用软式排球具有的球速慢、难度小、伤害少、趣味性高和娱乐性强等特点，让学生学得欢乐，学得有趣味。软式排球教学中要将育心、娱乐、学习、健体很好地结合起来，使学生从中获得教育实效和体验乐趣的双重效果。

（二）从整体教学入手提高教学效率

室内排球教学一直面临这样的困惑：学生学了很长时间的基本技术但还是不会比赛。软式排球教学应该像室内排球那样从分解教学开始，还是以整体教学入手。从教学实践的尝试效果看，从整体教学入手不但是可行的，而且效果是比较好的。中小学软式排球教学时数少，更应该采用“整体—分解—整体”的教学过程，较早开始降低难度的教学比赛，发现问题再进行基本技术学习，然后在教学比赛中巩固和提高。

（三）采用生动活泼的多样化教学方法

软式排球的教学要提倡统一性和灵活性相结合、规定性和自主性相结合的生动活泼的多样化教学方法。在教师的正确引导下，形成由学生主动参与设计、与实践相结合的师生共同活动的教学模式。在软式排球教学中要合理组织和尽量多运用游戏法及多种形式的比赛法，使学生在游戏中获得身心愉悦和运动快乐，在比赛中锻炼和提高技战术的运用能力和应变能力。让学生在玩中学，边学边玩，始终处在轻松愉快、不枯燥、不厌烦的心境中。

（四）抓住技术的“共性”与“特性”实施教学手段

软式排球作为排球大家庭的一员，具有与室内排球技术相同的特点：即完成各种技术动作的时间短促；各种技术动作都是球在空中飞行时完成；大多数技术具有攻防的两重性，如拦网、传球、垫球，身体各部位都能触球。软式排球技术同样有无球、有球技术之分，技术动作主要由步法和手法组成，以视觉反应为主导，身体活动和大脑活动融为一体等。而软式排球因球飞行速度较慢、容易找到空间感，对技术要求不像室内排球那么高，有它自己的特性，对于这些特性需要在教学中加以区别。

第四节　9 人制排球

9 人制排球，风行于 20 世纪三四十年代，在广东、福建等地逐渐推广。我国从 1951 年起为适应国际比赛的需要，正式推广和采用 6 人制排球运动，但 9 人制排球在我国流行了 24 年之久，有着广泛的群众基础。

一、9 人制排球运动的起源与发展

（一）起源

排球运动在亚洲的历史上，曾经经历过 16 人制、12 人制以及 9 人制的发展历程。1927 年，第 11 届远东运动会排球比赛开始实行 9 人制比赛规则。至 1931 年之后，9 人制才在广东的台山，福建的厦门、泉州等地区逐渐推广，这种 9 人制排球运动，风行于 20 世纪三四十年代。

（二）发展

虽然我国从 1951 年起为适应国际比赛的需要，正式推广和采用 6 人制排球运动，但 9 人制排球自 1927 年至 1951 年在我国流行了 24 年之久，有着广泛的群众基础。因此，直到今天，我国一些沿海地区，特别是一些“排球之乡”，仍有不少爱好者参加 9 人制排球活动。我国妇女与日本妇女之间也经常开展 9 人制排球活动。

广东台山男子 9 人制排球赛事是当地的传统赛事，2010 年建龙杯男子 9 人制排球赛，从春节前打到了元宵节，各乡镇都组队参加春节前的预选赛，获得前八名的球队取得决赛资格。决赛阶段的比赛于 2 月 25 日在台山体育馆展开，每场比赛都座无虚席，随着比赛的紧张进行，彩色排球起起落落、观众的助威声和加油的锣鼓声不绝于耳。五天的总决赛，每天当地观众都在清晨就赶到体育馆排队购票，2 月 28 日进行的前四名决赛，早晨五点就有观众开始排队等待售票。比赛中，观众爆满，连过道都挤坐着热情的观众，两场比赛，高潮迭起，人声鼎沸，锣鼓也适时擂响。经过激烈角逐，由原国家男排资深主教练邹志华率领的深圳代表队夺得第一名。

2014 年台山市举办首届“玉圭园杯”国际男子 9 人制排球邀请赛。本届比赛有美国纽约、香港南华、海南文昌、广东台山 4 支队伍参加。经过三天的激烈比拼，海南文昌队夺得冠军，美国纽约队获得亚军，广东台山队取得季军，香港南华队获第四名。第 3 届纽约台山 9 人制排球邀请赛于 2014 年 6 月 29 日在布碌仓湾脊区的 5 大道爱立克森公园举行，共 24 支队伍参赛。

2017 年、2018 年海南省举办“云木杯”9 人制排球赛，吸引了相当多的观众。参赛队员包括各市各校的人才，由排球爱好者和专业排球运动员组成海南省最强 9 支代表队。2018 年台山市春节排球大拜年活动在广东省台山市成功举办。

二、比赛场地与器材

（一）比赛场地

9 人制排球比赛是双方各上场 9 名队员，在一个长 22 米、宽 11 米（女子长 18 米、宽 9 米）的长方形球场上进行比赛。场地四周与一切障碍物至少相距 1 米。球场上空，由地面计算 6.5 米高度范围内，不得有障碍物。15～17 岁少年正式比赛与成人所用场地相同，14 岁以下男、女少年皆可用长 18 米、宽 9 米的场地（也可酌情缩小）。

（二）器材

1. 比赛用球

球为圆形，外壳用一色 12 块或 18 块熟皮缝制，内有橡胶胆。球的圆周为 65～67 厘米，重量为 250～280 克（15 岁以下的儿童用球，圆周可为 60～62 厘米，重量为 210～230 克）。

2. 球网高度

男子用的球网长 11.5 米，宽 1 米，网孔 10 厘米，女子用的球网与 6 人制排球球网相同。网上沿缝有 5 厘米宽的双层白色帆布。男子球网高度为 2.35 米，女子为 2.15 米。15～17 岁，男子网高 2.24～2.30 米，女子为 2.00～2.10 米。14 岁以下，男子网高度为 1.90～2.10 米，女子为 1.70～2.00 米。

三、比赛方法与主要规则

（一）比赛方法

比赛可采用五局三胜制或三局两胜制，采用每球得分制，以某队先得 21 分并领先对方 2 分为胜一局。场上队员分三排站立：一般一排中是二传手，一排左右两名队员为快攻手和拦网手，二排中为快攻手、强攻手兼接应二传手，二排左右两名队员为强攻手，后排的 3 名队员均为防守队员。比赛中，进攻主要采用快攻掩护下的各种战术。防守一般采用 3 人集体拦网，二排中的队员跟进保护，后排 3 名队员防守后场。9 人制排球比赛的特点是队员在比赛中场上位置不轮转。

（二）主要规则

（1）每局比赛中，每队最多可换人 6 次。每局正式队员和替补队员各有两次上场机会。

（2）场上队员的位置不轮转，也无固定位置，不分前后排，只按事先排定的发球顺序依次发球。任何队员都可以在任何高度进行进攻性击球和拦网。集体拦网时，一人触球后仍可再次击球，不算连击，以第二次击球论，但第二次击球时，不得扣球或吊球。

（3）场外教练员在换人时不得进行指导。

（4）在每局比赛中，每队可要求两次暂停。每次暂停的时间为 30 秒。换人后，可以立即要求暂停；暂停后，也可立即要求换人。可以连续叫两次暂停。如某队要求第三次暂停，裁判员应予拒绝，并判该队失分。

（5）暂停时，场上队员不得出场，亦不可与场外队员谈话或进行练习，场外队员也不得进入场内。

（6）比赛进行中，队员的身体任何部分触及球网（包括标志带以外的球网和网绳），判为触网犯规。

（7）比赛进行中，无论在任何情况下，如双方队员同时触网，则判为双方触网犯规，重新发球。

（8）发球队员有两次发球机会，第一次失误后还可以再次发球。

（9）持球和连击尺度放宽，但不鼓励捞、捧、携带球等动作。

第五节　气　排　球

气排球是一项由中国发明的新兴排球运动项目，是我国群众体育中一项很有价值的创新运动。气排球 1984 年起源于我国铁路系统，随着我国全民健身计划的施行，逐渐向学校、社区、企事业单位推广，成为人们喜闻乐见的集健身、休闲、娱乐于一身的运动项目。气排球是一种减重、减速、降低网高、缩小场地、适当放宽规则又保持硬排特征的新型排球项目，它具有丰富的运动技术含量、良好的比赛规则及健身、娱乐功能。气排球保留了普通排球的一些运动特征，而且还具有明显区别于硬排的特征。

一、气排球的起源与发展

（一）起源

气排球诞生于 1984 年，由内蒙古集宁铁路分局首创。初创时期是为了开展老年人体育活动，组织离退休职工在排球场上打特制的气球。随后又参照 6 人制排球规则制定了简单的比赛规则，根据球的特质，将这种活动取名为“气排球”。

（二）发展

1991 年，在北京举行的全国铁路老年体育工作会议上，决定在全铁路老年人中推广气排球。火车头老年体协依据排球规则，编写了第一本《气排球竞赛规则》，并在上海特制了比赛用球。2004 年，由中国老年体育协会组织，中国老年体育协会和浙江省丽水市人民政府主办举行了“利群杯”全国首届老年气排球比赛，有来自全国 23 个省（自治区、直辖市、计划单列市、全国性行业）共 44 支代表队参加，这使得气排球的影响力进一步提升，确立了气排球在全民健身中的地位。从此形成了一年一届的全国老年人气排球比赛。

2011 年 10 月 27 日，中国老年人体育协会气排球专项委员会授牌仪式暨第一次会议在广西南宁举行。会议印发了“中国老年人体协气排球专项委员会（2011—2015）发展规划（征求意见稿）”“中国老年人体协气排球专项委员会管理办法（征求意见稿）”，以更好促进老年气排球运动的可持续发展。2004 年至 2015 年由中国老年体育协会组织，连续主办了 12 届全国老年气排球比赛。继 2018 年首届中国气排球公开赛（中年组）后，第 2 届中国气排球公开赛（中年组）于 2019 年在绍兴市举行。2022—2023 年气排球诞生 38 周年庆暨“超级杯”全国气排球联赛北部赛区比赛在山东邹城举行。来自北京、天津、辽宁、陕西、宁夏、山东等地的 50 支队伍 300 余名运动员参与了比赛。第 14 届全运会群众赛事气排球项目决赛于 2023 年在浙江省绍兴市举行，有 600 余名运动员参与了比赛。

2023 年 11 月 26—30 日，在澳大利亚悉尼迎来首届世界气排球锦标赛，来自中国、日本、新西兰、加拿大、印度、马来西亚、法国、印度尼西亚、东道主澳大利亚以及中国香港、中国澳门 11 个国家和地区的 42 支代表队，近 400 名气排球爱好者参与这场盛大的气排球盛宴。

二、比赛场地与器材

（一）比赛场地

比赛场地为长 12 米、宽 6 米的长方形。其四周至少有 2 米宽的无障碍区，从地面向上至少有 7 米高的无障碍空间（非正式比赛，比赛场区面积可适当进行调整）。

（二）器材

1. 比赛用球

球是圆形的，由柔软的材料制成。颜色为黄色、白色或彩色。圆周长为 76～78 厘米，重量为 100～120 克，气压为 0.16～0.17 千克 / 厘米^2（15.69～16.67 千帕）。一次比赛所用的球必须是同一特性、同一品牌的球。

2. 球网高度

中青年比赛男子网高 2.1 米，女子网高 1.9 米。老年组比赛男子网高 2.0 米、女子网高 1.8 米。

三、比赛方法与主要规则

（一）比赛方法

比赛采用三局两胜制，胜两局的队为胜一场。1：1 平局时，进行决胜局。前两局先得 21 分为胜一局，当比分为 20：20 时，先获得 21 分的队即胜该局。决胜局，先得 15 分同时超过对方 2 分的队获胜，当比分为 14：14 时，比赛继续进行至某队领先 2 分为止。一方先得 8 分时交换场地。队员的轮转次序应按位置表登记的顺序进行。

（二）主要规则

（1）一个队最多有 6 名队员、1 名教练员、1 名助理教练员（老年组一个队最多有 8 名队员、1 名教练员、1 名助理教练员）。教练员可以兼运动员。

（2）当接发球队胜一球时，获得发球权并轮转，由前排右侧（2 号位）队员轮换发球。当发球队胜一球时，队员也进行轮转，由前排右侧（2 号位）队员轮换发球，同一名队员不允许连续发球。

（3）发球队员如果将球抛起，未触及自身而落地，允许再次发球，但必须在 8 秒钟内完成发球。

（4）队员可以在进攻线前（前场区）完成进攻性击球，但球的飞行轨迹必须高于击球点，有明显向上的弧度过网进入对方场区。

（5）中青年比赛，拦网允许拦网队员的手过网拦网，但必须在对方进攻性击球后才能触球；老年组比赛，不允许拦网队员的手过网拦网，拦网触球时，触球点必须在本方场区空间。

队员干扰比赛如下列情况：① 击球时触及网上沿 5 厘米的白帆布网带。② 触及球网以上 80 厘米的标志杆。③ 借助球网的支撑击球。④ 造成对本方有利的局面。⑤ 妨碍或干扰对方击球。

（6）队员击球后在不影响比赛的情况下可以触及网柱、网全长以外的网绳或其他物体，但不得干扰比赛；球被击入球网而造成球网触及队员，不算犯规。

第六节 雪地排球

现代雪地排球是起源于奥地利的新型排球运动项目，在欧洲广为流行，是一个受环境因素影响很大的运动项目。国际排联把雪地排球项目定义为一项“最年轻、最酷的排球运动形式”。

一、雪地排球的起源与发展

（一）起源

早在 1955 年的莫斯科地区就已经有人在雪地里打排球以测试他们的技术，其中一位名叫维塔利·科瓦连科（Vilali Kovalenko）的球员后来成为苏联国家队的成员，并在 1964 年排球首次进入东京奥运会时赢得了金牌。在 20 世纪 90 年代末，奥地利和瑞士举办了非官方的雪地排球比赛，虽然室内排球和沙滩排球在世界上已经流行了很多年，但是现代雪地排球是近年来起源于奥地利的新型排球运动项目，在奥地利企业家马丁·卡斯沃姆（Martin Kaswurm）的倡议下，成立了一个官方授权的雪地排球俱乐部，并且迅速在欧洲流行开来。雪地排球是一个受环境因素影响很大的运动项目。如同沙滩排球需要在热带和沙地上进行一样，雪地排球则需要在气温寒冷且积雪深厚的地方进行比赛，是一种充满趣味性的排球运动。

（二）发展

作为沙滩排球的变体，奥地利在 2009 年举办了当地的雪地排球巡回赛。这项运动于 2015 年获得了欧洲排球联合会（CEV，European Volleyball Confederation）的认可，次年举办了首届欧洲雪地排球巡回赛，随后于 2019 年举办了首届国际排联雪地排球世界巡回赛。国际排球联合会是这项运动的国际管理机构，雪地排球在 2018 年平昌冬奥会和 2020 年洛桑冬青奥会上作为示范项目亮相。2023 年初，国际排联与欧排联合作，共同举办四站国际排联雪地排球世界巡回赛和 2023 雪地排球欧洲巡回赛。

从全球来看，雪地排球的发展已经相对成熟，国际排联和欧洲排联已经建立了雪地排球世界排名，用于未来雪地排球锦标赛种子队伍的设置。排球积分不仅可以通过世界巡回赛累积，也可以通过各种认证的洲际、地区和国家比赛进行累积。我国在 2015 年成功取得 2022 年北京冬奥会的举办权之后，针对冰雪运动的发展颁布制定了多项政策制度，为全国各个具备相应条件的地区深入全面地开展冰雪运动提供足够的政策指导与支持。如今我国冰雪运动迎来了崭新的“冰雪热”发展时期，各种各样的冰雪项目也开始在我国得以开展，其中也包括雪地排球。2019 年 1 月，新疆成功举办了首届雪地排球邀请赛，吸引了来自新疆各个地区的 100 多名业余选手参赛。同年 3 月，首届中国国际雪地排球邀请赛在黑龙江省拉开帷幕，虽然作为 B 类国际赛事，但这次比赛也吸引了来自国内外 200 余名业余选手前来参加。中国第一次世界雪地排球邀请赛于 2019 年 3 月在哈尔滨举行，该赛事由中国排球协会主办，黑龙江省体育总会承办。

二、比赛场地与器材

（一）比赛场地

雪地排球规则规定，比赛场地为 16 米 ×8 米的长方形区域，积雪深度不小于 30 厘米。男子比赛网高为 2.43 米，女子比赛网高为 2.24 米。

（二）器材

1. 比赛用球

雪地排球的球与沙滩排球的球是一样的，都是直径 66~68 厘米，质量 260~280 克，但是在雪地排球规则中并没有给出球的气压。沙滩排球的气压是 0.175~0.225 千克 / 厘米 ^{2}（17.16~22.07 千帕），雪地排球在这一点上还是有待完善的。

2. 球网高度

男子比赛网高为 2.43 米，女子为 2.24 米，网高可以根据不同年龄组有所区别：16 岁以下 2.24 米（男、女）；14 岁以下 2.12 米（男、女）；12 岁以下 2 米（男、女）。

三、比赛方法与规则

（一）比赛方法

每局由最先达到 15 分且至少领先对方 2 分的队伍获胜，每场比赛采用三局两胜制，球队每 5 回合交换一次场地。在一场雪地排球比赛中，每个球队将球打回对方场区时有 3 次击球机会，但一次拦网触球不计入此限。

（二）比赛规则

除了发球顺序，球场上没有固定的位置，所以运动员可以在自己场区范围内自由安排自己的位置。比赛中，运动员允许穿戴手套、帽子、保暖衣物和鞋子，也可以戴眼镜或隐形眼镜，甚至是手表，但风险由自己承担。队员必须穿戴风格、长度及颜色一致的队服，还被鼓励佩戴反映参赛国家颜色的饰品，这样有助于在正式国际比赛中塑造国家形象。雪地排球每队由 3 名运动员和至少 1 名替补队员组成，比赛中不允许运动员接受教练的临场指导。

第七节　小　排　球

小排球又被称为“迷你排球”。大约在 20 世纪 60 年代初，民主德国的教练员在开展儿童排球活动中创造了“小排球”，并取得了较好效果，此后小排球活动在世界各国普遍得到开展。我国一直重视小排球活动，努力搭建全国小学生排球交流与竞赛的平台，推动小排球运动的健康发展。

一、小排球运动的起源与发展

（一）起源

小排球于 1971 年被国际排球联合会承认。1975 年在瑞典、1979 年在意大利、1982 年在阿根廷相继召开了国际小排球研讨会。目前在意大利、德国、日本、墨西哥、匈牙利、美国、加拿大、中国和保加利亚等国都广泛开展了这项运动。如今，国际排联已把它和学校排球运动一起列入现代排球的发展规划之中，并设有专门的小排球委员会分管这项少年儿童喜爱的活动。国际排联小排球委员会为便于更好地进行国际交流和更广泛地开展 9～12 岁少年儿童的排球活动，1971 年统一了小排球比赛的规则。

（二）发展

我国一直重视小排球活动，中国排球协会从 2012 年起陆续组织全国小排球系列活动，推动我国小排球运动的健康发展。2022 年全国青少年排球夏令营暨小排球锦标赛在福建漳州举行，来自全国各地的 35 支队伍、近 500 人参加了本次比赛。2023 年全国小排球锦标赛暨青少年夏令营（第一期）在四川轻化工大学揭幕。第二期则于同年 7 月在辽宁省盘锦市举办。2023 年 5 月《小排球竞赛规则》正式颁布，在 7 月举行的全国小排球锦标赛自贡和盘锦两个赛区严格执行《小排球竞赛规则》，这为后续小排球这一运动项目在全国范围内推广起了良好的示范作用。不少中小学校有开展小排球活动的传统，给少年儿童带来了欢乐。少年儿童参加小排球活动，既能增强体质，促进生长发育，又能培养对排球运动的兴趣，使他们在参与小排球活动的过程中，养成团结互助的好习惯，培养勇敢顽强的优良品质，促进身心的健康成长。同时，开展小排球活动，也有利于发现、培养和选拔竞技排球运动人才。

二、比赛场地与器材

（一）比赛场地

比赛场区为长 16 米、宽 8 米的长方形。其四周至少有 2～3 米宽的无障碍区，从地面向上至少有 7 米高的无障碍空间。赛场距中心线 2.5 米处设有进攻线，将场地分为前场区和后场区。国外由国际排联迷你排球委员会于 1971 年制定的 9～12 岁儿童排球比赛规则中规定：比赛场区长 12 米、宽 4.5 米，中间架设球网，在距中心线 3 米处设有扣球限制线，将场区分为前场区和后场区。

（二）器材

1. 比赛用球

比赛用球为圆形，球的面料是柔软的高密度合成革材料，球的圆周长 60～62 厘米，重量为 210～230 克，气压为 0.3～0.325 千克 / 厘米^2（29.42～31.87 千帕）。

2. 球网

球网架设在垂直地面中线上空。球网为黑色，长 9 米，宽 1 米，网孔为 10 厘米见方。网的上沿缝有 5 厘米宽的双层白色帆布，中间用柔软的钢丝绳穿过，网的下沿用绳索穿起，上下沿拉紧并固定在网柱上。球网的两端各系一条宽 5 厘米、长 1 米的标志带，垂直于边线。在两条标志带外沿、球网的不同侧面，分别设置长 1.8 米、直径 1 厘米的标志杆，高出球网 0.8 米。标志杆每 10 厘米涂有红白相间的颜色。国内比赛男子、女子球网高度均为 2 米。国外采用国际排联迷你排球委员会于 1971 年制定的 9～12 岁儿童比赛规则，男子、女子网高均为 2.1 米。

三、比赛方法与主要规则

（一）比赛方法

小排球活动比赛方法多样，规则也较灵活。国外的小排球活动常以双方各上场 2 名、3 名或 4 名队员，在一个长 12 米、宽 4.5 米的场区上进行对抗。比赛采用每球得分制，即胜 1 球得 1 分，以某队先得 15 分并超过对方 2 分为胜一局，比赛采用三局两胜制。我国的小排球活动则多为双方各上场 6 名队员，在一个长 16 米、宽 8 米的场区上进行对抗。比赛采用三局二胜制，以某队先得 15 分并超过对方 2 分为胜一局。

小排球比赛大体上可以分成两大类：一类是单项技术与串联技术的比赛，如两人对传比赛、两人对垫比赛等；一类是双方隔网的比赛。小排球隔网比赛运用的技战术比较简单，主要以发球（男子上手、女子下手发球）、传球和垫球技术的运用为主，水平稍高的队也出现扣球和拦网技术。在双方各上场 6 名队员的比赛中，上场阵容多见“四二配备”，进攻时常用“中一二”阵型，组织进攻时垫二传运用较多；防守时一般都以无人拦网或单人拦网下的防守阵型为主。

小排球的突出特点是球体小，重量轻，符合少儿的身心特点，能提高少儿对排球的兴趣。小排球比赛的主要规则与 6 人制排球相似，对培养少儿的技战术基本功，发展移动速度、动作速度、反应速度，提高技战术的运用意识有积极作用。

（二）主要规则

国际排联迷你排球委员会于 1971 年制定了 9～12 岁儿童比赛规则。我国于 1973 年经国家体委审定出版了 9～12 岁小排球竞赛规则。2023 年，中国排球协会对 2020 版小排球竞赛规则进行了修订。为了便于大家较为全面地了解小排球，现将两种竞赛规则的主要内容分述如下：

1. 国际排联迷你排球委员会制定的规则

（1）每队由 3 名比赛队员和 2 名替补队员组成。

（2）发球时每队 3 名队员必须站在本方场区内，其中 2 名在前场区，1 名在后场区。比赛进行中后排队员不得在前场区扣球或试图扣球（低于球网上沿的球除外）。

（3）获得发球权后，队员要按顺时针方向轮转位置，原前排右边队员成为后排队员，原后排队员成前排左边队员。

（4）比赛采用三局两胜制，先得 15 分并超过对方 2 分的队胜一局，先胜两局的队为胜队。

2. 中国的小排球规则

（1）比赛采用三局两胜制和每球得分制。先得 15 分并超过对方 2 分的队为胜一局。决胜局中任何一队先得 8 分时双方交换场区。

（2）每队最多有 12 名队员，另加领队 1 名、教练员 1 名，最多 2 名助理教练、1 名队医。比赛时，每队场上必须始终保持 6 名队员，前后排位置关系同排球竞赛规则。

（3）获得发球权以后，队员要按顺时针方向轮转位置，轮转方法同排球竞赛规则。

思考与实践

1. 试述沙滩排球运动的起源与发展。
2. 试述坐式排球在我国发展的历程。
3. 软式排球竞赛与室内排球规则在哪些方面有所不同？请举例。
4. 试述 9 人制排球的比赛形式。
5. 气排球与室内排球场地器材在哪些方面有所不同？
6. 雪地排球训练中要注意哪些问题？
7. 小排球因圆周长、重量、气压的不同在技术教学方面与室内排球有哪些不同？

参考文献

1. 黄汉升. 球类运动——排球［M］. 3 版. 北京：高等教育出版社，2015.

2. 虞重干. 排球运动教程［M］. 北京：人民体育出版社，2009.

3. 黄济湘. 世界排坛百年风云［M］. 上海：上海教育出版社，1998.

4. 袁伟民. 我的执教之道［M］. 北京：人民体育出版社，1988.

5. 石光辉. 团结起来　振兴中华——女排精神述评［N］. 光明日报，2021-9-2（05）.

6. 徐邦印. 排球比赛中的鹰眼挑战规则［N］. 新京报，2023-11-30（03）.

7. 许瑞勋. 排球运动文化导论［M］. 北京：人民体育出版社，2014.

8. 高润花. 排球运动与运动伤病［J］. 中国排球，2001，40-41.

9. 吴中量，李安格. 球类运动——排球［M］. 2 版. 北京：高等教育出版社，1997.6.

10. 黄辅周，钟秉枢，高峰，等. 排球运动科学探蹊［M］. 北京：北京体育大学出版社，1996.

11. 李安格，黄辅周. 现代排球［M］. 北京：人民体育出版社，1995.

12. 陈铁成. 排球［M］. 广西：广西师范大学出版社，2014.

13. 国家体育总局. 中国体育教练员岗位培训教材——排球［M］. 北京：人民体育出版社，2003.

14. 全国体育院校教材委员会排球教材小组. 排球运动［M］. 北京：人民体育出版社，1999.

15. 史友宽等. 中国排球运动发展研究［M］. 郑州：河南大学出版社，2014.

16. 俞继英. 奥林匹克排球［M］. 北京：人民体育出版社，2001.

17. 钟秉枢. 跟专家练——排球［M］. 北京：北京体育大学出版社，1998.

18. 中华人民共和国教育部. 义务教育体育与健康课程标准［M］. 北京：北京师范大学出版社，2022.

19. 全国体育院校教材委员会审定. 运动训练学［M］. 北京：人民体育出版社，2000.

20.（美）罗伯特 · 克 · 康利等. 高水平排球比赛的生理学研究［J］. 黄汉升，译. 中国体育科技，1987（5）：9-12.

21. 黄济湘. 世界排坛百年风云［M］. 上海：上海教育出版社，1998.

22. 徐利，钟秉枢. 科学发展观视野下的排球运动科学探蹊［M］. 北京：北京体育大学出版社，2011.

23. 国家体育总局青少年体育司. 中国青少年排球训练教学大纲［C］. 北京：北京体育大学出版社，2012.

24. 王卫星. 体能训练理论与实践［M］. 北京：高等教育出版社，2012.

25. 葛春林. 最新排球训练理论与实践［M］. 北京：北京体育大学出版社，2003.

26. 宋元平. 排球运动技能学习分析［M］. 北京：北京体育大学出版社，2010.

27. 李征. 排球［M］. 合肥：合肥工业大学出版社，2002.

28. 于振峰，赵宗跃，孟刚. 体育游戏［M］. 3 版. 北京：高等教育出版社，2016.

29. 肖德生. 软式排球游戏 100 例［M］. 北京：北京体育大学出版社，2000.

30. 刘福林等. 体育游戏［M］. 修订版. 北京：北京体育大学出版社，2009.

31. 葛春林. 我国软式排球科研现状与发展趋向［J］. 中国学校体育，2001（6）：33.

32. 陈铁成. 气排球［M］. 厦门：厦门大学出版社，2014.

33. 张铭滟，王晓瑜. 雪地排球的发展现状与分析［J］. 冰雪运动，2019（4）：29-32.

34. 中国排球协会审定. 小排球竞赛规则［M］. 北京：北京体育大学出版社，2023.